占領期生活世相誌資料 III

メディア新生活

監修
山本武利
編
土屋礼子

新曜社

『占領期生活世相誌資料』全三巻の刊行を終えて

監修者　山本武利

メリーランド大学は二〇世紀から二一世紀に変わるころにプランゲ文庫の雑誌、新聞のマイクロ化を完成させ、合わせてそれぞれの目録を刊行した。雑誌目録では各誌は内容別に分類され、それぞれのタイトル、出版地、出版者などの情報が掲載されている。しかし、各誌、各号の掲載記事タイトル、筆者名が掲載されていない。ある程度は雑誌タイトルで類推して目的の記事なり、筆者名なりにアプローチすることができる。だが雑誌タイトルがその内容をストレートに示すことは稀といってよい。また意外なところに意外な筆者が寄稿することも少なくない。目標とする記事や筆者にたどり着くには、時間、根気、さらには幸運が必要である。

私は二〇〇〇年に『紙芝居――街頭のメディア』（吉川弘文館）なる本を出した。その執筆時に手にできた雑誌目録には『紙芝居』という雑誌が載せられている。しかしタイトルから判明するこの雑誌は紙芝居専門誌であるため、紙芝居関連文献に必ず登場する雑誌である。私は自分なりのカンをはたらかせて類似雑誌に当たったが、骨折り損だった。通説を覆す紙芝居の記事をプランゲ文庫から発見することができなかった。

そこで私は、長年鍛えたカンはアナログ時代のものであることを痛感した。ビッグデータに向かうにはデジタルのカンといったものが不可欠と思った。そこでプランゲ文庫のデータベース作成を思い立った。友人たちの協力を得て作った占領期新聞雑誌記事情報データベース化プロジェクト委員会は、二〇〇〇年度から日本学術振興会科学研究費（研究成果公開促進費）を受けて、プランゲ文庫所蔵雑誌のデータベース化を進め、二〇〇四年に完成した。そのデータベースを検索すれば、「紙芝居」のキーワードでなんと八一四件の記事がヒットする。私が執筆時に最もほしかった「街頭紙芝居」をタイトルに掲げた記事は一八件ある。そのほとんどを手にすることなしに、私は本を執筆せねばならなかった。

データベースで関連文献の掲載誌や執筆者は瞬時に捉えられるようになった。占領期新聞雑誌記事情報データベースはプランゲ文庫所蔵の占領期雑誌を見るための便利な道具であると自負している。しかし本データベースは記事の索引であって、肝心の本文がない。雑誌の本文を見るにはそれを所蔵しているアメリカ・メリーランド大学か、そのマイクロフィッシュを所蔵する機関を訪ねる、次のステップが必要である。

さらに膨大な本文に目を通すことは容易ではない。原文そのものの印刷状態はよくない。そのマイクロフィルムとなるともっと読みにくい。したがって紙芝居に限定したところで、八一四件の記事全体をくまなく読破するのは容易ではない。やはり専門家がまず判読し、解説した資料から取りかかる方が効率的であろう。そのために本書のような資料集の刊行の意義がある。この『占領期生活世相誌資料Ⅲ』には資料価値の高いと判断された「紙芝居」記事九件が収録されている。本書からプランゲ文庫にある紙芝居記事の全体像が把握可能となろう。

マイクロフィルムをフルセットで所蔵する機関は現在、日本では五箇所ある。部分的に所蔵する機関は三〇ほどある。このなかで公開性、複写サービスなどの点でもっとも利用者に便利な機関は、国立国会図書館憲政資料室である。同室では、同館へ行き難い方にもコピー郵送の便宜を図ってくれているので、ここで同館の案内をそのまま転載する。

国立国会図書館の複写案内

プランゲ文庫資料（雑誌）の複写は、登録利用者の方・登録機関（公共図書館など）は、NDL-OPACから申し込むことができます。登録利用者でない方は公共図書館などからお申し込みください。申し込みの際には、所蔵情報（所蔵巻号、欠など）をご確認のうえ、巻・号、発行年月日、記事名、掲載ページなどを入力してください。申し込み方法に関する詳細については、当館の「遠隔複写サービス」をご参照ください。

占領期新聞雑誌記事情報データベースは、現在ＮＰＯ法人インテリジェンス研究所が運営している。
本部　１９１－００１１東京都日野市日野本町五－一九－一一
E-mail：yama77@jcom.zaq.ne.jp
早稲田事務局　１６９－８０５０東京都新宿区西早稲田一－六－一　早稲田大学土屋礼子研究室気付
E-mail：npointelligence@gmail.com
URU：http://www.npointelligence.com/

このように本書の研究上の利用価値、利用方法を縷々述べてきた。しかし本資料集には、敗戦で打ちひしがれながらも、たくましく生きた日本人の「生活世相」の諸局面をリアルに振り返られる読み物が満載されている。読者はこの七〇年間の戦後、とくに占領期の秘話に接しながら、自身や家族、祖先などの激動の自分史の原点をたしかめることができるだろう。

占領期生活世相誌資料Ⅲ　メディア新生活――目次

第五章 博覧会と近未来

装幀――難波園子

他巻の内容

Ⅰ巻　敗戦と暮らし

永井良和 編

大空襲に遭い、原爆を投下され、多くの人々が死傷し、焼け跡をさまよった。食糧難、住宅難の多難な時代を生き抜いた人々の記録を採録した。

Ⅱ巻　風俗と流行

永井良和・松田さおり 編

パンパン、鳩の街、男娼、アプレゲール、そしてアメリカン・モード……、混乱する価値観のなかをたくましく生きた人々の姿が浮かび上がる。

凡例

・本資料集は、米メリーランド大学図書館のゴードン・W・プランゲ文庫に所蔵されている雑誌の記事を、精選し配列したものである。
・巻を構成する各章はテーマ別に資料を編成した。
・記事については翻刻を行なったが、写真や漫画など一部の図版は版面をそのまま収録した。翻刻にあたっては、プランゲ文庫のマイクロフィッシュ版（国立国会図書館、早稲田大学中央図書館、国際日本文化研究センター所蔵）を底本とし、版面の収録に際しては、原則としてプランゲ文庫に所蔵されている雑誌の複製を使用した。
・収録した各資料の標題は見出しをもとに編者が付した。その際、「特集」などの内容にかかわりのない角書《つのがき》、および連載記事のシリーズ名などについては、適宜、省略あるいは記載の位置を移動した。

本文の作成について

・旧字体は新字体にあらためた。ただし、常用漢字・人名用漢字以外のものが用いられている場合は、原文のまま表記した。
・仮名遣い、送り仮名は、原文のままとした。
・振り仮名・傍点・傍線・太字などは可能なかぎり原文通りに示した。ただし、総ルビや、それに近いものについては適宜省略した。
・原文が横書きで掲載されている記事については縦書きで収録し、その旨を記事本文末尾に注記した。その際、横書き原文記事中にあるアラビア数字は漢数字に置き換えた。なお、原文で「十」の表記が用いられている箇所はそのままとし、あえて統一は図らなかった。
・部分的に省略を行なった場合は、その箇所に〔略〕として示した。

・漫画や記事に添えられた挿絵・写真は原則としてそれ自体を個別の資料として扱い、文章を中心にした記事においては、特にことわることなくそれらを省略した。
・検閲によって何らかの手が加えられた部分はアミをかけて示した。また、検閲事由が示されている場合、必要に応じて解説で触れた。
・記事中には、今日では不適切と思われる表現が見られる場合があるが、資料の歴史性を尊重し、原文のままとした。

翻刻の方針について

・句読点は、各記事の方針を尊重しつつ、明らかに脱落と思われる箇所は適宜補った。ただし、一つの記事中で句読点の付し方に一貫性がみられない場合は、そのままとした。
・改行の際に行頭が下がっていない場合でも、読みやすさを考えて一文字分の空白を補った。
・明らかな誤字・脱字・衍字以外は当時の表記法を尊重し、今日では通用しないと思われる表記もそのままとした。ただし、誤字であるかどうか判断できない場合は、今日一般的と思われる文字が指定できるものについては〔 カ〕の形で注記し、それ以外については「ママ」とルビを付した。また、人名、団体名の誤りは訂正したが、映画のタイトルなどの作品名については、当時の表記を尊重し、原文のままとした。
・印刷の汚れや破損などで判読できなかった文字は文字数分の□（白四角）を入れた。判読不能部分が長文にわたる場合は「〔〇字分不明〕」とした。文脈上明らかだと推定される字句を補った箇所がある。
・引用者による注記を示す〔 〕と区別するため、原文中に〔 〕が使用されている場合は［ ］にあらためた。
・各記事の後には、雑誌名、巻号、発行者名（所在県市名）、刊行年月日、マイクロフィッシュの請求番号、などを記した。なお、請求番号はメリーランド大学と国立国会図書館とで作成したものである。
・雑誌名、巻号、発行者名（所在県市名）、刊行年月日は原則として奥付の表示に従った。ただし奥付がない場合は、表紙、裏表紙の表示に従った。

Ⅲ巻巻頭解説

土屋礼子

この『占領期生活世相誌資料』の最後となる第Ⅲ巻を編集している現在は西暦では二〇一五年、和暦では平成二七年だが、昭和の元号を延長して考えれば昭和九〇年という計算になる。昭和一〇〇年まであと一〇年という年はまた戦後七〇年でもあり、六四年まで続いた昭和のなかで、戦争に続く占領期の足かけ八年という期間は短い。しかし、占領期は特殊で希有な時代だった。テロと戦争に塗りつぶされていった昭和初期の二〇年間を経た後、帝国としての植民地をすべて失い、日本史上初めて外国の軍隊に支配され、明日の衣食にも事欠くような物資不足に苦しみながらも、明治維新以来の国家と社会のしくみ、そして価値観を変革した約七年間は、短いが昭和の前期と後期をはっきり分ける大転換の時代であった。その転換の延長上に、戦後日本は築かれているものの、この時代の全体像を理解するのは容易ではない。ポツダム宣言受諾、財閥解体、農地改革、公職追放、極東軍事裁判、日本国憲法公布、教育基本法、朝鮮戦争、レッド・パージといった歴史教科書で語られている事項を把握するだけでも大変だが、占領期を生きた人々を父母や祖父母に持つ世代であっても、その経験を理解し感得するのは難しい。戦前戦中期の教育による価値観が全面的に覆された衝撃が占領期には亀裂となって走っており、それ以後の価値観をあたりまえにして育ってきた者には理解しがたいほど深く大きいと思われるからだ。

本書に所収されたプランゲ文庫所蔵の新聞雑誌記事は、そうした占領期の複雑な世相を知る手がかりを与えてくれる。占領軍は軍国主義、封建主義を日本人の頭からぬぐい去り、平和と民主主義を根づかせるべく、さまざまに言論活動を縛っていた規制を廃した一方で、日本人の反応や考え方を探り、指導し、占領統治を成功させるため検閲を行なった。そのために集められた膨大な出版物の一部を保管したプランゲ文庫には、国立国会図書館にも収められていない占領期の新聞雑誌がガリ版刷りの同人誌に至るまで数多く含まれており、そこには知識人だけでなく多くの庶民の声が含まれている。本巻にはそのなかから、占領期のメディアについて、当時の庶民の生活や目線に添って語られていると思われる記事を集めた。

本巻の標題を「メディア新生活」としたのは、「メディアの変化によって新しくなった生活」という意味と、「メディアによって、あるいはメディアの中に、夢見られた新しい生活」という意味の二つを込めている。すなわち、敗戦後、時代の刷新を告げ、いち早く内容を変化させたのは新聞やラジオといったメディアであった。天気予報が復活し、進駐軍の上陸を伝え、平和国家を唱え、復員を報ずるニュースによって、あるいはラジオから流れるジャズや英語の響きによって、人々はもんぺや軍服といった姿や食糧の乏しい暮らしぶりがたいして変わらないままでも、新しい時代の到来を知った。そしておずおずと、戦時中には読めなかったような本や雑誌を手に取り、ラジオの新しい番組に耳を傾けた。また、メディアのなかでは、敗戦した日本の惨めな現在の姿を慰める言葉だけでなく、解放された言論の自由を喜び、明るい未来を探り、新しい日本を建設しようとする希望がさまざまに語られ、人々は熱心にそれらをむさぼり読み、かつ聞いた。そうした占領期のメディアの変貌の一面を、庶民の生活に身近なところから切り取ってみたのが、本巻の各章のテーマである。

第一章では、「メディアの民主化」と題して、人気を博した日本で最初のラジオ公開録音番組「街頭録音」と、職場から小学校まであらゆる場所で当時つくられた壁新聞に関する記事を取り上げた。この二つは、誰もが自由に発言し、思ったこと考えたことを身近な場所から発信していくという、言論の民主化を代表する現象だった。確かにそれは一面では占領軍により〝配給された民主主義〟であったかもしれないが、それでも民主主義とは私たち自身の生活のなかにあるべきなのだと受け止め、解放されたメディアに対して希望と好奇心を抱き、貧しいながらも活気に満ちた人々のひたむきさが感じられる記事には、まぶしささえ覚える。

第二章では、「英語メディアと流行歌の奔流」と題して、米軍放送、『リーダーズ・ダイジェスト』、および流行歌に関する記事を取り上げた。米軍が持ち込んだ英語メディアは、映画、放送、音楽、漫画、雑誌、図書などあらゆる面で大きな影響を与えたが、日本のメディア史ではエピソード的にしか語られない部分である。本巻には、当時の人々が米軍放送や『リーダーズ・ダイジェスト』に代表される英語雑誌にどのように関心を寄せ接していたのかが直截に述べられている。

一方、流行歌は当時は、主に映画とラジオを媒介にして、レコードで販売され、ヒット曲は何十万枚と売れた。そのなかの有名な「リンゴの唄」や「星の流れに」といった曲は、時代を象徴するものとなっているが、本巻に掲載したのは、そうした流行歌の裏にある証言や、あるいは流行歌をもとにした替え歌の記事である。流行歌は背後の物語をもって広がり、また歌詞を作り替えることによってさらに庶民自身の文化となっていったのである。

第三章では、「活字と娯楽に飢えて」と題して、貸本屋と読書会、紙芝居に関する記事を取り上げた。占領期は紙不足で用紙統制下にあったにもかかわらず、戦時中に縛られていた知識欲が解放され、かつてないほどの読書熱が人々に広がっていた。学生や知識人層だけでなく、労働者や農民などあらゆる階層で、活字を読むことが、単なる娯楽としてではなく、新しい時代に遅れず、新日本の担い手に必要な教養や思想を手に入れる手段だと考えられ、肯定された。まだ図書館が充分に整備されていなかった当時、特に地方の農村地域では、発行量が少なくて高価な書籍を、貸本屋や読書会で手に入れ、回して読んだ若い庶民たちの息吹が感じられる。

一方、占領期の娯楽といえば映画が王者であったが、映画館に行く余裕のない人々、特に貧しい子供たちにとっては、町角の紙芝居が最大の娯楽であった。紙芝居自体は戦前から続いてきたものだが、占領期にはあふれた失業者が多く紙芝居屋となり、その隆盛ぶりに占領軍も注目し、紙芝居を対象にした検閲も行なわれたほどであった。本巻に収録した記事にはその生き生きとした様子が描かれている。

第四章は、「広告新時代」と題し、焼け跡から急速に成長した占領期の広告に関する記事を集めた。当時の街やバラックを雑多に彩った看板、ポスター、広告塔に関する描写、また米軍の持ち込んだアメリカ製の商品やその広告のデザイン、広告と宣伝のあり方に関する議論など、戦時の国策に協力した過去を持ちつつ消費社会と広告宣伝の時代の到来を予感した当時の広告人たちの複雑さが垣間見える。

第五章では、「博覧会と近未来」と題し、当時まだ日本では実験段階であったテレビに関する記事と、テレビをはじめとする新時代の技術と商品を展示してみせた博覧会に関する記事を集めた。明治以降、多様な博覧会が開催されてきたが、占領期には戦後復興や地域振興を名目に数多く開催され、ブームとなった。本巻には、占領期のさまざまな博覧会の紹介記事や見学した感想などが収められているが、近未来のイメージを庶民に与えたという博覧会の内実や、人々が博覧会という一種のメディアのなかで何を夢見たのかが伺える。

以上の詳細な説明は各章の解説にゆずるが、本巻では取り上げられなかった占領期のメディアも多い。映画やカストリ雑誌、演劇、音楽、写真、新興のスポーツ紙や夕刊紙、あるいは「真相箱」「話の泉」「二十の扉」「のど自慢」「紅白歌合戦」「とんち教室」「日曜娯楽版」「尋ね人」といったラジオ番組など、興味尽きない占領期のメディアについての記事は、プランゲ文庫所蔵の新聞雑誌の記事を検索できるようにした、「20世紀メディア情報データベース」(http://20thdb.jp/)で、ぜひさらに探索していただけたらと思う。そこには占領軍による検閲の痕跡が見られると同時に、それをかいくぐった人々のことばが聞こえるような、新たな占領期の断面に出会えることでしょう。

第一章
メディアの民主化

章解説

土屋礼子

街頭録音

日中戦争が始まった一九三七（昭和一二）年以降、日本のラジオ放送は、「思想戦」の下で最も重要な情報機関であった。全国放送網を統括する日本放送協会は内閣情報局の統制下に置かれ、ラジオ番組の編成や表現内容などすべてに政府と軍の介入を許した。戦中には一戸に一台ラジオ受信機の普及が目標とされ、一九四〇年には聴取加入数は五〇〇〇万台を超えた。そこから流れた大本営発表のニュースで多くの人々が戦局を知った。そして一九四五（昭和二〇）八月一五日にラジオから聞こえた昭和天皇の声が、長かった戦争の終わりを告げた。空襲警報も大本営発表も途絶えたラジオから、太平洋戦争開戦以来禁じられていた天気予報が、八月二二日より復活した。八月二五日には、情報局総裁緒方竹虎が連合軍の進駐について国民に知らせ、不安の沈静化をはかった。こうしたラジオ放送の変化で、人々は占領の始まりを感受した。

占領軍は八月末日、放送施設の提供を命じ、日本の民主化と日本人の再教育のために、ラジオ放送を直接管理する体制を敷いた。東京内幸町の放送会館の一部が接収され、民間検閲支隊（ＣＣＤ）と民間情報教育局（ＣＩＥ）および米軍放送（ＡＦＲＳ）が入った。九月二二日「日本ニ与フル放送準則」いわゆるラジオコードが占領軍から発表されると、それに沿って放送の改革が進められた。そのほとんどが米国の放送を手本としたものだった。例えば、それまであった放送休止の時間をなくして、米国のように午前六時から午後一〇時まで切れ目のない全日放送を実施するようになったのは、一九四五年一一月一日からであった。また、米国のラジオ放送に倣って、一五分を単位とするクォーター・システムの番組編成も一九四五年一二月一日から導入された。さらに占領軍の指導の下で、次々と新しい番組が制作された。

なかでも衝撃を与えたのは、「街頭録音」と「真相はこうだ」というシリーズ番組である。前者は、あらかじめテーマが予告され、それについて街頭に集まった人々が直接マイクの前で発言し、その録音を構成した番組で、日本のラジオ放送では初めての視聴者参加番組であった。一九四五年九月二九日から、最初は「街頭にて」と題して始まったこの番組は、NHK編『二〇世紀放送史』(二〇〇一年)によれば、「この頃の新番組の大半がCIEラジオ課の指導や示唆で生まれたなかに、『街頭にて』は放送協会内部のアイディアが実った番組であった。/実況課の課員の間で「人々の声を放送に乗せる番組を始めよう」という声が高まり、実況課長長沢泰治がCIEラジオ課に話しを持って行ったところ、「アメリカにも〝Man on the street〟という番組がある」と賛同を得てスタートしたもの」だという。CIEラジオ課のラルフ・ハンターと、アナウンサーの藤倉修一がチームを組んでスタッフを選んだ。

当初は、これはという人を見つけて、録音自動車に乗り込んでもらい、アナウンサーの質問に答えてもらうというやり方だった。しかし、発言者を捜すのに苦労したり、演説調で話す人がいたり、改善を迫られた。そこで、銀座資生堂前の歩道に台を置いてステージ代わりとし、テーマを決めて人々の意見を聞くという方式に変更したという。一九四六年六月三日から「街頭録音」と改称したその第一回は、五月三一日に東京銀座七丁目前で録音された「あなたはどうして食べていますか」というテーマだった。

音盤に記録された庶民の声は、初めてマイクの前に立ってしゃべるという興奮と緊張で高揚しつつも、同時代の生々しい息吹を伝え、笑い声を交えた新鮮な響きで人々を魅了した。その結果、第一放送の火曜日夜九時から三〇分間の「街頭録音」は、略して〝ガイロク〟と呼ばれる人気番組となった(「放送時間表」『放送技術』一九四八年参照)。

一九四六―四七年のテーマは、「戦災孤児の救護について」「新憲法について」「年の暮れをどう過ごすか」「警察制度について」「最近の放送について」「官公吏に望む」「魚についての問題」「電力問題について」など、庶民に密着した話題ばかりだが、特に一九四七年四月二二日に放送された、隠しマイクで街娼の肉声を録音した「ガード下の娘たち」は、大きな評判を呼んだ。また一九四八年六月二三日には、片山首相が回答者として街頭に立ち、市民四千人が集まったため、都電や自動車を立ち往生させた。そうした当時の人気ぶりをうかがわせる記事が多数あるなかから、本書ではスケッチや写真などで現場の様子がわかる記事として、「NHKの街頭録音随行記」(『スタイル』一九四九年一月)、「漫画街頭録音」(『大衆雑誌』一九四八年二月)、「銀座街頭録音放送見学記」(『労働文化』一九四七年四月)を採録した。

また、この番組で人気アナウンサーとなった人々の記事も収録した。まずこの番組の代表者でもあった藤倉修一が自ら番組を語っている記事、「街頭録音と女性」(『婦人公論』一九四七年四月)、「街のマイクの表裏」(『モダン日本』一九四七年二月)および「農村から都会へ　都会から農村へ　何を望むか」(『放送』一九四七年二月)を収録したが、これらの記事の一部は藤倉氏の『マイク余談』(一九四八年、隆文堂)のなかに大幅に改変されて縮められて掲載されている。同じくアナウンサーの川崎三郎の「マイク街をゆく」(『漁村』一九四八年)、および市川達雄の「街頭録音こぼれ話し」(『ラジオニュース』一九四七年五月)も本書に収録した。これらのアナウンサーが気さくに人々の間に分け入り、発言を促した「街頭録音」は放送の民主化を体現し、新時代のラジオを象徴する番組として歓迎された。それは一つの新現象として、例えば、太宰治の小説「家庭の幸福」(一九四八年八月『中央公論』初出)のなかにも次のように書き留められた。その一節は、戦後に一新されたラジオ放送への驚きを伝えている。

……聞いてみると、これもやはりアメリカの人たちの指導のおかげか、戦前、戦時中のあの野暮ったさは幾分消えて、なんと、なかなか賑《にぎ》やかなもので、〔中略〕聴き手を飽かせまいという親切心から、幕間というものが一刻も無く、うっかり聞いているうちに昼になり、夜になり、一ページの読書も出来ないという仕掛けになっているのである。そうして、夜の八時だか九時だかに、私は妙なものを聴取した。

街頭録音というものである。所謂政府の役人と、所謂民衆とが街頭に於いて互いに意見を述べ合うという趣向である。

所謂民衆たちは、ほとんど怒っているような口調で、れいの官僚に食ってかかる。すると、官僚は、妙な笑い声を交えながら、実に幼稚な観念語（たとえば、研究中、ごもっともながらそこを何とか、日本再建、官も民も力を合せ、それはよく心掛けているつもり、民主々義の世の中、まさかそんな極端な、ですから政府は皆さんの御助力を願って、云々）そんな事ばかり言っている。

〔中略〕私はラジオを聞きながら、その役人の家に放火してやりたいくらいの極度の憎悪を感じたのである。

「おい！　ラジオを消してくれ」

それ以上、その役人のヘラヘラ笑いを、聞くに忍びなかった。私は税金を、おさめない。あんな役人が、あんなヘラヘラ笑いをしているうちは、おさめない。牢へはいったって、かまわない。あんなごまかしを言っているうちは、おさめない、と狂うくらいに逆上し、そうしてただもう口惜しくて、涙が出るのである。……

この後、小説の主人公は「街頭録音」に出た役人が家に帰り、ラジオ放送から流れてくる自分の話を聞いて、家族たちの顔が誇りと満足に耀く、といった場面を想像するのである。この他にも、戯曲や短歌にも「街頭録音」は取り入れられ、ラジオが庶民のなかに入り庶民の生の声を伝える番組として描かれた。

一九五八年に「時の動き」に吸収されるまで約一三年間続いたこの番組を、崔銀姫は『日本のテレビドキュメンタリーの歴史社会学』（明石書店、二〇一五年）のなかで、「社会番組」と「録音構成」の元祖であったと評価するとともに、一般の女性の声にも耳を傾けたユニークな番組だったと指摘している。市民に開放されたラジオが、ラジオに対する市民の新しい意識を呼び起こしたのが、「街頭録音」という番組だったのである。

壁新聞

ラジオが国家のプロパガンダ機関から解放されて、民主化の道を歩んだのに対し、壁新聞はもともと民主的な性格を持つメディアであるが、特に戦後になって注目されるようになった。というのも、占領期には「壁新聞」が新語としてしばしば紹介されているからである。例えば、プランゲ文庫所蔵の雑誌記事のなかでは次のような例がある。

「**時の言葉**　○壁新聞　職場、集合所、合宿所などよく人の集まる場所の壁を利用して、職場を中心とした問題、ニュース、写真、漫画など手軽に面白く風刺した宣伝、啓蒙新聞のことでアジプロ新聞ともいう。争議中の会社や工場の壁に所きらわず張り出されているのは、これである。」（『京の警察』一九四九年八月二五日）

「**壁新聞**　掲示板、壁などに報道、宣伝、意見などを書いてはりつける小新聞。労働組合、農民組合、学生団体、協同組合などで盛んに用いられ、組合員大衆にいろいろなことを知らせるのに大きな効果を上げている。」（『れいめい』一九四九年九月二八日）

「**組合用語**　事務所や、集会所、合宿その壁お《ママ》利用して各員に周知徹底すべきことお《ママ》ビラや新聞、ポスターなどに貼り出して、新聞の如き告知板にしたものお《ママ》いう。」（国鉄労組『動脈』一九四八年八月）

しかし、壁新聞という語は、例えば、平林たい子の短編小説「壁新聞」（一九三一年）があるように、遅くとも一九三〇年代には日本語のなかで用いられており、おそらく一九二〇年代にソ連から輸入されたことばだと推測される。ロシア語の壁新聞（стенгазета）は、戦況などの速報のため掲示したのが起源だと言われ、その発祥については、工場現場という説や赤軍兵営であるとの説もあり、よく分からないが、一九二四年五月の第一三回党大会決議において、農村壁新聞について初めての言及があり、出版民主化の究極の形態と考えられていた。当時のソ連邦としては、唯一検閲を免れた出版物でもあった（浅岡善治「ネップ期の農村壁新聞運動」奥田央編『二〇世紀ロシア農民史』社会評論社、二〇〇六年所収）。中国でも一九二〇年代から生産活動のために用いられ、「大字報」と呼ばれた。これが政治的な権力闘争の手段となって一九六六年から始まった文革運動で大きな役割を果たしたことは知られている。そのように壁新聞は、労働運動や左翼運動のなかでまず用いられたが、戦争中には工場の生産活動やファシズムの宣伝にも用いられた。

戦争が終わると、労働運動が活発化するなかで、壁新聞は身近なメディアとして多数作られるようになった。これらの壁新聞自体も検閲の対象となったが、その実物はほとんど残されていない。しかし、珍しくプランゲ文庫には、占領期の壁新聞の実物が七〇枚ほど保存されている。壁新聞には単発で作られたものもあるが、多くはシリーズとして発行され、定期的に貼られたようである。

本書には、労働運動や村落の自治や、学校や子供の集団など、さまざまな立場や関心から、民主的なメディアとして壁新聞を論じ、その制作の方法を指南している雑誌記事を集めた。「座談会　細胞新聞」(『新しい世界』一九四八年六月)は共産党の細胞活動としての細胞新聞と壁新聞を論じたものである。当時の共産党活動では、壁新聞は重要な媒体で、占領軍もこれを監視した。壁新聞が大きな事件に発展した例を、山本武利「日本共産党大阪府委員会プレスコード違反事件」(『占領期メディア分析』法政大学出版局)は明らかにしている。これは一九四九年七―八月に起きた、日本共産党大阪府委員会の機関紙『大阪民報』と壁新聞の違反事件で、敦賀における米軍の婦女暴行事件を報じるニュースが、党細胞を通じ、最初に大阪市生野区に登場した壁新聞をはじめとして広まり、一六〇名の逮捕者が出て、軍事裁判で五年重労働の実刑が八名に出され、さらに日本側裁判所で多数の有罪判決が出されるに至った。ミニ・メディアに占領軍の監視をすり抜ける機動力があったことを物語っている。

労働運動において壁新聞は、政治的な戦闘力を発揮するだけではなく、むしろごく平凡な労働者たちが自分たちの日々の感慨や思いを表現する手段として、盛んに製作された。特に詩が歓迎され、新しい時代の民衆的な表現が模索された。竹中久七「新定型詩と壁新聞詩」(『詩人会議』一九四九年八月)は、その様子を語っている。このなかで触れられている『国鉄詩人』とは、国鉄職員によって結成された国鉄詩人連盟が一九四六年二月に創刊した機関誌で、二〇一五年現在も継続刊行されている文芸誌である。これに対し、前衛詩人連盟が大宮で発行したのが『詩人会議』で、その中心人物の一人が竹中久七であった。彼は戦前にシュールレアリズムとマルクス主義の批判的結合による科学的超現実主義を唱えた詩人であり、すでに何冊もの詩集を出していた。この記事を発表した当時は四二歳で、一方では『中国戦後の政治・経済』(慶応大学出版社、一九四七年)などを刊行して経済評論家としても活躍していた。

一方、教育の現場では、民主主義教育の重要な方法として壁新聞は論じられた。後に東京大学新聞研究所(当時は新聞研究室)の教授となる何初彦《が》の「新聞による教育」(『中等教育』一九四七年一月)はその一つで、①教材として新聞を用いる、②新聞（壁新聞・雑誌・ビラ）の製作、③新聞の機能などを調べて新聞学的な考察をする、という三つの側面から、それまで学校教育では排除されてきた新聞を社会学習の一環として取り入れる主張をしている。そのなかで、壁新聞はマス・メディアと自分たちの生活の間をつなぐ媒体として捉えられている。何初彦は東大文学部美学および美術史学科を卒業し、映画や写真などと新聞雑誌を一緒にメディアの文化として論じた研究者で、この記事にも芸術的創作という視点が盛り込まれているところが新鮮である。吉田政男「壁新聞の作り方と報道文の研究」（『6・3教室』一九四八年三月）は、生活に密着した綴り方の新しい一つの方向として、壁新聞製作を具体的に述べている。また、松葉重庸「子供壁新聞」（『子供の広場』一九四六年四月）は、イラスト入りで子供に語りかける文章で、新聞作りを呼びかけている。松葉重庸は、昭和一〇年に東京大学文学部を卒業、元東京高等獣医学校教授で、戦前から戦後にかけて児童文化を実践、研究し、移動人形劇場を主宰した人物で、著書『児童文化概論』（一九五〇）では、「第四章　新聞・壁新聞」で「児童文化財としての新聞」を論じている。それによれば、当時は二十種以上の子供新聞が発行されていたという。

壁新聞はまた、農村弘報にも用いられた。「壁新聞を作ろう」（『農協神奈川』一九四九年九月）では、農業協同組合の広報紙としての壁新聞を、ポスターの裏や古新聞を利用して作成することが説かれている。「村新聞の作り方」（『農村文化』一九四六年八月）では、ガリ版刷りの村新聞と壁新聞の作り方が述べられ、当時の村での壁新聞の様子がうかがえる。

実際的な効用としては、医療広報に壁新聞は力を発揮したようだ。「公衆衛生知識普及に壁新聞公衆衛生便り」（『医界』一九四八年七月）では、伝染病予防接種の励行などに用いられたことが述べられている。壁新聞は一般の人々に科学的知識を広めるとともに、農山村における医師の教育にも活用されたらしい。

現在では教育現場で発行されている以外は、職場や地域における壁新聞は完全に衰退しており、壁新聞はもはや占領期のような多様な広がりは持っていない。それだけに、本書に所収した雑誌記事から、当時の人々が壁新聞に寄せた、熱い期待や表現する喜びに触れると、改めて新鮮な驚きを私たちは感じるのではないだろうか。

街頭録音と女性

藤倉修一

街に大衆の声を聴く。――街頭録音はいまこそ放送民主化のさきがけとして人気を呼んでいますが、昔から「人前でぺラペラお喋りするのは大変失礼」と教育されて来て、口下手《べた》ではにかみやの多い国民を相手に、この放送が日本ではたして成功するかどうか、実は担当者の私たちにも自信が持てなかつたわけです。

とにかく毎週一回、銀座通りで録音を実施することにきまつて、第一回が昨年の五月末、「あなたはどうして喰べていますか」という、たいへん失礼ではあるが食糧危機の切迫していた当時の問題をとりあげて、街頭へ初進出しました。

物見高い銀座通りですから、人は随分集まりますが、まるでマイクが爆発物でもあるかのように遠巻きにしていて、決して近よりません。そして私がマイクを持つて行くとサッと人垣がくずれます。マイクを持つたまま、資生堂の前から新橋の近くまで追いかけて行つて、「どうか御意見を……」と哀願し、やつと二、三人のおじさんから訳のわからぬ迷論をうけたまわつて引きさがつたという惨憺たる敗北ぶりで、もちろん「もちろんカ」婦人の発言者などは一人もなかつたというありさまでした。

それでも二回、三回と回をかさねるうちに、気どりやの銀座マンもだんだんこの放送に興味をもち始め、半年経つた十月の末頃には、街頭録音はすつかり銀座名物になつてしまつて、録音の日には資生堂前の会場は、近在からの見物の衆を交えた黒山の人だかりで、交通巡査が出勤するという騒ぎです。このころには発言者は後から後から続くというありさまで、その意見も初めの頃のギコチなさや気どりがとれて、建設的な真面目なものが多く、壇上で（七月頃から教壇のようなステージを設けました）賛否両論にわかれた熱論がたたかわされるという盛況になつてきました。

今までの街頭録音に採りあげた話題は、政治問題から生活問題、さらに愛情の問題まで多岐多様にわたつていますが、配給制度、隣組制度、住宅、交通、失業問題など、国民の生活に身ぢかな話題ほど、意見が活発で内容もおもしろく、いつぽう保健衛生とか新憲法となると、発言者が少く意見も低調になるのは、それらの問題に対する国民の関心のほども伺われて、なにかさびしい感じがします。

ところで、よく、街頭録音にいつも婦人の発言が少くて意見もくだらないといわれますが、私はそうは思いません。なるほど統計をとつて見ると、発言者の割は男七に対して女三で、たしかに放送に出る面では少いのですが、録音日に街頭に集まつてくる観衆の数は男六・五に、女三・五の割合ですから、必ずしも女の発言が少いとはいえないのです。

ことに中年の御婦人はマイクが顔負けするほどよく喋つて

くれますが、少しも要領をえないのです。つまり、日常の雑談や、いわゆる井戸ばたの「むだばなし」と、「用事のある話」との話術の区別がつかない――つけられないところに、聴いていて何かピンとこない、まだるっこい感じがするわけでしょう。これからどしどし社会に職場に進出しようという若い娘さんたちには、常日頃から、限られた時間に要領よくものを話すという話術のお稽古もぜひ必要だと思います。

去年の暮に「男性から女性に望む」「女性から男性に望む」という題目で、一対の街頭録音をとりました。男性からはもちろん猛烈に女性攻撃の言葉が出ましたが、期待していた女性からはあまりパッとした意見もなく、同性同士の非難の応酬があったりして、案外に思っていました。ところがこの録音が放送されると、全国の御婦人がたからたいへんな数の抗議の投書がきました。

どの投書も、「あの録音に出た女性は真に女性の立場を代表していない。私の意見は……」というので、原稿用紙十枚二十枚に男性の横暴をならした激越な文字を書きつらねてあります。しかし、投書でいろいろ良い意見を書いて送って下さるような方も、恐らくマイクの前に立って話すとなると、日本婦人伝統の謙譲の徳を発揮されて発言を遠慮されてしまうか、言葉を濁して鋭ほうを収めてしまうかして、結局また他の全国の女性から「生ぬるい」と攻撃されるに違いないと思います。

ところで、今まで四十余回の街頭録音の中で、ただの二回だけは、女性の意見が断然男性を圧倒してしまったのです。

その一つは、「新憲法について」の録音の時に、国民学校の先生だという若い女性が、「新憲法で男女同権を謳っておきながら、皇室典範で女帝を認めないのは矛盾しているではないか」と女帝論を振りかざして真っこうから新憲法を論難し、なみいる男子れんをけむに巻いたという例です。「ストライキ問題」の時も、「男女共学問題」の時も、壇上に上がったうら若い知識層の女性――ことに働く女性の意見は非常にラジカルで、むしろ同じ年頃の男性よりも、ずっと進歩的であるように思われました。

もう一つの例は、中流以下の家庭婦人、ことに家族制度の因襲の中に黙々として生活苦と戦っている主婦が、たまたま街頭でマイクを差しむけられた時、日頃胸に秘めた感情をいっぺんに爆発させて聴衆を思わずハッとさせたときのことです。「配給制度の問題」の時、一人の中年の紳士が婦人の買出し姿を非難したところ、ステージのすぐ前でジーッとその話をきいていた五十ぐらいの紺の粗末な洋服を着たご婦人が、不服そうな顔をしていましたが、とうとうたまりかねたという様子で壇上に声をかけました。

「ちょっと待ってください。貴方は買出しは絶対にいけないとおっしゃいますが、今の配給で親子六人生きて行けますか。私たちはなにも慾徳や物好きで買出しに行くのではありません。混雑する乗り物で死ぬ思いをして田舎へ出かけて、ようやく手に入れた少しばかりのお米やお芋を、警官は訳もきかずに取上げてしまう……」もう、周囲の人だかりも、マイクも眼に入らなくなつた奥さんは、自分の言葉に自分が感動して、白昼の銀座通りで、涙を流し声を震わせて食糧難を訴えました。

――こういつた、男では到底想像できない生活苦のにじみ出た真剣な叫びになると、もはや話術とか話の内容などは論外で、そのとぎれ勝ちの一語一語が、マイクを感動させ、聴取者をラジオの前に引きつけるわけです。

街頭録音は、さらに全国の地方都市や農山漁村へ進出して、各地の人々の偽らぬ声を皆様にお伝え致しますから、よく検討し合つて、正しく強い日本の女性の声を作りあげていただきたいと思います。（筆者・東京中央放送局アナウンサー）

［『婦人公論』第三一巻四号、一九四七年四月、東京、F68］

漫画社会探訪　NHKの街頭録音随行記

絵と文　小川哲男

ラジオでおなじみの街頭録音はどんなふうにとられるのか、一ぺんついて行つてみようじゃないかと、午前八時AKの街頭録音班の自動車にわり込んで聞いてきたら今日は八王子市はじめての街頭録音で題は「性教育はどうしたらいいか」

K記者さんと顔を見合せて、

「今日の探訪はむずかしいぜ」

四角い録音機やら、ラッパやらはしごまで持ちこんだトラツク型の録音自動車にのりこんで一路甲州街道。

現在の放送で録音盤のおせわにならない放送は、ほとんど

内幸町の一角、まだ附近のサラリーマンも通らぬ朝七時半、録音車に重い部品を積み込む、放送局員。

会場の石や、水留りを清掃し、屋根に上つて拡声機をとりつけマイクロホンを片手に人集めに街を廻る街録班―録音開始迄の準備に忙しい

無いとはいはれますが、ことに街頭録音や社会探訪、録音ニユースは、録音課の外勤班が数組に分れて決まつたメンバーが受持つて活動します。舞台や野球場の録音は内勤班のなわばりです。街録チームは中級課三人録音課三人、演出課二人アナウンサー一人、プランナー一人という不動の編成でチームウワ《ママ》ークよろしく出勤します。

自動車の中で小林アナウンサー一生懸命数種類の「性教育の本」をよんでいる。

「熱心なもんですね」と云へば、

「学生時代の試験勉強のようなもんでしてね、ギ《ママ》りぎりまでこの有様です」と頭をかいています。

先づ最初は集つて来た子供を捉まへて録音ごつごから

さて二時間半で現場到着。八王子市目貫の通りにある、一寸した焼跡の広場。

銀座通りと違つて、アナウンサーまでが箒を握つて会場の水たまりをはいたり、石をかたずけたり〔、〕拡声機をつけるにも焼倉のトタン屋根に這い上つたり、なかなかの労働です。しかしそこは商売、複雑な機械がバタバタと取りつけられたちまち録音準備はOK、ところが題名が題名なのでなかなか人が集まらない。集つてくるのは近所の子供達ばかり、十五分前というのに依然として子供達ばかり、同行の僕等の方がヤキモキと気をもみはじめる。この頃から、台にこしをかけて日なたぼつこのアナさんマイクを握つてポツポツ独言をはじめる。子供をあいてに一寸した街頭録音ごつごをやつたりして、そろ〱と人を集めるあたりは流石に手なれたもので、定刻五分前には何時の間にか一応の人垣が出来たのには感心しました。しかしまだまだ遠巻の内陣です。時間になると手近の子供達をつかまえて二分程の録音のサンプルを取ります。これで群衆の気分がぐつと和やかくなつて、しらずしらずに台のまはりに詰めかけてきて、空地は一杯になりました。

群集の中へ割り込むアナウンサーの苦心

さてプロデユーサーの合図で拍手が湧き上りいよいよ録音がはじまりました。今日はラジオドクターでおなじみの石垣純二氏が質問に答へるために出席しました。「うまい」話しにくい話題をたくみにさばいて長いコードを引きずつて人波をわけて自由自在に相手を摑へるアナウンサーの腕はラジオで聞いていては一寸わかりません。マイクが台を下りて自分の方にくると、女学生たちはあわてて人のうしろにかくれたり、にげまはつたり、人波が左右にゆれます。そのくせ人の話は聞きたいとみえて逃げ廻りながらも矢張りはなれない。

女学校の先生らしい人は修身調に、年輩の老人はぐつとくだけて。女学生は初々しく。奥さんは真面目につつましく。大学生は悲憤こうがいし。時間と共にフンキがもり上つて録音時間のきれる頃には話したい人がありあまる有様です。面白いことに「性教育」問題ではしやべる方より聞く方がてれています。顔を見合せる若夫婦、老人夫婦、「どうだわかつたか」と娘にいい聞かせるお父さん。人山のうしろで静かに聞ている中年の婦人「なるほど、あんな風に話して聞かせればいいんだな」とうなずくお父さん。赤い顔して一生懸命聞いている娘さん。誰れもが自分自身の立場を秋晴れの日光の中で健康な自問自答をしています。それをまたキヨロキヨロ観察して歩く漫画家等々、世の中というものは複雑なものですね〔。〕とにかく万雷の拍手の中でめでたく今日の録音は終了しました。甲州街道を走る帰りの自動車の中では賑かに街頭録音班の座談会が再開〔。〕我家の教育法やら、体験談やら実は、この方がよつぽど録音にとつて皆さんに聞かせたかつたのですが。とマイクロホンがいつていました。NHK！

［『スタイル』第一二巻一一号、一九四九年一一月、東京、S2734］

準備完了、いよいよ録音開始だ……が録音に慣れない人たちは中々マイクの廻りに集まつて来ない、しかし、そこはアナウンサーの腕で……

「あの人、あんなこと言つてゐるけど、かうね。さう思はない？」などと、お友達同志、うしろの方で話し合つてゐる人もある。

漫画街頭録音（合作・さん漫画クラブ）

［『大衆雑誌』第1巻3号、1948年12月、桃園書房、東京、T59］

大衆に生きる〝街頭録音〟

ながい間狭いスタジオに閉じこめられていたNHKのマイクが、〝放送の民主化〟をめざす〝街頭録音〟となつて真裸な姿で大衆の中に生きるようになつてからもう八か月余、その功績はまことに大きなものがある。だがわれわれ技術者は、その陰にある係員諸氏の並々ならぬ精進に想いを巡らすべきである。

あなたの意見はマイクを通じて　現場に訊く〝街頭録音〟

歳末に賑わう商店街の一角に、これはまたMPまで出勤している人だかりがある。ケンカ?…ノウ、ここが東京銀座の資生堂前ならいわずと知れたNHK得意の〝街頭録音〟が初《ママ》まつているのである。指向性スピーカーが四本，名物柳の街路樹と資生堂二階のバルコニーに取付けられ、ラジオでおなじみの藤倉アナウンサーの美声が頭越しに流れ出ている。〝ではあなたの御意見は?…〟、〝おつぎにどなたか…ハイあなた〟と間発《ママ》を入れぬ名プロジューサーぶりに、聴衆はさつきから完全に魅せられているようである。放送ではなんども聴いたが、実際に見聞するのは今日が初めてである。〝これはおもしろい〟と直感したI記者は、さつそくお忙がしい現場にもぐりこんだ。

× × ×

以下は記者がプロジューサーの藤倉さんと技術主任の岩﨑さんに訊いた時の要点である。

— お話くださつた人 —

プロジューサー兼アナウンサー…藤倉修一氏

技術主任・中継課…………岩﨑恒夫氏

記者 〝街頭録音は放送協会の企画ですか、またその目的は?…〟

藤倉 〝元来これはC.I.E.(Civil Information and Education＝民間情報教育部)の助言で創《ママ》めて試みられたもので、その目的は、

(1) 言論の自由を大衆的に生かす

(2) 良い意味での輿論を指導する

(3) 放送の民主化

にあります。従来の放送はとにかく独善的、かつ抽象的でしたが、これによつて「放送」というものが真に大衆と結びついたわけです〟

記者 〝いつ頃から初《ママ》めたのです?…〟

藤倉 〝昭和二一年の五月三〇日、同じここから「あなたはどうして喰べているか」という話題で出したのが第一回で、今日(一二月四日)の「議会の問題を中心として」で三五回めです〟

記者 〝街頭録音というとすぐそばで録音するように思われますが、ここでは収音だけで録音は協会の方でとつて、それを

出すのですね〟

岩﨑〝初めのうちは録音自動車で試験的にやってみましたが、いろいろ不都合な点が発見されたので、その後今のように改めました〟

記者〝無線でやつたら面白いでしょうね〟

岩﨑〝是非やつてみたいと思つて、せつかく研究中というところですが、条件がむずかしくてね〟

記者〝この中継にはなにか特別な回路をお使いですか〟

岩﨑〝中継としては変つたところはなく、大体こんな具合です〟と話されたのを、記者が図にまとめたのが前ページに掲げたブロック・ダイアグラム〔図は省略〕である。

記者〝マイクはRCAのダイナミック型ですね〟

岩﨑〝指向性の鋭い点で、今はこれを使つています〟

記者〝技術的に最も御苦心された点は？〟

岩﨑〝なんといつてもハウリングを起さないで出すことです。別に、最も大切なことは全員のチーム・ワークです。これがうまくいかぬとメチャメチャです〟

記者〝街頭録音に対して聴取者からの希望は？〟

藤倉〝熱心なファンから手紙が毎日二〇〜三〇通きます〟

記者〝有難うございました。どうぞ皆様御元気で…〟

［『ラジオ技術』第一巻一号　一九四七年四月、東京、R22］

上図は資生堂3階の設備の模様で机上が混合器，A及びC声集器，減表器等，左は公衆用拡声装置（窓外の右岩﨑さん）

マイク街をゆく

川崎正三郎

★街頭録音さまざま★

街頭録音のマイクは特別なんです。

小型で、仰々しいところが少しもなくて、目立たなくて、洋服のポケットにも簡単に入つて了う。そう、長さ三寸直径一寸ぐらいしかないものなんです。しかも風が吹いたり雨が降つたりすると、ラクダ色のフエルト地の着物をきせて貰うんですが、このキモノというのが赤や青の糸で刺しゆうがしてあるという凝つたもので、よけい初めて見た目には何のことはない感じなんです。これを口のそばに持つてこられても、ちつとも気にならないのに、でもやはりラヂオのマイクです。その人の声は、アノーとか……なんぢやがねとかともかくその人の口からでてきた言葉をそのまんま録音してしまうんです。云ひ直しをすれば云い直した通りに、お国なまりもなつかしく、ともかく機械ですから正直なもんですよ。舌三寸ではありませんが、このたつた三寸の目立たないマイクが、こうして全国津々浦々……はちと大げさかもしれませんが、まあ、誕生してから、かれこれ二年になりますか、北は北海道の石炭山から、南は九州まで都市から農村、漁村どこへでも出かけていつては、その場に集まつた人々から、新憲法の問題から魚や野菜の出廻り、さては恋愛論まで、ありとあらゆる話題で、そうですね、一寸見当がつきませんが平均一回に二千五百人としても、もう百四十八回ですから、三十七万人の大ぜいの意見を聞いてきました。

そりや、いろいろ思い出がありますよ。大分あちこちで評判になつた例の「ガード下の娘たち」有楽町の闇に咲く花との一問一答とか、築地の魚市場で「魚の配給について」の討論が沸とうして、あわや血の雨を見ようとしたこともありますし、又銀座の資生堂前で片山さんが首相になりたてのときのものなど、何しろ初めて誰でも直接首相と話ができるというので、あの広い電車通りは一ぱいにうづまつた人で、都電の停留場も一時移転するという騒ぎ、まア、首相が街頭の大衆と一緒にマイクに立つたということも、日本がそれだけ民主的になつた一つの例でしょうか。

さて民主的といへば、街頭録音そのものが、マイクをその場に集まつた人に広く解放《ママ》して、何でも思つたことを云わせるのですからまあ三四年前、つまり新憲法で「言論の自由」がほんとうに約束されるまでは、夢にも考へられなかつたことでしよう。しかし、一寸横道へそれますが、おことわりしておきたいことは、今だに、あんまり上手にできてゐるから、きつと前から打合せをして、頼んだ人にだけ発言させるのだらうということを聞きますが、とんでもない。絶対にそんなことはありません。全く、見ず知らずの人が録音の場面で初めて顔を合はせ、しかも、何をその人が言ひ出すかは誰にも判らない、つまり全くのありのまゝで、誰にでもマイクは開放してあるんです。そう、でも東京などでやる場合は御常連という人はたしかにゐますね。数にして男女合せて四十人位でしょうか。この常連は、銀座はもちろん、上野でも日本橋でも北千住でも、さらに熱心家は横浜までマイクを逐つて遠征してきます。しかし同じ人が度々マイクに立つと、ひろい意見が聞けないので、常連の人に実際放送させることは、まああり ません。「新しい方のご意見も伺ひましょう」とアナウンサーが云つてゐるのが常連を封じてゐるときなんです。

やあ、すつかり話が横へそれてしまいましたが、おしまいに、ごく最近の筆者の経験を一つ書きつけてみましょう。

この一月から毎週水曜日の夜放送の、「問題の声」という番組に使うため、魚や野菜の問題、その統制、取締り、配給、横流れなどの真相を街〔で〕〝街頭録音式〟の録音行で消費者、市場関係者、生産者の意見をたゝいて廻つたときのこと。

みんなの云い分をまとめると〔、〕消費者は、統制以来、品が出廻らず、値が上る一方だとして、統制全面的反対、または不徹底な統制は、やらないよりわるいとし、魚屋さんは、目減りの自己負担と利益の減少で生活が成立にないと嘆き、荷受機関は荷受機関で、これ以上政府に協力しようにも、公約の実行のない所、魚はもう呼べないと悲観論。ではどうすればもつと生産が上り、円滑に出廻るかと開き直ると、その答へは、云い合せたように自己の立場、それも足元だけの見解が多い、三者とも建設的意見がまるでないのには、いさゝかマイクも音すかしをくつたかつけう《ママ》になつたことです。

大きな機械の中の一つの歯車が機械全体のことを考えずに動いてゐる悲しみ、なんとかして、いかにせち辛い当節でも、大きい機械全体をほんとうの増産へ向ける意見が聞けぬものかー、そんな気持が、皆さんのマイク大衆のマイク街頭録音のみなのです。（終り）

〔『村』第一四巻三号、一九四八年三月一〇日、東京、G496〕

街頭録音思い出話　街のマイクの裏表

N・H・Kアナウンサー　藤倉修一

アナウンサー生活六年、今までいろ〳〵の放送を担当して来たが「街頭録音」の司会くらい難かしいアナウンスはなかつた。

何しろ原稿のない筋書のない放送である。が、野球や角力と違つて対照《ママ》が極めて不明確である。

気心の知れない通行人との鯰問答で、どんな話がとび出すか、判らない。まるで腕前を知らない多数の剣客を向うにまわしての真剣勝負のようなもので、気が疲れることおびたゞしい。

然し、マイクが収めた実の声には、複雑な世相や人情の機微がにじみ出ていて教えられることが多いので、その意味では僕自身の人生勉強にもなるし、やり甲斐のある放送だと思う。

放送民主化の魁《さきが》けとして、マイクが街頭に進出してから丸一年、雨風にうたれ、埃りにまみれた街のマイクのこぼれ話を二つ三つ拾ってみよう。

大あわて・身上相談

横浜での〝男女の交際について〟の録音の時、うしろの方から群集を掻き分けて進み出て来た若い女性が、マイクの前で、いきなり泣き出した。

「私には愛し合っていた人がいたのですが、その人は家庭の事情で他の女性と結婚することになったのです。私はせめてお友達として今後も今まで通り、おつき合いして下さいとお願いしたのですが、それはとても出来ないと云うのです。どうしてでしょうか？　男女の交際は、そんな不自由なものでしょうか――」

と、声をふるわせて僕に返答を迫るのである。

思いがけない身上相談を持ちかけられて、僕はすっかり周章《あわて》てしまい、

「それは貴女の気持も、男の方の気持も、無理がないと思いますが……」

と、しどろもどろの返答で、壇上に立往生してしまった。

突然こんな伏兵がとび出すことを、聴手は手を打って面白がるが司会の僕にとっては、全く迷惑千万で閉口してしまう。

僕の哲学者

〝新憲法〟をとり上げた銀座通りでの録音の時だった。

僕は例によって揉みくちゃにされながら、

「新憲法の精神とは、どんなものでしょうか。ハイ、そちらの眼鏡をかけた人……」

と、やっていると、六十位の白髭のおぢいさんが飄然とマイクの前に現われて、

「それはね、世の中から無理をなくすことですョ」

と、軽く片づけてしまった。

他の会社員風の男が、

「新憲法の精神には《ママ》、人道を尊重することだと思う」

と云うと、髭のおぢいさん横から口を出して〔、〕

「それが無理をなくすことですョ〔。〕今までの様に人権の自由を束ばくしていたことが無理なので、その無理をなくすことが新憲法の精神で……」と決めつけてしまう。

今度は黙って聞いていた連中がおさまらず〔、〕

「いや、そんなことはない、政治の民主化を計ることや、男女の同権を認めることが……」

　すると、みなまで云わせず髭のおぢいさん大声一番、

「それも世の中から無理をなくすことぢゃないか。政治が一部の特権階級に握られていたことや、同じ人間である男女の間に差別があることは、天の理に背いた無理なことで、その無理をなくすのが即ち……」

　こんな具合で、入れ替り立ち替り、みなこの街の哲学者の為にやり込められてしまう。

　とう〳〵この無理男、無理矢理にマイクを独占して――新憲法の精神とは、世の中から無理をなくすことである――と云う結論をつけ、淡々と銀座通りの人ごみの中に消えて行ってしまった。

悪の声をきく

　最近、反響を呼んだ街頭録音に〝多摩の少年たち〟と〝ガード下の娘たち〟がある。

　これは〝青少年の不良化防止〟についての三部作の中の一部と二部で、〝多摩の少年たち〟は悪質の少年犯罪者を収容している多摩少年院の鉄格子の中にマイクを持ち込んで、世を拗ねた不幸な少年たちから逆に、犯罪防止についての名案をきいたものである。

　いつもはお説教ばかり聞かされている少年たちが、今日は冷酷な社会や無関心な親たちに、思う存分意見が云えると云うので、すっかり愉快になって、明るい討論がつゞけられた。

「闇市を取締るより、野球場をつくってくれ」

「闇市がなくなれば、チャリンコ（すり）が出来ないからなア」等と野次がとぶ、

「少年院でも、時々レコードを聞かせてくれ」

「レコードより、もっと飯を喰わせろ」と云う声もかゝる。

　少年らしい無邪気な希望や意見が、あとからあとからとび出して、討論しながらも如何にも愉しそうである。

　そこで録音の終りに僕が提案して、鉄格子の中ののど自慢音楽会をやった。

　強窃盗前科何犯と云う肩書をもつ不逞の少年たちが、声を弾ませて唄う〝東京の花売娘〟や〝赤城の子守唄〟をきゝ乍ら、不覚にも僕は涙を流していた。

「おぢさん、今度はいつ来てくれる？」

「ノビ（忍び込み）でもやって、又来ておくれよ、ネ」

　少年達の明るい冗談に送られて少年院を出た僕は、この少年たちは、為政者のやり方一つで、必ず救うことが出来ると思って、明るい気持だった。

闇に匂う〝夜の華〟

　この反対に、あくまでも暗い感じを受けたものは、〝ガード下の娘たち〟所謂ヤミの女の録音である。

　大東京の真只中、有楽町駅附近を専域にするヤミの女は百

五十名を数え、夜毎ガード下の暗闇に妖しい花を咲かせているが、この娘たちのありのまゝの姿を伝えるため、夜の街頭録音はマイクを相手に意識させない方法をとった。つまり小型マイクをオーバーの内側に忍ばせ相手にも通行人にも感づかれぬ様に録音する方法である。

　この試みが大体成功して、闇の中に客を求めて彷徨する街の天使や、夜の顔役たちの生々しい声がそのまゝ収録され、ラジオドラマでは到底表現出来ないリアルな効果を挙げることが出来た。

　しかしあの録音の中で、らくちょう（有楽町）のおとき姐さんが、

「ウブな娘たちでも何かのはずみで家を飛出して、こゝの生活に入ったらもうおしまい。こゝの娘たちは絶対に救われないわ……」

と嘆じた言葉は、今でも僕の耳に強い印象を残している。

自由を汚すもの

　言論の自由を標榜している街頭録音のマイクは、何の制限もなく万人に解放されているので、田舎からわざ〳〵上京に及んで『わしの声を一つ村の衆にさかしてやるべい』と云う様な手合いから、売名や商売の宣伝にまで利用すると云う悪質の連中が、毎回一人や二人必ず出て来る。

　又〝政治問題〟を扱う時には、どうも政党のまわし者ではないかと思わせるクサイ男が登場する。街頭議会よろしく『自由経済がいゝ』『いや、統制経済だ』と熱論を闘わせ、時にはマイクはそっちのけで、議会そのまゝの摑み合いの御愛嬌まで演ずると云ふ騒ぎである。先頃、熊本市で〝新憲法〟を取り上げた時などは録音開始一時間も前から、片や白鉢巻白だすきの一団、こなた赤旗を振り回す菜っぱ服の一団が会場に押しかけて、互に屈強なリーダーを先頭に立てゝ睨み合っている。

　やがて天皇制の問題が話題にのぼると、両方から代表弁士が出て火の出るような討論になった。

　観衆もまた、左右両派に分れて声援を送り、野次をとばすと云う熱狂ぶり、まかり間違えば血の雨を降らしかねない緊迫した場面になってしまった。

　いづれにしても、街頭録音の司会は大変な苦しみである。然も、うっかり口を滑らそうものなら大変で、翌日から脅迫の投書が山積する。自分ではどんなに公平に司会をつとめていても、立場々々で聴く人によって随分誤解される。政治ものやストライキ問題を扱った時には必ず攻撃される。

「お前は共産党だろう、天誅を加えるぞ」

「お前は反動の元凶だ、闇夜の晩は注意しろ」

左右両面からのはさみ打ちで、どちらにしても助からないのは街頭録音の司会である。

（おわり）

［『モダン日本』第一八巻九号、一九四七年一一月、東京、M517］

街頭録音《がいろく》こぼれ話《ばな》し

NHKアナウンサー　市川達雄

街頭録音のこぼれ話ですか？　あゝして洒落をとばしながら、朗らかにそうやつている処を御覧になると、面白そうに見えるかも知れませんが、――実際面白い仕事ではありますが――、傍で見る程楽ではなく、仲々苦労の多い仕事です。勿論、苦労が多いだけに、又やり甲斐のある仕事で、何と言いますか〔言いますかカ〕、我々十名のスタツフが若い情熱を傾けているんですね、大きな失敗をやつてガツカリした事も度々ありましたが、又一週間経つと性懲りも無くステージに立つと言う事になるのです。腐れ縁と言うのがありますがあれですね。

面白い話ですか？　サァ、色々あるには有つたのですが、とにかく苦労の方が多いですね。

東一番丁では度々やつて居りますので、一番丁マンにはすつかりお馴染になつて、活発に意見を述べてくれますので、話してくれる人が無くて苦労すると言うことはありませんが、唯女の人が余り出てくれないのです。一時間の内に一人も出なかつた事もありました。こう言う時にはプロデユーサーもアシスタントも、誰か一人位と、躍起になつて物色するのですが、駄目な時には駄目なもので、頗るお色気の無い録音が出来上がつたりします。

物価問題とか燃料問題とか、お台所に直接関係のある様な話題を取上げて、今度こそ女の人が出てくれるだろうと期待していると、そんな時に限つて女の人は話したがらないのです。その反対に憲法問題や難かしい経済問題だと案外女の人の意見が多いのです。御婦人はむづかしい話題がお好きと見えます。

女で苦労する、と言うと、チョット変な風に聞こえるかも知れませんが、実際街頭録音は女で苦労しますよ。

然し、街頭録音は今更申上げる迄もなく、あらゆる人に、自由に意見を述べて頂く、最も民主的な言論機関なのですから、女の人も進んで意見を発表して頂きたいものです。

街頭録音にも御定連と言うのがあります。何回も出た人が、今迄に四五人はありませうか。その中でも中年の男の人で、殆ど毎回欠かさず来て意見を述べて行く人があります。馴れたもので、胸を張つて中天を睨みながら、一席弁じます。精勤賞でも出そうか、など、冗談を言つていますが――。

こう言う御定連は、我々の方で「何か御意見は……、」と誘いの水を向けなくても、自分で出て来て滔々とやつてくれますが、それと反対に、喋らない御定連と言うのがあります。

それは若い娘さんで仲々美しい人なのですが――、オット、御婦人の話だからと言つて、又かなど、嫌な顔をしないで下さい。とにかく、我々は若いんですから、見逃して下さいよ――その若い娘さんですかね。矢張り毎回来るんです。我々の方でも気がついて、何とかして一度出て話をして貰いたいと思つて、誘いをかけるのですが、仲々どうして志操堅固の人なんですね。我々の甘言にはついぞ乗らず、何時も体よく断られ通しです。振られてばかり居るのも気が利かないと言うので、その内口説き落さうと思つていますが、果して色良い返事が聞けます事やら――。

街頭録音と言ふ位ですから、勿論野天で、青空を天井にしてやるので、雨や雪は苦手です。処が、街頭録音と言うと、実に良く降るのです。第一回の時が大雪で、それ以来、まるで雨か雪がつきもの丶様になつて仕舞いました。

二三日晴天が続いて、明日は大丈夫と思つていると、その日は朝からの雨だつたりするんです。

誰か精進の悪いのが居るのではないかつて？　御冗談でしよう。御覧の様に、我々のチームは純真な人間ばかりで集つているのですからその点は大丈夫ですよ。

石ノ巻に行つた時でした。前の日は素晴らしい小春日和だつたのですが、当日は例によつて朝からの小雨でした。然し此の位なら大した事はあるまいと言うので、予定通り午後一時に録音を開始しました。トタンに土砂降りなんです。途中でやめる訳にも行かず、ビショ濡れで一時間の録音を終りました。終つたらその次の録音には、まるで嘘みたいに雨が上つてしまつたものです。どうも驚きましたね。かうなつて来ると、街頭録音の雨もや丶怪談じみて来ます。

とにかく、見ず知らずの人が相手なのですから、二言三言話し合つている内に、その人がどんな事を言いたいのか察しなければならないので、これが一番難しい事です。下手をすると、こつちの質問とまるで関係の無い事を言い出されたりして、すつかりドキマギしてしまいます。ですから録音をしている一時間と言うものは、神経を針の様にとがらせていますので、すつかり疲れてしまいます。

一時間がすこしの無駄もなく良い録音が採れ丶ばまず成功ですが、御承知の様に、放送する時には三十分に編集して出しますので、半分はカツトしなければならない訳ですが、良い話ばかりですと、今度はカツトする部分が無くて、それでもどうしても半分棄てねばならず、大変な苦労をします。

いずれにしても、苦労の絶えないものです。「街録こぼれ話」ではなくて「こぼし話」になつてしまいましたが――。

エ？　お帰りですか？　今お茶をいれますよ。そうですか？　どうも失礼しました。今度の土曜日には東一番丁の三越前へおいで下さい。では――。

［『ラジオニユース』第一巻一号創刊号、一九四七年五月一〇日、仙台市、R30］

街頭録音

農村から都会へ　都会から農村へ
何を望むか

藤倉修一

第一景　銀座七丁目

都会の危機を高見の見物

銀座通りの午下り、舗道は織るような人の波。資生堂パーラー前のステージを囲んで、黒山の人だかりである。

急霰の拍手のうちに、おなじみの川田正子、孝子の姉妹が「お百姓の歌」を歌い終ると、ちようど一時に五分前、録音の準備はO・Kである。聴衆の一人々々に今日の話題の趣旨を説明しながら、発言を勧誘している川崎アナウンサーも、一寸こつちをふりむいて、〝だいぶ話がはずみそうですよ〟という意味のサインを送つてくる〔○〕

三分前。いよ〳〵商売にとりかゝること、相成る。ステージに立つて、まずできるだけ愛想よくおじぎをする。（このおじぎが肝腎である）川田正子ちゃんの余興のせいか今日の聴衆はいつもより可成り多い。

『皆さん、今日は。ではこれから街頭録音を始めます。今日の話題は〝都会から農村に望む〟というのであります。御承知のように、都会からのラジオは毎日のように〝農家の皆様、御苦労様です〟とお礼を申上げています。またAKの児童合唱団は〝農村へ送る夕〟の度毎に〝お百姓さんごくろうさーん〟と可愛らしい声をはり上げています。然し率直に申上げて都会と農村の仲は決して良いとは思われません。この都会と農村を心底から結びつけるためには、お互いに労り合い、譲り合わなければなりません。それには先ず、腹を打あけて話し合うことがよいのではないでしょうか。今日はその意味で、都会人は農村の人々に何を要望するか、お集りの皆様の忌憚のない御意見を伺い度いと存じます』

前口上をひとくさり述べてからさてずっと見渡すと、目の前にしゃべりたそうにうず〳〵している中年男と視線が合った。

『ハイ、その茶いろの背広の方、どうぞ台へお上り下さい。どうぞ……。え、、貴方のお国はどちらですか……』

『アッシはチヤキ〳〵の江戸ッ子ですヨ』

『神田の生れですかナ』

『いやァ、どうも……。アッシはネ、農村の人たちに文句があるんだ、第一ネ、今年の六、七月頃だ〔、〕都会は食糧危機で、死人が出るっていう苦しい時に、農村の奴ら何をしたんだ。高見の見物じアねえか。そのうえ米の闇売をしたり売惜みをしたりまるで首くゝりの足をひつぱるような真似をしたんだ〔○〕進駐軍の好意で、どうやら俺達は助かつたんだが、同じ日本人でありながら、余り情ねえ仕打じアねえか、え、お前さん』

『いや、ごもっとも、では次の方どうぞ、貴方の御意見は……』

『え、、農家はいま、タンスの中から叺《かます》の中まで新円をつめ込んでニタ〳〵してるそうですが、この金たるや、食生活に悩む我々都会人の血の出るような懐からまき上げたもので、我々は、今では着ているものを筍のように一枚々々はがされて農家にとられているんだ〔。〕しかも買出しに行けば、〝こじきが来た〟などといって侮辱するのは言語道断です』

『農村は大方評判が悪いですが、それは一部の悪農だけの話でしょうネ。どうですか、お集りの皆さん……皆さんが買出しに行かれた時に農家の態度はどうでした』

この時三十五六の和服の主婦が進み出て、

『一概にいえませんが、農家の人は不親切で欲ばりが多いですワ。然も大きな農家ほど何か横柄で、かえって小さなお百姓家の方が親切で同情してくれました』

続いて紺の戦闘帽の年配男。

『最近の農家の人達には昔のような純朴さが無いですネ、まるで闇商人のようにずる賢いのが多い』

『次はそちらの洋装のお嬢さん』

『私はよく農村の方の都会人にたいする批評をきくのですが、都会の人が銀座を歩いたり、映画館の前に行列していたりすると、すぐ〝遊んでばかりいる〟と非難するのです。けれどそれは都会人の神経的な生活をよく理解していない証拠だと思います。私達のように狭いビルの中で一日中高麗ねずみのように立働いているものにとって、時々は銀ブラをしたり、映画を見たりすることは決して贅沢ではなく、丁度農家の人達が野良で一休みしてお茶を飲むのと同じことだと思います。労働ということは鋤鍬をもつことだけでないことを理解して欲しいのです』

お嬢さんの言葉は次第に熱を加えて、まだあとがつず《ママ》きそうな様子だが、一応そのへんで打切っていたゞく。

農家の性格に三通りある

『ところで、いま農村は大変景気がい、ようですが、今後の農村はどうなると思いますか……右の端の眼鏡の方――』

『私は、近く農村にも不況時代が必ず来ると思いますネ。今のような馬鹿景気は永続きしませんヨ』

『その時になって農家の悪い奴等は後悔するんだ。悪いことをすればあとで必ず報いが来る』

二重廻しの旦那につず《ママ》いて、おもむろに口をひらいた傍らの紳士〔、〕

『それはあなた逆ですよ。悪いことをして儲けた農家は不況になっても安楽にくらせる。正直な農家が相変わらず泣くんです』

あたりに共感のざわめきが起り紳士はなおつず《ママ》ける。

『農家がい、かわるいかということは、いちがいにいえないことで人によっていろ〳〵ですが、だいたい次の三通りに分けられると思う。まずこの際、一文でも高く売つて儲けようという根つからの悪徳農家、次は、はたがやるからやらなきや損だといつてやつている者、これはまだいくらか良心がある。最後にこれは昔と少しも変らない純朴なお百姓さん、たとえ一円でも二円でもヤミ売りはできないという心掛けの人たちですね。

そこで結論としていえることは一部の極悪の闇屋は別として、二と三に属する人たち、この人たちが馬鹿を見ないようにすれば闇は自然になくなると思う。そうさせるものは何かといえば、それは政治ですよ』

『同感々々』

どこかで合槌をうつ声にかぶせて、再びざわめきがあたりに起る〔○〕

『おつしやるように国民生活を救い、人心を和やかにさせる最大の力は政治ですが、しかし政治もまた国民の協力なしには充分の効果を上げられないこと勿論です。その意味で、都会から農村にたいして反省を求めたい点がありましたら何か……。ハイ、そこのハンチングの方……』

『僕は一年間の疎開生活で痛切に感じたことなのですが、反省すべき点は都会にも農村にもあるということです。まあ一言にしていえば、都会の人間は苦しまぎれに農村の人情の機微も何も考えずに、手つ取り早く金や物で解決しようとしたこと、これがまずいけなかつたと思う。農村人の単純な心を荒してしまつたと思うのです。農村の人の肩をもつわけではありませんが、田舎の人たちは義理という点では非常にかたいのです。一例を上げると、こういうことがありました。あるとき米に困つて、近所の農家へ一升四十円でいゝから売つてくれと頼んだけれども断られた。当時一升四十円といえばその地方では最高のヤミ値でした〔○〕しかし売つてくれなかつた。ところがそれから数日たつて、私が東京へ出るために大きな荷物を駅まで運ばなければならなかつた時、ちようどその日に、いまお話した農家の息子がリヤカーで駅の方まで行くというので、荷物を乗せて貰つたのです。私はそのお礼にと思つて土産に魚を買つて来たのです。そうしたら、今度はそのお礼だといつて、お米を二升くれました』

笑声ひとしきり――。少々長くなつたけれども、面白い話なのでもう少しつずけ《ママ》て貰うことにする〔○〕

『皆さんはお笑いになりますが、じつはこゝが大事なところだと思うのです。お米二升といえば当時の相場で八十円、お土産に買つて行つた魚はせいぜい三十円くらいのものでした。しかもこれは荷物を運んでもらつたお礼です。つまりお金八十円でも売つてくれないものをたゞでくれたことになります。こういう経験は数回ありました』

根強い排他性を捨てゝほしい

『いや、なか〳〵結構なお話でした。ふと行きずりの皮相な観察ではなく、月日をかけて摑んだいはば農村の真実だと思います。いかゞでしょうか。そのほかに疎開の経験をお持ちの方……。ハイ、貴女、赤いショールの方……』

『私、いまの方のお話はほんとにその通りだと思います。私もそういう経験をいたしました。何でもお金や物で片づけようとする都会生活者の態度は今後改めなければならないと思います。もちろん先方に損をかけるようなことはできませんけれど、真心というもののない冷たい取引はお互いの気持を益々すさませるものだと存じます〔。〕たゞ、農村の方の欠点といえば、根強い排他性ではないかと思います。よその土地の者にたいする封建的な排他性のために、疎開者がどれほど切ない思いをしたか知れません。私も、年寄りの母ひとりを置いてもらうために、どれだけ苦労したか知れませんでした』

さすがに今日は話題が豊富で、まだ大分、発言希望者が居ることは、それと気配でわかるのだが、残念ながら時間ももう残り少なかつた。

『いろ〳〵と面白いお話を伺いましたが、要するに皆さんの御意見は、農村の人たちは一部の悪質を除けば、素朴な義理がたい美風を持つている。しかしその反面、かたくなな排他性と無理解、時勢に乗せられた単純な功利性が都会生活者に冷たく当るということにつきるのではないかと思います。皆さんのお気持は、いずれ日を改めて農村の方に伝えることにいたします。どうやら時間も参りましたようですから、本日はこれで終ることにいたします。有難うございました』

第二景　或る農家の庭先

ヤミを作つた都会のひと

雪に埋もれた農村の冬景色。

時折、のんびりした牛の鳴声が聞えてくる。白一色に蔽れた田畑がはるか遠くの山すそまで続いている。こゝは福島県下のある農家の庭先である。

何だか知らないが村役場からのお達しで、今日は放送局の録音があるというので、この農家に集つて来た村の老若男女およそ二百人ばかり。林檎のような真赤な頬をした子供たちも交つて、縁先に置かれた録音機や、納屋の上に取りつけた大きな拡声機を珍しげに眺めながら、何となく不安な面持で録音の開始を待つている。

きのう、川崎アナウンサーがテストに行つた時の話では、農村の人は口が重くて全々喋らないというので、いさゝかユーウツになつていたが、〝まあ当つて砕けろ〟と録音係へ開始の合図と送ると、思い切つて側にいた髭もじゃの農夫に話し掛けてみた。

『よく降りましたな。この辺はどのくらい積りましたか』

『さア二尺位は積つたべ、、、した。まア、初雪では珍らしいこんで……』

どうやらすべり出しは好調のようだが、まだ本題に入るには早過ぎる。

『昔から雪は豊年の兆といゝますから、来年も豊年でしよう』

『いや、そんなことはねえすナ。都会人はそんな気安めで安心しているか知んねえが、農村の者は雪さたんと降ると、これがみんな硫安だつたらナとすぐ考える。いつてえ、肥料が足んねえのは都会の工場の働きが足んねえからで、ストライキやつたり、肥料さ闇で流したりして全くよくねえこんだと思います』

ヒゲの父《と》つつあまは腕をくみながら一気に喋り立てた。これはなか〳〵口が重いどころではない。

『闇の話が出ましたが、都会の人は、農村の人のお米や野菜の闇売りを大分憤慨していますが……』

『イヤそれについて言いてえことがある。闇作つたのは農村じアなくて、都会だよ。田舎の者は昔から正直だから、十円のもの十円で売つてやるだ。それを都会の連中は金さ有り余つてると見えて十円でいゝといつても二十円置いてこの次また売つてくれろという。闇の張本人は都会の人だ』

『そうだ』『そうだ』

初めマイクを遠巻きにしていた面々が段々近ずい《ママ》て来て合槌を打つようになる。どうやらこれでは銀座以上の活発な意見が出そうである。

『まあ、ちよつと待つて下さい。そこのところが肝腎だと思うんですがね、お金のない都会の人たちはこう言うんです。それは、都会の金持ちが十円のものを二十円で買つてくるのが第一によくないが〔、〕その人が二十円で買つて行つたから、その次からは二十円でなければ売らないというのは、農家の人もわるいのだ……都会の多くの人たちはそういつてますよ』

『それはそうだ……。たしかにそりやあよくねえ。農村の人間たちは、いまもいつたように、正直者が多いのだが、都会の金持のためにずるくなつたのも大分いる。しかし本当に悪い奴はあんまりいねえス。肥料や農具やいろんな物価がどんどん高くなる。それからいつかまた村へも不景気がやつてくる。そのとき大事な娘うらなきや凌がれねえというようなことのないように蓄えもしなけりやなんねえ。そういう心配もムリとは言えめえ』

『なかにはそう思いながら歯をくいしばつてビタ一文のやみ売りもしねえ百姓もいるだ』

『去年の夏ごろ、田舎でも米一升六十円以上もした時に、困り切つてやつて来た都会者に、わが食い料を何升かわけてやつた者が村にもいたが、一升あたり五円の金も取らねえだ。五円じやヤミだ、飛んでもねえ、といつてナ、どうしても公定の金しか取らなかつた』

いつの間にかマイクを摑んだ数人の顔には真剣ないろが漲り、それを取り巻く人たちも固唾をのんで見守つている。

正直者がバカを見ない政治

『そういう正直な方のお話も時々耳にしています。恐らくいまのようなお百姓に出会った都会の人は〔〕そのお百姓を通して農村全体に感謝していること、思います。ところがなかには血も涙もないような農家もあつて、都会人の怨みを買つています。こういう農家が都会の悪質の闇屋と一緒になつて、インフレに協力しているのだと思います。こういう一部の悪い連中を農村と都会の大勢の人間が力を合せてなくすようにしたい、都会の人たちもそれを望んでいるのです』

『そうだ、そうだ』

『そういうわけだ』

『だがな』

とそのとき、ヒゲの父つつあまの斜めうしろの方で黙つてきいていた三十前後の青年が、おもむろに口をひらいた。

『そういう悪い奴等は別にして、どうしても闇売りしなきやいまの物価高に立つて行けねえ、だから仕方なくやる、そういう農家がチヤンとやつて行けるように、政治が段取りする方が先じやねえべえか』

『そりや、そういうわけだ』

『肥料の値段はいくら〳〵で、足りなかんべえが、これだけ配給する。農機具もこれ〳〵の値で配給する、だから米の値はこれ〳〵でやつて行けんべえ、というように俺たちがやつて行けるように段取りさえしてくれりや、ヤミなぞやる者はいなくなるだ』

『そうだ、そうだ』

とこゝで聴衆はひときわ高く合槌を打つた。

『けつきよく問題はそこへ行くのでしようが、つまりはそれも物の生産が増えるかどうかということが根本になりますね。食糧が足りないから石炭が掘れない、石炭が足りないから肥料も作れない、肥料が少いから食糧も増やせない……という堂々めぐりになります』

こゝで皆さんちよつと困つた顔つきになつたが、やがてその中の白髪頭の爺さんが口をひらいた。

『ともかくワスはこう思うス。何でもそうたいに物が足らねえのスから、みんなが少しずつ我慢していちばん大事な工場へ要るものを送るのス。米なら米、賃金なら賃金を要るだけ出す、炭坑なりどこへなり、大事な順に従つて送るのス。それでもまだ働かねえでストライキなんてものやつたらハア、そいつ等は国賊だて、罰を喰わすだ……』

『そういうわけだ』

論旨はなはだ明快、このあたりでよく使う〝そういうわけだ〟の合ノ手とイキが合つて、なか〳〵の好調である。

ストライキ是か非か

『ストライキの話が出ましたが、どうですか、そこでひなたぼつこをしている方、青いシヤツの若い方……このごろのストライキについてどう考えます?』

『僕はいまやつている都会のストライキには賛成できません。といつて争議行為を認めないというのではありません。中には同情すべき、勝たせてやりたいのもありますが、中にはいまの国民生活の現実と遊離した、浮つ調子な、横着なのがある。第一最低賃金の要求という、その最低の額に色々な違いがあるのはどういうわけです。同じ人間で、同じ土地に暮していて違わなければならぬ理由はありませんよ。彼等はギリ〳〵の最低生活といつているが、ギリ〳〵の最低生活はまだ〳〵下にありますよ』

東京語を使つているが、この地方の訛りから察するに帰省中の学生であろう。相当ゲキレツなストライキ反対の意見である。

『といつて僕は決して資本家を擁護するわけじやない。資本家にもまた仕様のないのが多い。つまり農村にも都会にも悪いのがいるように、資本家にも組合側にもいけないのがいて、生産を阻害している。そこへ持つてきて政府が無力ときている。ではどうすればいゝか、となると政治問題で〔、〕きようの主題から離れますし、僕に解答できることでもありませんから……』

と青年なか〳〵鮮やかに逃げを打つた。

『僕もストライキには反対です。特に公共事業のストには絶対反対です。農村で供米ストをやつたら都会の人たちどうしますか』

どうやらストライキに不利な意見が優勢である。

『女の方から発言がありませんが農村の女性から都会のお友達へ寄せる言葉として何か……いかゞですか、ハイ、そこの紺のモンペのお嬢さん……』

『いろ〳〵申上げたりお願いしたいこともありますが、それよりもお互いに楽しく語り合う機会を、これからはもつとたくさんほしいと思います』

控え目に語つたこの言葉は、簡単だが、仲々ふくみのある一言であつた。些末な感情のくいちがいを水に流して、これから仲よく働きましよう……娘さんの希望こそ日本再建の鍵であり、どうやらこの録音行の結末にもなりそうだ。

『けつきよく都会の人も、農村の人も希つていることは一つだと思います。都会の人たちは農村の労苦に感謝する、農村の人たちもまた都会生活というものを理解して想いやる、新しい日本はそこから建設されて行くものと信じます』

『そういうわけだなス』

『お互いに欲を張らねえことが専一だと思う』

『ひとを苦しめて金を儲けたところで、とどのつまりはいゝことはねえだ。国民がみんなその気持になればいゝのス』

『闇屋で縁起のいゝ顔をしている奴はひとりもいねえナ。何代目かにはきつと祟りがくべえ』

少々話があやしくなつて来たが父つつあまたちの気持はよくわかるのだ。農村の道義地におちたといわれるけれども、膝つき合わせて語り合えば、いずれも正しいものへあこがれる良心の声であつた〔。〕そうして、こゝでもまた、共通に引き出された結論は、「正直者が馬鹿を見ないですむような政治」への切なる要望にほかならなかつた。

農村の声、都会の声が和気あい〳〵と平和のよろこびをたゝえ合うのはいつの日か――。マイクを収めて帰路につく頃、雪の山々は夕陽をうけてまばゆいばかりの美しさだつた。

〔『放送』第七巻二号、一九四七年二月、東京、H794〕

銀座街頭録音放送見学記

ところは銀座、資生堂前。

時は春浅き金曜日の午後一時より二時まで。

放送局では藤倉アナ氏を中心に今、全国の人気をあつめている街頭録音放送のマイクのスヰッチを入れた。

われこそは堂々の見解をマイクを通して全国の諸君えと、つめかけ、押し寄せる人の波、人の山。

この日、議題は「生産復興はどうすればよいか」――「ヤミの撲滅」、「官吏がいかんのだ」、「食糧を先づ増産」あちらからもこちらからも意見が出るのを、たくみにさばいて、みんなに言わせて、愛想をふりまく放送員も楽ぢやない。

「私は千葉から出てきた百姓ですが、米はとれる。自家肥料で充分とれる。悪いのは農家だ。農家が出さんのだ。いや作らんのだ」――農村から農家が悪いと反省の声、これは痛快と都会人よろこぶこと。

「あたしは経済のことは知りませんけど、私はちよつと踊りのお稽古にゆくところですけど……」マイクにかぢりついて真赤になつて何をいつているのかわからなくなつてしまつたお嬢さん。銀座ガールもスピーチのお稽古はしていないらしい。

危機はいつ来るか、よく危機が来るといいますが、何か空襲かドロボーでも来るようですが、とアナ氏から問が出るのに、

「いや、僕はもう今、危機の最中です。僕は昨年引き揚げてきたのですが、配給がもらえないので何も食つていないのです」と青い顔で叫ぶ青年。「ウソいえ、食つていないで生きているかイ」と野次が飛ぶ。

配給が悪い、官吏が怪しからん、と官僚攻撃ひとしきり、統制を撤廃しろとまでいつたオツサンもいた。つゞいてアナ氏より生産復興を阻害するものは何か、の問が出た。

「ヤミだ」「ヤミ」「ヤミ」……

「馬鹿いえ、ヤミがなかつたら生きていけねえぢやないか。ヤミを買つていない奴があるかい？ヤミはいのちの恩人ぢや」と奇バツなアイロニーも飛び出す。しかし生産復興を阻害するものはヤミだけだろうか。

それでは生産復興にいちばん大切な産業は何でせうか、とアナ氏いよ〳〵本題に入る。

「紡績です」とツギハギの服の若い娘さんがいつた。輸出産業という意味だつたかも知れぬ。「家庭用品です」と答えたお上さんもいた。「食糧だ」「いや石炭だ」「そうだ、石炭！」「石炭を掘るには食わねば掘れん」「ウン、やつぱり食糧だ」「食糧だ」ということになつてしまつた。都会人の食生活の困窮を思わせる。

「おれにいわせろ。諸君！いちばん大切なのはわれ〳〵の心だ。精神だ――」突然エンゼツを始めた青年がいる。放送員が人波をかきわけてマイクを持つて行く。「いや、政治の困窮だ。偉い政治家がいないからだ。計画経済が……」その前の黒服の人が反バクする。

お二人の御意見はちがうようです。壇の上でやつてもらいませう。と藤倉アナ氏、行事《ママ》よろしく二人を壇上に組み合わす。ハツケヨイヨイというところで黒服氏「僕は――長野から昨日出てきたんです、よくわかりませんので」とトチマチ《ママ》してしまつた。さつきのあなたの御意見をいつて下さい、とアナ氏はげましている間にエンゼツ青年「国民全部があの総力戦の時の気持で頑張るんだ。われ〳〵は敗れたんだ。頑張らなきやならん。国民の一人々々が国家再建の意気で頑張るんだ。心が問題だ！」と握り拳を上げマイクに口を寄せて滔々とやつてしまつた。

経済復興会議については？――はつきりした意見を持つている人はいないようだつた。

今度はゼネスト論議が始つた。「ゼネスト反対」「絶対反対」「こ、しばらくの間は辛棒《ママ》していたゞきます」――銀座街頭、ゼネスト反対運動つよし。「だつて生活を保証しなければ……」とつぶやいたサラリーマンもいたが。

サラリーマンといえば、いまは青い背広に口笛も吹けないが、銀座のひるすぎ、銀座マンがもつといてもよいのだが、インテリはこの人山を横目で通り過ぎるのか。それとも昨今はもうむかしの銀座ではないのだらうか、余り見あたらないようだ。生産復興に最重要な産業が食糧で、阻害するものがヤミだけで、スト絶対反対と頭からきめてかゝる銀座街頭の輿論は、はたして銀座の声だろうか。

録音放送があまりに人気を集めすぎて、野次馬にタカラレた感なきにしもあらず。労働組合や職員組合でもつくつている人たちは、今の日本に最重要産業が食糧、せい〴〵石炭だという位では承知できまい。（S）

○　○　○

何か面白い街の姿、人の姿といつた様なものを捕へたいと思案して「そうだ！　街頭録音でも」と言う事になり、二月の或金曜日に私達は銀座へと出ていつた。

其の日は、空が低く、銀座の焼け残った一角は昼とはいへ、陰鬱な如月の寒さに包まれて、未だ柳の新芽萌える春には程遠く感じられた。

併し、人々の群をなすところ、不思議に、その人々の生気によるのか、温い空気が流れ、微か乍らも光が漂つていた。

ぎつしり詰め合ふ群集の中に潜り込んでいくうちに、動けなくなり、すつかり埋つて、出るにも出られず、暫くジツとしていることにして、只管《ひたすら》首を長くして、何か観察し取らうと思つたのであるが、何も見えない。仕方なしに右横の人に倣ひ、眼を落し、専ら耳を欹《そばだ》てることにした。

終戦後二ケ年。未だ其の努力報ひられず、世相は日々悪化し、私達は生活安定の時を、不安な眼を以て、待侘びているのであるが、其処に集ふ人々は何らかの意味で国民共通の不安を払い去らんとする建設的な努力の必要を認め合つていた。例ば、「今、何が復興を阻害していると思いますか？」といふ放送員の問ひに、中年の男が官僚制度を批判する。と、其の声は熱を帯び、私達の消極的マンネリズム解消の日の近いのを感じさせる。思えば、随分久しい間、積極性を失つた儘歪んだ諦観に私達は滞つていたことか。

併、若し、私達が清く正しく生きんとしたら、何時かは其の消極的精神は清算されなければならない。力を尽した揚句の踰観《ママ》が、何時の間にか努力を忘れ果て、「何事も幻」と、最初から諦める哀れな態度に変つていた様にも思はれる。こんな悟りは粉砕してしまうがいゝ。

同時に、今後この録音の持つ様な公開性《パブリッシティ》の意義は、より一層認識され、実現されなければならない。私はこの録音風景の中に、正しくデモクラシー日本の第一歩が踏まれているのを目撃した。（M）

［『労働文化』第二九巻四号、一九四七年四月、東京、R29］

（第一放送の１）

放送時刻表

昭和二十三年四月一日

	日	月	火	水	木	金	土
5:00-5:30	お早う番組	〃	〃	〃	〃	〃	〃
5:30-6:00	朝の農家の時間	〃	〃	〃	〃	〃	〃
6:00-6:15	全中ニュース	〃	〃	〃	〃	〃	〃
6:15-6:20	ローカルニュース 天気予報（各局）	〃	〃	〃	〃	〃	〃
6:20-6:30	軽音楽（w）	〃	〃	〃	〃	〃	〃
6:30-6:45	英語講座	〃	〃	〃	〃	〃	〃
6:45-7:00	私達の言葉	〃	〃	〃	〃	〃	〃
7:00-7:15	全中ニュース	〃	〃	〃	〃	〃	〃
7:15-7:30	市民の時間（中央／地方）	〃	〃	〃	〃	〃	〃
7:30-7:45	ラジオ歌謡	家庭菜園	ラジオ歌謡	家庭菜園	ラジオ歌謡	家庭菜園	ラジオ歌謡
7:45-8:00	自由人の声	今日の話題	〃	〃	〃	〃	〃
8:00-8:15	仏教の時間	軽音楽（w）	〃	〃	〃	〃	〃
8:15-8:30		尋ね人	〃	〃	〃	〃	〃
8:30-9:00	各演奏家の時間	〃	〃	〃	〃	〃	〃
9:00-9:05	朝の主要ニュース	〃	〃	〃	〃	〃	〃
9:05-9:15	気象通報（全国）	〃	〃	〃	〃	〃	〃
9:15-9:30	子供向の話	主婦日記	〃	〃	〃	〃	〃
9:30-10:00	邦　楽	〃	〃	〃	〃	〃	〃
10:00-10:15	キリスト教の時間	幼児の時間	〃	〃	〃	〃	〃
10:15-10:30		低学年の時間	〃	〃	〃	〃	〃
10:30-10:45	子供の音楽	子供の音楽	〃	〃	〃	〃	〃
10:45-11:00		学校新聞（10分全中 5分　中央／地方）	〃	〃	〃	〃	〃
11:00-11:30	神道の時間	学校放送	〃	〃	〃	〃	〃
11:30-11:45	今日の音楽	〃	〃	〃	〃	〃	〃
11:45-11:55	配給だより（各局）	〃	〃	〃	〃	〃	〃
11:55-12:00	ローカルニュース 天気予報（各局）	〃	〃	〃	〃	〃	〃
12:00-12:15	全中ニュース	〃	〃	〃	〃	〃	〃
12:15-12:30	ことばの研究室	録音ニュース	ひるの一時	録音ニュース	ひるの一時	録音ニュース	ことばの研究室
12:30-1:00	のど自慢（二種）	食後の音楽（二種）	漫才落語講談	食後の音楽（二種）	街頭録音（二種）	食後の音楽（二種）	新人の時間
1:00-2:00	放送討論会	婦人の時間	〃	〃	〃	〃	中継（劇場催物）
2:00-2:15	劇場寄席中継	ラジオ告知板（各局）	〃	〃	〃	〃	土曜コンサート
2:15-3:00		中央局委任	〃	〃	〃	〃	
3:00-3:15	ラジオロケーション	全中ニュース	〃	〃	〃	〃	浪花節、講談
3:15-3:30		皆さんの健康	〃	〃	〃	〃	
3:30-4:00	三　題　噺	教師の時間	読書案内	教師の時間	読書案内	教師の時間	特集録音
4:00-4:25	ヴァラエティ	私達の音楽	〃	〃	〃	〃	ラジオコメディ
4:25-4:30		経済市場	〃	〃	〃	〃	〃
4:30-5:00	休　止	〃	〃	〃	〃	〃	〃

〔午後５時以降の分は次頁〕

（第一放送の２）

放送時刻表

昭和二十三年四月一日

	日	月	火	水	木	金	土
5:00-5:15	全中ニユース	〃	〃	〃	〃	〃	〃
5:15-5:30	子供の時間	〃	〃	〃	〃	〃	〃
5:30-6:00	若い人々	〃	〃	〃	〃	〃	〃
6:00-6:15	国会討論会	英会話	〃	〃	〃	〃	〃
6:15-6:30		鐘の鳴る丘	〃	〃	〃	〃	〃
6:30-6:45		市民の時間	〃	〃	〃	〃	〃
6:45-7:00		向ふ三軒両隣	〃	〃	〃	〃	〃
7:00-7:15	全中ニユース	〃	〃	〃	〃	〃	〃
7:15-7:20	ローカルニユース（各局）	〃	〃	〃	〃	〃	〃
7:20-7:25	明日の食糧	〃	〃	〃	〃	〃	〃
7:25-7:30	スポーツニユース	〃	〃	〃	〃	〃	〃
7:30-8:00	お好み番組	民謡・歌謡曲	日響の時間	話 の 泉	邦　楽	世界の音楽	二十の扉
8:00-8:30		新らしい農村	物　語	問題のかぎ	落語漫才	ローカルの時間	家族の話題
8:30-9:00	時の動き	浪花節、講談	労働の時間	ラジオリサイタル	産業の夕	放送劇	希望音楽会
9:00-9:15	日曜娯楽版	ラジオ小劇場	街頭録音	スポーツシヨウ	郷土自慢		民衆学校
9:15-9:30					社会探訪	話	
9:30-9:45	ニユース	〃	〃	〃	〃	〃	〃
9:45-9:55	引揚者の時間	解　説	〃	〃	〃	〃	〃
9:55-10:00	ローカルニユース／番組予告（各局）	〃	〃	〃	〃	〃	〃
10:00-10:15	お休み番組	〃	〃	〃	〃	〃	〃
10:15-10:25	気象通報天気予報（全中７分ローカル８分）	〃	〃	〃	〃	〃	〃
10:25-10:30	最後の主要ニユース	〃	〃	〃	〃	〃	〃

（第二放送）

	日	月	火	水	木	金	土
6:30-6:45	全中ニユース	〃	〃	〃	〃	〃	〃
6:45-6:50	ローカルニユース（各局）	〃	〃	〃	〃	〃	〃
6:50-7:00	音楽（W.S.C）	邦　楽	〃	〃	〃	〃	〃
7:00-7:30	歌と音楽（J）	〃	〃	〃	〃	〃	〃
7:30-7:55	邦　楽	音楽（W.S.C）	〃	〃	〃	〃	〃
7:55-8:00	朝の主要ニユース	〃	〃	〃	〃	〃	〃
正午-5:00	スペシヤルイブエント	〃	〃	〃	〃	〃	〃
5:00-5:45	レコードコンサート（W.C、W.S.C、J.S.C）	〃	〃	〃	〃	〃	〃
5:45-6:00	ラジオ告知板（各局）	〃	〃	〃	〃	〃	〃
6:00-6:15	全中ニユース	〃	〃	〃	〃	〃	〃
6:15-6:30	新聞論調	〃	〃	〃	〃	〃	〃
6:30-7:00	中南米の音楽	家庭の話題（再生）	時の動き（再生）	新しい農村（再生）	労働の時間（再生）	問題の鍵（再生）	産業の夕（再生）
7:00-7:15	二十の扉（再生）	音　楽	〃	〃	〃	〃	話の泉（再生）
7:15-7:30		裁判報告	〃	〃	〃	〃	
7:30-8:00	街頭録音（再生二種）	文化講座	中央局ヴァラエティ	文化講座	BK ヴァラエティ	文化講座	スポーツミラー
8:00-8:30	放送音楽会	室内遊戯の時間（碁、将棋等）	邦　楽	放 送 劇	現代日本の音楽	大衆演芸の研究	世界の名作
8:30-9:00					物　語	邦　楽	
9:00-9:15	全中ニユース	〃	〃	〃	〃	〃	〃
9:15-9:20	ローカルニユース（各局）	〃	〃	〃	〃	〃	〃
9:20-10:00	名曲鑑賞	〃	〃	〃	〃	〃	〃
10:00-10:05	今日の主要ニユース	〃	〃	〃	〃	〃	〃

［『放送技術』第１巻１号、30-31 頁、手書き］

座談会　細胞新聞を語る

三月八日夜
「新しい世界」編集室

出席者（順序不同）

	細胞名	細胞新聞名
富塚　登	日本電気精器	「ちかい」
小針　富夫	〃	
藤川義太郎	日本発送電	「母線」
山本　坦	〃	
石井　藤子	〃	
宮森　繁	東宝撮影所	「星」
服部　重信	日本製靴	「とう魚」
古庄　邦三	ライオン油脂	「明るい工場」
荒木　眞一	日立亀有	「愛される同志」
田中松次郎	（本部組織活動指導部）	
山主　俊夫	（アカハタ編集局）	
岡林　直枝	（「関東週報」編集局）	

記者

記者　みなさん、一日はたらいたあとの、おつかれのところを、ご苦労さまでした。レニンもいつているように、新聞なしに政治闘争はやれません。これは経営内でもおなじことです。細胞新聞なしで、細胞が政治活動をやるということはできません。それにアカハタの部数が、ひどく制限されているので、それを補う意味でも、細胞新聞が、いまとても必要になつています。

そういうわけで、細胞の武器としての、細胞新聞についての座談会をひらいたわけですが、まずさいしよ、各細胞の新聞発行の実情から話していただいて、そのなかからいろいろと問題をひろつてゆきたいとおもいます。日電さんからどうぞひとつ……

新聞を面白くするには

富塚　工場内の保守気分もつよかつたのではじめに「自由大学」という講座式のものをだし、読者をつのると二、三十人あつまつた。一月一円ずつとつて経営してゆくうち、細胞もつよくなつたので、読者の了解をえて、細胞新聞に切りかえたのです。

記者　そういうやり方は、ずつと前のやり方ですね。

小針　従業員八百で、細胞新聞はだいたい百五十部くらいだし、いまは一部二円でうつています。金をとつているので、定期的にださぬと、あきられてしまうし、内容がつまらなければ、すぐやめてしまう。それでひじように責任をかんじ、どうしたら面白くよんでもらえるかと、ずいぶん苦労してきたんです。

記者　いま問題になつている点は……

小針　いままで理論的な抽象的なことがらを、ずつととりあげてきたんですが、やはり現場の労働者のほんとの生活の苦しみ――読んでああそうだというふうに、受けとられるものを出そうとしているんですが、現場の人はなかなか原稿をだしてくれない。どうしたらいい原稿がかけるか、という点でなやんでいます。

山主　金集めはどうですか。

小針　きちんと集まります。大きな問題があれば号外をだします。面白い記事がでれば周りの人にも見せあうので、四百部もだせば全員がみます。詰将棋やクロスワードをのせたら、大成功で、見る人が多くなり、そうとうよまれています。

記者　では日発さん……

藤川　わたしのところは、事務員中心で、千人くらいいます。一昨年十二月細胞ができ去年一月新聞をだしました。いま百ないし百五十部だし、金はとつていません。発行は月一回で、反響の点は、多少いろんなことを忠告してくれる人もでてきています。組合の機関紙がでていないので、細胞ニュースで組合のことを知るという形もでています。インテリが多いので、多少理論的なところもあり、細胞員に一枚でも二枚でも、まちがつててもいいから、原稿をかかせ、まちがつている点は、あとで討議して改めています。金をとつていないのは、文化サークルその他の機関紙が無料でたくさんでているからです。

小針　やはり金はとつた方がよいとおもいますが……

藤川　わたしもそう思います。しかし、はじめは細胞確立のため、まあなんでもよいから出そうというので出した形です。配るのはこちらでマークしている人にですが、ほぼ固定読者になつています。

成功と欠陥

記者　東宝撮影所細胞は精力的に出していますね。

宮森　従業員は千百人ちよつといて、発行部数は五百から八百です。「星」という細胞新聞を一昨年六月からいままでに三十六号、号外を十六、七号だしました。その他に細胞回報というのを十五号だしています。これは細胞員だけがよむのです。というのは、細胞員がとても多く、細胞全体があつまれないからです。

「星」の方は印刷所が二カ所あり、専門家的な印刷ができるときは部数を多くします。できたら二千部ぐらいすりたいとおもつています。対外的にも全国にわけています。これをだしたため、細胞が公然化して、党員がふえました。公然化するまではひんしゆくをかつていました。それから、紙代カンパに従業員が組織化されました。げんざいでは、一部に二十円か四十円だしてくれる人があります。定価は一円ですが、五円だして、つりはいらないというようになつています。

編集部は五名ですが、おなじ人がながくやると、かたよる傾きがあるので、大体九カ月でかわることになり、いままで二回かわりました。

岡本　非党員からも細胞新聞は、たかく評価されていますか。

宮森　なかなか痛烈です。こんどのは面白いとか、面白くないとか。あまりきれいだととつつきにくい、なぐり書きみたいのがいいというのもあります。

古庄　記事はよく集まりますか。

宮森　斗争がおきると集まりますが、沈滞すると集まりません。文化問題でやっているときは、俳優や演出家などの芸術的な人が入党するし、ストのときは筋肉労働者的な感じの人が入党したという、おもしろい現象がありました。細胞指導部では、欠陥として、(一) 組織的配布が成功していない、(二) 記事がかたい、(三) 政治性と指導性がない、(四) 党外読者との交流が少い、と自己批判しています。

技術者の養成

記者　日本製靴はどうですか。

服部　従業員は四百五十、部数は百二十部です。まだ三号しか出していませんが、月二回の予定です。読者は固定しており、一部一円とつています。組合執行部はぜんぶ党員でかつぱつな運動をやるんですが、文化的な面がたりないので、細胞新聞をだすことになつたのです。カットでもなんでもやわらかいものを出しています。組合の新聞がきたないので、ひじようにめだつて、これなら一円でも安いというので買つてくれるわけです。

記者　原紙の切り方なんかくろうとですね。絵をかいたことがあるんですか。

服部　はじめて切つたのです。絵をかいたことはありません。

山主　絵心があるんですね。体裁はじつによくできています。

宮森　印刷技術者の養成ということが大切ですね。私の方も印刷技術者さえあれば、まだ何回も号数を出せるのです。

服部　それから、記事のつかみかた、かきかたを一生けんめいやつています。

山主　一つの欠点は、形は新聞型にできているけれども、内容は雑誌です。内容に動きがない。もうすこし、なまなましい、じつさいに動いている事実によるアジテーションが新聞としては必要じやないかとおもう。

服部　細胞新聞が闘争をやる道具になるなんて、今日はじめてききました。

記者　細胞の動きも組合主義的ではないのですか――。つぎにライオン油脂さん……

共産党の悪口会

古庄　うちは、細胞が公然化したのは、去年の一月です。細胞新聞をだすのにも、苦労はなかつた。細胞の公然化には、五人の党員が決死的な思いで、組合大会のあと、組合長に申しこみ、「われわれは共産党員です」と名のつた。このとき、大問題がおこるだろうと思っていたら、予期に反して万雷の拍手をうけたわけです。

細胞のさいしよの仕事として、新聞を発行した。はじめ二十銭しかとらなかつた。細胞は事務所のインテリのあいだにできていたので、新聞でもつて工場え《ママ》の働きかけを、補つていたわけです。はじめ理論的なものが多くて、どうしても反響がない。どこがわるいといつたら、けつきよく現場の人の気持をつかんでいない。あるとき残業のことを取りあげて、労働基準法違反だということをかいた。現場では、残業で金をかせいでいたので、つまらんことをかくといつて、問題になつた。そこで「細胞をかこむ会」をやつて、こつちの意見をはなしたら、二人入党した。しかし、じつさいやつてみると、職場の声をつかむことはむずかしい。このごろでは細胞の公然化ということは、「おれは党員である」というだけではだめで、公然とした活動をせねばならぬということになりました。

記者　公開の細胞会議はどんな具合ですか。

古庄　公開会議はひる休みにやり、みんなくるわけです。作業がおわつてからだと、みんな帰りますから……。ほんの一時間ぐらいです。いま「共産党の悪口をきく会」をやつています。便所なんかに、「共産党のばかやろう」などと落書がある。こりやいかんというので、はじめたのです。

記者　悪口は大いにでますか。

古庄　でます、でます。いちばん大きい問題は、共産党は言葉がわるい。一方的に意見をいつて、他の意見をきかない、ということです。幼稚な質問がでます。「うちの細胞員はおとなしくて、まじめでいい。しかし、ソヴエトはきらいだ。ソヴエトでは、はたらかざるものは食うべからずで、ちつちやな子供まで、ぜんぶはたらいているそうじやないか」といつたようなものです。

反共も基金を出す

記者　細胞新聞でそんな問題をとりあげたら……。

古庄　やつています。基金カンパをやつたんですが、とてもいいんです。共産党ぎらいで困つていた人が、今日は百円カンパしてくれました。いちばんきらつていた人間ですが勇敢にとびこんで、共産党の宣伝をやつたんです。労働者はインテリとちがつて、なつとくすれば、「よし、わかつた」といつてだす。インテリはわかつていてださん。

記者　共産党がわかつたから出すんですか。

古庄　細胞には、じつのところ感謝してるんです。賃上げでも、なんでも、共産党員はほんとによくやつてくれる。だけど、共産党のはつきりした姿を知らなかつたから、ださなかつた。だから、門口まできていたんです。ある職場で出た言葉ですが、「共産党員はあんなに一生けんめいやつているんだから、どつからか金をもらつて、やつてるんだろう」という。さつそく、党の財政の話をしたら、なつとくして、どんどんだした。

記者　日立亀有の方はどうですか。

荒木　闘争がはげしいときには、三日おきぐらいに新聞をだしました。従業員二千で、新聞千部ぐらいでした。現在は新聞はださないで、まいにちアカハタ二倍くらいの紙で壁新聞をだして効果をあげています。党にたいする労働者の態度も十月闘争いらい、ずいぶんよくなつています。一千万円のカンパがきたとき、街頭にでてやつたんですが、なかなか集らない。そこで職場にとびこんで、度胸をきめて「共産党に金がないから、十円でも二十円でもいいから、寄付してくれ」といつた。ところが、「共産党はソヴエトから金をもらつているんじやないか。まいばん代々木の屋上え《ママ》、軍事郵便で金がどさどさおちるという話をきいている」というんです。「党の財政は党員が月給の何パーセントかをおさめてやつているんだ。それとみなさんのカンパなんだ。東京にソヴエトの飛行機がとんできたらどういうことになるか、みんなが想像してもわかるじやないか」といつたら、どしどし金をだしてくれた。

記者　壁新聞と細胞新聞は役目がちがうとおもうんですが、それを具体的にあらわしているところはありませんか。

荒木　細胞新聞であまり取扱われないもの〔、〕ガリ版切つて印刷しては間にあわぬもの、それを教育宣伝部で、すぐにポスター・カラーできれいにかいて、朝掲示板にはる。出勤するときにみんなみてくれます。

田中　質問ですが、指導部が新聞のことにねつしんな関心をもつていますか。

岡林　内容にたいする批判が指導部でですか。

宮森　あまりでません。それがこまります。できたら細胞新聞の交換をやつて、各細胞新聞の相互批判をすすめたいとおもいます。

藤川　記事もみんながかいてくれれば、じぶんのかいたものがでたというので、興味がわき、また、ものごとをしつかりつかむ練習になるのですが、なかなか書かない。

工場のかがみ

記者　細胞新聞についていては、いろいろ問題がありますが、大きなものとしては、編集の組織の問題、内容の問題、技術面、それも整理とガリ版切りの問題、資材の問題、配布の問題などあるとおもいます。新聞はだそうとおもえば、どこでも、いつでもすぐだせる。おつくうがらずにどんどんやつてもらいたいとおもいます。内容の問題についてなにかご意見は……。

山主　だいたい、みなさんの細胞新聞をみていると、非常に新聞になつているのもあるし（日発）、きれいによくはできているけども雑誌と新聞のあいの子みたいのもある（日本製靴）。やつぱり抽象的な理屈が多い。ニュースまたは事実、大衆が関心をもつ事実を、うんとあつめて、事実のなかに理屈をしみこませていかぬと、雑誌になつてしまう。事実を一つ一つとりあげて、その事実を通じて、共産党の考えを宣伝する。誰と誰とがどうしている、重役はどこえ《ママ》いつた、いま何を考えているらしい、そういつた情報をたくさんあつめる。それによつて、どういうふうに民主民族戦線を大衆に訴えるかが、浮かびだしてきます。

記者　コミンタン〔コミンテルン〕のテーゼのなかに、「工場新聞は工場のかがみだ」というのがあつたとおもいます。しかも、政治的にうつしだした鏡でなければいけません。工場内のあらゆる事実をあつめ、それの政治的な意味をうつしださねば、政治的な鏡にならない。事実をあつめるについては、指導部、編集部だけではだめです。全細胞員が事実や大衆の言葉をあつめて、報告する。編集員がそれをもう一度しらべてかく。細胞員が記事をかくのはいいが、なかなかかかない。しかし、このニユースあつめは全細胞員の義務にしてもよいとおもいます。またこのニユースなしにはいい闘争方針はたたぬはずです。細胞員はぜんぶが新聞の記者（書かない記者）である心構えをつけるとよいとおもいます。

小針　その点まつたくそうで、われわれはうえから与えるという感じでやつていた。それをかえれば読まれるようになるとおもう。

記者　それから、大衆はめずらしい事実だけでなく、身近かな事実にふかい興味をもちます。よその町の殺人にはあまり関心をもたぬが、事件は平凡でも隣家の殺人には、非常な興味をもちます。そういう事件をとらえる。しかし、大衆が知つてるだけのことをかいたのではだめです。そこで、全細胞員が探偵みたいに事実の捜索（記者活動）をやり、うんとしらべにしらべあげて、大衆のしらぬ事実をたくさんかく。そうするとはじめてよまれます。そして事件をうんとほりさげる。根ほりする。そうすると、そこにかならず、政治の鉱脈がある。それをとらえて、はじめて記事も事件も政治化し、政治化すれば、また横にひろがつて横ばいする。政治的にてらしだすというのは、ちよつぴり、じぶんの政治的意見をつけくわえることでなくて、根ほりすることだとおもいます。

新聞の造庭術

山主　意見をのべるときも、自分の意見として論文にしない。工場のなかの人に語らせる。インタビユー（会見記）というやつです。それから、工場のなかの人のことをできるだけかく。紙面のいたるところに、敵でも味方でも、工場のなかの人の名前が、ふんだんにでてくると大衆は紙面にしたしみを感ずる。細胞新聞はみんなのものだという気持になる。誰と誰が結婚したというような記事もあつてよい。それも大衆がしらぬうちに、すばやくかく。新聞は戦争とおなじに、巧遅よりも拙速を尊びます。

それから文は人なりで、記者たちの思想人柄が、そのまま紙面にでてくる。いまの細胞新聞は政治性がたらぬといわれていますが、これは細胞が経済主義を脱却していないからです。新聞の紙面は、その細胞が経済主義を脱却したか、どれだけ政治家になつたかのバロメーターです。

服部　記事のかきかたを練習したいとおもいます。ガリ版とおなじように、地区あたりで、細胞新聞編集者の会議をひらいて、もつと具体的に指導してもらいたいとおもいます。

山主　まず記事の配置や見出しですが、ブル新聞では、この紙面構成を造庭術といつています。読者の感覚に訴えるように、紙面が造庭されねばなりません。だらだら文章がながくならぬようにし、また小見出しをつけるとか、ある文字を大きくするとかして、変化をつける。

　また新聞をよむ人は、ぜんぶの記事をかならずよむとはかぎらぬので、見出しだけみても、ほぼ中味をよんだくらいの効果をあげるようにする。そして見出しにつられて、つい中味まで、よんでしまうようになる見出をつける工夫も必要です。

　つぎに、記事のかきかたですが、さいしよに、記事のぜんたいを、一つの文章にまとめあげたものをおく。これをかくのは、たしかにむずかしいが、こうしておくと、さいしよの二三行をよんだだけでも、記事の内容がわかる。それから、その一部一部をときほごす文章をつず《ママ》ける。紙面の都合で、どこできつてすてても、まとまつた記事になるようにするのが新聞記事のコツです。これは容易にできぬが、そのつもりでかいてくださると、わかりよく、読みやすくなるとおもいます。

記者　次にガリ版その他の技術の問題は、講習よりも、やつぱりじつさいの練習だとおもいます。細胞新聞はまだまだ幼稚で、十分の政治的役割をやつていません。東宝などではかなり大きな政治的役割をやつているが、まだ、記事が単調で、文章がどぎつく、紙面の造庭がまずいとおもいます。東京ではかなり発行されているが、地方ではむしろ発行されているのが珍らしいくらいです。人民闘争の展開には、もつともつと多くの、よい細胞新聞が必要となつています。問題はまだまだありますが、今晩はこのへんで……。

［『新しい世界』第一二号、一九四八年六月一日、東京、A474］

新定型詩と壁新聞詩

竹中久七

1

ジヤナリズムでは絵画芸術を口絵、挿絵、カットとして扱つている。詩芸術を埋草、景物として扱つている。つまり絵画や詩を装飾かさしみのつま位に扱つている。それに対して絵画芸術には展覧会に出品する本格的なものがある様に、詩芸術に於ても詩集や詩の専門誌にのせる本格的なものがある筈である。所が現在の詩壇にはそうした本格的なものが殆どない。どの詩集をみても、どの詩誌を見ても、そこに見出す詩はジヤナリスティクなもの、本格的でないもの、さしみのつまみたいなもの、埋草的景物的なものである。之は現在の大部分の詩人が商業主義に中毒している証拠である。

2

本格的な絵画をかくには、本格的な技術の訓練や基礎知識が必要な様に、本格的な詩をかくにもそれらが必要である。そして本格的な絵画がかけない挿絵専門、カット専門の画家というものは提灯屋、看板屋、団扇屋、ポスター屋の画かき職人と同様に大したものはかけない。それと同様に本格的な詩をかけない詩人はいくらジヤーナリズムで有名でも、ラジオの朗読詩をかいても、雑誌の埋草詩をかいても下らんものしかかけない。今ここで私は本格的なものしか書くなと言つているのではない。詩の実用化という面から、ジヤナリズムやラジオと妥協しても、それが止むを得ない妥協、必要な妥協である限りよろしい。併し、妥協ばかりでは困る。本格的なものを持つていないのでは困る。現在詩壇とかジヤナリズムで有名な詩人の殆んど全てが（極く少数の例外もあるが）本格的な詩がかけない、又わからない詩人だということは彼等が不勉強だからである。技術（芸のことではない）の訓練もやらなければ、詩史や詩論という基礎知識もなくて、そんなものは面倒くさいとか六ヵ敷くてわからないとか思つて習得しようと努力しないからである。

3

どんなチヤチな演劇でも、上演するには相当の下稽古をする。又一人前の俳優になるには、舞踏、発声法、ドラマツルギイ、演劇史位は勉強する。然るに現在の詩人は、そうした教養をつみあげてその上で詩をかくのではなくて、唯思つたことをくどくどかきなぐるだけである。そして詩をたくさん書いているうちに、自然に（つまり素朴自然主義的に）詩は上達すると思つている。従つて先輩の残した道を後輩が更にすすんで詩を発達さすということはなく、先輩のまねをするか、先輩の道と並行した道を無意味に開拓して、新しい道だと思い違いしている。

4

戦後「国鉄詩人」が出発してから三年も経つのに、相当良い素質の詩人がいるのに、一人として本格的な詩をかける詩人が出ないのは、正に指導者の責任である。指導者自身が必ずしも本格的なものが書けないとかわからないとかいうのでもないのに、指導しようとしない所か、自分自身ジヤナリズム的な詩におもねている。「大衆に学ぶ」とは決してかかる態度ではない。

その他のグループでは指導者自体がその資格がないのだから止むを得ないが、「国鉄詩人」の場合はそうではないのだから残念である。

この点「前衛詩人連盟」は最も成功している。

5

我々は「文化工作隊」や「壁新聞」の宣伝・煽動の詩を決して軽蔑しない。我々は本格的な詩の外に、どうしても必要な妥協として、そうした詩を書く必要を認めている。併しそれだけではいけない。妥協だけではいけない。何故ならば、それだけでは過去の文化的遺産の食いつぶしだからである。そうしたものばかり書いている内に、本格的な詩が書けなくなり、下手糞な詩人になり下つている実例は、有名・無名の詩人にいくらでもある。

6

我々が新定型詩運動をやるのも、出来るだけ急速に本格的な詩が書ける様になり、そして「文化工作隊」や「壁新聞」にもヨリ良い詩を提供し得る詩人を沢山育成したいからである。こうした新定型詩運動の階級的党派的意識を理解することなく、「すぐ役に立つ」「政治と連結した」詩の大衆化（実は商品化）運動を求める人は、プラグマチズムと唯物論をとりちがえたり、機械論と弁証法を区別出来ない人である。又「詩なんかやつているから実践から遠ざかる」という風な声は決定的に誤つている。新定型詩運動をやる人はそんな誤つた批判に気を《ママ》かけることなく、あせらず、おくせず自分の天分を活かしつつ、立派なボルシエヴイキとして鍛え上げるべきである。実践といえば経済闘争しかないと思つているのは、政治性のないストライキ・マンの特徴である。（そうした人に限つて理論面を軽視し経験主義に陥つている。又理論戦線と芸術戦線とは一ケの文化戦線として統一され、革命の平和的展開に重要な役割を持つていることを訳《ママ》つていない。）勿論経済闘争は基本的階級的闘争だが、政治的な意味での実践とはもつと巾の広いものであつて、階級闘争や経済闘争に限定するものではない。――経済主義・日和見主義に陥つて行かないように、我々はしつかり大地に足をつけて組織的に行動する必要がある。

〔『詩人会議』第三巻二号第九冊、一九四九年八月一五日、S1155〕

新聞による教育

何《が》　初彦

戦争前のことであつたが東京で世界教育会議が開かれ、各国の教育課が集つて会議を行い色々の社交的会合が催された。米国あたりからはふだんの勤務に対する褒賞の意味も含めて日本観光を兼ねた女の先生たちが沢山派遣されて来た。二十二、三のお嬢さんがほとんどで園遊会というとビールなど争つて飲む連中だつたが、その一人に何を教えているのかと訊いたところニユーヨークのハイスクールで〝ジヤーナリズム〟の授業を担当していると明快に答えられたのに、当時ジヤーナリズムといふ概念さえはつきり理解して居なかつた僕は相当驚かされた。よく聞いて見ると学校新聞を編集する指導を主として受け持つらしいが〔、〕その他生徒が新聞を見ながら内外の時事問題を円卓会議式に論ずるのを適当に進行させ結論を与えたりする様だ。その時ハイスクールのための〝ジヤーナリズム〟という教科書風の本を貰つたが初版は一九一八年に出ているから中等教育ではかなり以前からこの試みが行われていたのであろう。因に米国の大学では一八六九年最初の新聞学の講義が行われ、一九〇八年には有名なミゾウリ大学の新聞学部（スクール・オブ・ジヤーナリズム）が創設されている。

最近の外誌によるとたとえば一九四六年春には現職教員に対する〝新聞による教育〟の講習会がニユーヨーク市教育局とニユーヨーク・タイムス社の共同開催で開かれ、初等・中等教育の教材として新聞は益々重要視されて来ている。この時発表された公民科の一教案に、国際連合を選び生徒にハンター・カレッヂの会場の議事進行ぶりを見学させた後、之を報道する同日の新聞記事の内容、整理法、標題《ミダシ》などの研究を指導するものがあつた。

新聞報道に随うと我国の六三三制による上級中学校では時事問題の課目があり教材に新聞ラジオを用いるこ〔と〕になつている。初級中学校にも課せられる社会科で新聞が教材に用いられる場合また非常に多いことと併せ思うと、この分野に対する研究が目下益々必要性を増して来たと考えられる。

いま我国で実行にすぐ移すことの出来る〝新聞による教育〟を考えると三つの場合が先ず思い浮べられる。

（1）時事問題を理解するための教材として新聞を用いる場合

（2）意見を発表し提案を伝える手段として新聞（壁新聞・雑誌・ビラ……）を製作する場合

（3）新聞（ラジオ・雑誌・ニユース映画・報道写真……）の本質・機能などを調べて新聞学的な考察に入る場合

（1）時事問題を理解するための教材として新聞を用いる場合

授業のある朝の日刊新聞を生徒各自に与え読ませて置くのが理想であるが、現在の如き新聞配給状態ではどの新聞でも構わないから特殊紙（たとえばスポーツ紙、経済紙……）でない一般紙で手に入るものを持つて来させる。この場合その日の新聞ということが大切で生徒は時間的に接近した事件に最も関心を持ち熱意を以て理解しようとする。

然し「今日の新聞に書かれていることで一番興味を持つたのは何か？」と尋ねても慣れないうちは仲々答えを得られるものではない。が、どんな小さな記事でも生徒自身にとつては案外身近かに感じ生活に重要な意味を持つ問題もあり得るから、答えがあつた場合はそれを中心にして問題を解説して行く。その日特に重要性のある時事問題に結びつけることが出来れば一番良い。これと反対に教師の重要と思う問題で而も生徒の理解力を越えない内容のものを選んで簡単に解決する。そのあとで記事中の分らない処を質問させると案外教師の察しにくい盲点を知ることが出来る。質問がない場合は逆に「みんな分つている様に見えるから反対に質問する」と見逃した部分を突いて教室を活気づけることが出来る。この方式がごく普通の解説であろう。

　新聞の使命はあくまでも事実を報道することであるが種々の要素の影響を受けて必ずしも事実をその儘映した鏡とは曰われないのが現状である。教師たるもの新聞の背後にある真実を見透して生徒に正確な理解を与える丈の教養と気慨がなければならない。社説・署名記事・投書の如き意見を混えた記事と、起つたことをその儘報道する裸の事実の区別を明かに識ることとか報道内容に対して国家、政党、経済界などが大きな影響を与えて真実を遠ざかるおそれのあることを考慮に入れる必要もある。読者の好奇心に媚びて煽情的な扱いをする記者の傾向等々新聞学の素養に基いて批判的立場を持し、生徒に新聞の正しい読み方を教えるが根本的問題となつて来る。民主主義の社会では正しい輿論が要望され、この輿論は新聞によつて殆んど総ての報道を与えられるのである。新聞を通して正確な事実を認識し、これを個人的な立場だけで解釈せず公共の立場で考える訓練が為されるべきである。

　大衆の新聞に対する盲信は書かれたことを総て本当だと思う。新聞製作者は多数の読者を得得《ママ》する為に最低の智識を標準とし、常に新しい刺激を追つて充分問題を掘り下げる用意をしない。読者〔が〕また限られた時間に眼を通すため反省の時間が与えられず編集方法によつては正確な事実とはほど遠い印象を受ける。最近の例をひいて見ると電気産業組合の争議に関して「ものの見方」と題して次の様な投書が毎日新聞に載つていた。

「電産の要求が一人平均二千百四十円だという場合電産労働者の構成を先ず考えるべきであろう。之は給料の平均額で勤続と年限長く中年以上の者が多いとすれば平均額の多いのは当り前だが、いまや日本中の人間は電産従業員こそは〝労働貴族〟だ〔と〕思い込まされている。

　これに反し教員の要求の場合は一言でも平均いくらということをいっているか。たゞ最低六〇〇〇円の一本槍ではないか。電産の要求は最低五七〇〇円なのである。今迄の最低給料は百五〇円なのであつた。教員の六〇〇〇円という要求は物価から考えて全くつゝましい。しかして電産の要求は本当はそれ以上につゝましいのだ。新聞や雑誌の記事からその文字のもつ本当の意味を、ものの真相を、つかみとる訓練ができなければ、日本の民主化の道も程遠しである」。

　これはある個人の意見の文章であるが、かくの如く新聞の記事から受ける印象が不確かな場合に、さて真実は何処にあるだろうかと疑問を懐く生徒が必ずあると思う。教師の良識で簡単に説明出来る時はいゝ。然らざる場合は可能なる限り生徒自身に調査させる方法をとる。一定の時間を与えて図書その他の資料により正確な智識を得ること、共に、当事者を訪れて談話をとつて来るのである。立場の異る二、三の人が居る場合は公平に双方の言分を聞いて来て組全体に報告して判断を多数決に求めるのも良いであろう。

嘗て東京の省線電車が安全運転と称して都民の足を混乱させ群集の激昂を買つたことがあつた。その際の新聞は締切間際だつたせいもあつて単に国鉄の従業員組合が新戦術を使つたことを報じただけであつた。ところがこれはある大学の学生たちであるが神田の駅で乗客が憤激の余り女改札係を撲り駅長に土下座して謝らせたのを目撃し、駅員たちに怠業の責任があつて撲られるのならまだ良い。然し若し駅員がこの安全運転を行つた省電青年部に全然関係ないとすればこの人等をいじめることは凡そおかど違いではないか、との疑問に発して駅員、車庫、組合本部、目撃者を手分けして訪れて談話をとり、結局当時未だ新聞では不正確な解説しかつけられなかつた産合、総同盟の国鉄に対する関係に就いて正確な智識を自分のものとしたことがあつた。

新聞に報道された問題を中心にして討論の形式をとつて授業を進めることも非常に効果的である。好題目と思われるものを教師或いは生徒自身が選んで各人賛否の議論を闘わせる方法、組を肯定、否定に二分して代表者を交互に出して相手を反駁しつつ論を進める法などが普通とられる。変化する現代社会では嘗ての封建社会に於る如く意見に絶対的な価値がなくなり、問題が複雑な諸要素の影響を受ければ受ける程はつきりした善悪の捺印が出来ず結局多数者の支持があるものを正しいとする。民主主義の考え方によれば、「我は正しい」と思うかたわらひよつとすると彼の方が正しく、〔「〕自分は間違つているかも知れない」と懐疑的精神を持つことが必要で、随つて他人の意見をよく聴く習慣をつけ問題を多角的に考察して討論によつて本質を明瞭にすべきである。この際既存社会の慣習的な考えが生徒の頭にあり、たとえば天皇制に対する場合など固定した概念で問題を判断することが屢見られるが、一応これらの袢を取り除いて真実と取組む心がけが養われて良いであろう。

現代の新聞は過去のもの〔の〕様に既に起つたこと、或いは現在起つていることを報道するのみならず、之から起ろうとしていることに見透《ママ》しをつけて報道する傾向がある。かゝる将来に続く可能性のある問題を採れば、二三日の余裕を置いて生徒に充分賛否の論を練つて原稿を作らせ、教室で朗読させた後聴く者に質問させて討議に移る。担当者に必ずしも充分な見解がない時は父兄はじめ一般社会の人々からインターヴュウの形式で意見を集め論旨とさせることも出来る。他人の意見を正しく把握する練習にもなるし、討論の日に同じ問題を一般新聞が扱つていれば比較考察出来て尚一層効果的である。指導者の問題選択の巧拙が此処にあらわれる。

以上の如く試みに色々の角度から新聞を材料として時の問題を中心に思考を煉る方法を挙げて見たが、之は夫々の学級の特色や環境の変化に随つていくらでも新しい企画ができると思うが、教師としては時事問題に対する正確な認識、新聞の機能の正しい把握及び機に応じて発揮される巧みな教授法が第一に要求されることであろう。

(2) 意見を発表し、報道を伝える手段として新聞(壁新聞・雑誌・ビラ……)を製作する場合

現在方々の中等学校で謄写版刷りの学校新聞は旺んに発行され、中には印刷された立派なものも見られるがこれを如何に指導して教育目的に合致せしむるかという問題である。もと〳〵同人雑誌や学友会雑誌から変形したものが多い様であるが、学校という特定の読者圏を有しているとはいえ新聞であるからにはその特性たる公共性、定期性などを持ち、内容的には先ず報道を中心とし之に学校内多数の考え方を代表する意見或いは個人の創作たる文芸作品等……紙上にのせる題材の区別を明瞭にさせることが大切である。自由な米国の中等学校でも学校新聞には必ず教師が参加して、内容に私情が加つて公平でなかつたり、文章の簡潔でないものを添削指導するのが普通である。新聞編輯に当る生徒がとかく独りよがりの難しい論文ばかり載せて一般生徒から遊離してしまうことや、単なる噂を必要以上に誇張して拡めるなどの弊はどこの学校でも見られることであるが、一般新聞を見本として縁の下の力持ちたる記者たちが如何に苦心して誰にも興味を以て読める紙面を作ろうとしているか、またどの様に客観的な事実を損わずに記述すべく努力しているかを研究する機会を持てばこれも避けられるであろう。

標題《ミダシ》、項の切り方の如き技術的な面も同時に学び得られるが、特に文章を思い切つて要点だけに縮める整理の役目が力を入るべきところである。記事の蒐集に際しては各部各学年にわたつて万遍なく種をとり学校全体がみんなの新聞と感ずる様な大衆把握の術、又新聞価値(ニユース・バリウ)のある素材を如何にして探し手〔出〕すかという習練などが要求される。学校の全生徒が友人や父兄に自慢して見せて歩く様な、又読んだあとも大事に号を揃えて取つて置く様な新聞が出来れば成功である。

米国の学校新聞の教科書を見ても、設備、編輯員、費用の拈出法から紙面の構想、広告の型、原稿と標題の書き方、学校ニユースとは何か、インターヴュウ、読みものと社説の書き方、新聞英語、著作権法、誹毀罪、更に大学の新聞学科の内容、新聞史に至るまでを易しく述べ、校正の仕方、活字の大きさなどを図示してある。

協力して作りあげた新聞が印刷されて出来上つた時の生徒の喜びを見れば分る如く、新聞製作はそれ自身勝《ママ》れた教育であると共に、これに携ると一般新聞の製作過程が明瞭となり新聞記事を通して時事問題を見る場合も正確な理解に達し易い。

新聞を作ることの種々の事情から不可能な際は壁新聞を以て之に代える事が出来る。たとえ読者圏は狭くとも壁新聞には独特の味があつて仲々楽しいものである。新聞紙の何倍かの大きさの紙にうまく割りつけた記事を書き入れ教室の壁に

貼つて置くのだが、やはり日を決めて次のものにかえ挿絵や漫画を描いて色を塗ることも出来るし、遠足や運動会の写真を貼りつけて説明をつけたり、標題をいろ〳〵の装飾文字で書いて見るなど芸術的な親み深いものも作成できる。壁新聞に余白を作つて記事に対する批評、感想を読者に記入させたり、最近のニユースを書き加えるなどして自分等の新聞だという親近感を懐かせるにはこの方法以上のものはない。学友会雑誌の一部、学校行事のビラ、ポスターまた新聞的に編輯し得るのである。

芸術に於けると同様創作は鑑賞以上に努力と才能を要するが、共同して一つの新聞を纏めあげることを通じ新聞眼（ニユース・センス）の練磨、輿論方向への洞察力、社会問題に対する批評眼等育成されることも決して少くはない。

（3）媒体の本質・機能などを調べて新聞学的な考察に入る場合

中等学校の殆んどの学課には夫々教科書があつていろ〳〵の学問の内容を生徒の智識に適した様に順序立てて配列し教育的な考慮が払われている。但し教科書外の社会の諸事件は悉く新聞を通じて生徒の頭に入るものでありながらこの教科書に代るべき新聞は全く教育的に作成されているとはいえない。然しそれでも生徒は新聞を読むのであるから新聞を支配する一般法則を平易に説いて社会現象はこの様な法則に随つて濾過されて我々の眼に入るとの概念を与える必要がある。この一般法則を検討するのが理論新聞学である。この法則を適用して実際上の智識を組織化する実際新聞学及び新聞史も適宜時事問題を説く際に或いは新聞製作の実習に伴つて教えられるべきである。文化科学としての新聞学が独立したのはそれ程古くはなく特に我国ではかゝる学問のあることさえ最近識られて来たのであるが、ドイツ、米国に見られる如く社会学、心理学、経済学等と並んで研究されつゝあるのであるから新聞を用いて教育に従う者また一応この学問に触れて置くべきであろう。

新聞を用いて行われる教育分野は今後益々広まる一方であつて、以上乏しい経験に基く思いつきを並べたに過ぎないが、実際教育に携つて居られる諸兄は必ずや勝れた教授法を時に応じ考案されて行かれること、期して止まない。

（東京帝国大学文学部新聞研究室勤務）

［『中等教育』第二巻一号、一九四七年一月一五日、東京、C282］

壁新聞の作り方と報道文の研究

吉田政男

進歩的な綴方人がその活動を封ぜられたことと前後して綴

方が国語の中へ吸収されてから、綴方は忘れられてしまった。日陰のものとなってから、作品らしい作品が出ないだけでなく、綴方が、他の何れの教科でも為し得ない、基礎的特殊的な文章表現の技術指導や表現をとう《ママ》しての思考法、形成法の指導など、ほとんど為されなかった。

そして、行きつく所まで行きつくして、今や教育復興の自主的活動を開始している革新的な教師群の中の僅かな人達によって、ようやく日の目を見んとしているのだ。

しかし、こゝで考えねばならないことは、従来のような、無目的で、生活綴方といいつつも、凡そ生活を形成し、発展充実できる力の欠けていた綴方——文芸的詩集的生活記録——だけでいいかということだ。生活そのものからのび上ったのではなく、生活を描写でなでまわしていたもので十分だろうか。

社会科及びその他の教科学習に於て、総合的に部厚に行う必要上、文章表現が重視され活用され、そこでも表現指導が行われるのは大切なことだが、——その総合指導体系中表現指導が系統的に位置づけられるのが至難な現状に於て、こゝにだけ綴方を委ねきるのは、これまた危険も甚だしい。

綴方が占むべき位置、担うべき役割を明かにしながら、今回は壁新聞や報道文の指導法についてのべたいと思う。それは、総合的指導の形をとつているが、あくまでも綴方内の営みであることはいうまでもない。

1　報道文の指導

報道文―今の場合新聞記事の作成指導であるが、これは或る制約下の表現練習の一部分である。

生活内容や生活法を、豊かに文化的に、能率的にするために綴方も役立たねばならない。そのために、日記や手紙や意見の草稿や或はメモ、研究プランの構想、調査、作業などの報告が重視されねばならない。所が、その場合、時間的に、又は長さの点から制約を受けることは当然だ。その制約下ということと、その文章の果す使命上、内容や表現形態にも必然的に制約が行われるのももちろんだ。

限定された紙面の上に、記事内容の軽重という点から、新聞記事は長さの制約を受ける。又、発行時日の制限上、時間的にも当然制約を受ける。これは、校内ニュース放送の原稿の場合、自治会の報告記事などもこの仲間だ。ハガキや手紙というのも用件上、時間的に制限を受けるはずだし、話や講演原稿、劇の脚本などもそうだ。

新聞記事の作成指導に移ろう。

この指導は、本校の今の綴方指導計画六年九月——十月にまたがる新聞研究という単元を今年十二月に行ったもので（社会科の「商業の発達」と結んで）ある。

新聞研究
1、新聞の研究（広告文や記事構成、見出しなど）
2、広告文つくり（絵も入れたりして）
3、新聞記事つくり
4、壁新聞（筆による）の作り方（グループ→個人）
5、日刊エンピツ新聞の発行

新聞記事指導のプラン

A　普通文の平板さ、だらだらしていて焦点のはっきりしない文表現から、緊密な表現、意図の明瞭な表現、必要条件――時、人、場、事実の正しい認識、ニュース価値等――を必らず持っている文表現へ意識的に向わせる。

B　題材は、共通体験が指導上便利なので本校の国語社会科研究会を取上げることにした。自分がその渦中にあるので、かなり難点もあるかと思ったが、生々しい身近かな材料が他になかったから。

C　目当ては、学校新聞（印刷）へ掲載用（たゞし、一般の方に知らせる記事）として。

D　制限は、三〇〇字以内、時間二十分とした。

E　事前指導としては、必要条件を語り合い、文の無駄や修飾はなるべく避けるように言っておいた。

原稿調査の結果

新聞記事として妥当なもの――一一――
正しい報道　1
生硬なもの　3
統一性よし　1
工夫あり　1
修飾めだつ　3
新聞価値あり　1
大体良好　1
新聞記事として不適当なもの――二七――
平板で弱い　4
不必要な点が多い　4　普通文　8
事実不足（時　2
　　　　（こと　2
順番が逆　2
不統一　5
つかみ方不十分　5
事実の誤り　3
時間内に書けなかったもの――九――
長さは大体制限近いものであった。
以上の結果に基き、不適当な記事の穴も皆で探して、その上に上昇的に妥当記事を研究していきたいと思った。
すなわち
ばらばら――普通文――時の欠除〔如〕――順番逆――事実不足――事実のあやまり――文に負けている――かざりが目立つ――統一あり――工夫あり――新聞価値あり――大体良好
こんな順で、うんと多くの作品を与えることにしたのである。（修飾、表現まけ、大体良好はプリントにして）

二、三の作品と実践例をのべよう。

Ａ　例（普通文）

国語科、社会科の研究会について

松ヶ枝校にて

二十一日の朝、学校の門の所に、大きく国語科、社会科の研究会とかいた立看板が立ててあった。私は胸がどき〳〵した。いよいよ朝会が始まる。三百人の先生方が後に並ばれた。九時授業開始、私たちの組は国語をした。ぞろ〳〵おいでになる先生方、廊下までいっぱいであった。私はたくさんの先生方の前で勇気をふるって、綴方を読んだ。（下略）

これは、まるっきり普通文であり、大局をしっかりつかんでいない。条件も欠けている。

Ｂ　例（順番が逆）

十一月二十一日午前八時五十分金沢市立松ヶ枝小学校主催、後援金沢市教員組合、金沢市教育振興会で金沢全校の先生方、三百人が国語科研究会を見に来られた。午前十一時半から、十二時まで県教員組合の吉田先生が〝解釈から表現へ〟という話をされた。又一時から三時まで滑川道夫先生が〝国語教育の新展開〟というお話をされた。（下略）（Ａ女児）

この文の後に、九時からの授業のことがのべられてあったので、前のよりは条件がそろってきたが、順番や後援などの所に穴があることを生徒はすぐ気づいた。必要条件を文へとり入れる出方を明かにした上でＣ例に移つた。

Ｃ　例（修飾多い文）

先月二十一二両日、金沢市立松ヶ枝町小学校で、松ヶ枝町小学校主催、金沢市教員組合等後援の国語科及び社会科の研究会が行われた。

第一日目のもようは、八時五十分すが〳〵しい中で朝の会、九時より児童の元気な授業、十時から国語発表会で、特に児童のはりきり方はすばらしいものであった。それがすんでから校長篠田先生の挨拶、吉田政男先生の、〝解釈から表現へ〟の約三十分にわたる講演、又特に、社会科国語科の研究家滑川道夫先生もわざ〳〵東京から来られて、約二時間、〝国語教育の新展開〟の話をされ、午後三時半、約三百の先生方はかいさんした。（Ｍ女児）

修飾もこの程度ではさほど目立たないが、不必要点が散見されるので、前例とくらべて、行き過ぎぬよう注意した。しかしこの文は、必要条件や、客観的報道性が具備されている。たゞ三百人の入れ方が技巧的であり過ぎた。

Ｄ　例（まとめてあるもの）

石川県内の先生方が見にこられる国語科社会科の研究会が松ヶ枝町校講堂で、二十一日午前九時より開かれた。

三百人の先生方が、先ず生徒のようすを見られ、校長先生、滑川道夫先生、吉田政男先生のお話があり、その後で、礼法寮で、教育についての座談会があり、この発表会を終る。

次に「県特定研究校である松ヶ枝校では」と新聞価値をねらったものを研究し、最後に大体良好な文から、そのよさを話し合つた。

E　例

十一月二十一日金沢市立松ヶ枝町小学校主催で、金沢市教育振興会同市教員組合後援のもとに同市松ヶ枝小学校において、国語科研究会が開かれた。

この日、石川県の先生方三百の出席で午前八時五十分から朝会、同九時から授業視察が行われ、ついで講堂で一年から六年までの児童発表があったが、参加した五六年生から活発な意見が発表された。その後吉田先生の〝解釈から表現へ〟のお話が三十分間あり、午後は滑川道夫先生の〝国語教育の新展開〟という二時間にわたる長講演を最後として、盛大な発表会の幕をとじた。

焦点をどこにおくか、一日の記録をどうまとめるか、これはなか〳〵の問題だ。又、会という時の表現条件とある事件のそれとは、や、異る点もある筈だ。又一般的記事としても、報告記事と社会的の意図をもった、科学、文化のニュースとでは差のあることも気をつけねばならない問題だ。

いくらニュース価値があり、記事が生々していても、見出しが低調だったり、分りにくかったら困る。そこで、記事の研究の後に、問題のある見出し（プリント）について考え合つた。

①こんど、松ヶ枝小学校に於て行われた研究会
②国語教育について、松ヶ枝小学校にて討論会
③松ヶ枝小学校研究会、十一月二十一日
④はり切つた児童達の国語社会の発表会
⑤国語科、社会科研究会、松ヶ枝小学校にて催さる
⑥松ヶ枝小学校研究会、東京からも大家来る！

①②は問題にならない。③は表出しただけで、見出しの効果はあがらない。④は焦点を子供においたもの、⑤は普通のいき方〔◦〕⑥は誘引力を極端に発揮せんとしたものだといえよう。

以上で、報道文指導の一例をその骨骼だけ記したが、報道文のあり方について（児童の）も大人の記事との差から考えねばならないし、一回きりの指導では駄目なので、これを契機として、新聞記事の読み方や、生活へ深くくいこませている学校、学級、グループの新聞記事そのものについても、綴方内に於ても自治会に於ても検討されねばならないと思う。

○無駄なく
○要点を明瞭に
○裏に感動をふまえ
○記事によっては
○誇張にわたらぬよう、感激的に

2　壁新聞の作り方指導

A　その価値と種類

最近壁新聞が取り上げられるようになったのは、労組あたりが戦術的な意味から即時的に闘争経過や意識の高揚をめざしての主張などを書いた（今も、そして戦争前も）のとは多

少違っている理由も含まれている。

学校学級の生活や社会生活のレポート、それを批判的に取り上げた主張を主軸として、科学も文化も、或は行事やプラン、それに学習面にもタッチした記事をのせた壁新聞は、

1、他の児童に呼びかけ

2、よりよい学校学究生活が出来るよう

3、その魂をゆすぶり、目を見開かせ、注意を固めさせる

という点では大人のそれと似ている。材料は多少違うが……。形態も、絵や図入りで、楽しいものであることなども。

一番の相違点は、何の為に教育内に取り入れられたかということだ。自分の生活が他との関連によって行われる社会生活であるならば他のことを考えるのは自分を考えることだ。他とのつながり点に立って物を考える、つながり点を強化しながら、意識的に社会生活を高める働きをすることはどんなに重大なことであるか。ここに、壁新聞を取り上げた一理由があろう。

もう一つ、大人の新聞を調べ、大人が編集したコドモ新聞を学習材に取り入れることは、問題なしに大切だ。所が、作られたものからの受入れだけでなく、自分らで生み出してみる、編集企画、原稿の分担、調査見学研究、執筆、字数計算、見出しの決定、割りつけ、清書……と進む一連の作業には、新しい勉強、創意の育つ構成法の研究、文字の大小、トップ記事の選定などの多角的学習面が横たわっている。文化的生産力が養われ、文章表現力や絵画表現力が公的価値を帯びる責任感と喜びをもってみがかれる。そして、仕上がり、掲示、学級批判と進んで、一層力がたしかなものになるのだ。

新聞を編集し作り上げる所に、大人の壁新聞には見られない重要な教育的綜合的設営があるのだといえる。

さて、その種類であるが、

えんぴつ、ペン、筆、チョーク

という材料から考えられ、紙の大小も問題になろう。例えば、えんぴつは半紙でよく、絵などはるものや筆のものチョークで書く黒板は相当大きくなくてはなるまい。

学年別に種類を考えてみよう。

五六年ともなれば、個人でえんぴつ新聞が作れるようにしたいものだ。しかし、グループ綴方新聞はその仕方に価値があるのだから、どんな学年になっても、計画的に作業せしめたいと思う。

<table>
<tr><th rowspan="2"></th><th colspan="2">学級</th><th colspan="2">学校</th></tr>
<tr><th>個人</th><th>グループ</th><th>グループ</th><th>編集班(自治会)</th></tr>
<tr><td>一年</td><td>絵新聞</td><td>はり絵新聞</td><td></td><td></td></tr>
<tr><td>二年</td><td colspan="2">絵や写真と説明の新聞</td><td></td><td></td></tr>
<tr><td>三年</td><td colspan="2">書いた記事をはるのもまぜる新聞</td><td rowspan="3">廊下の黒板新聞</td><td></td></tr>
<tr><td>四年</td><td colspan="2">全部書いたものをはる清書新聞もまじる</td><td rowspan="3">学校プリント又は印刷新聞</td></tr>
<tr><td>五年</td><td colspan="2">ペン、絵の具の新聞</td></tr>
<tr><td>六年</td><td colspan="2">筆、絵の具の新聞</td><td></td></tr>
</table>

B　壁新聞（筆による）の作り方と研究

筆により、縦横80×70の紙に（商店のチラシの裏使用、八枚つぎ合わせて）書かせるようにしたのは十月であった。こちらの指導により、ひな型らしいものが作られて、やがてはグループ作業へ持っていきたいという含みを持って……。

その構成は、下段〔左図〕A図のようなものであった。

ほんとに必要なものだけの、しかも羅列的配置の低級なものである。

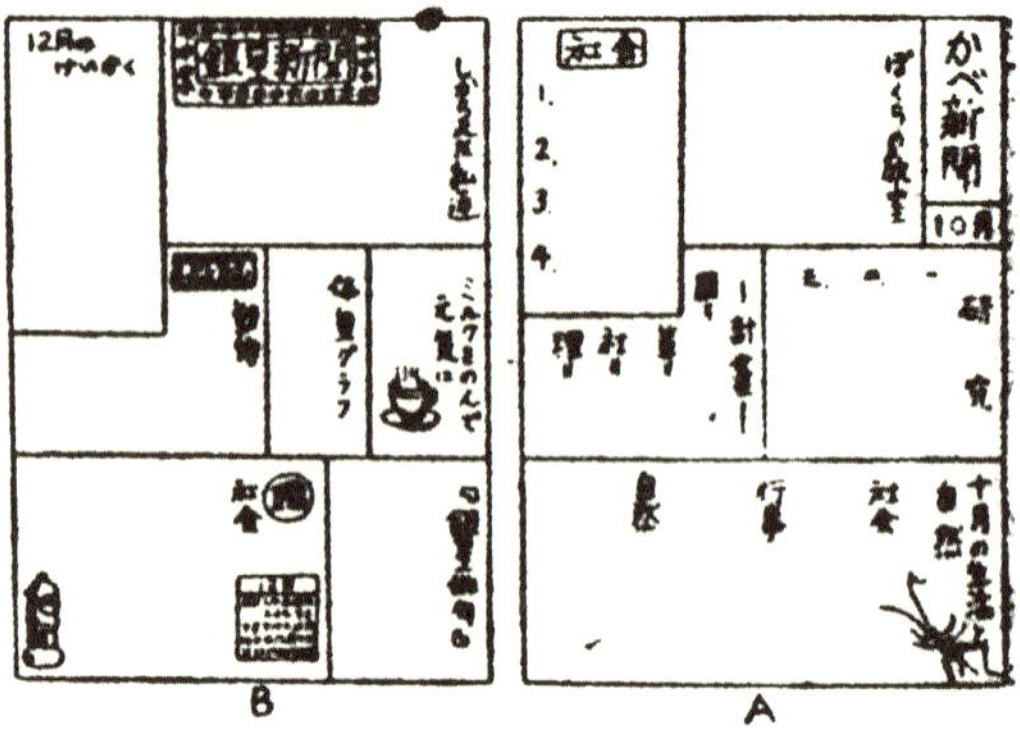

しかし、こ、から出発して、十一月はもう一度級委員の手で作らせて、十二月始め、各グループ（六）で十二月分の壁新聞を作らせたのである。前の報道文の研究に続いて行ったのは右記した通りである。

目標は、

1、筆による大きな新聞の作成（文は短かく、多種類のもの目立ちやすく）

2、内容のもり上げ方と軽重の度合い

3、見出しや記事の効果度

4、文や絵の書き方——字の大小〔〕絵の効果

5、配置の工夫——トップ記事や、段のとり方、全体の構成の諸点で、作成途上の、グループの分担的協力作業法についても当然指導する予定であった。

研究法は、

1、各グループから作業経過及び編集の重心について報告があつた。

2、次に、各新聞について、感想をのべさせた。その主な批評は、

曙新聞——きたない。段が六段もとってあるのは無理だ。広告を入れたのは面白いが、目当がはっきりしない。

銀　星——グラフを入れたり、カットの入れ方がよい。字を白く出したのもよい。象のは文字が小さ過ぎる〔〇〕

富　士——学校の創立記念日の記事を重視して、歴史的に書いたのはよい。富士俳壇も面白い。

こんな批評の後で、素材調べをし（計画、学校生活ニュースはよかつたが、社会、世界、科学、批判的記事が不足）各グループ共通のもの——ミルク、十二月の計画——非共通材の主なものについて表現法の研究をした。一例をあげると、

　　　ミルクをのんで元気に

皆さん、おどろいたことには、今年の六年生が戦前の五年

生の体重しかありませんからうんとミルクをのんで、けんこうな身体をつくりましょう。（その横に四五年生の男女別戦前戦後の体重ヒカクグラフがつけてある）

この文は、ミルクの有難さや効能について少しもふれず、体重をいい、間接的に、しかも強力にすゝめているその手法が面白いと思う。たゞし、文はよく読むとぎこちなさがあるのに気づく。皆さんをうんとの上へやり、ありませんからのからをとること、長々としたセンテンスは弱いことにも児童は気づいた。同じミルクの文を三つくらべさせた。

次に主張している記事、科学記事などについても研究した。

最後に構成を中心として、全体のよさを調べさせた。銀星が一番よかったが、その構成は前頁のB図のようであるが、見出しはまだ〳〵不十分である。

題字のまわりの星、五千年前の動物の字を白く浮出させたのや、社会の所のカレンダーやカットはよかった。

こうした指導の後で児童の中から、一人で大きな壁新聞をつくる子も出てきた。作業分担を見ていると、

――編集会議で原稿作成を分担し、筆は文字と絵がかり二人でやり、他は紙はり、りんかくづくりや墨すりにまわる。

――全部で分担して、原稿作成者が筆をとり、絵だけは得意な子にかゝせる。

と二種類あったが、後の方は望ましいけれども全部に望むことは、今の段階では至難である。

一月号は再び全グループにさせたが、一段と成長した。十二月末の休暇中の協同作業として課題したのだが、積極的にやってくれたようであった。二日程、学校へ来て。

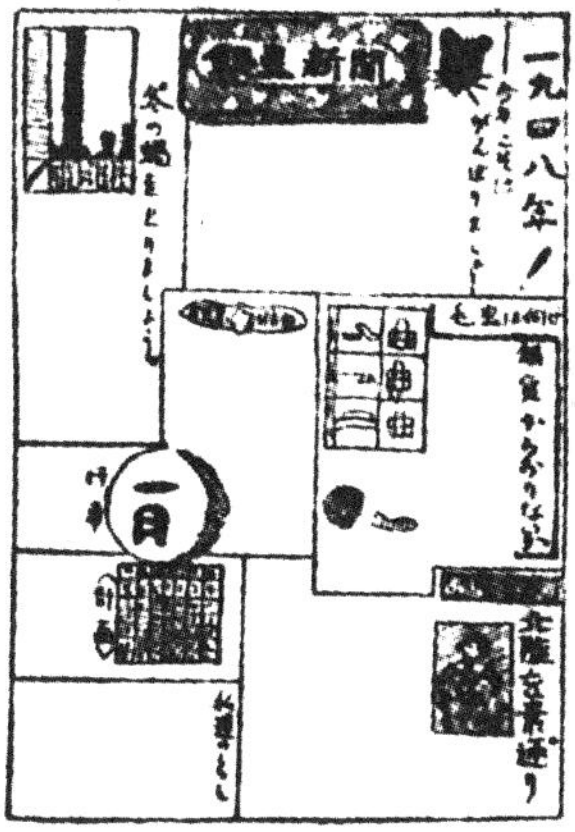

前記した曙新聞及びもう一つ成長の目立つものをあげると、（児童に新聞を凸版用に書かしたもの）次頁の図〔右図〕のようになる。

配置も、材料も、その見出しも、文表現も挿絵も成長した。この外、書初めをはるもの、カレンダーの表紙を使うもの、新聞の写真を活用するものも出て来ている。同一新聞上にもわざと記事如何によって文字の大小を加減するようにも

なっている。

× ×

〝先生、原稿が出来ても割りつけをする時、文を短かくするのがむずかしくて〔〟〕

〝筆はひまがかゝるわ、先生〟

と微笑みながら訴える児童達である。

しかも、えんぴつ（又はペン）日刊新聞の計画も出来（四人で一組、各組順々に、三月の卒業までに六回程作ればよい）一月十日から始めている。毎日のように、三、四日後に発刊日をひかえた組が新聞づくりをしているのを見ると、寒い日などかわいそうにもなるが、その真剣さにうたれ、児童のいる間は私も教室にいて仕事をしつゝ、激励しているのだ。

新聞指導の中の記事の書き方、壁新聞の作り方について、ほんの骨組だけ記したが、新しい綴方の方向としては、前記したもののほかに、読方や他教科と一体的にするものも含めて、

シナリオつくり
呼びかけや劇の脚本つくり（生活から出発して）
紙芝居や指人形劇の脚本つくり
旅行文集、一年間の成長文集
詩歌集
新聞切抜文集
工作の設計から仕上げまで
見学メモ――見学記作り
メモ――聴取、発表要項、読書
講話の要点をつかんで書く練習
音楽や映画、絵画をみての感想
色んな形の文の練習

等々があげられるであろう。もちろん普通の生活記録も、文芸的色彩のこい随想も、社会批判や、建設的論文も、綴方の一部として指導すべきは当然である。文化生活を充実高揚させ、よき文化人を形成するという使命を思いあわせ、私らの行く方向をはっきり見定めて、一方にかたよることなく行いたい。新聞の指導も綴方の一部であるのはいうまでもない。

（筆者・金沢市立松ヶ枝町小学校教諭）

〔『6-3 教室』第二巻三号、一九四八年三月、東京、R408〕

子供壁新聞

松葉重庸《しげつね》

子供の広場の壁に

戦災地《せんさいち》の焼けあとに、近所の友だちが集つては、ベエゴマ

をやつたり、メンコをやつたりして遊んでゐます。どこから見つけてきたのか、ゴム風船をとばして遊んでゐる友だちもゐます。誰かがたづねてみたら、ベエゴマは一個五十銭、メンコは一枚十銭、ゴム風船は一個二十円だつたといひます。

一本二円もする飴《あめ》を、一個五円もするくだものを、焼けあとに集る友だちは平気でたべてゐます。教室の休み時間に、級長の誰と友だちの誰とが、たばこをすつてゐたといひます。

焼けあとの子どもの広場に集つてくる友だちは、相かはらず遊びにむちゆうになつてゐます。時たま五六人のなかまが、にはかづくりの四輪車《よんりんしや》（ふつう子供たちがジープとよぶ箱車）をひいて、遠くの焼けあとまで薪《まき》をひろひにゆくこともあります。

この子供の広場のわきの壕舎《がうしや》の板塀《いたべい》に、あるとき壁新聞がはられました。ある二人の友だちが、学級自治会の決議《けつぎ》（会談できめたこと）によつて、この広場に壁新聞第一号をはつたのです。

この壁新聞の第一段には、つぎのやうなことばが書いてありました。

　ヒロバのみんなたちよ
ケイちやんにクニちやんにシンちやんに三ちやん、キクコちやんにキミコちやんにターバウ。
　ヒロバにあつまるみんなたちよ
こんどから、ここにカベシンブンをはるから、みんなで見てくれ。
　やぶかないでおくれよナ。もし風でとびさうだつたら、をしてへくれたまへ。

六年生　石田春夫
秋葉禮子

つづいて第一段には「ウタのすきなアメリカの友だち」といふ見だしのニュース、第二段には「ヒロバのやくそく」と漫画絵本のきりぬきが二枚、美しく、はつてありました。

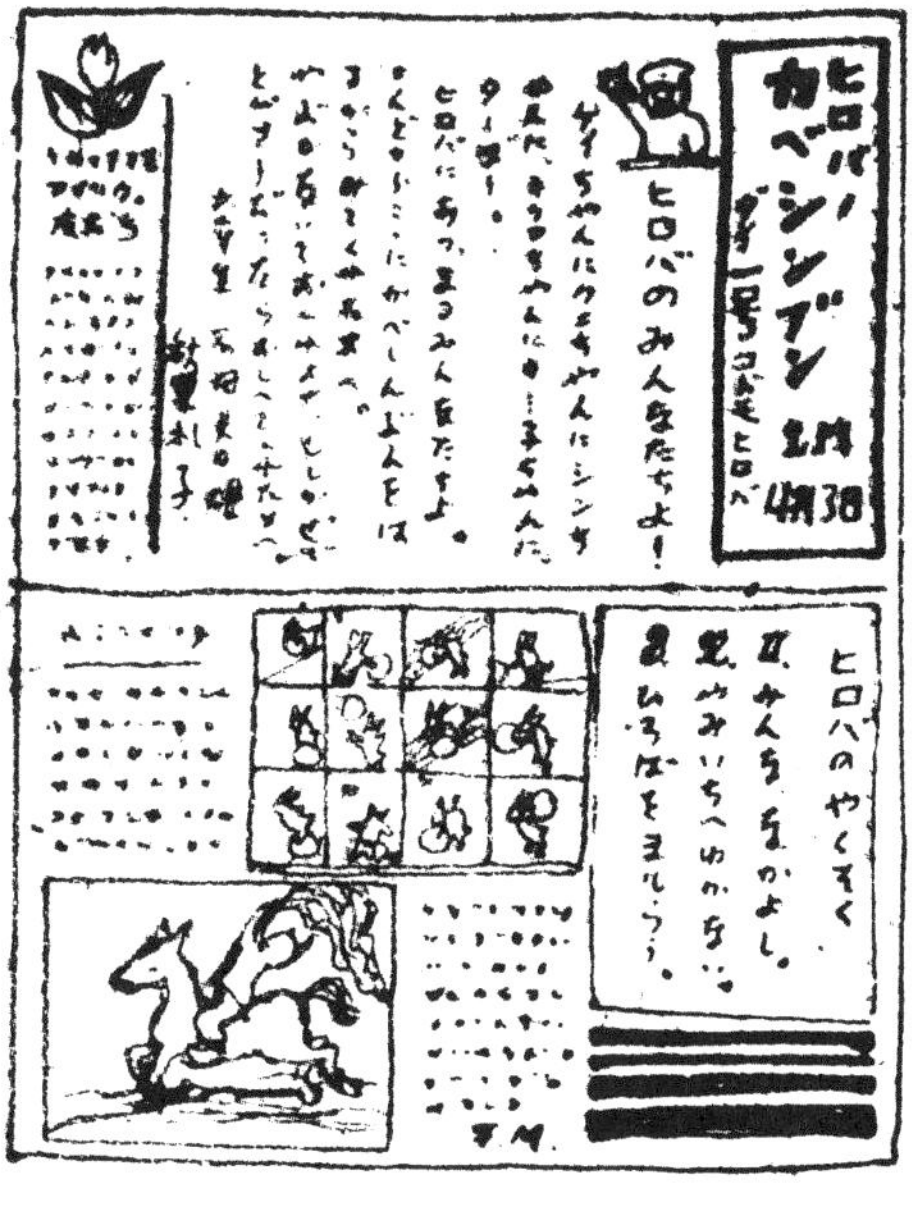

教室の友だちから

広場の子供壁新聞のことは、見てきた友だちの誰からともなくつたへられました。

おもしろクラブの漫画がおもしろくて、学校がへりの友だちも読んでいきました。

壁新聞をはつた二人は、さつそく壁新聞についての話しあひをはじめました。

(1) みんなおもしろがつて見てくれたかどうか。
(2) どんな点をおもしろがつて見たか。
(3) 誰かもんく（悪いところ）をいつたかどうか。

などといろいろと自分たちの作つた壁新聞のことについて話あつたのです。まだ、この広場には、きまつた友だちの集り（子供会）ができてゐなかつたので、壁新聞の批判会《ひはんくわい》も、二人だけで開いたのです。

せつかくはられた壁新聞も、自分たちだけの、かつてな仕事として終つてしまつたのでは、何の役にもたちません。

「ヒロバのみんなたちよ」といふよびかけのことばにつづけて、広場に集る友だちの名前を出したのですが、呼びかけられなかつた友だちがずゐぶんあつたので、それが問題になりました。

なるほど、友だち同志に呼びかけることばは、なかなかむづかしいのです。「みなさん」「諸君」「みんなたち」「君たち」「友だち」等等、いろいろあるので、どれをつかつたらよいか、まよひます。そこで「みんなたちよ」とよびかけて、あとから一人々の友だちの名をよんだのですが、よばれずに残つた友だちが残つたわけです。なんでもないことのやうでめんだうなことなのです。

ヒロバのやくそく

第二段目のヒロバのやくそくは、二人の友だちが相談してきめたことを、そのまま書き出したものです。しかし、ヒロバのみんなたちからは、別にもんくも出ませんでした。

ヒロバのやくそく

一、みんな、なかよし。
一、ろてんいちへゆかない。
一、ヒロバをまもらう。

この三つのやくそくのうち、「ろてんいちへゆかない」といふやくそくには、ちよつとこまる友だちがおほぜいありました。

焼けあとに店を開いた菓子屋の店さきには、飴もくだものもなくて、古ぼけた雑誌の口絵《くちゑ》や、台所でつかふやうな道具しかならんでゐません。露天市《ろてんいち》へ買ひ出しにゆくのは、どうしてもやめられないことで、ゆかなければ、飴もくだものも買へないのです。だから、壁新聞に、そんなやくそくが出てゐても、相かはらず、露天市へ買ひにゆく友だちもゐました。

　ところが、このやくそくは、みんなできめたものではなかつたのです。なかよくしよう、子供の広場を守らうといふやうな気もちはみんなの友だちが持つてゐて、そのとほりにしようといふやうすが見えてきました。しかし、露天市買ひ出しの問題は、なかなかむづかしい問題です。二人の友だちは、教室の学級自治会《がくきふじちくわい》で露天市の問題について話しあつてゐたので、そんなところへむだづかひしにいつてはいけないことを知つてゐましたが、子供の広場のみんなたちは、わかりもしなかつたし、どうでもよいことのやうに思へたのです。

　子供の広場の友だち同志《どうし》にとつて、どうでもいいやうな露天市のことでも、壁新聞でとりあげたことは、けつして、まちがつたことではなかつたのです。なぜなのでせう。

壁にはられる新聞

　さて、この子供の広場にはられたやうな壁新聞とは、どんな役目《やくめ》をもつたもので、どうしてこんなところにはられたのでせう。

　それにはまづ、壁新聞とはどんなものか考へてみませう。

　壁新聞の始りは、新聞をそのまま壁にはりつけたところから起つたのかもしれませんが、今ではただ新聞をはりつけたままのものをさしていふのではなくして、壁にはるために友だちの手で作つた新聞なのです。また、新聞社の新聞のやうに印刷されたものでもなく、一度に何十万枚も作られる新聞でもないのです。

　さて、新聞の役目については、皆さんもすでにご存じでせう。新聞は、めづらしいことや、知らせなければならない大切なことを、おほぜいの人たちに早く知らせるために、一度にたくさん作られるものです。

　壁新聞もやはり、友だち同志の集りで起つためづらしいことや知らせねばならない大切なことを、早くおほぜいの友だちに知らせることが役目なのです。

　子供の広場の壁新聞は、かうした役目のほかに広場に集る友だちを特にはげましあひ、力づけあふためにはられたものです。

壁新聞にのせること

　さて友だち同志で作る壁新聞には、いつたいどんなことをのせたらいいのでせう。お互ひ同志をはげましあひ、力づけあふためには、しつかりとした内容がのせられなくては役に立ちません。

　そこで子供の広場の二人の友だちのやうな壁新聞をつくる係《かかり》（編輯委員《へんしふゐゐん》）が、どんなことをのせるかを相談する会議（編輯会議《へんしふくわいぎ》）をひらいて、壁新聞にのせること（編輯内容《へんしふないよう》）を相談するのです。

　ふつう壁新聞にのせる内容は、つぎのやうに分けられます。
　1　知識（知つておくべきこと）

2 ニュース（めづらしいできごと）
3 報告（友だち同志の活動のやうす）
4 約束（集りできめたこと）
5 工作（友だちの工作品）
6 文芸（綴り方、詩、絵画など）
7 科学（観察や実験の記録）
8 投書（よその友だちのたより、投書）
9 娯楽《ごらく》（なぞなぞや懸賞《けんしやう》）
10 カット（壁新聞を美しくする、小さい絵）
11 編輯記《へんしふき》（編輯委員のおぼえ書き）
12 その他（名称《めいしよう》・発行年月日・発行責任者の名前・号数《がうすう》）

以上のやうないろいろなことが、一枚の壁新聞に編輯されます。しかし、一度にこれを全部のせなければならないといふのではありませんから、適当に考へあはせて、たとへばニュースにはどんな記事をのせようかと考へたり、ニュースのかはりに、友だち同志の大切な活動や、約束を大きく取りあげてもよいのです。いろいろな内容をなるべくたくさん取りあげ、のせるものを上手にえらんで編輯するやうにくふうしなければなりません。

あまりむづかしいことばかり書きならべたり、約束のやうなものをたくさんのせすぎたりすると、かた苦しくなるから、漫画《まんぐわ》や絵本のきりぬきのやうなものをはりつけて、楽しい、美しいものにするくふうも必要です。

材料としているもの

さて壁新聞を作るとなると、いろいろな材料がいります。まづこれだけはいると思はれるものを、つぎに書いてみませう。

1 新聞紙の大きさの紙
2 墨、筆、ゑのぐ（特に赤色）
3 のり、はさみ、びやう
4 友だちの作品、きりぬき

壁新聞は壁や板塀などにはつて、おほぜいで見るものですからあまり小さいものでは困ります。それには新聞紙二枚分の大きさぐらゐが適当で、それ以上大きい分には、大きくても結構です。

紙は新聞紙二枚大のものであれば、ハトロン紙でも模造紙《もざうし》でも結構ですが、ハトロン紙も模造紙も、現在ではなかなか手にはいりませんから、古新聞紙とかポスター紙の裏を使ふことになります。包紙《つつみがみ》のやうなものがあれば、これも結構です。

つぎに墨、筆、ゑのぐです。ゑのぐでは、特に赤色がいりますが、これは赤インキでも結構です。また、黄色とか緑色《みどりいろ》とか他の色もあれば、壁新聞をいつそう美しくしあげることができます。

つぎにいるものは、きりぬきや工作品をはりつけるときののりはさみ、それに壁新聞をはりつけるびやうなどです。

最後に、編輯するときの材料として、友だちの作品がいります。友だちの作品の中には、作文用紙に書いたままの友だち通信もあれば、写生画や観察記録《くわんさつきろく》の図もあります。さらに、絵雑誌や新聞からの切り抜きなども、あればほしい材料です。

作る順序と作り方

前に書いたとほり、壁新聞を作るのには、壁新聞編輯委員会を開くことが、第一番目の順序《じゆんじよ》です。壁新聞編輯員会では、

1　壁新聞をなんのために作るか
2　そのためにはどんな内容を編輯するか
3　内容を集めるにはどうするか
4　そのための編輯委員の分け持つ役目

などを相談し、きめます。なほ、友だちの集りが遠くの方に別れてゐて、各地区《かくちく》からの新聞連絡《れんらく》委員がきまつてゐるとすれば、それらの連絡委員との連絡を考へなければなりません。

要するに作る前には、できるだけ準備をすることと、特別の一人だけにすべてをまかせぱなしにしないで、みんなでいつしよに考へあふことが大切です。

その上で、一人々々の委員が自分の役目をはたすために考へたり、書いたりします。そのうちに、各委員の特徴も出てきて、約束の文章をうまく考へて原案《げんあん》（元になる考へ方）を出すものも、字がきれいなので書く方の係にまはる委員もできてきます。

さてつぎの順序は

5　編輯する内容をあつめること
6　あつめた内容を編輯すること

がつづけられます。編輯委員が友だちの集りから、作文や報告や工作品を集めたり、あるひは編輯委員が自分で文章を書いたり、新聞や雑誌からきりぬきをあつめたりするのです。

編輯委員の頭の問題

たくさん集つたからといつて、どれもこれものせてしまふやうな編輯者は、頭《あたま》のきかない編輯者です。集つたものをよく読んだりしらべたりして、つまらないことや、いらないことをはぶき、たりないところをおぎなつてゆくだけの頭のあるやり方で、やつてほしいのです。だから編輯委員は、しつかりした態度《たいど》と、正しい書き方を知つてゐなければつとまりません。

このやうにして編輯がすむと、今度は壁新聞を書く紙に、その内容を割りつけます。すなはち、壁新聞のどの辺にどの内容を書きこんだり、何をはりつけるかをきめることです。

つぎには、

編輯委員の中から書く係をきめることです。壁新聞はりつぱな友だちの協同製作品《けふどうせいさくひん》となり、おほぜいの友だちの心を美しくやはらげなければなりません。そこで書く係は編輯委員

の中でも一ばん字のきれいに書ける友だちであつてほしいのです。ここに何を書かう、この辺に何をはらうといふことはみんなできめますが、字を書く仕事には係を決めた方がよいのです。もちろん、順番に係をかへることも考へられます。誰だつて、おちついてゆつくり書けば、どんなにでも美しく書くことはできますから。

カタカナとひらがな

編輯委員《へんしふゐゐん》の中から字を書く係がきまりました。字の上手、下手より、ていねいに正しく書くことが大切なので、つづけ書きや、くづし字は、ぜつたいにいけません。

ただし、同じ一枚の壁新聞の中に、ある部分はカタカナで、ある部分はひらがなでと、ちやうど幼年雑誌《やうねんざつし》のやうに、両方のかなを使ふことと、適当に漢字《かんじ》やローマ字を加へることはよいことです。かなばかりは見やすいやうで、かへつて、ことばによつては、わかりにくいこともあります。

このやうな書く係のために、注意すべき要点をあげてみると、つぎのやうになります。

1　見だしのくふう
2　文字の大きさ、配置《はいち》のくふう
3　カタカナ、ひらがなの使ひ方
　漢字、ローマ字の使用
4　絵、ワク、カットの利用
5　色のくふう
6　ぜんたいの美しさ

色のくふうといふのは、どうしても壁新聞は墨色の黒ひと色がちになりやすいので、適当な文字を赤で書いたり、文章や文句を赤書きしたり、他に色を加へたりして、見る友だちの注意をひき、心をやはらげることをさすのです。それから横書きのときは、左書き、すなはち左の方から右の方へ進行するやう、英語やローマ字の書き方のやうに書くことを忘れてはいけません。

見るものか読むものか

わかりやすく美しく書くことが大切だと度々書きましたが、いつたい壁新聞は見るものなのか読むものなのか、どちらでせう。

壁新聞はいろいろな友だちの集りに登場します。たとへば村の農繁期《のうはんき》（いそがしい時）に開かれる保育所《ほいくしよ》（学校へはいる前の友だちが集るところ）の壁にはられるやうなこともあり、組合のをぢさんやをばさんたちの集つてゐる部屋の壁にはられるときもあります。小さい友だちは字が読めませんが、大人たちは細《こま》かい字を読んでくれます。

しかし、壁新聞はいつでも、まづ見られるものです。そしてつぎに読まれるのです。このことをよく知つておいてください。

壁新聞はたとへ読まれなくても、いつもはつてあるところが覚えられ、ちよつとでも見られてゐれば、ねうちがあるのです。

しかし、はられる場所によつて、編輯のくふうや書き方もちがつてきますが、小さい友だちには絵や見てすぐわかるものを多くし、大きい友だちには美しくよい文章の読みものを多くします。

見やすくするといふ点では、壁や板塀《いたべい》などにはるときの高さをよく考へなければなりません。あまり高すぎると、字が細かく見えてこまるし、あまり低すぎると大ぜいでは見られません。目の高さよりいくぶん高めにはるのが、よいのです。

また、見やすくするために、壁新聞全体の形を縦《たて》に長くしないで、横に長くするやり方もあります。

壁新聞は明かるい窓

部屋の中におかれる植木鉢の草花のつぼみは、どのつぼみも、明かるい窓《まど》に向かつて首をかしげ、花を開くじゅんびをしてゐます。おほぜいの友だちはみんな、若い、いきいきとした草花のつぼみです。みんな明かるい窓に向かつて顔をさし向け、明かるい希望の空をあふいでゐます。壁新聞も、その明かるい窓のやうにみんなで希望の空をあふぐ窓であつてほしいのです。

いつも楽しみにして、壁新聞をながめ、いつも壁新聞を見てあたたかいよろこびを感じ、いつも知らないことを知つたうれしさに胸をどらせるやうな役目を、壁新聞が、だまつたままでしてくれるのです。だから、壁新聞を書く係は、明かるい窓を開くやうな気もちで、壁新聞を書いてほしいのです。

壁新聞を書く係が書き終つたら、つぎにはそれをどこへはつたらよいか、編輯委員たちできめます。壁新聞をはるところは、いつもきまつた場所でなければいけませんから、

1 教室―いつも作文や書き方を掲示《けいじ》する壁
2 子供部屋―机のわきの壁
3 子供の広場―空地のわきの掲示板、または板塀
4 図書館―入り口のそばの壁
5 保育所《ほいくじょ》―あそぶ部屋の壁
6 当会場―会場の壁、または、ふすまなど、それぞれきまつた壁をえらびます。

いふまでもなく、それぞれの会場で壁の位置をえらぶときには、あまり隅でもいけないし、あまり入り口に近くてもいけません。おほぜいの友だちが、なるべくゆつくり見たり読んだりすることので

きる壁の位置がよいのです。それから壁新聞をはるところは、壁とばかりはかぎりませんから、都合で板塀になつたり、掲示板《けいじばん》になつたり、あるいは、ふすまや板戸《いたど》になつたりします。風に吹きとばされぬやうに、しつかり、びやうでとめておけるところであればよいのです。

壁新聞といふ道具

人間はすきやくはのやうな農耕《のうかう》につかふ道具をくふうしたり、木を伐る斧《おの》や、魚をとる道具をくふうしたりして、だんだんに住みよい世界をつくりあげてきました。人間がくふうしてきた道具のかはり方をしらべると、人間のくらし方の歴史がわかります。道具といふものがいろいろとよい方に進んできて、人間のくらし方もだんだんよくなつてきたのです。

学校でつかふ教科書や鉛筆も、勉強するための道具です。学校の勉強の仕方も、つかふ道具でいろいろかはつてきたのです。

子供会のやうな友だちの集りでも、みんなで働いたり、遊んだりするのにいろいろな道具をつかひます。（遊ぶときつかふ道具のことは遊具《ゆうぐ》ともいふ。）

壁新聞もやはり道具です。壁新聞がよくなるときは、やはり子供会もくわつぱつに活動してゐるときです。壁新聞といふ便利な道具をつかつて、一人々々では言へなかつたり、ちよつとぐあひの悪いいひにくいことを、りつぱに言ひきるのです。

壁新聞の役目はなかまをはげましあひ、いましめあふだけでなく、小さい友だちを指導したり、村や町の大きい友だち（大人）にたいしても、うつたへかけるのです。

編輯委員がしつかりしてをり、その上、子供会のみんなが、いつもまはりからよく見まもつて、よい壁新聞さへ作つてゆけば、いくらでも壁新聞といふ道具はききめをあらはします。

壁新聞のある壁の隅に

壁新聞にはめづらしいことや、知らせることや、きめたことをのせるだけでなく、友だちの作つた工作品や絵や綴り方もはりつけます。絵や綴り方は、のりではりつけられますが、工作品のやうなものは、なかなかはりつけられません。折紙細工のやうな軽いものなら、糸でつるすこともできますが、竹細工や木工作品では、うまくゆきません。そこで、壁新聞をはる壁の隅の方には、さうしたものがおける台《だい》がほしいのです。

その台は、机でも椅子《いす》でも、特別に作つてもよいのです。

その台の上に置かれるものは、

1 竹細工、木工作品
2 友だちの作つた道具
3 あつめてきたもの
4 遊具
5 本や雑誌

そのほか、鉛筆、紙、古い帳面《ちやうめん》、投書箱などです。台の上におかれたものは、手にふれてためしてみたり、使つたりします。そして元のやうにならべておきます。なほ部屋の中の壁にはられる壁新聞の隅にならいろいろな物をならべることができます。

このやうにして、壁新聞のまはりはだんだんと広くなつてゆくのです。壁新聞といふからなんでもかんでも一枚の台紙《だいし》にはりつけたものと考へずに、こんな広い考へ方もあるわけです。

壁新聞の壁の前で

こんなふうに、いろいろなものがならべられはじまると、その前を通る友だちも、教室でくふうしたことや、働くあひだに考へたことや、遊び方などについて話しあふやうになります。

たまたま、子供会でみんなが勉強する材料として適当な雑誌がとどいて、だれかが、みんなの前で朗読したり、読んだ内容や感想を報告したりします。雑誌などは、一人々々の手にゆきわたるほどたくさん発行されればよいのですが、なかなかさうはいきませんので、一冊の雑誌をみんなで楽しく読みあひ、知らせあふことが必要なのです。そのやうな雑誌の報告会《はうこくくわい》が、壁新聞の壁の前で開かれます。そして、あとから一人々々がその雑誌を手にとつて、ゆつくり読んだりするのです。

あるときは、畑でつくつたいちごをみんなでたべます。椅子がなければ、床《ゆか》の上か、土の上にすわつて、まるくなつて、みんなの畑でつくつたいちごを、みんなですわつてたべるのです。

たべる前には、畑のいちご係の委員が、壁新聞を指《ゆび》さしながらいつ根分けをして、いつ花が咲いて、いつごろから実が熟してきたか、だれとだれとがよくめんだうをみて、誰がちつとも手つだはなかつたか、大人の畑とくらべてできぐあひはどうであつたかなど、いろいろ報告をします。

編輯が終ると、いちご係はかごの中から一つ一つていねいにいちごを取り出して、小さい友だちの手のひらへいくつづつか渡してゆきます。みんなでたんせいしてつくつたいちごなのですからその味は格別《かくべつ》です。歌も出ます。みんなで歌ふのです。歌の文句は壁新聞に書かれてゐます。

窓を開かう

ひとりひとりが勝手なことをすることは、だれでもできます。人が勝手にたべてゐるものを、だれだつてとがめることはできません。子供の広場で、露天市《ろてんいち》から買つてきた飴を一人きりでたべてゐる友だちのことを、みんなはほしくても、どうすることもできません。だれでも、飴が買へれば文句はありませんが、高い飴が買へるのはきまつた家の友だちだけです。そこで、なんとかしてみんなの前では食べるのをよさせるか、みんなで食べられるやうにするか、みんなが同じやうに考へてゐることを、だれかがまとめて言ひだしたり、したりすることはなかなかむづかしいことです。むづかしいことですが、なんとかして、さういふことができるやうにならなければなりません。

壁新聞をつくる勉強は、そのむづかしいことができるやうになる勉強です。一人々々が心の中で考へてゐるだけではみんなのためによい方には向かひません。だれかが、勇気を出してみんなの幸福のためにつくり出すことです。手をうごかすことです。

壁新聞は明かるい窓です。開けば暖かい陽がさしこみ、すんだ青空が見えます。窓はだれの手でも開かれます。だれからでもいい、実際に壁新聞をつくり出していかうではありませんか。

松山文雄　ゑ

［『子供の広場』第一巻一号、創刊号、一九四六年四月一日、東京、K1336］

壁新聞を作ろう

一、壁新聞の重要性

発足第二年の農業協同組合で先づ第一に必要なことは組合で現在行つていること、これから行おうとすることを広く組合員に知らせることではないでしょうか。

それには壁新聞を利用されることが一番手取り早い方法でしょう。

今は御承知のように紙に不自由なときで皆さんも紙にはさぞかし苦労されて居られることゝ思います。殊に農村では一枚の紙を手に入れることすらなか〱困難な場合が多いと思われます。しかし折角思いついた壁新聞を紙がないばつかりに中止するのは残念の至りです。

二、用紙の入手方法

どんな村でも役場や学校、郵便局、などに必ずいろ〱なポスターがはり出されているはずです。そしてこれらのポスターは或る一定の期間がすぎれば不用になるものが大部分で且つこれらのポスターの裏には何も印刷されてないものが多いと思います。ですからあらかじめそのような所に使用ずみのポスターは組合に寄附してくれるように頼んでおきます。しかし折角のポスターもノリでベタ〳〵はりつけられてはあとで使いものになりませんからそれらを掲示する時には四隅を画ビョウで止めるように之もよく頼んでおくことです。こうしておけば紙の心配は殆んどなくなります。小さなポスターはノリづけして必要な大きさにつなぎ合せます。

三、作り方

壁新聞は絶対に白紙でなくてはならないというわけではないのですから時には古新聞を利用するのも面白いと思います。

この場合にはなるべく不透明な絵具（ポスターカラーのような）を使用した方がよいでしょうしそのような絵具がなければ子供が使う千代紙を貼紙細工式に切つてはりつけるのも特殊なおもむきがあつて面白いと思います。

四、むすび

とにかく皆さんの工夫次第でいろ〳〵の新しい形式を考え出すことが出来ます。御互に智恵を持ち寄つて皆さんの組合のために美しいそして有益な壁新聞をつくろうではありませんか。

［『農協神奈川』第四号、一九四九年九月一日、横浜市、N680］

村新聞の作り方

村の文化部や青年団が主になつて村内新聞を発行する傾向が多くなつたが、それについて編輯や経営のことについて少し書いてをきたい。

大体発行は月二回程度、ガリ版がもつとも便利である。ワラ半紙一枚両面刷で、できるだけ細字でつめこむと四百字詰原稿用紙二五枚は入る。定価はやすくして、紙代程度、あとの費用は文化部の費用、あるいは寄附などによつた方がよい。

さて〇〇新聞と題字の下に編輯、印刷、発行者名、住所を入れ、一般新聞に見られるやうにその下へ村の今月の行事とか植付け、種まきの日がらを入れてをくのもい丶。

論説をトツプにして、村の重要ニュース（役場、農業会、学校などの提供）をのせて周知事項を徹底させる。

郷土史、時局感想、農業技術、文化論などの寄稿、投書原稿、時には青年問題等についての特輯。

役場、農業会職員の事務分担表。就職案内。紙上交換会。冠婚葬祭案内。復員名簿。疎開者の欄。農民クラブ。購入図書の通知。

投書欄（声、叫びのやうなもの）

文芸（創作、詩、短歌、俳句、児童作品）

スポーツ。笑話。広告。

等が内容として取材編輯されるが勿論これ以外にも沢山あると思ふ。

編輯者はまづ村全体のための新聞であるから、公正で親切で敏速で、民衆のための新聞、即ちデモクラチックなものを作らねばならぬ。匿名での他人攻撃や悪口は慎まねばならない。政争の渦中にまきこまれてもならない。

客観的に真実の報道をし正しい面は、これをのばしてやるのが新聞の任務である。

農村文化運動綱領（本会制定）

1 土に働くものに課せられた貴い使命を自覚し、その誇りと喜びと希望とに生きよう。

2 消費的な享受を願はず、生産し創造し建設する逞しい意欲を持ちつづけよう。

3 働くことの中に味はひを見出すと共に、どうしたら楽しく効果的に働くことができるかを絶えず考へ工夫しよう。

4 新しい科学的な方法を進んで取入れると同時に、古い経験を貴び生かし、篤農家の智慧と実践とに学ぶことを怠るまい。

5 簡素明朗で正しく健かな生活を営むやうに心がけよう。

6 絶えず潑剌と働くはずみを養ふために、心身に正しい糧を供給するやうに努めよう。

7 一人でもコツコツ働くと共に相携へ力を合はせて働く心構へと組織とを持たう。

8 逞しい意欲と大いなる夢をもつて、理想の郷土としての農村を建設して行かう。

〔『農村文化』第二五巻四号、一九四六年八月一日、東京、N752〕

学校新聞の編集と発行

神奈川県立工業学校新聞班

壁新聞の発行

戦災によって生徒の眼や耳となる機関を失つてしまつたわが校としては、生徒間の交流をはかるうえからも急速に何らかの形で新聞を発行しようと思つていたのですが、ちようどその時教員の一人である大貫君が、某誌からヒントを得たといつて「壁新聞」を発行しようではないかと私に提案したのが昨年の十月初旬のことでした。それ以来着々と準備を整えてその月の二十日に第一号を発行する運びとなりました。

今こゝに、私達が発行し、また、しつゝある「壁新聞」の概略を簡単に説明しますと「壁新聞」というのは、毎月一定の発行日を定めてある期間内に起きた事件、催物、スポーツ競技のニユースや各種短信、文芸、論説等を集め編集のうえ、新聞一ページ大の洋紙へ十字詰七段の線を引きその紙面執筆者、（この場合の執筆者というのは原稿を書く者を指すのではなしに、新聞へ原稿を写す役目を仮にそう呼ぶ。私が受け持つていたのですが）が原稿を写すのです。つまり印刷の代りをするわけです。そして適当にその題に因んだ挿絵を編集部の常盤君に描いてもらい、ともすれば単調になろうとする紙面をひきたゝせるのです。さらに写真部員に依頼して、その月に適した風景や各種の催し物等の写真を毎号数葉づつ添付することにしました。

このような具合で出来た新聞は学校中の生徒に一人でも多く読んで貰うために校内の一番目につきやすい廊下に張ることに決めました。さすがに始め《ママ》てのことで物珍しさのためか比較的多くの者が、いつも「壁新聞」の前に賑わい私達を喜ばせていましたが、その喜びも束の間、三号、四号と号を重ねて行くにつれて次第に読者が減つていきました。なぜだろうと不審に思つていると、読者から「ちつとも面白くない」とか「絵や写真をもつとふやせ」とかいう投書に接して、私達は漸く「壁新聞」の行き方というものがはつきりつかめ、見方も違つて来ました。今まで兎角私達は「壁新聞」を読む新聞として取扱つていたところが、読者の方ではそうは見ていなかつたのでした。狭い場所で長時間立つて一字一字克明に読むことは授業、集会その他に制約されている関係上、事実上不可能なことだつたのです。それまで私達は、とに角紙面は字で埋めればよいといつたような考え方を持つていたのがそも〱誤りでした。

そこで私達は今までの編集方針を改めて、読む新聞より見る新聞へと転換せしめました。まず挿絵を飛躍的に増し、その増加率を全紙面の三〇パーセントから五〇パーセントまで引上げ更に量のみではなしに質の向上をもはかり、各新聞から切抜いて置いたものゝ中でも、斬新でユニークな挿絵を選んで使用したので非常に紙面が明るく美的になり、それ以後生徒の新聞に対する関心は一段と高まりました。こゝで私達は、紙面は華やかにして人目につきやすくするのが、最も効果的であることを痛感しました。その点、ペンで書く新聞ですから、装飾は自由で、自己の欲する図案、色彩を使えることが、（経費のかかる印刷と違つて）比較的少人数で作製できることと共に、この「壁新聞」の最大の長所でも、特色でもあるといえましよう。

その他私達は「壁新聞」を技術の面からも高めようと努力しました。即ち私達は日刊、週刊を問わず、あらゆる新聞の長所、短所を研究し、よいと思われるものはなるべく紙面へ盛ろうと太字、中見出し、小見出し等を用いました。中でも見出しには取わけ注意を払い、誇大に走らず過少にならないように、見出しの心得たる「出来るなら動詞を第一条に使え」「見出しをつけるために正確性を失うな」「興味本位のニュースには読物風の見出しをつけよ」等の諸原則を守って、つとめて平易に具体的につけるようにしました。殊に見出しはその新聞の性格を最もよく表わすバロメーターであるため、それのつけ方によってその記事が一番先に読まれるようにもなるし又ともすれば、見棄てられる場合もあるので慎重に取扱いました。

このように形式上から紙面をよくするのと同様に紙面にのせる記事も厳密に検討して新時代にふさわしい内容を選びました。例えば世論が民主時代に重要であるに鑑み、「学窓の声」という投書欄を設けて、生徒の声をもらさず反映させたり、またラジオの〝話の泉〟から思いついて「智識の泉」欄を新設して、毎号先生がたから興味ある課題を出して頂き懸賞募集をやるなど、娯楽的な面からも考慮を加えて常に新しい話題を提供したところ、時代感覚に鋭敏であると褒められましたが、このことはこの間の消息をよく物語つていること、思います。

しかしこの表面の華やかなわりに、その反面編集の内情はなかなか複雑で容易なことではありませんでした。「壁新聞」は学校という特殊な組織を背景にして立つているため、その組織から生ずる障害も多く、毎月規定通りには発行できず、旬刊の予定であつたのが半月刊もしくは月刊というようなスピード性を生命とする新聞の使命を疑わせるような状態が一再ならずあつたため、その打開に随分苦慮しました。が苦心は発行の速度のみならず、限られた紙面へ記事をうまく入れるということが思つたより困難で、この仕事の何百倍、何千倍もの量をやつている新聞雑誌社の方の労苦はどんなだろうと思いました。がちようど一行もはみ出さずにピタリと納まつた時の喜びは編集者のみが味わえるよろこびだと思いました。

かように「壁新聞」は創刊以来七月で十四号を数え、予期以上の成果を収め、私達もどうやら満足したのですが、その満足感の隅に何かしら置き忘れたような物足りなさを感じたことを否定することは出来ませんでした。それはいうまでもなく壁に張つた新聞より生徒たち一人一人が手に持つて読める新聞にしたいという新たなる願いでした。こゝに「壁新聞」は更に新たな別個なものとして生れ出づる運命を持つていたのでした。その別個なものこそ、後に述べる「神工時報」という新聞の印刷で、つまり「壁新聞」は「神工時報」の生みの親だつたわけです。つまり「壁新聞」は「神工時報」というものゝ準備段階であつて結局は新聞印刷へと必然的に移行するものだつたので、いゝかえれば「神工時報」を発行するために「壁新聞」という段階を通つて来たものといえましよう。

時報へと発展

かゝる願いがかなつて「神工時報」は七月十五日に産声をあげましたが、その生れ出でた赤ん坊はあまりにも貧弱でした。タブロイド二ページというおよそ新聞の形と認められる最少《ママ》限の形でお目見得したのでした。紙面が狭いというのは他の者から見ると、紙面が少い方が楽だと思いますが（事実、私達もそう思っていたのですが）反対に紙面の狭い方が編集はむづかしいという一見矛盾した結果が生じ、狭い紙面へいかに多くのニュースを盛ろうかという問題で予想以上に手まどり、そのうえ印刷の直前に執筆者の都合で原稿の入れかえがあつたため思わぬ日数がかゝつてしまいました。いかに執筆者の原稿締切期日の厳守が重要であるかを身をもつて体験しました。

　紙面において他校は依然「歴史かなづかい」をしていましたが、私達は新聞は時代の尖端を行くものであると信じて「新かなづかい」を率先実行しました。が「漢字制限」の方は極度に紙面が少いため文を簡潔にするうえからも、制限外の漢字を多少使用したことはやむおえないことだと思います。「題字」を横書にするかそれとも縦書にするかということとも俎上にのぼり相当激論しましたが、時期尚早という空気が圧倒的に多かつたのでこの問題はひとまず保留され、保守的ながら縦書がとられました。以上の問題は何れ時が解決してくれる問題だと考えます。

　以上のように形式では進歩しましたが、経済的事情のため一学期間一回のみという季刊雑誌よりもまだ悪い、それでも新聞かと疑われる程の発行なので新聞のニュース性は完全に失われたのですが、これは周囲の国内情勢が悪いためやむおえないことゝして、ニュースの他に文芸論壇等を載せたところ、一部の先生から「ニュースのみの新聞にするか或いは文芸その他の記事も包含した総合雑誌的な内容を有する新聞にするか、色彩をはつきりせよ」といわれたのですが、私達はこのようではあまりに一方に偏しすぎるので、というのはニュースのみの新聞ではゆとりのない無味乾燥になつてしまう、といつて文芸、随筆ばかりではあまりにも雑誌的になつてしまつて新聞たるの資格を失つてしまうので、いわば新聞と雑誌の中間を行く存在としてその特色を発揮した方がよいのではないかと考えています。

　さらに新聞を印刷して発行する際、いつ発行したら最も効果的であるかと意見を闘わしてみたところ、試験前に発行するのは発行することには何ら差支えないがすぐ間近に試験があるといつた気持が頭にこびりついているので、折角配布しても新聞に対する関心は薄いだろうというので避け、試験終了後に発行することにしました。というのは試験終了後の方が試験から解放されたという安堵感が手伝つて買つてみようという気持が起きるので、その心理を捉えて発行した所予期以上の結果が得られました。これなど他の社会に見られないひとり学校という特殊な社会のみに見られる極めて注目すべき現象だと思います。

　また販売方法について、代金と引換えに新聞を渡す引換え制と、代金前納で後に新聞を渡す予約制の何れかをとるかということで迷いましたが、引換え制だと読者が絶えず浮動して売行が危ぶまれるのに反し、予約制だと読者の数が固定して経営的に有利なので、予約制をとるのに決めました。これなども苦慮したもの、一つです。要するに読者の心を早く適確に把握しえた者が最後の勝利者だと思います。

　前章に、理論的には「壁新聞」は当然解消し「時報」が発展する運命だと述べましたが、実際は残念なことに前〔に〕述べたように確実に発行できませんので、客観的状勢が好転するまで「壁新聞」を「神工時報」の補助的機関として（時によつては「壁新聞」が主で「神工時報」が従になることはあるかも知れませんが）並行的に発行せしめますが、将来は「神工時報」が主体となることはもち論《ママ》です。

　将来は「神工時報」の編集の他に、新聞班が主催となつて各種スポーツの競技大会、文芸講演会、展覧会などを随時開き文化運動の推進力たらしめたいと念願しながらこの稿を終りに致したいと思います。

（黒田新太郎）

〰〰〰〰〰〰〰〰

「学生の研究発表」の第二回目として、神奈川県立工業の新聞班の「学校新聞の編集と発行」を取り上げました。

　これは、特に同校の新聞が他のものよりも優れているという意味ではなしに、同校新聞班の諸君の編集プランや印刷、発売等の業務に対する真面目な研究的態度が、何の飾り気もなく素直に発表されていることに感心したからです。神工新聞班の真面目な生長を祈ります。　J・S

「『学生』第三一巻九号、一九四七年一〇月一日、東京、G59」

壁新聞の作り方

南郡　長峰小学校長　小林多三郎

パツとつきパツと消える、色とりどりの美しいネオンの光り、行きずりの目や、そぞろ歩きの目には勿論、急ぎ足の多忙な目でも立ち止つて注視せずには居られない、強烈な刺戟珍奇な趣向、壁新聞の持つべき要素、条件には、こんな強烈な吸引力、新趣な奇抜さが必要であろう。

　しかし学校新聞として壁新聞には、必ずしもそれ程までに、絶対的に神経質に此の条件を必要とはしない。学校の壁新聞は煽動したり宣伝したりする使命よりも、研究的なもの娯楽的なもの、芸術的なものの発表や、伝達や交流を主なる使命と、いたすべきであろう。絵があり、詩があり、主張があり、研究があり、紹介があり、観察などがあつて、面白いので釣られて読んでいる中に、自然に学術的な部面や、芸術的な部面や、或は児童達の生活面全体が、高まつていくという様なものが理想的ではあるまいか。

　壁新聞は普通新聞と違つて壁に貼つて読ましめるところに

特徴がある。手にとつて読むひまがなく、立ち止つて読ましめるのであるから、文章は非常に考慮すべきである。長い文章や、くどくどとした文章は不適当である。

それから一枚一枚が独立性を持つものの方が、幾枚かで一つの性格を持つもの、連続した数枚で、一つの主張がやつと分るというものより、より効果的である。

社会はだんだん複雑になり多忙になつている。それで読み物はだんだん短いもの、端的なものへと移行している。昔の様な長篇小説がすたれ気味となり、短篇小説が多く創作せられ、更にマン画《ママ》の様な簡明直截なものが、歓迎せられて来ていることは、壁新聞を作る上に、大いに参考とし、考慮すべきことである。

しかし学校の壁新聞を、漫画漫文的なもので埋めようとすれば、非常な困難に出あつて窮屈になり、発行に影響を来すに至るであろうから、その気持のもとに、大いに独自性、創造性を織り込んで発行すべきであろう。

更に新聞を作るには、組織を持つべきである。組織のないところに、活動がないからである。その組織は学校の特殊事情や環境を考慮して決定すべきである。参考までに本校で実行している、組織を紹介致します。

一、目　的

新聞を読んだり、作つたりすることに依つて、真実を伝え、正義を主張し、正義を生活する態度を養い、社会的な責任感を持つ人間を作る。

各教科、環境、家庭、社会を調査研究し、それを壁新聞に発表することによつて相互に才能を伸展させる。

二、発　行

壁新聞は一週一回之を発行する。

三、反省と表彰

月に二回、先生、父兄、新聞記者をお呼びして批評会を開き、反省する。

其の際、皆んなが良い作品だと選定したものには賞をおくつて表彰する。

四、左の係をおく

係員は其の仕事を、責任をもつて実行すること。

1．記者——新聞や、ラジオや、学校や、環境や、読み物から記事をとる。

2．編輯——記者の記事や、学友の作品等を編輯する。
此の際には編輯会議を開いて民主的に決定する。

3．印刷——書いたり、切り抜いたりした作品を張る。

4．カツト——カツトを書いて壁新聞を美的なものにする。

5．配布——壁新聞を適当なところに張つて見せる。

6．会計、庶務——材料を入手し、会計の事務をつかさどる。

五、顧　問

校長先生、教頭先生、受持先生

六、係員数

記者五名、編輯八名、印刷五名、カット二名、配布五名、会計庶務四名

×　×

試みに西洋紙一枚を全児童に渡して、自由に一枚の壁新聞を作らせて御覧なさい。非常に特色がある、いろいろな新聞が作られます。それを公開し批評し合つていくと次にはぐんと立派な壁新聞が出来ます。

子供はそれ自身成長力を持ち、創作力を持つて居ります。その成長力創作力が、いもこす《ママ》合うと、更に見事な成長をなし、創作をなします。そこから真の人間的な教養が高まりましよう。

以上大急ぎで、系統もなく書きましたが、何等か参考となれば幸甚である。

［『青森教育』創刊号、一九四九年七月一〇日、青森市浦町、A294］

第二章　英語メディアと流行歌の奔流

章解説

土屋礼子
吉田則昭
市川孝一

占領期におけるメディアの変貌を端的に象徴するのは、ラジオ放送に登場した英語とジャズ音楽、CIE図書館に並べられた英語雑誌、またアメリカ映画などに影響されたさまざまな流行歌の氾濫であろう。それらがいかに戦後日本の文化を塗り替えていったのか、食糧難とインフレに苦しむ生活のなかで、戦災からの復興へ向かって日々暮らす人々は、新しい英語メディアに触れ、戦時中とはうって変わって個人の喜びや嘆きや吐露する流行歌を聞き、何を考え思ったのか。プランゲ文庫所蔵雑誌新聞からは、そうした新しいメディアに対する驚きや好奇心、あるいは素早い適応などが数多く見られる。思うに、そうした英語メディアや流行歌への反発や疑問があまり見られないのは、検閲のせいばかりではないだろう。敗戦後の日本の人々は何よりも、息苦しかった戦中の暮らしにはなかった、明るく自由闊達な表現の息吹を、戸惑いながらも、積極的に受け止めたのであろう。

日本における米軍放送の開始

天皇の玉音放送で敗戦が告げられて始まった日本の占領期は、メディア史からみるとラジオの時代であった。戦時中にラジオ放送がプロパガンダ手段として発揮した威力を踏まえて、連合国軍は一九四五（昭和二〇）年七月に沖縄で、さらに九月からは東京をはじめとする本土で、ラジオ放送施設を支配下に置くとともに、占領軍のための放送に利用し始めた。この放送は一般に「進駐軍放送」または「米軍放送」と呼ばれたが、正式には軍放送 the Armed Forces Radio Service（ＡＦＲＳ）という、一九四二年五月二六日に米国陸軍省の一部として認可された組織によるラジオ放送で、ロスアンジェルスのハリウッドのなかに本部があった（正確には英国軍〔ＢＯＣＦ〕による放送もあったのだが、ここでは省略して米軍放送だけに話を絞る）。

　米軍は世界のさまざまな場所に駐留したため、そのラジオ放送網は米軍の活動にともない各地で開局され、American Forces Network（ＡＦＮ）と称された。一九四三年から英国で、一九四五年にはドイツでも放送が開始された。太平洋地域では一九四四年に、ニューカレドニアのヌメアやニューギニアのポートモレスビーなど、太平洋の各島々で放送局が開設され、モスキート・ネットワークとかジャングル・ネットワークと呼ばれる放送網を形成したが、翌一九四五年にマニラを米軍が占領すると、これらは極東放送網 the Far Eastern Network（ＦＥＮ）と改称された。ただしＦＥＮという呼称は、一九四七年五月に米国極東軍（Far East Command）の下で公式な名称として認められるまでは、通称として用いられていた。

　この極東放送網（ＦＥＮ）は、終戦翌年の一九四六年にはフィリピン、沖縄、日本の各局や朝鮮半島のソウルや釜山など計三九局を含んでいたが、米軍が太平洋の島々から撤退すると次々と閉局し、一九四九年には一一局に減った。さらに、沖縄では一九四九年五月から米軍政府による琉球ラジオ放送ＡＫＡＲ（Ryukyu Radio Station）が開始され、朝鮮半島では朝鮮戦争のため一九五〇年九月に米軍朝鮮放送ＡＦＫＮ（American Forces Korean Network）が創設された。これと連動して日本の米軍放送も別系統の管理下に置かれたため、一九五二年に日米行政協定の発効によりＡＦＲＳの放送局がすべて米軍基地内へ移動した時に、日本における米軍放送網は正式に極東放送網（ＦＥＮ）として統括された。したがって、日本占領期における米軍放送は、ＡＦＲＳという略称と対で考えるのが妥当である。実際にプランゲ文庫のデータベースで「ＡＦＲＳ」で検索すると、四四件の雑誌記事がヒットする。

　占領期の日本本土における米軍放送の第一の特徴は、日本放送協会（ＮＨＫ）の放送施設を主に利用して放送されたことである。すなわち、ＮＨＫは放送局、送信局および送信機材を米軍に貸与し、それにともなってＮＨＫ職員が米軍放送に関与していた。具体的には、一九四五年九月に東京放送会館に乗り込んだ米軍は、当時あった第一放送と第二放送という二つのラジオ放送チャンネルのうち、一つのチャンネルを一日一六・五時間米軍放送が使用するよう要求した。そのため当時、米軍放送は「第三放送」とも呼ばれた。本章に収めた五十嵐新次郎「第三放送を聴くには」(『パック』一九四七年六月)の記事は、一九四六年末頃までにはその呼称が定着していたことを示している。

しかし、一般的には各局のコールサインが呼び名として用いられた。すなわち東京(WVTR)、大阪(WVTQ)、名古屋(WVTC)、仙台(WVKE)、札幌(WLKD)などを冠して、例えば「WVTR放送」という語が当時の雑誌記事には頻出する。実際、占領初期には各局が自主性を発揮して番組を流していた。基本的に米軍放送は、米国本土から送られてくる商業ネットワーク放送の番組と、軍制作のオリジナル番組の二種類からなっており、前者は主に空輸された録音盤によるもので、米国本国で人気のショーや歌番組、例えば「ビング・クロスビー」「バンド・ワゴン」「ヒット・パレード」などがあった。後者にはニュース放送と、米兵の希望による音楽番組「ジー・アイ・ジャイブ」「ジュビリー」などがあった。一九四五年九月二三日から放送が始められたWVTRの場合には、麹町の東京放送会館の三階にあった第二スタジオと四階の第一三スタジオが用いられた。その様子を生き生きと絵入りで伝えてくれるのが小川哲男「WVTRスクラップ」(『放送』一九四九年六月)である。その見学には、放送協会渉外部を通じての許可が必要だったようだが、その渉外部の一員であった石原裕市郎による「WVTRのぞ記」(『放送文化』一九四六年九月)は放送の舞台裏をわかりやすく解説している、初期の記事である。

米軍放送の内容で日本人を驚かせたのは、ジャズ音楽とアメリカ英語である。朝六時から夜一一時半までの間の大半の番組が、ジャズやダンス・ミュージック、あるいはクラシックなどの音楽番組で、あふれ出す最先端のアメリカ音楽は、それまでラジオから軍歌や浪花節ばかりを聴いていた日本人と音楽に大きな影響を与えた。そして、ニュース番組を中心に生《なま》のアメリカ英語が、時には笑い声が混じる生き生きとした会話で聴けるようになったことは、英語の学習にこの上ない機会を与えたばかりでなく、英語を通じてアメリカ人の生活やものの考え方、チューインガムから石油資源問題まで新しい見方に触れる媒体にもなった。『時事英語研究』(一九四七年五月)に掲載された木村生死

「WVTRの一日」（未収録）は、そうした米軍放送の多様な番組を紹介している。

米軍放送はまた、日本の放送番組制作にも影響を及ぼした。一五分・三〇分を単位とする番組構成や、クイズ番組Twenty Questionsをもとにした「二十の扉」のような、米国制作の番組に基づいた番組制作など、戦後日本の放送改革は、占領軍の指導を通じて米国本国から直接学んだ部分もあるが、米軍放送はより手近な見本であった。

一九五二年サンフランシスコ講和条約の発効とともに、WVTRなどの米軍放送局はすべて米軍基地内へ移動し、極東放送FENとして再編された。NHK職員による運用保守も、大阪を最後に一九五四年八月に終了し、「〝放送の戦後〟はやっと終わった」とNHKの放送史は記している。しかし、米軍放送はその後も、一九九七年にはAFNと名称を変えながら、依然として日本の空を飛び交っている。

ところで、本章には、英語を耳から学ぶためのNHKラジオ番組「英語会話」の人気講師だった平川唯一の書いた記事「私と英語」（『パック』一九四六年八月）も所収した。ユーモラスな「証城寺の狸ばやし」に乗せた英語歌詞のテーマソングから「カムカム英語」と呼ばれ、「カムカムおじさん」として親しまれた平川は、戦前米国に渡り、苦学して州立ワシントン大学を卒業したクリスチャンで、NHK国際放送の主任アナウンサーだったが、この番組で一躍人気者となり、一九四八年には三万通のファンレターが殺到したという。当時この番組を聴いて学習と親善を兼ねた自主的なグループが各地で結成され、それは『カムカムクラブ』という月刊誌を発行する全国組織にまで発展した。これを一つの文化運動として竹前栄治は評価している（「戦後デモクラシーと英会話」『占領戦後史』岩波書店、二〇〇二年）が、英会話のなかに込められた民主主義的な思想に人々が惹かれたことはまちがいない。米軍放送以上に、日本人に影響を与えた英語番組だったといえよう。（土屋）

米国直輸入雑誌『リーダーズ・ダイジェスト』

日本の出版文化とはまったく別ルートで流入してきた『リーダーズ・ダイジェスト』日本語版（以下『リーダイ』）は、一九四六年六月に創刊号が発行されたが、そのニュースを聞いた人々は掘立小屋まがいの書店に殺到し、発売日には長蛇の列ができたという。このとき、雑誌の帯には「用紙事情に鑑み本誌用紙は当分特に米国より移入す」と記されていたが、そのことにどれだけの人が気づいていただろうか。

当時の雑誌状況については、『アサヒグラフ』一九四六年一〇月一五日号が、「戦争中は二〇〇にも充たなかった出版屋が、シロ、クロこき交ぜて雨後の筍よろしく二九〇〇もとびだした。紙の供給絶対量が増えた話も聞かないのに、雑誌が文字通り雑然と派手な広告を展開、全部が全部創刊のはこびに至ったかどうかは保証の限りにあらず。されどその数は一九〇〇にも達する」という内容の記事を出した。ちょうどこの記事が出た同日、カストリ雑誌の嚆矢ともいえる『猟奇』創刊号が発売され、たったの二時間で完売した。

『リーダイ』は、GHQの許可を得て発行していた雑誌だったために検閲を受けなかったことは当然としても、カストリ雑誌の大半は、統制外のヤミの仙花紙を用い、正規の流通機構に載せないというそのアウトサイダー的性格ゆえか、プランゲ文庫には収録されていない。こうした当時の雑誌の動向のなかで、『リーダイ』を論じてみよう。その際、本資料に収録されていないものの『リーダイ』について言及のあった当時の雑誌記事も引用することとしたい。

同誌は、もともとアメリカで発行されていた英語雑誌であったが、これを日本語版で発行することでアメリカの雑誌文化を日本にもたらすことになった。ちなみに、当時の『リーダイ』は一〇〇パーセント翻訳誌の「日本語版」であり、同誌「日本版」(一九八六年休刊)が発行されるのは、ずっと後になってからのことである。戦時下、長いこと生きた〝世界の情報〟に飢えていたため、旧敵国の大衆的活字文化を象徴する『リーダイ』日本語版がこれほど熱烈に読まれたのは、変化に機敏に対応する日本人の特性ゆえだったのだろうか。

一九四六年春、リーダーズ・ダイジェスト日本支社は、神田の冨山房ビルの一角に事務所を開き、初代編集長に鈴木文四郎(筆名・文史朗)を招いた。鈴木は、一八九〇年生まれで、朝日新聞社常務を経て、戦後、他の幹部とともに同社を退社、一九四六年に『リーダイ』初代編集長となり、一九四九年には日本支社長となった。そして同年、戦後の戦犯追及を受けた大手出版社が中心となって結成した全国出版協会会長にも就任する。鈴木はリーダーズ・ダイジェスト社スポークスマンとして、日本各地で講演旅行を行ない、アメリカの同誌発行人にも会いに行っている。

『リーダイ』創刊直後、鈴木は次のように述べている。

「思へば、アメリカのかうした雑誌社が、講和条約もまだいつか分からぬ時に、全く私的な事業として日本に早くも支社を開いて仕事を開始したといふことは、それ自体画期的なこと、言へる。聞くところによると、かうした私的な事業で、日本に同様早く進出したいといふ申請は六百余件に上ったさうだが、リーダーズ・ダイジエストだけが一つ許可されたといふ事である。これはダイジエストが単なる商業主義のものではないからである」（鈴木文史朗「リー・ダイ社の内側から」『読書倶楽部』一九四六年七月号）。

同誌の創刊号は、一六万部だったが、即日完売だったという。読者の熱狂的な支持は、その後も長いこと続き、別の本と抱き合わせでないと売ってくれない書店もあったという（塩谷紘『「リーダイ」の死』）。日本初の日本語による外国雑誌ということで、「弊社では一定予約以外直接販売は絶対いたしません。そのようなことがありましたら詳細弊社へ御急報下さい」というように、その販売方法は当時にしては珍しいアメリカ式のダイレクトメールであった（リーダーズ・ダイジエスト日本支社「リーダーズ・ダイジエスト偽社員御注意」『出版ニュース』一九四八年六月一一日号）。

そして、その購読部数といえば、日本出版配給株式会社（日配）の第一回全国需要調査（一九四七年三月）では、合計八三万八四二九冊、第二回調査では一〇二万一二七一冊（同年六月）という数字が出ている（『日本出版百年史年表』一九六八年）。また、当時の記事には、「リーダース《ママ》・ダイジェストの最近の発行部数は約九〇万で、一時の一五〇万部という最高成績からは多少おちたが、それでも日本の雑誌界では近年まれな数字であった」（「リーダイの利益」『真相』一九四九年一〇月）という記述もある。

さて、こうした成長著しい同誌であったが、社会学者・清水幾太郎は、アメリカの比類のない明るさを、『リーダイ』という雑誌の回路を通して与えられたとして、また同誌の展開する根本が、文明、開化、勤勉、立志、修養という明治的観念をもって貫かれていると考察している（清水幾太郎「リーダース・ダイジェストについて（アメリカの明るさ）」『新潮』一九四七年一二月号）。

ロシア史研究者の和田春樹は、自宅にダイレクトメールが舞い込んできたとき、親米少年だった和田は父親に頼んで、定期購読することになったことを述懐している。この雑誌の内容が共和党一辺倒で、保守的であり、反ソ反共的と評されていたことも記しているが、毎号もっとも愛読したのは、アメリカ人気質を述べたエピソードを集めた連載欄「アメリカ生活さまざま」であり、この記事の紹介する「アメリカン・ウェイ・オブ・ライフ」こそがアメリカ民主主義であったという（和田春樹『ある戦後精神の形成』二〇〇六年）。

プランゲ文庫収録誌でも、『リーダイ』の「アメリカ生活さまざま」の記事が引用・言及されている（「アメリカ生活さまざま」『明星』発行年不明）。珍しいところでは、警察官がテキストとして『リーダイ』を使用したことをうかがえる記事もある（「リーダース・ダイジェスト誌より」『旭の友』長野県警察部教養課、一九四六年八月号・九月号）。

別の記述でも、東京都内のワシントンハイツ（現在の代々木公園）に勤務の警察官が、教材として『リーダイ』を用いて英語を学んだという証言もある。MPのジープに乗って都内を走り回っていた警察官は、付近の教会牧師やワシントンハイツで暮らす将校夫人から、研修学校PIT（Police Interpreter Training）スクールで英語を教わった。この警察官の述懐によると、人間関係も雰囲気も自由ななか、副読本には『リーダイ』を用い、そして教室には四〇人ほどが通い、うち三人は戦後誕生したばかりの婦人警察官だったという（秋尾沙戸子『ワシントンハイツ』二〇一一年）。警察官も雑誌を回路として、アメリカについての知識が与えられたのだろう。

では、『リーダイ』日本語版が発行されるまでに、どのようなプロセスをたどったのだろうか。製作・編集・翻訳の問題も雑誌記事では紹介されている。日本語版の表紙には、「永続性の興味と価値ある記事」という標語を見出すことができる。『リーダイ』の編集は、この雑誌の特色である「要約」を主眼とするため、特殊な技術を要求された。抜粋・要約の中心となるものがこの標《マ》語《マ》であり、またウォーレス夫妻の信念に直接結びつくものだった（近藤暾〔ダイジェスト日本支社編集員〕「リーダース・ダイジェストの出来るまで」『読書展望』一九四七年九月号）。

さらに翻訳の問題については、翻訳の完全を期すため、いずれも一流の英語の達人ばかりが社外にいて、各人一カ月一つの記事を数日中に終えたという。それを社内の編集幹部四人がすべて目を通し、誤訳があれば正し、日本文として読み易くし、一字一句、原文に忠実に翻訳したという（鈴木文史朗「リーダーズ・ダイジェストの生い立ちと経営方針」『NHK放送文化』一九四九年八月）。

読者との関係は、プログラム・サービスという特殊な方法で結びついていた。すなわち、同誌の記事をディスカッションできるように、パンフレット形式の指導書を毎月作り、各学校、青年団に頒布し、申込みに応じて優秀な指導員を派遣した。また、どんな記事が受けているかを、米国本社の方式に倣って科学的方法で調査していた。

日本語版の初代支社長はデニス・マキヴォイという人物で、占領期間中、同氏が登場する記事は、「日本出版界に大問題を与えた雑誌」（『週刊サンニュース』一九四八年七月五日号）のみであった。別の関係者によると、日本語版は今は三五万の発行部数であるが、紙の制限さえ外れれば二〇〇万は確実と思われたという。この他の地域でも、マキヴォイ氏は、英文の軍隊版も出し、将来はフィリピン島方面への進出などの仕事も一手に握ろうとしていたという（殖栗文夫〔リーダーズ・ダイジェスト日本支社プロモーション・セールス・マネーヂャー〕「若い国」『出版天国』一九四七年一月号）。

前出の鈴木文四郎は、『リーダイ』のアメリカでの創刊のきっかけについてもふれている。第一次大戦で負傷しフランスで療養生活を送っていたデヴィッド・ウォーレスが、毎月世界各国の雑誌のなかからすぐれた読物を探し出し、それを短時間で読めるよう要約してあげたら読者に喜ばれるかもしれないと考え、一九二二年に五〇〇〇部で創刊したのが同誌誕生の始まりであった。

一九四九年、鈴木文四郎は、主婦の友社社長・石川数雄からの依頼で、ウォーレス夫人との会見を実現させている。鈴木自身も創業時の苦心談は親しく聞きたいところでもあったので、即座に快諾したと記している（鈴木文史朗「夫婦の創業」『主婦之友』一九四九年二月号）。

日本がGHQの占領統治下におかれた時、米国メディア、特に映画業界が真っ先に関心を寄せたのは、極東におけるビジネス再開と凍結された在日資産の行方であった。同様のことがリーダイ社においても指摘される。この売上げ利益をアメリカ本国に送金することは、セントラル映画の賃貸料同様に許されなかったので、日銀に預け入れた額は約二百億円に達したといわれ、それがどのように使われるかが業界注目の的となっているとしている（前出「リーダイの利益」）。

一九五〇年の『真相』には、「リーダース・ダイジェストの鈴木文史朗とはどんな男か?」（一九五〇年五月）の記事もある。特に、鈴木は占領期の読売争議、講和独立後の反共活動でも多く登場してくるため、『リーダイ』の共産主義批判の傾向と当時の政治動向との関連の解明は今後掘り下げられるべきテーマである。〔吉田〕

戦後ヒット曲に隠されたもう一つの「物語」

NHK土曜特集「そして歌は誕生した」番組制作班編『そして歌は誕生した』（PHP研究所、一九八九年）という本もあるように、歌の誕生にまつわるエピソードは、人々をひきつけるテーマの一つだ。この本のサブタイトルが、「名曲のかげに秘められた物語」とあるように、人々は歌そのもののなかで展開される「物語」はもとより、その歌の背後にあるもう一つの「物語」にも強い興味関心を抱くものである。

そうしたもののなかには、「伝説化」「神話化」されているものもある。一つのエピソードが再引用され、語り継がれているうちに一つの確固とした「定説」になるのである。

その最たるものの一つが、「星の流れに」という曲にまつわる〝誕生秘話〟である。多くの歌謡史の本で、この歌は作詞家の清水みのるが新聞に載った一人の女性の投書を読み、「一晩で一気に詞を書き上げた」というエピソードが紹介されている。

しかし、真相はそれほど単純ではない。それが、作詞家自らの文章で明らかにされているのが、本書に掲載された資料「〝星の流れに〟のメモ」（『歌謡文芸』一九四八年一一月）である。もちろん当事者本人の「証言」だからといって、それがいつも絶対的なものとは言えない。しかし、「定説」「通説」を覆す「証言」は、その語りの内容と従来の「定説」との間のズレ自体が興味深いのである。

それに対して、いまだ「定説」が定まっていないのが、「銀座カンカン娘」の場合である。本書に収録された資料

「ヒットソング漫談」（『放送』一九四九年一〇月）が言うように、〝カンカン娘〟の命名の由来は、結局よくわからないのである。「銀座カンカン娘」を歌い、同名映画に主演した高峰秀子も、命名者と目されている映画監督・山本嘉次郎など関係者に尋ねたが〝語呂の良さでなんとなく〟という以上のことはわからなかったと書いている（高峰秀子『私の渡世日記』朝日新聞社、一九七六年）。語感としては、〝イケイケギャル〟といった類か⁉

「リンゴの唄楽屋話」（『平凡』一九四六年薫風号）は、戦後のヒット曲第一号として名高い「リンゴの唄」の作詞家、作曲家、歌手の三者によるそれぞれの裏話。くだけたトーンの「証言」が、逆に「名曲誕生秘話」の真実味を高めている。

こののんきな「証言」に比べ、「「異国の丘」を偲びて」（『婦人生活』一九四九年三月）の証言は重い。想像を絶するシベリアの抑留生活のなかから、この名曲が誕生したことはよく知られるところとなったが、このエピソードは、まさに歌というものの本質の一つの側面を雄弁に語っている。

もちろん、敗戦直後の「明るい歌」の代表とされている「リンゴの唄」の場合も、実は明るいだけではない。並木路子の父親は戦死、母親も東京大空襲で亡くなっている。明るさの背後には悲劇が隠されている、まさに「時代の歌」なのである。

「歌は世につれ世は歌につれ」とは、歌と世相とのかかわりについて言い古されたことばだが、それをそのままタイトルにしている掲載小論（『月刊信毎』一九四九年八月）は、その基本図式をコンパクトに要領よく解説している。要するに、〝歌はその時々の世相の反映であり、歌の流行には必ず社会的な背景があり、世相の推移と関連して、流行歌もその都度形を変えて行く〟という「定説」の再確認である。ただ、「民衆の歌う歌こそ、その時々の世相の映像」であると書きながら、一方で〝低俗な流行歌の一掃〟に共感を示しているあたりは、筆者の硬派の音楽家としての限界かもしれない。

その点、本書掲載資料で紹介した一連の「替歌」は、まさに庶民の生み出した庶民自身の歌である。それらの多くは、作品のレベル（パロディ・風刺）としては稚拙かもしれないが、一般の流行歌よりさらに直接的に庶民・大衆の心情をうかがい知ることができる。そもそも〝本歌取り〟は日本の文芸の伝統だが、元歌を知らなければその面白さはわからない。その意味では、替歌の対象にされるということは、その曲の流行の度合いを測るひとつの指標でもある。その点で、ここでもまた「異国の丘」の存在感は大きい。プランゲ文庫の特徴の一つは、同人誌レベルの手作りの雑誌までも収録している点にあると言われている。そこで、敢えてこのような「無名の」作者たちの「作品」も紹介してみた。

もう一つのカテゴリーは、音楽と「民主主義」「アメリカ」に関わる文章である。敗戦直後の時代のキーワードが、「アメリカ」であり「民主主義」(「民主化」)であることはよく知られている。収録したいくつかの資料からも、「民主化」への意気込み、〝アメリカ賛美〟という時代の空気がうかがえる。「音楽と民主主義」(『音楽之友』一九四六年一月)の筆者の清水脩は、多数のオペラや合唱曲を手がけた作曲家であり、『音楽之友』の編集に携わったほか、カワイ楽譜の社長などを歴任した。内容が、啓蒙的なトーンになるのはやむを得ないところである。〔市川〕

参考文献

秋尾沙戸子『ワシントンハイツ――GHQが東京に刻んだ戦後』新潮文庫、二〇一一年
井川充雄「占領期のWVTR」『叢書 戦争が生み出す社会Ⅲ 米軍基地文化』新曜社、二〇一四年
市川孝一「戦後復興期大衆歌謡の再検証」『文芸研究』明治大学文芸研究会、二〇〇九年
小茂田信男・島田芳文・矢沢寛・横山千秋『新版 日本流行歌史』中一九三八―一九五九』社会思想社、一九九五年
塩谷紘『「リーダイ」の死――最後の編集長のレクイエム』サイマル出版会、一九八六年
竹前栄治『占領戦後史』岩波書店、二〇〇二年
『二十世紀放送史』日本放送協会、二〇〇一年
和田春樹『ある戦後精神の形成――一九三八―一九六五』岩波書店、二〇〇六年
Trent Christman, *The Brass Button Broadcasters*, 1992

郵　便　は　が　き

恐縮ですが、
切手をお貼り
下さい。

101-0051

（受取人）

東京都千代田区神田神保町三―九

第一丸三ビル

新曜社営業部行

通信欄

通信用カード

■このはがきを，小社への通信または小社刊行書の御注文に御利用下さい。このはがきを御利用になれば，より早く，より確実に御入手できると存じます。
■お名前は早速，読者名簿に登録，折にふれて新刊のお知らせ・配本の御案内などをさしあげたいと存じます。

お読み下さった本の書名

通 信 欄

新規購入申込書

お買いつけの小売書店名を必ず御記入下さい。

(書名)	(定価) ¥	(部数)	部
(書名)	(定価) ¥	(部数)	部

(ふりがな)
ご 氏 名　　ご職業　　(　　歳)

〒　　Tel.
ご 住 所

e-mail アドレス

ご指定書店名	取次	この欄は書店又は当社で記入します。
書店の住 所		

東京のアメリカ軍放送 WVTRのぞ記

石原裕市郎

日本人もタダで洋行出来る

むかしむかし帝国ホテルや横浜のニユー・グランドでたべることのできたお料理は、もう二度とわれ〳〵の舌や胃袋をニコニコさせることはあるまい、と戦時中は悲しくも諦観してゐたのである。しかし、敗戦はその諦めをたゝきつぶし、その上、遠いかなたに、御ちさうのかすかな香りをたゞよはせるやうになつたのである。御ちさうの匂ひは、何時現実のお料理を同伴して、われ〳〵の眼前……いや唇前にあらはれることであらうか、と考へると、もうそれだけでも、何かたのしくなるのである。御ちさうだけではない、何時の日にか、又再び、太平洋の波にゆられて、アメリカは勿論西洋の諸国へ行けるかも知れない、と思ふと、それも亦楽しいのである。洋行のできる日を夢に描いて、うつらうつらしてゐたら、知人の甘木氏が訪れて来た。

甘木氏はいふのである。

「洋行なんていふ問題を考へるのはけしからん、敗戦国民はもつとつゝましくして居らなければいかん。たいそれたことを考へるひまにカボチヤ畑の手入れでもして、お米の足りないところをなんとかうめ合せする方法でも思案しなさい。しかし、実は最近、素晴らしいことを発見したので、これを無料で教授して歩いてゐる。殆どたゞに近い金で、眼さへとぢれば忽然と我が身を異邦に置く術を見つけだした。人助けになるから、諸々方々に於て、この秘術を伝授してゐるが、その霊験のあらたかなことに、みんなが驚愕してゐるので、今日は君にそれを伝教しに来た」

人助けのおすそ分けにあづかりたい旨を申しでると、甘木氏はニヤニヤしながら、それでは早速、実行にとりかゝらうといつて、先づ眼をつぶれ、と宣つた。そしてラジオのスヰチをいれ、WVTRの波長にダイヤルを合せた。耳にながれこんできたのは、アメリカはニユー・ヨークかハリウッドあたりでかなでられた楽の音〔。〕陽気で、はなやかで色彩感の多い、まるでバタ〔ー〕のベタベタについた西洋菓子のやうな音楽である。至つてテンポが早く、味噌汁とタクアンの国のものでは正にない。正にアメリカである。

「眼をあけてはいかん、そのまゝで、そのまゝで。外国にある感がするであらう。アメリカにゐるのと全然同じであらう……。時に君は放送局につとめてゐるのであるから、聴取料を払つて居らんに違ひない。さうなれば、タゞで洋行といふ訳になる。タゞで洋行……、フムフムフム……」と、なんだかタゞで洋行するのはけしからんやうな口吻である。

放送はすべて兵隊さんの手で

たゞで放送協会の職員を洋行させてゐるのが、アメリカ進駐軍のA・F・R・S（米軍ラジオ放送局）で、東京の放送会館の一階にあるのはWVTRといふ呼び出し符号を持つ放送局である。A・F・R・Sといふのは、くわしくいへば、Armed Forces Radio Serviceで、アメリカ軍のゐる所、世界中どこにでもある。米軍放送局は、ロスアンゼルスに本拠を置くA・F・R・Sの支局である。昭和二十一年七月現在、日本で活動してゐる米軍放送局は九つある。このA・F・R・Sはすべて、アメリカ進駐軍の兵隊さんたちのために、アメリカ進駐軍の兵隊さんたちが企画・編成する。文字通りアメリカ進駐軍の兵隊さんたち自身の放送なのである。責任者はワレン・P・ピータソンといふ中尉さんで、あとはみな下士官と兵である。ピータソン中尉はミネソタ州のある新聞社で記者をしてゐた人で、報道方面のヴェテランである。朝七時〔〕九時、十時、正午、午後一時、六時、十時にニ〔ユ〕ーズが東京から放送されるが、午前七時と正午にはサンフランシスコから飛びだしてくる短波放送を、キヤッチして、これを直接日本中へ、中継放送してゐる。それで、東京で編集するニューズは一日五回であるが、編集者はたつた三人である。しかも、何時も三人でニューズと取りくむ訳ではない、時には一人でやることもある。精鋭少兵主義である。筆者と会つて、色々WVTRの話をしてくれたのは編集長の、モンテ・キヤンフイールド軍曹である。同軍曹はキヤンサス・シティにあるキヤンサス・シティ・スター紙の記者で、同時に同社の所有するWDAF放送局のラジオ記者でもある。他の二人の編集者も、みんな新聞記者で、軍隊では下士官であるが、それ〳〵練達の士である。新聞界に復帰すれば将校であることは無論である。話は前後するが午前九時のニューズはディクティション・スピードといふので、これは聞いてゐながら、書取りが出来るのである。日本全国に散在する各部隊ではこれを書取つて、部隊で発行する小新聞にのせたり、日本各地のA・F・R・S放送局で、更に放送したりするために、このディクティション・ニューズが送り出されるのである。

ニューズはAP（Associated Press）、UP（United Press）、INS（International News Service）のアメリカ側通信社やわが国のRP（Radio Press）、即ちラヂオ・プレス通信社から供給をうけてゐるのである。

録音盤は本国から飛行機で

講演や演説もアメリカから短波で来るものを録音して、これを再生してゐる。最近では四国外相会議に出席したアメリカ代表国務長官バーンズ氏の演説を出してゐる他、ルイスとコンの拳闘選手権争奪戦の実況をニュー・ヨークから放送して来たが、それをキヤッチして、録音盤にとり、日本のA・F・R・S網に中継した。「生《ナマ》」の演芸放送もあるが、全体から見てその数は極めてすくない。日本に米軍が上陸した頃は、兵隊さんたちの間に演芸会方面の出身者が多かつたので、「生」も相当出すことが出来たさうであるが、近頃はその連中も芽出度く復員してしまひ後には若い者ばかりが来て、出演する人間がすくなくなつてしまつた、とキヤンフイールド軍曹がいつてゐる。但しダンス・ホールからダンス・ミュージツクを中継したり、慰問演芸団が来ると、早速これを電波にのせて送り出すのはいふまでもない。

　録音盤による演芸・音楽はすべてアメリカから飛行機で送られてくるもので、本国で「生」の放送があつてから、約四週間後には、その録音盤が東京から音にかはつて出てゆく。アメリカでは演芸・音楽放送は全部、商業放送で、広告主が自分のところで製造したり販売する商品の広告に、これらを利用してゐるのである。それで、広告主に広告的アナウンスを取り去つた演芸なり、音楽だけを録音して、これをA・F・R・Sに渡し〔、〕全世界各地に駐屯する兵隊さんの慰問演芸用に提供してゐるのである。勿論、無料で提供するのである、近着の米紙を見るとビング・クロスビーやバブ・ホープは依然として、衰へず、兵隊さんたちの間でも、人気は一番ある、といふ話である。

　米軍の放送を聞いて居れば、一日に一回は必ず、ビング・クロスビーの甘いやるせないやうな声に接することが出来る。日本のスウヰングが世界的に見て、どの程度の水準にあるか、判らないが、米軍の放送にダイヤルを合せれば最高水準をゆく軽音楽やダンス・ミユ《マ》ジツク《マ》が、泉のやうに滾々《こんこん》と湧き出てくる。ともかく、我が国のものよりは、本場ものだけあつて、よろしい。又、将来洋行を希望する向が、高い月謝を払つて、雨後の筍の如く芽生へた会話学校に行き、場違ひの発音に耳をならすより、進駐軍の放送するニューズを聞いて、本場の英語で耳を訓練する方が、よろしい。殊に、午前九時のディクティション・ニューズはゆつくり読んでくれるのであるから、此を毎日聞いたゞけでも、大した収穫がある。

　WVTRのチーフ・アナウンサーは、米国ラジオ界に十五ヶ年の経験を持つ、M・ブラッグ伍長である。同氏の下に五名のアナウンサーが居て、声では将軍連をして耳をかたむけしめてゐるのである。スポーツ記者であり、スポーツ・アナウンサーを兼任してゐるのがダン・ラッサー伍長で、同伍長はこの他に、プログラム・デイレクター助手の仕事まで受持つ、多能の兵隊さんである。ニュースで断然光つてゐるのはアーサー・グッドウヰン軍曹である。アナウンサーは一名を除いた他全員、アメリカで経験を持つた連中である。この他、プログラム・デイレクターには変り種の兵隊さんがゐる。ハンス・コンリード軍曹が、それである。ハリウッドで映画方面にも活躍したことがあるし、ラジオでは「声の俳優」として、活躍したこともある下士官である。プログラムの進行・編成・企画を一人で受持つ、口八丁、手八丁の士である。

七月下旬の猛烈な暑熱の中で、いそがしい所を、色々親切に話をしてくれたキャンフイールド軍曹に、ありがたう御座居ました、といつたら、又、やつて来給へ、お役にたつことがあつたら喜んで、力になりますよ、といつて下さつた。軍服は着てゐるが、なか〳〵社交人である。（放送協会渉外部）

〔『放送文化』第一巻三号、八・九月号、一九四六年九月、東京、H795〕

第三放送を聴くには
～WVTR～

日米会話学院教授
放送協会渉外部
五十嵐新次郎

This is WVTR, network key-station serving troops in the Tokyo-Yokohama area!——

WVTRこちらは、東京横浜地区将兵向放送主局であります——

ラジオ（radio [réidiou]）のダイヤル（dial [dáiəl]）を八七〇KC（KC = kilocycle [kilousáikl] = キロサイクル）に合せると、WVTR局アナウンサー（announcer）の力強い station identification [stéiʃən aidéntifikéiʃən] が聞えて来る。Station identification とは、他の局と間違われない様、一定の時間を置いて繰返すアナウンスで、聴取者はこれによつて自分の聞いている局が何局であるかを identify [aidéntifai] することが出来る。NHKも station identification, JOAKもコールサイン（call sign = 呼出符号）であると同時に station identification に使われる。アメリカで有名なNBC（= National Broadcasting Company）の放送網（network）では、This is the National Broadcasting Company と云う station identification をしている。尤も、日本の様に放送局（broadcasting station）がすくないところでは他局と間違う心配もあまりなく、その必要もあまりないが、アメリカの様に放送局の多いところでは是非とも必要なのである。短波放送に於ては殊に世界各局が入り乱れることとて、これまた是非必要である。

WVTRの放送には、東京麹町の放送会館（Radio Tokyo Building）の三階、第二スタジオ（studio [stjú:diou]）が当てられている。朝六時三〇分の放送開始から夜一一時の放送終了まで、スタジオの入口上に、〝ON THE AIR〟（放送中）の赤いランプがついている。会館一階一一〇号室で用意されるニュース、音楽、劇等の放送資料はこのスタジオに持込まれ、マイク（microphone = mike）を通り、Control Room（調整室）を通り、Master Control（主調整室）を通り、ケーブルを伝い、川口の送信所（transmitting station）へ行き、ここで電波に変えられ、外へ飛び出して行く。

ＡＦＲＳ（Armed Forces Radio Service ＝米将兵向放送の総称）は、その名の示すとおり、アメリカの将兵向放送であるが、吾々もその御相伴に預ることができる。その放送内容は大別して、ニュース、劇、漫才風の音楽入の劇、それから音楽其の他とすることができる。音楽は更に古典と軽音楽、ジャズ等にわけることができる。英語を勉強する上からいえば音楽は一応除外して考えてもよい、但し音楽紹介の際の手ぎわのよい解説は大いに学ぶところがある。

先づ、ニュースは、朝七・〇〇、正午、夕方六・〇〇 それから夜の一〇・〇〇が主な放送時間になつている。朝七・〇〇のニュースは受信状態の余程遅くない限り、ロスアンゼルス（Los Angeles [lɔsǽŋgilis] [lɔs ǽndʒiliz]）からの中継で、アメリカ本国のアナウンサーの声が《ママ》聞くことが出来る。

ロスアンゼルスのアナウンサーにしても、ＷＶＴＲのアナウンサーにしても、かなり早い news reading をするので、取りつきにくいかも知れないが、何度も聞いてくるうちに少しづつわかるようになる。それからニュースで大事なことは、英語もさることながら、その内容である。大体外国ニュースを主にしているから、普断《ママ》から外国ニュースに親しんでいないと、不用意に聞いても一寸とわかりにくい。国内新聞よりづつ《ママ》と外国種が豊富であるから、このＷＶＴＲのニュースの窓を通して世界情勢に接して行くことは大いに意義のあることで、これによつて、とかく狭くなり勝ちな吾々の視野を世界へ拡げることができる。

“Good evening! It's 10.00 pm and here's the final summary of news as compiled in the Tokyo news room from the world-wide source of INS, UP and AP…”

と云う声と共にニュースが始まつたら、紙と鉛筆を持ち出して、ニュースの項目（item [áitəm]）を書き取つたり、役に立ちそうな云い方を書付けて置く位の心構えがなくてはいけない。聞き放しでは何の勉強にもならない。

それから、劇であるが、これは夜九・〇〇の“Mystery Play House,”“Suspense”或は八・〇〇の“Theatre Guild,”その他の窓で聞くことができる。アメリカの俳優の洗練されたきれいな発音、素晴しい声、優れた効果（擬音）、巧みな演出、淀まない continuity（流れ）、気の利いた音楽によつて、居ながらにして舞台劇や、ラジオ・ドラマを楽しむことができる。去年暮の Dickens つ〔のカ〕“Christmas Carol”、つひ最近放送された Jane Austen の“Pride and Prejudice”などもその一つである。これまたノートと鉛筆の用意をして、こういう時は、こういう云い方をするのだな、と云う要所を億劫がらず書き止めて置くと大変参考になる。尚、朝八・〇〇の“Morning meditations”は是非お薦めしたい。ゆつくりだし、よくわかる。

地方に於けるＡＦＲＳの主局は大阪地区はＷＶＴＱ、札幌地区はＷＬＫＤ、仙台地区はＷＬＫＥ、福岡地区はＷＬＫＩである。頭のＷは米陸軍の無線局である印、以下の文字は別に意はないことを申添えてこの稿を終る。

〔『パック』第二巻五・六号、一九四七年六月、東京、P4。横組み〕

WVTR五分間誌上見学

熊田和夫

本誌（『動輪』）四月号に、「AFRSを聴く人々のために」と題する興味ある記事があつたが、これからこの放送を聴かれる方の参考になつたことと思う。

米会話研究を志す人で平常本国人の声に直接接する機会のない人にはラジオ、映画等を利用しての聴取訓練は最も手近な良い方法と思う。この意味で筆者はWVTRのアナウンサーの放送用語、文を筆記してかなり沢山集つたので、ある時期に発表したいと思つているが、たまたま、このWVTRの輪郭を窺える記事が星条旗紙にあつたので〔、〕その一部を拙訳で御参考に供したいと思う。

北は知る人もすくない肌寒いウルツプ（得撫）から南は熱砂の沖縄に至るまで、又は東朝鮮のショジョから日本西海岸の新宮に至るまで、いわば「百万弗の芸能」とも言い得る放送が世界最大の非営利的の放送組織網によつて聞〔こ〕える。日本と朝鮮とを問わず、どんな場所にGI（米国軍人）が居ようとも、AFRS（軍用放送施設）により張り廻された一種の娯楽の大きな波に波長を合せさえすればこの放送が聴取される。

このAFRSはもと無聊に苦しむアメリカの兵士がお互同志の慰安にと、密かに機械を作つたニユー・ギニアの密林がその発生の地であつたが、今やAFRSはその全盛時代に入つた。

日本にあるAFRSは十八の局（WVTR東京・WVTQ大阪・WLKE仙台等）より成り、アジアの全域で占領業務に携わるアメリカ人の単調な生活に娯楽を提供している。ボツブ・ホープやビング・クロスビー等沢山の人——米国一流のラジオ芸能人の中でもその精鋭——は非営利の放送によつてその芸能をGIの耳に届けている。なほGI自身の芸能による沢山の生き生きした劇が書き下ろされ〔、〕指揮され、放送されて、毎日十六時間半に及ぶ放送番組を満たしている。

日本に於ける最初のAFRS所属の局はWVTRであつたが、これは以前のJOAK放送局の施設を接収したものである。WVTRは京浜地区向けに五万ワットの出力を有するが、もつと肝要なことは他の局の母体であることである。

米国加州、ロス・アンゼルス所在のAFRS本部はこの（昭和二十一年）五月二十六日より六月一日までの一週間を四周年記念週間とし全世界に跨り記念放送をして祝うと発表した。この四回目の誕生を記念してAFRSでは四百人に及ぶラジオ、舞台、映画の芸能人によつて各一時間半に亘る特別放送を含む臨時番組を計画している。それだけではない。この週間には特に軍人の為にだけ放送される三十の臨時番組もあるし、送信機は絶えず記念ワルツを送り出すし、又聴取者もこれに吸い付けられることであろう。

意義あることは日本朝鮮にいるGI聴取者の為に既に二百万番目に当る曲目が放送されたということである。又毎週六十時間に相当する放送材料が日本に到着している。

このAFRSの放送に耳を傾けるのはGIだけではなく、GIと同様の興味を受けないにしても眼には見えない日本人、朝鮮人聴取者のいることである。英語は或る人達には障害になるかも知れないが、AFRSの放送は大部分が誰にもわかる言葉、即ち音楽にあてゝある。

最初のこのAFRSは牛の角を引張るように仲々の困難に遭遇せねばならなかつたが、今ではその牛の尾に赤いリボンを結び、その爪まで磨いてやるような計画を持つている。例へばWVTRの今後の計画では日本に向う飛行機に一千哩先きまで、気象通報を送ることである。東京の明治生命屋上の測候所員と放送局との直接電話で正確迅速な伝達を引受ける。これで放送部隊の飛行機はAFRSに全幅的に信頼して安全に日本へ飛行し得るのだ。

帰国する最高のGIが日本を離れる時、その時こそAFRSが毎日使用する文句――それは世界中聴取されるだろうが――「こちらはAFRSでございます。放送はこれで終ります。」を文字通り最後に使う時である。

技術的な話には触れないで、ボツブ・ホープやジヤツク・ベニー其の他の連中の声が聞かれるようになるまでの経緯を簡単に紹介しよう。

諸君は米本国にいる人達よりも聞かれるのは多少遅れるかも知れないが、少くとも長広舌の広告放送を聞かずにすむ。ボツブ・ホープの例をとろう。火曜日の晩十時にこの放送が始まると、これはフィラデルフィヤ所在のAFRSスタデイオで受けて録音される。係員はこの時広告放送を入れぬようにする。（AFRS所属の局では商品の広告放送は許されていないからである。）

録音を終わった三十分の曲目は大盤のレコードの両面に収められて世界中のAFRS所属の局に送られ、そこから全部ではないまでも殆ど全部の米軍部隊の耳に入る。このレコードは出来上ると航空便で優先的に世界各地の放送局に積出されるが、この輸送中稀に見当らなくなるようなことがある。そんなことがあると、局員は面喰つて髪の毛を掻きむしりながら室中を駈け廻るなど、えらい混乱に放り込まれる。その時にはレコード保存室から人気のある何かの古い曲目を選んで放送する。フィラデルフィヤ本部で曲目から広告放送を外すと、その穴埋めに以前やつたことのある短篇を中に挿む。WVTRから同じようなものが繰返し放送されるのはこれらの理由からである。

すべての聴取者を満足させるというわけにはもちろんいか

ない。軽音楽が足りないという人もあり、多すぎるという人もある。交響楽が不足だという人、ありすぎるという人もある。聴取者は不満を腹に収めてはいない。絶え間なく希望するもの、希望しないもの等を手紙、電話で放送局へ寄せる。局ではどのような批判でも歓迎するし、あらゆる人に満足して貰いたいと常に心懸けている。不可能なことかもしれないが、WVTRではいつも努力している。

ニュースは缶詰にして海外に積出すわけにはいかない。WVTRから放送されるニュースは最新のものである。若しも特別なニュースでも入るとアナウンサーは時を移さず臨時として放送する。ニュース放送は一日七回（訳者註＝午前七時、十時、十二時、午後二時、六時、十時、十一時）あつて各五分間の放送が四回、十五分間の放送が三回、又七回ある中の五回はWVTRよりの放送であるが、他の二回はロス・アンゼルスから短波により直接放送される。この他土曜日以外の毎晩五時に十分間の各地スポーツニュースがある。

この東京放送局も御多分に洩れず係員の入れ替りが激しい。去年の記念日にいた人で現在もなお引続きいる人は一人か二人にすぎない。アナウンサーは勿論聴取者に一番なじみがあり、「世間」というものを持つているのも又この人達である。主任のアナウンサーは軍曹のジョージ・ウエルズ・ルイズ氏、女子陸軍部隊のリリアン・ジツペ軍曹は午後のお好み演芸でレコードを世話してくれる若い婦人である。ニュース放送の担当者は通常エドワード・マクドナルド伍長、ロナルド・バルフオア軍曹、シオドア・フオツクス軍曹の諸氏である。少なく〔と〕もある一人の人はこの人達のことを「僕の生活を毎晩六時に憂欝にするのはこの人達だ」と評して言つた。マクドナルド氏は声は筆よりも偉大なりと見てとつて星条旗紙に暫く勤務してから二、三ヶ月前WVTRに転じた人である。

他に糊と鋏を前においてAP、UP、INS等の通信社提供のニュースの中からどんなのが最も肝要で、又五分或は十五分の放送時間に適当かを選択する人がいる。

（筆者、新橋管理部渉外室勤務）

『動輪』第三巻八号、一九四八年八月、東京、D287

WVTRスクラップ

絵と文　小川哲男

WVTR放送は元来進駐軍の兵隊さんのためのものなのだが、日本人聴取者にとつてももはや無くてはならない楽しみになつてしまつた。

英語のわかる者は勿論だが、目下勉強中の人には発音一つでも生きた教科書になつてくれるし、まして音楽フアンにと

つてはまことに有難い存在といわなくてはなるまい。

シナトラやクロスビーの唄、ジヤズ王デユーク〔・〕エリントンのオーケストラ、ＥＴＣ……〔。〕放送のほとんどが録音盤にとつて送られてくるカンヅメ放送だということだが、素人の耳にはナマ放送と区別のつかないほどの効果をあげている。

かんづめだつてあのくらいの中味になれば代用食づくめの貧乏世帯が、毎日豪華な牛かんをもらつているくらいに有難い。

そこできようは渉外部大島さんをわずらわして特別の許可をもらつてのＷＶＴＲのぞ記〔。〕

× ×

ロサンゼルスに本部を持つＷＶＴＲは、ほとんどそこから送られてくる録音盤によつて編成されているが、時々東京近郊に駐屯する各部隊から選ばれた人々によつて、歌や軽音楽、チヤペルセンターから中継の教会放送、子供の時間、ニュース等がナマで放送されている。ＷＶＴＲは放送会館の一階、三階と四階を主に使用している。

小さな部屋でPOTTBERG脚本部長がタイプを叩いている。ニューヨーク出身でコーネル大学の学位を持つているし、雑誌映画関係の原稿かきが主な仕事だという。心理学の研究にも趣味を持つているそうだ。帯地のような縫取りのある黄土色の渋いネクタイは東洋趣味なので、聞いてみると日本製だという。六百円で買つたのだが、アメリカに行けば、十五弗出さないと買えないと云つて笑つた。

ＷＶＴＲ事務室

うらやましいのは事務室の風景である。壁面に取りつけた放送番組の予定表には、番組の種類、別にピンクやブルーのカードが色わけされてて一目でわかる仕組になつている。

アメリカ人は実用面にじつにうまく色彩をつかつていると、いつも私は感心しているのだがこれもその一

例。

右面の壁には三つの時計が並んでいるのが目につく〔前頁図〕。まん中のが東京時間を表わす丸時計で、右側の四角い時計はロサンゼルスの時間を指している。

東京時間に十時間を加えたのがグリニッチ時間で、東京時間から十八時間引いたのが、ロサンゼルス時間になるという。すべてスッキリとしていて無駄なものが一つもないのは気持がいい。

小柄で愛想のいいチーフエンジニヤーの、MILLSPAUGH さんが魚釣の話をしている。この間も、日光中禅寺湖に行ったそうだ。ボートラップ色の矢がすり模様のネクタイをしているのできいてみたが、これはアメリカ製だという。片目をつぶってウインクなどしながら軽いしやれなどをいつて、仲々の外交家だ。

スタジオは三階の第二スタジオと四階の十三スタジオを主に使用している。様式はＮＨＫとほとんど同じだが、朱を基本色とした派手なスタジオの壁に、緑のじゆうたん。

なつかしい本国からの録音盤を巧みに操作している副調整室は、如何にも楽しそうだが緊張した空気が漲っている。

この録音盤は、特別な大型で、日本のレコードと違って、柔かくて、曲ったりするのは珍らしく、これなら一寸落してもこわれない〔。〕

チーフアナウンサーのBAKERさんはオクラホマの出身、おっとりして上品なのは育ちのよい人なのであろう、お国ではピアニストだとのこと。映画をみたり、写真をいじったりするのが大好きというが大きな体格なので、

「何かスポーツでもやりますか」

ときいたら、

「そう、少し飛行機をやります」

と答えた。やつぱり日本とは少しばかり違う。

　毎年五月廿九日は放送記念日になつているので、当日はいろいろ趣向をこらしてのお祭り放送をやることになつているが、一九四七年には、突然放送を中断して、

　〝東京湾に怪龍が出現上陸し、目下守備隊が銃撃中〟という臨時ニユースを送り、聴取者をびつくり仰天させたのは有名な話である。司令部からすこし悪戯がすぎたとのお叱りをうけて以来、あまり派出《ママ》な放送はしませんが〔、〕ドラゴン事件はまつたく忘れられない思い出です、といつていた。

　言葉のわからないまゝに感心するのは、アメリカのドラマに出てくる俳優のセリフのすばらしさで、まことに〝声の俳優〟としての実力をシミジミ感じさせられる。NHK放送劇団の人達も、映画俳優などと比べたらさすがに格段の違いがある。といわれるが、さてアメリカの〝声の俳優〟と競演でもしたらどんなことになるだろうか。

　しつかり頑張つてもらいたいと思う。


［『放送』第九巻六号、一九四九年六月、東京、H794］

WVTR放送雑話

野口久光

★毎日音楽に始まり音楽に終るアメリカ進駐軍向けの放送について、読者から解説を希望する手紙がきたので（本誌〔『雄鶏通信』〕一月号 p.3）編集部では本誌の挿絵でおなじみの野口久光氏に解説をお願ひしました。野口氏は終戦まで上海にをられて、この方面の放送をきいてをられた消息通です。
　なほ標題のWVTRは本文にあるやうに、東京地区の中継放送の名称ですが、一般には進駐軍向け放送をWVTRと呼んでゐるので、かりにこの標題をつかふことにした。（h）
★既に我々におなじみのものとなつてゐるアメリカ進駐軍将兵のための放送（東京地区での WVTR Radio Tokyo 大阪地区の WVTQ Radio Osaka 以下、全国各地にさらに中継放送されてゐる）は、一体どんな組織の下に、どんな方法でなされてゐるかといつたことと、同時にその放送プログラムの内容などについて、その概略をまとめてみよう。
　現在のGI向け放送は、今次世界戦争中の後期に新設された米軍情報教育師団の事業の一部として行はれてゐる。この将兵のための情報と娯楽とに関しては、戦争の初期には軍特

科部隊の特別任務師団が担当してゐたが、のちさらに専門化し得るやうに、部隊の情報に関する任務が解かれ、新たに情報教育師団の任務に含まれるやうになつたものである。

★情報教育師団はその主要な業務の一つとして、世界中の米国将兵向け放送の番組を準備して、その配布に当つてゐる。

このGI向け放送は、戦時中特に重要視され、大きな戦闘が行はれてゐる時期には、移動式の送信機で、最前線の地区でも聴取できるやうに考慮されてゐた。電波による迅速なニュースの提供、新鮮な娯楽の供給は、それ自身の目的をはたすために非常に効果的であつた。この放送網はアフリカ戦線にはじまつて、最後に太平洋の島々にも伸びていつた。

太平洋戦線の戦闘が激しかつたある時期には、例へば米軍が硫黄島に上陸敢行後間もなく同島からポータブルの送信機によつて、同島の戦況が実況放送として米本国に送られてゐた。そしてその一方で、太平洋島上の米軍は、連日、米本国からの放送を聴取してゐた。

かくて戦時中、この米軍放送は、時に戦線と国内とを結び、ある時は欧州戦線と太平洋戦線とを結ぶ役目をはたした。

★終戦後この放送は海外進駐部隊を単位とするローカル・ステイシヨンの開発、放送時間の延長を計り、連日十六時間ないし十七時間の番組が組めるように、録音盤が世界各地に空輸されてゐる。

米軍放送本部はロス・アンジユレ《ママ》スに在つて、企画面も技術面もすべて同師団所属の技能と技術を持つた将兵によつて、業務が担当されてゐる。ローカル・ステイシヨンの業務は、たとへば日本に於ける場合、第八軍司令部の情報教育班がこの任に当り、米本国から空輸されてくる録音プログラムを中心に、現地に於ける独自の計画によるプログラムをも随時に追加して、全番組をつくつてゐる。

★録音盤 Transcription or Transcribed disk といふのはかつてのレコード式トーキー用のレコードと同じく十六インチ盤のレコードで、十五分間が一面に吹込まれてゐる。

これは今日では、アメリカの商業放送にもさかんに使はれてゐるが、この録音盤による再放送は、技術的にもなまの放送といささかの遜色もなく、遠距離の場合、短波放送の受信中継では絶対に望めない好条件が約束されてゐる。

たとへば、サンフランシスコ放送を日本で受ける場合、空中状態の良好な際は受信になんら支障はないが、空電その他の雑音で、状態はかならずしも一定しないし、季節や時間によつても、殆んど聴取不能のことがある。それらのことを考慮して、一日を争ふ必要のない娯楽放送は、全部録音盤として空輸されてくる。（したがつて目下のところ、日本に於けるGI向け放送は、本国の放送から数週間おくれてゐる訳である。）

しかし一方、ニユース放送或ひはスポーツ行事その他の特殊放送は、本国からの放送を直接受けて中継放送してゐる。

現在のところ、ニュースは一日七回（日曜は六回）のうち、日本時間午前七時（米国西部標準時、前日日付午後二時）正午（米国同午後七時）の二回は、直接受信によつてゐる。その他のニュースは、UP. AP. INS. その他、現地のニュースを編集したものが、五分ないし十五分の長さで放送されてゐる。

放送番組の構成

★さて、米本国の軍放送本部では、番組の放送をどういふ風につくつてゐるか。それはできるだけ海外の将兵からの希望を中心として、特別に作られたプログラムと、アメリカの四大放送会社ＮＢＣ（National Broadcasting Co.）ＣＢＳ（Columbia Broadcasting System）ＭＢＳ（Mutual Broadcasting System）ＡＢＣ（American Broadcasting Co.）の提供するベスト・プログラムから選出したものとによつて、構成されてゐる。この四大放送網のプログラムは、すべて広告放送なので、録音盤には広告のはいらないやうに、録音することになつてゐる。

軍放送本部の企画による代表的なプログラムを挙げると、つぎのやうなものがある。

Command Performance
GI Journal
Mail Call
Sound Off

等々、これらは三十分プログラムで、いづれもお好み演芸会式のもの、主として将兵の希望する歌手、芸能人が、奉仕的に出演してゐる。（旧臘《ろう》のクリスマス週間の特集Command Performance は、ＧＩに最も人気のある一流芸能人を網羅した一時間番組で、最後にトルーマン大統領の海外将兵に送られたメッセーヂが聴かれた。このやうな特別な記念日用の録音盤は、当日用のものが改めて準備され、たとへば日本にも各地放送局で同時に使用できる枚数が配布されてゐるやうである。）

★GI Journal は耳で聴く演芸新聞といふ様式のもので、最近は休んでゐる。Mail Call は故国から郵便や慰問品が、前線に到着したときの集合の合図をきつかけに展開される演芸玉手箱。Sound off は最近新設のプロで（この言葉は軍隊の点呼用語ださうである）アメリカ正規軍への加入を誘ふ内容を持ち、毎回「平和への計画案」が語られてゐる。

Concert Hall

★これも三十分プロで、一流のクラシツク演奏家、歌手の出演する小演奏会形式のもので、出演アーテイストは、矢張り海外のＧＩからの希望に答へて決められてゐる。

この番組の司会並びに曲目、アーテイストの解説には、ずつとライオネル・バリモーアが当つてゐる。

GI Jive
Jill's Jukebox

★前者は十五分プロで週日に〔、〕後者は三十分プロで日曜日に放送されてゐる。これは希望によつて送られるスキングや流行歌の代表的なレコードの時間である。

Remember

★これは毎日放送される十五分プロ、懐かしい出来事や話題の回顧漫談と懐かしいレコードによつて構成されてゐる。話し手は映画俳優のロバート・ヤングが既に数百回の奉仕出演をしてゐる。ピンチ出演として、フレッド・マクマリイ、メルヴイン・ダグラス、グレン・フオード、ジヨン・ペインなどの映画スタアも臨時出演してゐる。

Words with Music

★一日のプログラムの最後にふさはしい贈物。パイプ・オルガンの独奏と、有名な詩の朗読とを組合せた十五分プロ。

このほかに十五分プログラムで、Personal Album その他数種の特別プロがある。

以上は軍放送部が直接企画構成するＧＩのためのプロで、この他にさきの四大放送局の数百の商業プログラムの粋をあつめて、大部分の娯楽プロがつくられてゐる。それを分類すると矢張り軽音楽、軽演芸の類が一番多く、ついでラジオ・ドラマ形式のもの、古典音楽、シムフオニイなどで、最後のものはアメリカの代表的な交響楽団の放送が、すべて取入れられてゐる。

★アメリカではラジオは既に二十六、七年の歴史を持つてゐて、いはゆる舞台の芸能人の他に放送専門のコメデイアンや芸人が相当多く、その人たちの人気も我々の想像以上のものである。結局ＧＩたちの希望するプログラムは、米本国内の大衆のそれと、なんら変るところはない。普通の英語の力だけでは理解しにくいスピーデイな会話、wise-crack 漫才式のねらひのものが多い。その代表的なものを挙げると

Charlie McCarthy（腹話術）
Fred Allen（コメデイアン）
Jack Benny（〃）
Bob Hope（〃）
Red Skelton（〃）
Bing Crosby（歌手）
Burns and Allen（漫才コムビ）
Fibber Maggie and Molly（〃）
Comedy Caravan（Jimmy Durante）

といつたコメデイアン・チーム・プログラムは、依然としてアメリカ放送界の一流どころであり、その一部は、映画によつて我々にもおなじみの人々である。この他にも、映画で評判の Danny Kaye なども人気者として一流所である。

★軽音楽方面では

Duke Ellington Orchestra
Woody Herman Orchestra
Benny Goodman Orchestra
Vaughn Monroe Orchestra
Tommy Dorsey Orchestra
Hoagy Carmichael（ピアノと唄）Alec Templeton（ピア

ノと声帯模写）Dinah Shore（歌手）Frank Sinatra（〃）などが、一流どころとして殆んど毎週放送されてゐる。

★クラシック音楽方面では

NBC Symphony, CBS Symphony, New York Philharmonic, Philadelphia Symphony, Boston Symphony, Cleveland Symphony

など、世界的な交響楽団の演奏が、一時間プロとして毎週放送されてゐる。

★ＮＢＣシムフオニイは、トスカニーニの名と共にレコードでもおなじみであつたが、最近またイタリアからかへつて復帰した模様である。但し旧暦から新春にかけては、フリッツ・ライナー、オイゲン・センカールなどがゲスト・コンダクターとして登場した。

ボストン・シムフオニイは現在ブルーノ・ワルターが指揮者であるが、正指揮者はクーセヴイツキイである。ストコウスキイは現在ハリウツド・ボール・アソシエイシヨンに専属する指揮者となつてゐるが、新春にはニユーヨーク・フイルハーモニツクを指揮してゐる。またストラヴインスキイも戦前から米国にゐて、昨年はボストン・シムフオニイのゲスト・コンダクターとして活躍した。このやうに一流指揮者の名演奏もかならずＧＩ向け放送に取り入れられてゐるので、少し注意して聴くと戦前我々が望み得なかつた豪華な演奏を聴くことができるわけである。

★また歌手の出演する定期的なプログラムには John Charles Thomas（テナー）Nelson Eddy（バリトーン）James Melton（テナー）などの三十分プロがある。メルトンはかつて映画に出たこともあるが、現在はメトロポリタン・オペラの専属歌手となつてゐる。

★つぎにドラマのプログラムには、

Theatre Guild on the Air
Your Radio Theatre
Hollywood Play House

などがあり、シアタ・ギルド・ラヂオ劇場は一時間プロ、最近の出し物にはアルフレッド・ラント、リン・フオンテーン出演の「大きな冒険」、ドロシイ・マクガイア、バシル・ラスボーン出演の「人形の家」などがある。

Your Radio Theatre は、ＧＩのための特別プロで、映画をラヂオ・ドラマ化したもの。同じく一時間プロで、映画監督のウイリアム・キーリイが演出を担当し、大抵映画のオリヂナル・キヤストで演出される。

このプログラムは最近 Hollywood Play House に変へられたものらしく、この方はハリウツドの過去の名画のラジオ版を三十分にまとめてゐる。前者の方では「決断の谷」「悪魔とジヨーンズ嬢」「恋の十日間」なども放送された。

後者の方では「ルイ・パストウール伝」（ポール・ミユーニ出演）「男の敵」（「ゼ・インフオーマー」ヴイクター・マクラグレン出演）「人生は四十二から」（「ラツグルズ・オヴ・レツド・ギヤツプ」チヤールズ・ロートン出演）など、

おなじみのものも放送されてゐる。

★この他にいま流行のスリラーのラヂオ版として

Suspense

Mystery Play House

と銘打つた面白いドラマがあり、またシリーズと物して

A Date with Judy

Aldrich Family

など、青少年向きの微笑ましいラジオ・ドラマもある。

★以上の他、特殊な教養と娯楽を目的とした「話の泉」の本家であるクリフトン・ファデイマンの

Information Please

それに似た

Twenty Questions

などがあり

Your Science Magazine

This is The Story

Our Foreign Policy

など科学、政治解説の好プログラムも組みこまれてゐる。

大へん漠然とした紹介に終つたが、以上でGI向け放送のアウトラインを述べた積りである。

〔『雄鶏通信』第三巻四号、一九四七年四月、東京、087〕

私と英語

平川唯一

ラヂオで有名なカム・カム小父さんの平川先生が特に本誌の為にマイクを離れて筆をとられたもの！

大学生時代、教授から「読むべし」と指定された書物を満足に読了したことのない私、英語を語る資格があらうなぞとはツユ自惚れてゐない。しかし、克明な読み方は嫌ひではあつたが、オーラル・エキスプレションはどうしたことか、深夜公園で演舌の練習を続けて気狂視され、警官の出動を煩した程だつた。そして後には演劇に憂身をやつしたものだつた。馬鹿丁寧な読書法は嫌ひだといつても、無責任な粗雑な勉強はしなかつたつもり。寧ろ平易な日常会話を放送するにも、朝から深夜迄これに没頭してゐて、人様から余りに凝り性なと揶揄されても仕方のない程、昔も今も勉強してゐるつもりだ。

今更英語も難しいものだなと思ふ。それが表面平易な会話であるだけに尚更さう思ふ。それかといつてその難しさがちつとも苦にならない。否、私は寧ろ毎晩の放送に、全能、全魂を打ちこんで、こよなく楽しく朗かだ。好きなのだから…と独り満足して微笑む。余りに良心的ではないか…と友人達

が心配してくれる。が、性分なのだからどうにもならない。それにこの気持は聴取者にも充分わかつて頂けて今では苦労といふよりも一つの大きな楽しみなのだ。聴取者ばかりか、進駐軍の将校さん達も喜んで応援して下さる。勿論之は私の仕事といふよりも、日本民族に対する彼の人達の好意だと考へてゐるが…〔。〕

「カム・カム」の歌や「チィチィ・パッパ」の歌、英語の歌になつてゐないと私も思ふ。しかし之等の歌が、歌を忘れた小国民、いや大人の人達からもあれだけ親しまれてゐるのはどうしたことか。日本的な総てのものに自信を失ふべく余儀なくされて、うつろになつた、或ひはすさんだ気持ちに清純な童心が英語といふ新しい空気の中に甦り、何ものにも歪められず、圧迫されず、あたり憚らず大きな声して明朗に歌へるといつた人間本来の希求心が満足される為ではなからうか。

　英語の勉強は一つのミーンズ（手段）であつてエンド（目的）であつてはならない。

〔『パック』第一巻七・八号、一九四六年八月一日、東京、P4〕

リーダース・ダイジェストについて
（アメリカの明るさ）

清水幾太郎

私が嘗てアメリカの哲学に触れて驚いたのは、その比類のない明るさであつた。併しこの明るさの故に、アメリカの哲学は日本の哲学愛好者達の趣味に合わず、久しく無視と軽蔑とのうちに放置されて来た。一体この底抜けの明るさは何処から来ているのであらう。私も多くの人々に真似て、この明るさの条件として、アメリカの広大な国土、豊富な資源、歴史的重圧の欠如、技術の進歩、民主的な政治などを列挙して見たことがある。明るさを説明しようとすれば、今日でもやはり同じことを繰返へすほかはあるまい。

　だが現在の事情の下で一般の日本人はどういう通路によつてアメリカの明るさに接してゐることであらう。アメリカの哲学などは一部の人間の問題に過ぎぬ。また本国に於けるアメリカ人の生活や信仰にしても、吾々の手に届くところにあるものではない。これ等は何れも日本人が広汎且つ直接に触れ得ない問題であり、或る意味からすれば、どうでもよい問題である。日本人は何処でアメリカの明るさと正面から出会ふか。この問題を煮つめて行つた末に、吾々はどうしてもリーダース・ダイジェストといふ雑誌に突き当たるのだ。日本人が広く知つてゐる限りのアメリカの明るさは、映画を別とすれば、専らこの雑誌を通路として与へられてゐると言ひ得る。

日本語版の毎月の発行部数は三五万。勿論日本では最大の、それも桁外れの部数である。併し購読申込は二〇〇万を越え、古い号は定価の何倍かで売れるといふ。丁寧にカバーをかけて、熱心に読み耽つている人を見かけることが屢々あるが、この人気が何時まで続くかは別として、どの頁も面白く読めるといふ編集方法が日本のジャーナリズムに一つの衝撃を加へたことは事実である。リーダース・ダイジェストは既に日本の国民生活のうちに巨大な力として働いてゐる。

本国のオリジナル版は毎月一、一〇〇万部発行され、それが若干の取捨を加へた上、一―二ヶ月遅れて諸国語に翻訳され、世界各地で発行されてゐるといふ。リーダース・ダイジェストは世界中にアメリカの明るさを発散し撒布している訳であり、吾々も世界各地の人々と共に、この通路によつてアメリカの明るさに触れてゐることになる。

私の机には十月号と十一月号とが載つている。併しそれはただ最近号だからであつて、内容を論ずるためには何月号でも一向に構はない。

十一月号の巻頭には「タヒチ島の取引」といふ文章がある。御承知のやうに、これはタヒチ島でその日のパンにも事を欠くほどの窮乏に陥つた白人の作家が、数々の幸運な偶然の連鎖によつて明るい平面へ這い上るといふ誠に他愛のない物語に過ぎないが、これは恐らくリーダース・ダイジェストの骨格を形作るものであらう。問題は一ドルの種子にある。栽培に絶望した作家は、この種子をある中国人にやつてしまふ。ところが三日の後、この中国人はお礼として西瓜三個、葡萄酒一本、卵一籠、牝鶏一羽を持参する。続いてこの中国人の親戚がチョコレート二ポンド、シャンペン一クォート、絹のハンカチ二枚、絹のパジャマ一着などをくれる。作家はこの贈物の一部を家主に頒つ。家主はまたその返礼に一房のバナナ、一袋のオレンジとマンゴー、その後も絶えず果物と魚とをくれるやうになる。ところが例の中国人はパン屋であるため一週四回焼き立てのパン或はパイを作家の許に届けてくれる。これ等の贈物で生活しながら書いた原稿はアメリカで採用され、五〇〇ドルの小切手が舞ひ込む。作家はこの金を旅費にしてタヒチ島を去つて行く。最後に中国人が餞別にくれた玉蜀黍が縁になつて、船中でアメリカ人シンジケートマネージャーと知り、四編の短編小説が一篇一五〇ドルづつで買はれることになる。「凡ては一ドルの種子から芽生えたのであつた」

最初に一ドルの種子があり、最後に大きな幸福がある。如何に丹念に分析しても、一ドルの種子の中に大きな幸福の要素を発見することは不可能である。両者の間には何の必然的関係もありはしない。勿論この作家が種子に加えた努力が物を言つたのでもない。彼は栽培を諦めて、種子を中国人にやつてしまつたのだ。併し一ドルの種子とこれに対する返礼の贈物との間に何があるか。一方に種子を置き、他方に葡萄酒、牝鶏、卵、西瓜、パン、バナナ、ハンカチ、パジャマ、シャンペンを置く時、そこにはどのやうな等価関係が成り立つのか。

更めて言ふまでもなく、かういふ構造は単にタヒチ島の物語に限らず、成功談或は立志伝などの形式を以て、殆ど毎月のリーダース・ダイジェストのうちに幾度となく現はれる重要な主題を形作つてゐる。タヒチ島の場合に一ドルの種子を握つてゐる作家を幸福の明るい平面まで連れて来るものは悉く偶然である。一ドルの種子を葡萄酒、牝鶏、パジャマ等々と等価関係に立たせる秘密も偶然の手の中にある。偶然といふよりは、得体の知れぬ人間の善意といふべきかも知れぬ。人間の善意を内容とする偶然が常に事件の進行に干渉して、これを否応なしにハッピーエンドへ持つて行くのである。タヒチ島ばかりではない。この雑誌の凡ゆる頁に、いや、アメリカの凡ゆる隅々に善意の人間が待ち伏せてゐて、機会さえあれば事件に襲ひかかつて、これをその偶然辿るべき軌道から逸れさせせてしまふのだ。一切の偶然は人間の幸福のためにある。

併しこれは一つの極端に過ぎない。他の極端は或る程度まで立志物語などに見られるが〔、〕ここでは外部的偶然が温和しく控へてゐて、無暗と手を出さない。即ち人間の積み重ねた努力が誠に透明な因果の過程を踏んで、何物にも妨害されることなく、攪乱されることなく、所期の願はしい結果に到達する。これは算術の計算のやうなものである。支出した努力の総和と最後に受け取る成功との間には完全な一致がある。多くの物語は、これ等二つの極端の間に、つまり外部的偶然の果す役割の大小に応じて排列せられる。外部的偶然は善意の人間として自己を表現しつつ、人間に思ひもかけぬ幸福を与へるか、或は温い心を以て人間の努力を見守つてゐる。

意地の悪い偶然が悪魔の手を伸ばして人間の努力を滅茶苦茶にするといふ、吾々が日頃から慣れている現実は完全に追放せられてゐる。シンデレラ物語のやうな、降つて湧いた幸福、それは吾々が心の底で願つてゐるものに相違ないが、同時にその願いの空しさもよく判つてゐる。せめて十の努力に対して十の成功が得られるだけの人生であつたならば、と吾々は思ふのだが、これさえ現実にはありつけぬものと諦めてゐる。この思ひもかけぬ幸福と正しい計算に基づく成功と、これがリーダース・ダイジェストに盛られた人生の両極端であつて、意地の悪い外部的偶然と人間の悪意とは殆どその影をとどめぬ。この雑誌は吾々の心の底に眠つてゐる願望に目を醒まさせ、これを紙の上で満足させながらこの世ならぬ明るさを作り出して行くのである。

十月号と十一月号とを拾い読みしてゐるうちに、吾々は知らぬ間に明治の時代へ入り込んでしまふ。これは何処か見覚えのある古い世界だ。リーダース・ダイジェストが展開する人生は、根本の輪郭について言へば、文明、開化、勤勉、立志、修養等々といふ明治的諸観念を以て貫かれてゐる。全体は古い修身修養の物語である。吾々はそれ等のものを既に古い亡びたものと考へ、もつと微妙な、陰影に富んだ、否定や絶望を交へた、高尚な諸観念をヨーロッパから輸入して、時にはもう二十世紀を超え、近代を克服したかのやうな思ひに耽ることもあるが、リーダース・ダイジェストは今日もなほ明らかに明治的諸観念及びその延長の上に坐してゐる。アメリカに於けるこの伝統を見る時、一体吾々の明治、大正、昭和といふ進歩的変遷はどのやうな意味を持つのであらうか。

もう一度算術の計算に戻らう。我々が支出された努力とその総和としての成功とを簡単に信じないのは、換言すれば、寧ろ偶然の悪意の方に気を取られるのは、暗い社会的実体のやうなものが何処かにあるからである。あの計算もこの実体を場所として行はれるし、実体が干渉すれば必ず不幸を導き入れるものと吾々は信じ込んでゐる。或る人は「儘ならぬ人の世」と考へ、他の人は近代社会の法則を考へるであらうが、根本は同じ社会的実体にほかならぬ。それが何処にあるかは往々不明であるにしても、若し人間が立ち上がつて戦ふとすれば、敵はこの実体を措いてあり得ないと多くの人々は信じてゐる。

だが暗い社会的実体との戦ひといふことほど、リーダース・ダイジェストに縁遠いものはなからう。人間は生命を賭けて闘争する。だがその相手は概ね自然である。人間はマッキンレー山脈（十月号）と戦ひ、南極の氷山（十一月号）と戦ふ。誰かの語るように、人間に一定量の闘争のエネルギーがあるとすれば、また人間はその消費によつて満足を得るものとすれば、人間はフロンティアの昔そのままに自然と闘ひ、そして勿論これを征服する。偶然が人間を仕合せにするためにあつたやうに、自然は人間によつて征服されるためにある。

自然の征服には人間の協力、科学、技術が役立つ。併しリーダース・ダイジェストが征服して見せるものに、もう一つ人間の内部の自然がある。癌（十月号）やリンパ（十一月号）の話は、もはや読者を驚かせはしない。だが催眠術、記憶力、睡眠（何れも十一月号）などは最近のアメリカを支配してゐる精神衛生、精神療法、精神分析などの流行について不十分ながら教へてくれるであらう。科学が外的自然の征服に示した能力は誰も疑はないが、従来それによつて統制され得ぬと信ぜられて来た人間の内部の自然が、今や同じ科学の方法によつて統制され得るものとされてゐる。私はイードマンの著書のうちで次のやうな文章を読んだことがある。「吾々は教師や政治家によつて救はれなかつた場合でも、少くとも精神病院によつて救はれる」「知性への信仰は新しい精神治療所への信仰となつた」

アメリカに於ける精神分析その他の流行に関しては未だに吾々の間で十分に知られてゐない。同じ人間の内部といつても、日本のやうに抜道のない実存や主体性や孤独として摑まれるのではなく、客観的に本能や習慣という概念を以て処理せられ、而もそこに生じる混乱と困難とが科学によつて統制され解決されるといふのである。外に向つては南極の氷山、内に向つては本能、この双方が何れも科学を武器とする人間にとつて征服の対象となる。氷山と本能との間には広大な社会生活があつて、それは民主的方法を以て統制されて行くのであらうから、一切の問題は隈なく解決せられることになる。といふより、如何なる社会的矛盾も結局は個人の内部にその尻尾を出すのであるから、個人の内部を統制する方法さえ出来上つてゐれば、凡ての問題をそのまま括弧に包んでしまふことが出来る訳だ。

インドもビルマも独立することになつて、「白人の重荷」といふキップリングの言葉は殆ど忘れられてしまつた。併しサンデーの物語（十一月号）は、この忘れてゐた言葉をはつきりと思い出させてくれる。アフリカの土人の子サンデーが、白人の医術とキリスト教とに助けられて、立派な医者となり、土人の医療救済に献身するやうになるといふ語〔話カ〕である。リーダース・ダイジェストの創始者であるウォーレスの信仰によるものであらうが、全体を包むキリスト教の空気は極めて顕著である。私はこの雑誌を何冊か読むうちに、「白人の重荷」といふ観念がただアメリカ人の間に生き残つているのみでなく、それが何時の間にか「アメリカ人の重荷」といふ観念に変化してゐることに気づくのである。危局に立つフランス、欧州の飢餓地獄（十一月号）などは、一切の白人に代つて、ひとり重荷を負ふアメリカ人の姿を自ら浮び上らせる。だがアメリカ人の重荷が自覚されると同時に、もう一つの氷山として現はれるのは共産主義である。この雑誌は南極の氷山に劣らず共産主義批判のために多くの頁を割いてゐる。共産主義との闘争がこの雑誌の機能の一つであること、またそれがどの程度まで氷山に似てゐるかといふこと等については触れる必要はなからう。併し例の暗い社会的実体を或る方向からはつきりと自覚し、これに対して一つの手を打つてゐるのが共産主義であることは重要である。そしてアメリカの明るさは、正にこの社会的実体の捨象によつて成立してゐるものと言はねばならぬ。

今まで見て来たやうに、一方の極に南極の氷山があり、他方の端に人間の内部があつて〔、〕この両者は近代科学の方法で始末がつき、その中間に横たはる広大な社会生活の到るところに幸福な偶然乃至人間の善意が待ち伏せしてゐるとなれば、否でも応でも一切は明るくならねばならぬ。勿論この雑誌がそのままアメリカであるとは言へぬ。アメリカにも深刻な絶望を叫ぶ思想家のゐることは否定し難い。前述のイードマンなど義理にも明るいとは言へぬ。また周知のやうに、この雑誌は多くの単行本や雑誌からの再録、抜粋を以て成るのであるから、それ等がリーダース・ダイジェスト自身の編集方針によつて選択され規定されてゐることも明白である。明るいものばかりを収録したと言へば言へよう。この雑誌の明るさをそのままアメリカの明るさとのみ思ひ過ごすことがあつてはなるまい。併し他面から見れば、今日まで哲学上の文献などで私が気づいて来た明るさは、この雑誌の作り出す空気と完全に一致するものである。といふより、哲学の特色がここでは経験的に実証されてゐるとも言へるのだ。それに加へて注意すべきは、アメリカ本国に於けるこの雑誌の驚くべき普及といふ事実であらう。人口の一割に近い発行部数といふことは何物かである。近代日本の運命が高尚な総合雑誌のうちでなく、却つて軽蔑されてゐたキングのうちに予言され表現されてゐたのは、決してひとり日本に固有の現象とは言ふことが出来ぬ。

日本に於けるこの雑誌の人気は今後益々高まつて行くに違ひない。それはやはり日本の読者の或る欲求を充たしてゐることを意味する。今まで充たされなかつたものが、これによつて充たされる。或は今まで眠つてゐた欲求が目覚めて来たとも言へる。併しそれがアメリカ本国と同様の程度に達するか否かは、これは如何にリーダース・ダイジェストを分析しても判らない問題である。

〔『新潮』第四四巻一二号、一九四七年一二月一日、東京、S1309〕

日本出版界に大問題を与えた雑誌
世界の文化を集散するリーダーズ・ダイジェスト

リーダーズ・ダイジェスト日本支社長
デニス・マッキヴォイ

多数の雑誌を一冊の雑誌にまとめて世界最大の部数を発行し　一〇ヵ国語に訳され　四〇余ヵ国で読まれる国際誌

外国版の現状

いまは昔、一九三〇年代に、リーダーズ・ダイジェストは、外国にいる米国人から、これこれの外国語でこのダイジェスト誌を発行してはとすすめる手紙を受け取つた。アルゼンチンにいた米国の商人は、英語の読めない知人に、スペイン語に訳して読ませたいといつて来た。中華民国にいた宣教師は、中国語にして欲しいといつた。――こうしてポツリポツリと来ていた手紙が、細い流れとなつて続き、やがて洪水のようになつてしまつた。そして数年前、いよいよ外国版を出す決意をした時には、毎日四百万部を超える売行を見ようとは誰も想像しなかつた。（この雑誌の米国内だけの正確な発行部数は秘密にされているが、八百万部以上ということになつている。）

この全世界にわたる発行部数を小分けすると次の通りであ

る。）

国別版	創刊年月	現販売部数
英国	一九二八・一二	二〇六、五九二
スペイン（南米のみ）	一九四〇・三	一、〇六三、五四六
ポルトガル	一九四二・二	三四二、三〇四
スウエーデン	一九四三・三	二二二、五一三
カナダ（英語版）	一九四三・三	五三二、二五七
カナダ（仏語版）	一九四七・六	一二七、二〇六
フィンランド版	一九四五・六	一〇六、九三三
デンマーク版	一九四六・三	一九三、二一二
ノルエー語版	一九四七・三	一四一、二一五
日本語版	一九四六・六	三六〇、〇五七
豪洲版	一九四六・七	一六二、六九三
仏語版（パリ）	一九四七・六	九二九、七五五
南アフリカ版	一九四八・一〇	六〇、八〇八
合計		四、四四九、〇九一

これ以外にカイロ市で印刷されていたアラビア語版があるが、これは一九四七年十一月号を最後として一時休刊となつている。既に過去四年間発行を続け、その間にアラビア地方の混乱渦中の七ヵ国を通じて四百万部以上売つたのである。読者からはいまでも数百通の手紙が我々の許に届き、休刊に失望と遺憾の意を表明しているので、我々はこのアラビア地方において多数の良友を持つていることを知つたのであるが、何分にもエジプト政府が最近出した極めて厳格な財政法令によつて、資金面で非常な制約があるので、遂に止むを得ず休刊することとなつたのである。

スペイン語版の一部とポルトガル語版とを除いて、外国語版は全部外国で印刷されている。また大抵の場合（可能な場合は必ず）用紙は発行地で買つている。編集者や事務員にはその国の国民を使つている。

またいままで子供の売子にだけ頼つていた国国では、新しく小売機構が設けられた。例えば中東では七百の薬種屋にア

東京支社には35人の人々が働らいている　このうち9人が編集者でアメリカ本国からおくられてくる多くの資料をよりわけて　日本語版の編集と翻訳をしている

ラビア版を売るための雑誌棚が設けられ、コロンビアではスペイン語版が床屋の店先で売り出されている。

需要のすさまじさ

日本語創刊の年一九四六年の七月に、日本語版の営業支配人が大阪、神戸、京都及びその附近の小売店を廻つてみたら、皆注文を二十倍から七十倍位に増やしたいといつていた。神戸の一番大きい百貨店では、当時の定価三円五十銭で売つていたのだが、七月号七百部は店に現れるや否や二三時間で売り切れてしまつた。その日の夕方この店の支配人が地階の出入口を通りかかると、買つた人たちが一部七円から十円で転売しているのを見かけた。

やはりこの月に東京から電報で「書店では抱き合わせをやるので、ダイジェストを買う人は売行の悪い雑誌を三つから八つ位添えて買わされる。このやり方は相当広がつている」といつて来た。

外国でのこの騒ぎは米国本社の編集同人の意外とするところである。ダイジェストが一番最初の外国版であるスペイン語版を出すべきかどうか、見込を調べたのは一九三七年のことである。多分二万五千部位は出るかもしれないという予想であつた。この計算はその儘棚ざらしとなり、一九四〇年となつた。時あたかもヒトラーの分割征服政策が成功しようとしていたので、米州両大陸の結合を深める必要が強調されていた。この年の夏、ニューヨーク州プレザントヴィルのダイジェスト本社の午餐の席で、南米諸国のためにスペイン語版を出したら「善隣政策」に貢献する上に、果たしてどんな価値があるか話題になつた。前の悲観的な見込がまた話題に上り、この際にも話は立ち消えになりそうであつた。すると営業支配人のアル・コールが口を出した。「雑誌は半額の値で売つて、その代わり一定量の広告を入れたらどうだろう」

デウィット・ウオーレスはいつた。「それは結構、やろうじやないか」そしてもう一遍詳しく調べあげた上で、彼の夫人であり同僚であるリラ・アチソン・ウオーレスとは、予想される損失を財政的にどうにか切り抜けることに手筈をきめた。

こうしてスペイン語版が計画された時には、半ばサーヴィス、半ば試験的試みというわけで、金儲けではなかつたのである。発行部数は最良の場合で二万が限度というのが大方の予測であつた。世界での見込は最高で五万であつた。コロンビア国出身の記者エヅアルド・カルデナスが二、三年後には発行部数二十万に上るだろうと予言した時には、みなその夢を笑わないものはなかつた。

販路設定のために四人の男が南米諸国を行脚した際には、どこでも反感にぶつかつた。小売店では、リーダーズ・ダイジェストなど名前さえ聞いたこともなく、翻訳ものなんか買つて金を儲けるなどとは思いも寄らないという風であつた。一例を挙げれば、カラカス市ではヴェネゼェラ全国への一手売捌をある卸商に任かせたのだが、創刊号を僅か三百部（それも保証金なしの返品制度で）注文して来たに過ぎなかった。今日ではこの男は毎月四万部売つている。

創刊号（一九四〇年十二月）の注文を総計してみると、九万にしかならなかった。本社は十二万五千部刷つて売り尽した——値段はアルゼンチン国の九仙《ママ》からヴェネゼェラ国の十五仙《ママ》までの間でまちまちである。

一九四二年にダイジェストは、ブラジルのためにポルトガル語版（セレコエス・ド・リーダーズ・ダイジェスト）を創刊した。これは十万部刷った——スペイン語が国語となつている二十ヵ国へ向けて最初に出たスペイン語版よりも多い部数である。しかし余分に刷つて、うんと撒き散らそうと考えた編集者は、再び市場観測を誤つたのである。ポルトガル版は二週間で売り尽した。三ヶ月で発行部数は十五万になり、今日では三十五万に上り、そのうち七万部はポルトガル国で売つている。

一方、南米全体で百万を超えるスペイン語版はスペイン本国ではながらく禁止されている。この禁止が解ければ（今にも実現しそうなのだが）多分スペイン本国でも五十万は売れそうである。スペイン本国人は闇市場でスペイン語版を一部二ドル十五セントで買つている。恐らくはフランコを除いたスペイン人悉くといつていいだろう。ところが相当に信をおくに足る話だが、去年のクリスマスにフランコの家の一人が、マドリッドのある国の大使館に現れてスペイン語版を一部所望したというのである。彼はいつた。「統領が十二号がないといつて淋しがつている……」

スペイン語版やポルトガル語版の体験は、他の大陸でもそのまま生き写しといつた有様であつた。他の六大陸のいづれに於ても、どの国民の言葉かで少くも一つはこの雑誌の翻訳版が出ている。

戦前はポーランドでは幾多の大工場が、この雑誌を翻訳し複写版にして労働者に配つていた。中央アジアの新聞は通告なしに絶えずダイジェストの記事を転載している。チリ国では一つの号の中の記事を十三まで引き抜いて使つている。中国でも同様のことが行われている。またブカレストからの報告では、さきにルーマニア国を統治していた大公の血縁者が入院中のルーマニア兵のために、記事の翻訳にあたつているという。プレザントヴィルの本社へは、毎月ベンガル語、アフリカ語、エスペラント語など主要国語でない言葉でも発刊して欲しいと要求が来ている。

各国語版相ついで創刊さる

海外伸展は不可避であることは、はつきりと解つていたが、戦争がその時機を遅らせたのである。一例を挙げれば、一九四〇年の終、戦時情報局はこの雑誌を二、三の中立国で発行したいからと、編集者へ了解を求めて来た。編集局は自分たちの出版物が政府の宣伝の仲介物になるのを嫌つて「否」と答え、それらの国、即ちトルコ、スウェーデン、アラビアなどでダイジェスト社自ら刊行していゝかどうか、その実情を調べて見ようと答えた。数週の後、視察団がいくつもイスタンブール、カイロ、ストックホルムなどへ向つて飛行機で発つた。トルコでは絶望であつた。その主な理由は印刷設備がなく、頒布網がなく、米国の企業が活動出来ないような法律があつたからである。スウェーデンへ向つた組、国際版総主幹バークレー・アチソンと副支配人マーヴィン・ロウズとは、ニューファウンドランド沖の飛行機事故で危くこの世から姿を消すところであつた。両人を死から救つたのは、それまで禁煙の誓を守つていたロウズが何を思つたか急に誓を破つてアチソンを後部の喫煙室へ誘つたからである。飛行機が鼻を海に突込んで半分に壊れた時、前部は沈んで十二の生命を犠牲にしたが、後部は浮いていた。アチソンとロウズは米国に飛んで帰つて、再びスウェーデン行の飛行機を捉えた。ドイツは彼等を抑圧しようとしたが、一九四三年三月にスウェーデン語版（ヂツト・ペスタ・ウル・リーダーズ・ダイジェスト）はスウェーデンの新聞雑誌販売所に颯爽と姿を現した。

アラビア語の創刊は大問題であつた。スペイン語版やポルトガル語版は米国と同様、新しい世界という背景を持つた国へ売り込まれたのである。スウェーデン版は生活水準が高く、教育も普及している国民の中へ入つて行つたのである。しかし七つの国に散らばつた五千万のアラビア人となると話は別である。彼等の教養、伝統、習慣などは我々と違つている。彼等の購買力は低い。十人のうち一人位しか自分の国の言葉が読めず、文字は右から左へ、後から前へと書くのである。しかしアラビア人はアラビア版（アル・ムクタール・ミン・リーダーズ・ダイジェスト）の創刊号を六万買い、其後毎月十万部づつ買つていたのであるが、前記のように昨年十二月から一時休刊となつている。このアラビア版で、愛読者からの手紙の中で一番話題となつたのは、シリアのある予約購読者から来たものである。「私はアル・ムクタールを毎月、子供が大きくなつて読めるようになるまで取つておきます。将来子供達用の家庭文庫として一番いい読物になります。」

一九四五年六月には五万部のフィンランド版が創刊の四日目に売り切れた。一九四六年には、デンマーク、日本、濠洲で創刊され、一九四七年にはノールウェー、フランス、カナダ（仏語版）で創刊された。そして更にドイツ語版創刊の準備も着々進められている。これはドイツの米英仏占領地帯で発売され、その一部はスイスにあるダイジェスト配給会社宛に輸出され、三百万のドイツ語系スイス人の需用に充てられる。更にイタリー、オランダ、及びおそらくチェッコスロヴァキアでも創刊する計画で進んでいる。しかし各国とも、この創刊は用紙が手に入るかどうかに万事かかつている。

中華民国では配給方法が、インドでは多数の地方語が、最大の難関である。しかし結局、米国の輸出業者は四十八ヵ国に向つて、その国の言葉で広告が出来るようになるであろう。

外国版中の広告

米国の水準からいえば、外国版から入つてくる広告収入は僅かなものである。しかし一九四六年に九つの外国版を合せて百五十万ドル入つてきた。一九四八年二月には十三の外国版が広告を収録し、その総計は三二七頁を数えた。最初三十八社であつた米国の広告主は、今日では米国、カナダ、ポルトガル、スウェーデン、デンマーク、ノルウェー、フランス、スイス、英国、濠洲、南阿、日本などの広告主三百二十五の数に上つている。今日ダイジェストの広告面は事実上国際市場となり、ここでスイスの時計はブラジル人に、英国のタイヤはメキシコ人に、フランスのぶどう酒はチリー人に、という具合に売られるのである。一頁以下の広告は受け付けない。

外国版における特殊の問題

外国版はいづれもその言語を母国語とする人人のために、いわば手縫が施してある。これは金のかかる仕事であつて、一例を挙げれば、一九四六年に九つの外国版記事の翻訳に使つた金は大約四十四万二千ドルである。(原本の編集に使った金は一セントも含まない。)

まず記事の選択がある。どの外国版も米国版よりも頁数が少い。その上翻訳は各々の記事の長さを増す。

結局外国版に載つた記事の全部は、米国の原誌に載つているが、米国原誌の記事全部が外国版に載るわけではない。約その三分の一が全外国版に載り、三分の一が約半数の外国版に載り残りの三分の一はどの外国版にも載らないのである。

各外国版は母誌のどの号かを基とし、その年に出たどの号かの記事を入れてまとめ上げてある。「下院議員に手紙を書け――しかし書式を間違えるな」という母誌の記事はどの外国版にも出ない。しかしパール・バックの「養女との対談」は九つの外国版に出たのであつた。

各国語版にはそれぞれ特殊の問題がある。例えば、スペイン語版やポルトガル語版では離婚に関する記事は扱えないし

5月31日に東京で開かれた愛読者大会　左から3人目が編集長の鈴木文四郎氏　全国に35万の愛読者がありそのうち約1割が直接購読者で　9割が書店で買う

（旧教国には離婚はないから）、フィンランドの国情からはフィンランド版では、ロシアに関する記事は載せられない。アラビア語版には性に関するあけすけな記事は警戒しなければならない。社会政策の進歩に関する話はスウェーデン版には載せられない。——スウェーデンはこの分野では米国よりも遥かに進んでいるので、米国で新しいと思えることでも同国では旧聞なのだ。

これほどはつきりしないまでも、もつと編集上重大なことは、習慣の相違と翻訳上の雑多な問題である。例えば巻末にある書籍の要約は南米では使えない。何故ならば、このようなベスト・セラーズの小説に現れる方言の対話は、南米諸国全部に向つて一括して翻訳するのは、どうしてもうまく行かない。南米のスペイン語国は十九ヵ国あつて、その方言には、それぞれお互に相当著しい開きがある。

毎月、記事の校正刷が、外国にいる編集者のもとに送られる。例えばスウェーデンにいる編集者は部員と一緒にこの校正刷を読んで、ＡＢＣの等級に分け、意見を加えて電報する。本社にいる編集員ホバート・ルイスは、米国にいるスウェーデン通にこの記事の実際価値について意見を叩《ママ》く。これらの意見を集め、彼自身の判断も加えてルイスは編集原案を作り、これをフリッツ・ダシェル編集長の所へ持つて行つて、またもう一度ごちゃごちゃにほぐしてみる。ダシェルはすべての外国語版について毎月最後の決定をするのである。

次の仕事は英語の原本記事を修正することである。——アメリカ人以外の読者のために客観性を与え解り易くするのである。例えばわが軍とあるのをアメリカ軍とするようなことである。ギャラップ世論投票はアラビア版や日本版では、一般調査と改めなければならないが、スウェーデン版ではその儘にして置く。スウェーデンではギャラップ世論投票が行われているからである。

標題は翻訳では屢々書き直して意味を明かにしなければならない。「なぜ我々には〝浮き沈み〟があるか」といったものは、スペイン語版では「我々の機嫌の良い時、悪い時」、フィンランド版では「我々の気分の変動」と変えられる。次に示すのがスペイン語版に翻訳する前に再編集したものの中の一冊につき百四十七ヶ所もある書き直しの中から拾い出した実例である。「疲れたシャロビー」は「古びた中古自動車」に、「名のあるバンド」は「有名なダンス・オーケストラ」に、「ＵＳＮ」は「米国海軍」と変えられた。

翻訳者への注意として、いつか編集者はこういつたことがある。「我々の見るところでは、翻訳の仕事は原著者の仕事と十分匹敵する重要さを持つている。」

この雑誌の目的は文字通りの翻訳でもなく、また多くの国の文体を形作つている高踏的で形式的な文字に翻訳するのでもない。教養のある人々が、日常語として使う平易な言葉にするのが目的である。例えば、ある記事をスペイン語に翻訳した場合、あたかも原著者がもともとスペイン語で書いたかのように読ませなければならない。

各国語版には毎月約十二名ばかりの翻訳者が仕事をしている。千遍一律にならないために、一号については一人の翻訳者が二つ以上記事を受け持つことはない。

ある原著者の文章はいつも同じ人の手で、外国語に訳すことになつている。例えばエリック・ジョンストンの記事は銀行の知識を持つたスペインの著述家ルイス・マラノンの手でスペイン語にする。

工業技術に関する記事は、アップルトンの英西・西英辞書の編さん者であるアントニオ・リアノの手でスペイン語に翻訳する。この級の翻訳者の場合でも、ダイジェスト本社では、毎号の雑誌を一団の審査員に渡し、翻訳についての批評を頼む。いつかスペイン語版の記事の中に「字引にもない」文字があるとて批評家が指摘したことがあつた。スペイン語版の編集者カルデナスが「どんな字引ですか」と尋ねると「この翻訳者はその字引を作つた人ですよ」という答であつた。

スペイン語に翻訳する場合、大抵の記事は二割五分方、他の言語に翻訳する時は一割から二割位長くなる。

強力な外国版の影響

外国版の影響は大したものである。ベノス・アイレス市では、ラ・ナシオン紙（アルゼンチンの二大新聞の一つ）の三行広告欄に、読者が次のような広告を出した。「求む――セレッシオーネス七月号に載った耳の手術の出来る医者を」

ブラジルではセレコエスという名前の葉巻が市場に出たし、アラビアのレベノン市ではアル・ムクタールが大学前期の必修読物となつたこともある。「なぜ私はセレッシオーネスが好きか」という問題に対して、手紙で一番いゝ回答をした者に五百ドルの賞金を出すことにした時、キューバ市だけで十二万の発行部数の中から四万以上の応募があつた。

アル・ムクタールを創刊する時に、雑誌の名前を何にするかの懸賞に十万の回答用紙を配つた。米国なら一割の回答がいゝ方なのだが、アラビアでは六万の回答が集まつた。一九四三年にセレッシオーネス誌上で大豆の栽培法を書いた記事の脚注に、農務省と汎アメリカ同盟の資料を基礎にしてスペイン語で編さんしたパンフレットを提供すると書いたところ、全南米一万近くの人達から申込があつた。一九四五年セレッシオーネスはフランク・ラウバッハ博士の文盲教育法を載せた。数百の南米人がもっと詳しく知りたいと言ったので小冊子を作り、無料で提供することにした。個人の要求する者五万、各国の政府の要求する者二万から二十五万、遂に総計七十万部配布された。

嘗てチリ国で、この雑誌があまりに評判がよいので、郵便配達夫が盗んで困るという苦情が出た。調査員がある郵便局へ出かけて未配達のものが残つていないかと訊くと、地下室に在るというので、降りて行つて郵便夫を見つけ、十二月号のセレッシオーネスで配達洩れのものは残つていないかというと郵便夫は答えた。「お合憎さま。今しがたすつかり売り切れたところです。」

海外で発行するに当つて、しつこくしつこくつきまとう迫害は、常に全体主義の方面からであつた。ヒットラーはドイツでこの雑誌を禁止し、フランコはスペインでセレッシオーネスを禁止し、サラザールは一時ポルトガルでセレコエスを禁じ、共産党は全世界でこれを攻撃し、悪評している。

リスボン市では戦争中ドイツ人は、セレコエスの偽物を出版し、真物の記事の間に自分たちの宣伝をサンドウィッチのように挟んだ。しかしこれは無料でなければ売れなかつた。右たると左たるとを問わず、全体主義の連中は、個人尊重を基調とする健全で明朗な雑誌に対して、辛苦して儲けた小金をいそいそと喜んで投ずる世界各国の民衆の読書欲に、ほとほと当惑しているのが実情である。

調査の仕事

本誌ではジャック・マローニーが主任になつて、世界各地の人々の意見を集める調査の仕事に没頭しているが、その結果次のような事実が明かになつている。(イ)ダイジェストの読者は世界各国を通じて中等教育（大学の前の）に等しいか、或はそれ以上の教育を受けている。大部分は中流或はそれ以上の収入がある者で、男女の別は殆んど同じ数で男が僅に多い。(ロ)普通の読者は毎月およそ五時間はこの雑誌の通読に宛てている。(ハ)ダイジェストの一冊は三人から五人の読者が読む。各国版を考慮に入れて一冊平均四人と見れば、外国版は毎月千六百万の読者総計を持つていることとなる。(ニ)どんな型の記事でも取扱い方さえよければ好評である。ダイジェストの成功は、題目を幅広く採り、それを興味を誘う方法で編集しているという事実に由来するようである。

国際的な総合雑誌へと発展

リーダーズ・ダイジェストは、米国の雑誌であることは言う迄もないが、題目も背景も「外国」ものである記事を次第に増して、今では漸次国際誌に発展している。記事の新しい材料を米国外にまで探し求めている。例えば一九四七年に載せた外国記事は八十四篇に上り、その国別は四十四ヵ国、筆者は十二ヵ国の国籍にわたつている。その原材料を発見し、これを記事として誌上に出す為に、十二人の編集部員が総計三万七千マイル以上を旅行し、二十三ヵ国を歴訪している。この当然の成り行きとして編集同人のメンバー構成は急速に国際的となつた。今日では国際版の部員は十八ヵ国の国籍に分れ、活動地域も十二ヵ国に及び、その人数は二六三人に上つている。――その中アメリカ人は僅に三名に過ぎない。

近来ダイジェストの政治的記事が幾分強くなつて来たとすれば、それは最近政治的記事がニュース記事である場合が甚だ多く、それらの記事が毎日の新聞で論評されることが多いからで、普通は政治記事は――題目として――全体の記事の一割にも足りないのである。ローニーも言つているように、リーダーズ・ダイジェストはあくまで総合雑誌なのであ

る。（終）

［『週刊サンニュース』第一九号、サン出版社、一九四八年七月五日、東京、S2332］

〝星の流れに〟のメモ
「わたしの作詩ノート」から

清水みのる

「こんな女に誰がした」と、この歌は広く全国に唄はれているが、そのために色々と、この作詩について憶測やデマや批評が、諸々のゴシップの種になつてゐるので、作詩家として私はこれを作詩した動機やその構想を私のノートから書き抜いて諸兄の（作詩志望家の）参考に供しようと思う。

昭和二十一年八月二十九日付、東京毎日新聞の投書欄に（当時は建設欄となつてゐた）次のような投書が出てゐた。

――『私はこの三月中旬、奉天から引き揚げて来ました。着のみ着のまゝ、それこそ何一つ持つて来られなかつたのです。私は廿一才です。奉天では看護婦をしてをりました。今も免状だけは持つております。東京に着いたものゝ、誰を訪ねてゆけばよいか、行先がありませんでした。本籍は福島ですが、両親はなく、遠い親戚があるとの事ですが、どうなつてゐるのかわかりません。だから東京で働くより外に方法がありませんでした。

やつと、他人様のお世話で女中奉公の勤口が見つかり、やれうれしやと思つたのも束の間、そこは待合であつたのです。けれども待合であろうと何であろうと、食べてゆく事が出来るのですから、一生懸命に働きました。ところが二週間位経つたら、そこの女将さんから「芸者になれ」とすゝめられました。しかし、私は三味線がひけるわけではなし、唄へるのでもないので断りましたが、女将さんは「それで結構だよ」といつて、それよりももつと嫌なことを押しつけようとしました。私は驚いて即座にその家を飛び出しました。風呂敷包一つ持つて……。

けれども、勤口はありません。乏しい金もなくなつたので旅館を追われ、上野の地下道に来ました。こゝを寝所にして勤口をさがしましたが、みつからず、何も食べない日が二日も続きました。すると三日目の夜、知らない男が握り飯を二つくれました。

私はそれを貪り食べました。その方は翌日の夜もおにぎりを二つ持つて来てくれました。そして話があるから、公園まで来てくれといひました。私はついてゆきました。その日は確か六月十二日だつたと思います。それ以来、私は闇の女と、人からさげすまれるやうな商売に落ちてゆきました。（世田ケ谷、長谷乙女）』全文です。

私はこれを読んで言い様のない圧迫を感じた。ぐつと胸にこみあげてくるものがあつた。その日の午後から夜にかけて、じつとしてゐられない感激の衝動とでもいうのか、とにかく私は抑えることのできない詩情に動かされていつた。二度読み三度読みかえしてみた。文字と文字の間に、にじみ出る真の呻き、涙の抗議と呪詛のカット・バック、これこそ本当に現実であり真実でなくてなんであろう、と私は思つたのだ。

私はその夜、更けてから床の中で、この女の落ちていつた世界を描いてみた。

○

星の流れに、自分の運命を占う女、
どこを塒《ねぐら》と定めることも出来ない身寄りのない女、
泣き果て、涙も涸れた女、
街の灯影に背を向けて
煙草をふかしたり、口笛を吹いてゐる女、
人が見返るほど痩せた胸や肩、
そして白い夜霧が流れて星も見えなくなつた夜空、
妹や母を思い浮かべてゐるであろう瞳、
褪せた唇をかんで、凍つた夜空を見上げるうつろなその
瞳、
闇の夜風が泣いて吹いてゐる、
　夜の女、夜の女、夜の女、
　こんな女に、いつたい誰がしたのだ！

○

というようなメモであつた。私はそのノートをふところに、翌日夜おそくまで上野の地下道やその附近をうろついた。

そして私はこの目と心で、しつかりと奈落の彼女達の生態をつかんだつもりだつた。私は夜更けて武蔵境のアパートに戻りその夜、一気にかき上げたのが、「星の流れに」の一篇である。

題名は始め、「夜の女」とした。「こんな女に誰がした」の詩句の前に各節とも夜の女、夜の女、ということばを入れたのであつた。ところが、いろ〳〵意見も出てこれを消したうえ、題名も「こんな女に誰がした」と訂正した。然しこの題名もこれが吹込れた時、どぎついと言う文芸部の意向で、「星の流れに」と再度改められたのである。

発表された当時このレコードはさつぱり売れなかつた。わたしはこれを作曲してくれた利根一郎君と雨の銀座のウラ通りを歩るき乍ら、こうした歌の唄はれる時の来ることをお互に信じ、語り合つたものである。

その通り、これは今年の夏以来物凄く唄はれ出した。この歌が唄はれなくてどうしよう。何故というにこの作品は、現実であり、人生であり、生きた感情であり、のつぴきならぬあの女性の涙の訴えであり、私と利根君のそれこそ、どうにもならぬ作家的衝動から生まれた作品であるからだ。私はこ

の事実を本当に心から誇りを持つて言う事が出来るのである。

真摯な態度で、主題をしつかりと把握して、それを詩情で生み出した作品には、必ずそれに共感してくれる人がある事を、私たちは忘れてはならないと思ふ。あとはそれを表現する技術である。このテクニツクは時間と努力と才能が解決してくれるであろう。お互いにしつかり勉強しようではないか。

［『歌謡文芸』第二巻八号、一九四八年一一月三〇日、歌謡文芸友の会、東京、K613］

ヒットソング漫談

上山敬三

カンカン娘の正体

「…わが親愛なるミス・NHK様よ、私は、毎週火曜日の夜が待たれてなりません。〝陽気な喫茶店〟であなたの美しいお声を聴くのが何よりの楽しみでございます。いつまでもいつまでも草深い田舎のこの青年の寂しい胸を慰めてください。きけば放送局は、いろんな人の出入りするジャングルのような処とのこと、たとえ、時計ながめてそわそわにやにや、なさつても、家はなくてもお金がなくても決して男なんかにはだまされないで下さい。銀座カンカン娘のように強く生きて下さい。殊に、あなた様の傍には、いつも内海突破という虎と、松井翠声という狼がおりますから……おいおい、僕が虎で、松井さん、あんたが狼だとよ、ギヨギヨオツ！」

これは八月の或る晩の〝陽気な喫茶店〟で聴取者の皆様の投書（と称するもの）を読み上げた突破氏の悲鳴である。

〽あの娘可愛や　カンカン娘
　赤いブラ……　カーン

「残念でしたね。鐘一つではカン娘、お気の毒様でした。この次はうんと勉強して、銀座カンカン娘になるようにして下さい。御苦労様、ハイお次！」

これはやはり八月の或る日曜日の〝素人のど自慢〟のほほえましいテスト風景、いとも明快にしてイキな司会アナウンスである。

今年の夏は、実に「**銀座カンカン娘**」が流行した。ほこりつぽい街にも、裸の海辺にもこの歌が氾濫した。

「さあ、カンカン・ボーイ、一ツちよ行こうぜ、レフトの頭の上をカーンと……」

三塁コーチヤーに出て、ガ鳴つている草野球の愛すべき選手もいた。

かと思うと、

「陽はカンカン照りつけるし、事務所の外ではガンガンレコードは鳴るし、全くカンに障ってね」

などと、大いに洒落たつもりで顔をしかめる御仁もいた。

けだし、下山事件や、三鷹事件、福島県下の脱線やら、さらでだに雨は一滴も降らず水銀柱は上がる一方で、い丶加減頭の具合も変になつて、モヤモヤした社会の疲労しきつた雰囲気の中へ、ややもすれば口ごもり勝ちな女性の口から、感傷もニユアンスも捨てきつてズバリと物を言わせた、そのことが大きな刺激となつて大衆に入り込んで行つた、大きな理由であろう。これが一つ。

曲調が、簡潔なこと。リズムはどぎついブギのスタイルをとりながら、時に童謡調さえ交る単純な形である。これが一つ。

更に「銀座カンカン娘」という題名だ。これが問題である。映画の原作者、この世界切つての才人山本嘉次郎氏附するところのものであるが、誠に天晴れ、心憎いほど立派やか《ママ》である。

いつたい、カンカン娘とは如何なる種類の女性ぞや？

いつたい、カンカンとは如何なる意味を有するものなりや？

私もよく質問を受ける。判らない。定説がない。（カをパに置きかえる？……そんなことを仰言つちやいけません。御人格に障りますぞ。）

某日銀座のM喫茶店で、この映画の封切りを機に高峰秀子に似た女性を探す、ところのコンクールが行われた。審査員は当のデコちやんに灰田勝彦、岸井明、監督の島耕二、演出の青柳信雄氏等スタツフの面々その他。私も末席でこの時とばかりジロジロ見つめた口だが、妾こそは、と集る美女その他三百余人。店頭で絶え間なくかけられるレコードをバックにして、第二次審査を通過した数人の有力候補者に、某審査員が質問した。

「あなたはカンカン娘つてなんのことか知つていますか？」

彼女、一瞬困惑の色を現したが、慌てて（そわそわと）俯向き、恥かしそうに顔の下半分で（にやにやと）笑った。勿論答えなし。

無理もない。質問した御当人だつてはつきり言える答がないんだから。人が悪い。

昔、ステツキ・ガールという言葉があつた。モダン・ボーイ（こんな言葉もありましたね）を以て自任する人々の間によく使われたものだ。

或る百科辞典によれば、「散歩用の娘のこと。ステツキ（杖）の代わりになるガール（娘）という意味からである。新居格の新造語といわれる」とある。

当時はえらく物議をかもしたもので、心ある人は、ステツキを求めて銀座八丁を数十回往復した、という話もあつた。だが、これぞという娘に会つた、という確認ある話はついに聞いたこともなかつた。

或る時、私の同僚の新聞記者が、思いきつて新居氏に訊いて見た。

「いつたい、ステッキ・ガールは何時頃どの辺りに現れるんですかね?」

すると、銀座女性考現学の泰斗新居格先生は、

「いや、たゞね……」

と、ニヤニヤ笑つていた、ということだ。

閑話休題。

いつたい、カンカンとは……読者も焦れていられることだろう。結論を急ごう。

台本が上つた時、新東宝撮影所の人が、山本嘉次郎氏御当人に訊いてみた。

「いつたい、カンカンというのはどんな意味ですか?」(よく同じ言葉が出るが御勘弁願いたい)

すると、〝話の泉〟でも御承知の通り、映画界随一の博識家である氏は、例の美髯、やはりニヤニヤ笑いながら曰く、

「僕にも判らんよ」

……これで「銀座カンカン娘」はお終い。お退屈さま。

〔後略〕

〔『放送』第九巻一〇号、一九四九年一〇月一日、日本放送出版協会、東京、H794〕

リンゴの唄楽屋話

語る人
サトウハチロー
並木路子
万城目　正

訊く人
筑摩鐵平
夏目咲太郎

漫画　落合　登

☆五月の風は、食糧不足や住宅難や交通地獄とは無関係に、地球の上を吹いて来た。青い空、白い雲、街の花屋の飾窓には可愛いゝスヰートピイがゆれてゐる。あゝ、耳をすませば聴えてくるビルの窓から、青空市場から、喫茶店から、公園の木蔭から、甘い楽しいリンゴの唄が……。いま全日本を風靡して、大人も子供も。男も女も声をそろへて唄ふリンゴの唄はどんな風に生れて来たか・作詩サトウハチロー、作曲万城目正、歌手並木路子のリンゴトリオが語る楽屋話をお聴かせしませう。リンゴトリオはこんどはどんな唄を生みだすか。希望音楽会のプリマドンナ並木路子さんを中心にリンゴトリオはいまハリきつてゐます。

★歌なんて理屈ぢやないよ流行る唄の
種明しを語る詩人　サトウハチロー氏

ニツチクの文芸部へ行つて
「サトウさんは?」

と訊いたら、近ごろサツパリお見えになりませんよ!　と云はれた。さては自宅原稿多忙なんだらうと根津宮永町で都電を捨てゝ、だら〳〵と坂を登る。右へ曲つて十間ばかり、戦災を知らない屋敷町に石門のお宅。やにヒツソリしてゐるから先生お留守かなと、ガツカリしながら飛込んだ。

艶々しいキツドの靴のやうなピアノが二台大きな応接間にデンとおさまつてゐる。

「こゝは寒いから、こつちへ―」

お茶の間へ案内される。アリガテー先生、僕の気持は、ヨツク分る。――待つこと一分〔。〕

「やー」

破れ鐘のやうなデカイ声と共にハチロー先生キサクに出て来られた。

「ハチロー先生、リンゴの唄が馬鹿に流行つてしまひましたネ、あの唄は、どうも分つたやうで、分らないクセにどうしてあんなに流行つたんでせう?」

「アツハ……」

先生「光」をやをら一プクつけて
「唄なんてものは、理屈ぢやないよ。理屈つぽい唄は案外駄目サ、啄木の唄を見なさい。一つも唄にならんでせう。母を背負つたがあんまり軽いから三歩あるいてとネ、ネ、理屈

つぽいのは唄にならんよ」

「なるほど」

「きんにやもにや、なんて唄が流行る。しのゝめのストライキ、さりとはつらいネ。……こいつも、なんのことやら分らんでせう。それでいゝんだよ」

「大体リンゴの唄、いつ頃作られたんですか?」

「昨年の八月の二日だつたネ。白山のさる待合で、僕と、佐々木の康さんと、万城目君とが一パイやつた時の事さ、ナニ酒?　酒は僕がブラさげてつて、――その時、並木路子といふのが顔はまづいが歌はうまいよ、是非あれを起用しやうと、話を持出したんだ。僕がね。宝塚出身には轟とか、月丘とか唄のうまいのがワンサゐるが、松竹には、どれも唄の出来るのがいない。ただ並木だけは有望だと目をつけてゐたんだ、目はつけたが手はつけないよ、ハゝゝ」

「それが終戦になつた。「そよ風」つて写真をとることに

なったんでいよ〳〵並木に何か唄わせやう。では何の歌にしやうか――といふことになつたが、ハチロー考へたネ。うつかりするとマッカーサー司令部で、チヨイト来い。うつかりすると右翼の方からのされてしまふ。こゝ一番、訳の分らねエ唄が身の安全といふので、「リンゴの唄」にした。これは「そよ風」の中にリンゴ畑があるからサ」

終戦後、コントンとしたあの頃理屈のない唄が当つたワケである。

「しかし、リンゴときくだけ〔で〕、明るく美しい感じがしますネ。焼けた街にリンゴの唄は色どりがいい。」

「僕の唄は、アカサタナ、ハマヤラワ……を使ふ、これは歌ひいゝんだよ。それから耳に這入る言葉は、二回くり返すと、分かりがいゝ。ネ、リンゴ可愛いや、可愛いやりんご」

「あゝそれなのに、それなのに、それなのに式ですか」

「さうだよ」

ハチロー先生の唄の流行る、タネアカシは即ち、これであつた。

「まだ、あるよ。替唄になるのは流行性が多分にある。今いつた。《ママ》ぼくのつくつた、あゝそれなのには替唄が、三百二十も出来た。」

「あの歌は、随分エロ唄になりましたネ。」

「えゝ、高田保がハチローは替唄の方を先に作つたんぢやー、ねエかなと、邪推したよ」

「この次はなんの唄を流行らせますか?」

「リンゴで当てゝ、また果物かと云はれると少し、甘いが、五月には、〝苺の唄〟をつくるよ」

「よさゝうですネ」

「へへへ食ひ気で釣るワケぢやないが、果物はいゝネ。フレッシュな感じがする。いくら食物でも、しるこの唄てエのはまづいや。

並木路子曰くさ、彼女は台湾出身なので、この次は、バナゝの唄を作つて欲しいといつてゐるんだよ、ネ……、キミ、バナゝだよ、路子バナゝの意味知らんのかね……」

そこで、ハチロー先生と、テツペイ先生、ワツハツハ〳〵で火鉢の灰まで吹上げてしまつた。

「バナゝの気持――よくワカル……」

お嬢さんが、こんなの唄つちやイケマセンヤ。ね。

（筑摩鐵平）

★こんどはスヰートピイを唄ふ
リンゴの歌姫　並木路子

リンゴの唄といへば並木路子、並木路子といへばリンゴの唄――と、今や、流行歌謡曲界の人気を一人で背負つたリンゴの彼女をつかまへるのは、なか〳〵骨が折れる。関西公演から帰京して、コロムビアレコードとの専属契約を結ぶハンコを捺しに現れた彼女を日畜《ママ》の宣伝部で幸運にもつかまへた。

「並木さん、リンゴの唄はもう何回ぐらゐ唄ひましたか。」

「さァ何千回……でもないけど、千回以上は唄ひましたかしら……。」

紺のダブルの外套にグレイのズボン、背はどちらかといへば小柄だけれど、さすがにリンゴの彼女はゆつたりと貫録をしめして、リンゴのやうな甘い声でおつしやる。ベビイエロだといふ評判のコケテイシユな微笑をうかべている。

「今度は何を唄ふんです? サトウハチローさんは、「苺の唄」だつていつてましたけど……」

「あら、まるで果物屋みたいだわ〔○〕こんどは可愛いスヰートピイつていふ歌ですの、やつぱりサトウ先生と万城目先生の作詩、作曲……」

「リンゴトリオの第二回作品ですね。……リンゴが流行つたからそんな気がするんでせうけど、並木さんは、スヰートピイとか、ストロベリイとか、さういふ可愛くてフレッシュなものがピッタリしてますね。」

「こないだも、あたしがリンゴ屋をはじめるなんて噂が広まつちやつて、困つちやいましたわ。」

「並木路子リンゴの店……い、ぢやありませんか〔○〕そこで貴女がリンゴの唄を唄へば、一つ拾円のリンゴでも飛ぶやうに売れますよ。」

「いや、リンゴ屋といへば」

と、横から口を出したのは日蓄宣伝部のMスポークスマン氏。「北海道のリンゴ畑の持主が、並木さんにプロポーズの手紙を寄越したんですよ。並木さんと結婚したらさぞ甘いリンゴが実るだらうとね。しかしなか〳〵ロマンチックない、話ぢやないですか。」

「さういふファンレターは沢山来ますか。」

「え、、楽譜を送つてくれとか、ハンカチにサインをしてくれとかいろ〳〵ありますわ。放送局へ来たり、大船の撮映《ママ》所へ来たり。」

「貴女が舞台からまいたリンゴを幸運にもキャッチした青年がゐましてね、あんまりそのリンゴを大事に蔵つといたのでとう〳〵腐つて食べそこなつたさうです。……。」

「まァもつたいないこと……。」

「もういくつぐらゐまきましたか……。」

「さァ、ハツキリ覚えてゐませんけど……一回に五つぐらゐづゝ、大阪のリンゴはとても小さくて困りましたわ。」

「牛肉の唄だつたら、並木さんはもう破産してますね。」

「ホツホツホ……それよかこのあいだロツパさんが、並木さんがリンゴをまくなら僕はおにぎりをまきたいなんておつしやつてましたわ、おにぎりぢやかなひませんわねぇ。」

「おにぎりか、そいつァ凄えなァ僕かぶりつきで網なんか持つてがんばるよ。」

Mスポークスマン氏、さもしきことをいひ給ふ。

「並木さんの芸名の由来は？」

「ちやうど、並木の雨つて唄が流行つている頃でしたもので、兄がつけてくれたんです。本名は小林庸子。」

「戸籍しらべみたいですが、御両親は。」

「亡くなりましたの、この戦争で……。」

「それはそれは……空襲でお亡くなりになつたんですか。」

「え丶、母は、三月九日《ママ》のあの大空襲の時に、浜町の家で、焼け出されて、あたし、母と一緒に墨田川へはいつたんですの、二人とも気を失つちやつて、母はとう〳〵流されて、あたしは気がついた時新大橋のところの工場の中に助け上げられてゐたんです……。」

「一つ間違つたらリンゴの唄も生れなかつたわけですねえ、……でお父様は。」

「父は、パラオから帰る途中、船が沈められて……父はパラオの会社に勤めてゐましたもので……。」

「さうですか、ぢやァ、並木さんの一家はこの戦争の大きな犠牲者だつたんですね。」

「え丶、ですから、とてもこの戦争がにくらしくてたまりませんの……。」

しかし、応召中のお兄さんは、無事復員なさつたといふ。並木さんのあの明るく無邪気な唄声の蔭に、こんなに悲しい戦争の犠牲が秘められてゐやうとは……。並木さんの初舞台は浅草の国際劇場のこけら落としの時だといふ。その頃、楽譜も読めなかつた彼女が、今日の人気を獲得するまでには、涙ぐましい努力と不断の勉強がつゞけられたのである。

「さて、並木さん、貴女の御希望はやつぱり偉〔大〕なる声楽家ですか」

「あら、偉大なるなんて――。」

「並木さんの夢はネ。」

Mがひきとつて、

「デイアナ〔・〕ダービン氏のやうな音楽映画をつくりたいんださうですよ〔。〕しかし今の日本の音楽映画はスケールが小さくて並木さんの夢を実現するには、まだ大分先が長いやうですがね。」

「日本の映画女優ではどなたがお好きですか。」

「高峰三枝子さん、とても好きですわ。」

「食べ物では……。」

「もちろんリンゴですよ。」

と、M氏がひやかす。

「では、好きな男性は？……」

「それは……」

と、並木さんはニツコリ微笑した。モナリザのやうなナゾの微笑を……。

★甘くセンチな主題歌作曲の名手　万城目正

万城目正の名は知らなくても、「愛染かつら」のメロデイは誰でも知つてゐる。それほどあの甘くセンチなメロデイは大衆に愛された。その万城目さんが、終戦後またもやヒットメロデイを書いた。それが今、全日本を風靡してゐるリンゴの唄である。

「今日は‥‥。」

省線大井駅からほど近い万城目さんのお宅を訪ねる。

「さァさァどうぞ、さァどうぞ‥‥。」

現れたのは万城目さんではなくて、白い割烹着も甲斐々々しい奥様である。ハテナ、どつかでみたやうな‥‥なァんだ、そのむかし松竹映画のスタアだつた若水絹子さんぢやないか。若水さん、いつの間にかスクリーンから姿を消したと思つたら、こんなところで、愛染かつらの彼氏と愛の巣を営んでいらつしやる。さすがにやつぱりお美しい。

通された奥のお部屋に、丹前すがたの万城目さんが

「蒲田ですっかり焼け出されちまひましてね、ピアノも焼いちやつて‥‥。」

「おや〱それは御不自由ですね〔。〕ぢやァ作曲なさる時は、ピアノなしで?」

「え丶、昔からあんまりピアノは使はないんですよ。バスの中や、ロケーシヨン先での宿屋で書いたりするもんで‥‥。」

「リンゴの歌はどこでおつくりになりましたか‥‥。」

「あれは、たしか秋田へロケに行つた時ですよ、やつぱりロケにおつかけられてあはてて、かいたんです。」

「あんな甘いメロデイをおつくりになるのに、何か秘伝でもありますか。」

「さァ、別に秘伝はありませんがね、たゞ僕のメロデイは、普通のことばのアクセントをたゞ音楽的に誇張しただけなんですよ、秘伝といへばそれが秘伝です、たとへばリンゴの唄でも、かうでせう。」

こゝで万城目さんは小声でリンゴの唄をうたつて、その作曲術の秘伝を説明する。たゞし文章でこれを皆さんにお伝への出来ないのまことに残念。

「甘いお汁粉でも召上るのかと思ひましたよ。」

「いや、僕は作曲する時は、うんと酒を呑むんですよ、（今はとてもできませんがネ。）ベロベロに酔つて寝てしまふそして眼が覚めた時、一切の邪念が消えて頭がかう真空みたいになつて、とてもいいメロデイが浮かんで来るんです。」

「人によっていろ〳〵くせがあるでせうね」

「古賀政男は便所の中が一番い丶さうですよ。」

「ハハア、すると酒は涙か溜息かなんて、御不浄で出来たのかナ。」

「ハツハツハそいつは古賀さんにきいてみなくちや……。」

「出来たときさっぱり流行らないで何年かたつて猛烈に流行る唄もありますね。」

「あれは曲がむづかしいんですよ『誰か故郷を思はざる』――なんていふのはそれです。あんまりむづかしくて、はじめは流行らないけれど、ラジオやレコードが盛んにうたつて、一般の人たちにもわかつてくると、い丶メロデイだから流行するんですね。」

「誰にでもやさしく唄へる、これが流行歌の一番大事な条件でせうね。その点、曲をつけやすい詩とつけにくい詩とあるでせうね。」

「その点はサトウハチローの詩なんか、作曲しやすいですね。古賀政男なんか、作曲しやすいやうに文句をなほすさうですよ。」

「灰田勝彦の人気があるのは、彼の唄ひ方が素人の唄ひ方に近いからだと、誰かゞいつてましたが……。」

「並木路子や霧島昇なんかもさうですね、流行歌はそれでい丶んですよ。それと歌詞がハツキリわかるやうに唄ふこと、これが大事です。」

「時に万城目さん絹子夫人との結婚ロマンスを伺ひたいですナ……。」

「あらあら、いけませんわそんなこと、雑誌にお書きになつちや……。」

若水さんが横眼でにらむ。万城目さんのメロデイのやうに、こ丶のご家庭は甘つたるく悩ましい。こんどはやつぱりリンゴのトリオで、スヰートピイの唄を流行らせるんだといふ、い丶メロデイが出来るやうに、どなたか万城目さんに配給のお酒を寄附する人はありませんか。なに？ 甘いものと交換でなけりやイヤだつて……大丈夫、万城目さんのメロデイの倉庫は無尽蔵、素晴らしく甘いメロデイの罐詰をお届けいたしますよ。

（夏目咲太郎）

［『平凡』第二巻四号、一九四六年、薫風号、凡人社、東京、H316］

「異国の丘」を偲びて

ビクター歌手　中村耕造

今日も暮れゆく　異国の丘に
友よ辛かろ　切なかろ

かり立てられて海を渡つた戦勝の夢もはかなく、目覚めてみれば哀れ囚虜《とらわれ》の身となつて、自ら囲つた柵のなかの生活を余儀なくされた私達だつた。

敗戦ということが、どんなに惨めなものであるかを知らなかつた私達の身に、忽ち苦難の嵐が情け容赦なく吹き寄せて来たのでした。

シベリアの寒さは、寒いとか冷たいとかいう生易しいものではなく、痛いという言葉が一番当てはまつていた。息をすると鼻の穴がクーンとして、鼻毛の一本一本がチヤリ〳〵と凍りつくような気がするのです。素手で金属にでも触れようものなら、まるで火傷をしたように、凍傷になつてしまう。そんな寒さのなかで、敗戦の現実にぶつかつた私達は、生きていく気持ちさえ失いかけていたのです。そのくせ食欲ばかりは至つて旺盛でした。しかしそれは、生きんがために食べるというより、たつたいま、干からびている胃のふを満足させるだけのものだつたのです。

十分に満たされない腹を抱えて、どぶ鼠のように、炊事場の裏に捨てられた野菜のくずや腐つたもの、松の皮から犬猫蛙や蛇の類まで血眼になつてあさり尽していたのです。

あちらでの作業は、朝星をいたゞいて、宿舎のバラックを出ると、夜星をみるまで伐採などでその仕事に当つた私たちには相当の苦行だつたのです。

次第に暮れかゝる異国の丘に、私たちの仲間は、誰ひとり口を利く者もないのは、妻の身を、子供の笑顔を、そして父や母の面影を追つてであろうか——。聞こえるものは、かちん、かーんと伐採する斧の音ばかりで遠くで焚く焚火の色が、濡れた眸に写るのだつた。一日も早く還りたい胸底を去来するのはだれも同じであつた。

我慢だ待つてろ　嵐がすぎりや
帰る日も来る　春が来る

私たちは一日も早く故国に還りたい気持ちと同じように、また我慢に徹しなければと泣きたいぐらいの力を振りしぼるのだつた。この我慢に負けてしまえば生きていることが出来なくなるのだ。

今日も更けゆく　異国の丘に
友よいつまで　待つのやら

しわくちやになつて、色も変つてしまつた妻子の写真をしげしげと眺めながら、

「今夜こそ、子供の夢を、女房の夢を見せてください——」

もう五十にも手が届きそうな老兵が、（私たちは大森に住んでいたその人を大森の兵長さんと呼んでいた）きちんと坐って掌を合せている。ただ夢でだけ許された妻子との逢瀬を神に願いをかけているのだ。

やがて一日の作業で綿のように疲れ果ててか、あちこちで、軽い寝息すら聞こえてくる。

私は眠い目をこすりながらペーチカの不寝番についていた。こうして不寝番に立つて、ペーチカを夜通し焚いていなければ、寒くて寝ていられないのである。

不寝番についたものは、まず食べもの、ことからそして決

つたように故郷の話が出る。妻子の写真を見せ合つたり、子供の自慢ばなしから、やがては込み入つた家庭の事情などを打ち明けて、互いに慰め合い励まし合うのだつた。

いつになつたら還れるだろうか、私たちの周囲からは、どこからともなく、デマのような本当のような話が、あぶくのように出て来ては消え消えてはまた出来てゆくけれども、一つとして本当の話はなかつた。そんなことをあまり真剣に考え込んでいると、頭の芯が痛くなつてくる。

泣いて笑つて　笑つて耐えて
かえるその日を　胸に待つ

辛いから苦しいからと、泣き面ばかりしていては、能率も上がらないし、従つて還る日も遅くなつてくる。私たちは時折、落語、歌謡曲などと演芸会などを催しては、忘れ果てた笑顔をお互いにさぐり合うのだつたが、お国自慢の歌を唱い踊つているうちに、またしても想い出されるのは故郷のこと、ひようきんな踊り手の眼頭にきらりと光るものを見つけると、一座の胸にじーんと忍び込む郷愁は何とも出来ない寂しさであつた。

今日も雪空　異国の丘に
仰ぐ作業の　陽が薄い

雪が降ろうと風が吹こうと特別の場合の他は作業を休むことはない。身体の衰弱に加えて、激しい労働に、気力も消え失せて異国の露となつた人たちも多い。大森の兵長さんもそのなかの一人だつた。栄養失調の上ふとしたことから下痢を起こしたこの人は、福島の方に妻子を疎開させていたのだつたが、いつも写真を抱いていた。

「中村さん、私ァこの子に会いたくて、ただそれだけを楽しみに生きているんですよ」

口ぐせのように云つていた大森の兵長さん。その人もとう氷雪の中に眠つてしまつた。

「中村さんの家はお菓子屋さんだから、甘い京鹿の子を私しの子供に食べさせてやつて下さい。私ァぜつたいに死にませんよ」

そう言つて兵長さんは私の手を握りながら眠つてしまつた。

倒れちやならない　日本の土に
辿りつくまで　その日まで

子供の顔を見るまでは、女房に逢うまではと、ただそれだけに生きて来たこの人たち、妻も子もない私ではあつたが、死んではならない、倒れてはいけない。日本に辿りつくまで、そうだその日までは何としても生き抜かなければ―。

幸い私は昭和二十二年の三月無事帰還することが出来たのですが、品川の駅で

「母ちゃん、お父ちゃんはいつ還つてくるのよウ――」

と瞼の父を求めて泣きせがむ母子の姿を目の前にして、大森の兵長さんのことや、また未だ彼の地に残つている同胞の姿を思い浮べて、私はそつと眼頭をぬぐつたのでした。

（筆者は昨年ＮＨＫののど自慢で初めて「異国の丘」を唱い全国

留守家族の紅涙を絞った人）――日本音楽著作権協会承認済――

〔『婦人生活』第三巻三号、一九四九年三月一日、同志社、東京、F82〕

歌は世につれ 世は歌につれ

流行歌と世相

園部爲之

　ぼくがまだ学生の頃――といえば大正の末のことであるが――そのころの東京では、いまよりも、もつとオペラが大衆化されていた。いまのように流行歌もあるにはあつたが、オペラやオペレッタが、当時の一般大衆に広く愛唱されていたことは全く驚くべき事実だつた。街を歩いていても、カルメンの「闘牛士の歌」を口ずさみながら、モリそばのセイロを、たか〴〵と肩にかついで、お得意先へサッソウと自転車をとばす出前持や、喜歌劇ボッカチオの「愛の歌」の一節を愉しそうに口笛にのせて歩く酒屋の御用聞きなどを見かけることが珍しくなかつた。しかし、こうした風景も、いまとなつては、ただ懐かしくこゝろよい記憶でしかない。

　これは、いまの多くの青年たちが、生まれる前の話だが、当時これほどまでに民衆化しつつあつたオペラ熱はいつの間にやら消えてしまつた。

「近ごろ、十一になる私の子供が、流行歌を歌つて仕様がないのですが、どうすればいいのでしょうか……」

　これは最近、地方へ出かけると、若い母親たちからしばしば受ける質問であるが、いまの流行歌の勢いが、青年層の生活のセキを破つて、いたいけない子供の世界にまで浸透している現象を示すものである。二十数年前、あれほど民衆化したオペラ熱が消滅して、一九四九年の現在、低俗で下劣な流行歌が世にはんらんしている。この変遷をわれ〳〵はどう考えたらいいのであろうか。

「歌は世につれ、世は歌につれ――」という、古い言葉があるが、民衆の歌う歌こそ、そのとき〳〵の世相の映像であり、一つの歌がちまたに流行するには、必ずそこに社会的な根拠がある。世相の推移と関連して、流行歌もその都度、よそおいを変えて来ているが、それは必ずその時期の社会経済組織や政治の動きなどに並行して進んで来ている。

　明治から現代まで―、流行歌はどんな足跡を残してきたろうか――。

　まず、幕末から明治初年にかけての流行歌の第一声は、なんといつても、あの有名な

　　みやさん　みやさん　お馬が通る

の「トコトンヤレ節」によつて挙げられた。その後明治六、七年ごろに流行した

　　書生々々とけいべつするな

明日は太政官のお役人

という「書生節」では、当時の名門、家柄の如何によらず、一介の書生たりとも、未来は役人になれるという新時代の喜びを歌い。その後の、官尊民卑的傾向に対する憤激から

ヒゲを生やして官員ならば
ネコやネズミはみな官員

という「官員節」が現れたが、以上二つの対照はともに時代の反映であつて面白い。

野蛮の眠りのさめない人は
自由のラッパでおこしたい

これは明治廿年前後の自由民権運動の盛んなころを代表する「改良節」の一節である。

欽定憲法発布以後、西洋文化の影響で、そのころのニッポンもどうやら近代国家の対面を築き上げ、音楽も洋楽の形式が確立され「故郷の空」「蛍の光」「荒城の月」など、健康な学校歌がいまと反対に一般民衆の中へ浸透した。ちようど明治三十五、六年ころでニッポンの資本主義も漸く形を整え、民衆の生活にも一応のよゆうと安定へ落ち着いたがためであろう。

日露戦争中の多くの軍歌については省略するが、ここはお国を何百里…で有名な「戦友の歌《ママ》」が、反戦的なヒユーマニズムの精神を内に持つていることを特筆しておきたい。

明治から大正へと時代の進展につれ、ニッポンの資本主義もじゅくらん期に入つたが、その文化的な表れの一つとして、あの前述のオペラ時代が生まれたのであるが、やがて起る資本主義の崩壊期は、民衆の生活を深刻化し、せつかくのオペラ熱も「おれは河原の枯れス、キ」などという、あわれ、はかない、あきらめのエレジーのため、根こそぎ勢力を奪い取られてしまつた。

流行歌が現在のもののように、稚劣・たいはいの傾向を帯びはじめたのは、およそ昭和のはじめのころからであるが、一九二九年（昭和二年《ママ》）がわが資本主義経済の一大恐慌を来した年であつてみれば、流行歌の商品性がますます露骨になつたことも肯けるであろう。

やがて起つたあの戦争で、音楽資本家であるレコード会社は軍閥と握手し、それをとりまく流行歌の作詞者、作曲家によつて次々と軍国歌謡曲が製作された。戦意高揚を歌う歌詞と、卑俗極まるメロデイの結合による幾多の混血児的な軍国歌謡曲も、敗戦と運命をともにしたが当時の作詞者や作曲家は、まるでケロリとした顔つきで今また新たにたいはいと低俗の流行歌製作に浮身をやつすことを、あえてちじよくとも思つていないようである。

思想の解放・憲法の改正・そして民主主義が大きく叫ばれている現在、それはたゞの空手形か。インフレの高進・内閣政党の腐敗堕落・世相の混乱等に乗じて、低劣な流行歌はます〳〵害毒の羽を広げ、青年層はおろか、子供の世界にまで浸透しつゝある。

「流行歌を一掃しよう」これは多くの識者によつていわれ

る言葉だが、そのためには、働く人も、文化人も、一切の人民がいかにして、美しく、たのしく、幸せな世の中を作るべきか――という一つの目標へつき進む以外に道はないのである。

「歌は世につれ、世は歌につれ――」明治から現代まで――この短い歴史がまさにそれを証明しているではないか。

（作曲家）

〔『月刊　信毎』第二巻八号、一九四九年八月一日、信濃毎日新聞社、長野、G220〕

アッハッハ流行歌（替歌）

朝のプラットホーム

1　重いリユックの
底ふかく
何んですか米でしよう
プラットホームの一斉検査
さよなら　さよなら
泣き〳〵帰る

1　ひとに推《ママ》されて突出され
行つてしまつた満員電車
ハット気がつき
ポケット見れば
さよなら　さよなら
紙入れはカラ

東京ブラブラ

東京ブラブラ
　ムスメうようよ
心ずきずき　わくわく
家を忘れ　ひるまから
　東京　ブラブラ
裸踊りは　流行りのおどり
　恋の夢　あの歌
財布はたこう
　コップやウイスキー
　　のみ放だい
もだえる心の夢
　甘い恋の鼻ごえに
　　君とまどろむよ

ノガミの地下道で
東京ブラブラ　財布からから
背広売れ　これで飲め
東京ブラブラ
さあさブラブラ　財布はたいて
〔『女性の友』第二巻三号、一九四九年三月一日、公友社、東京、J317〕

替歌

「異国の丘」替歌

◉夫の歌える
〽今日も暮れゆく
かまどの前に
妻よ辛かろ、せつなかろ
我慢だ待つてろ
会社の月給
もらう日が来る、いつか来る

◉妻の歌える
〽今日もきのうも
配給はあれど
買うに買われぬ、空財布
泣いて笑つて
おかゆで堪えりや
足はふらつく、目はかすむ
〔『読切講談世界』第二巻一〇号、一九四九年九月一五日、新樹書房、東京、Y257〕

「異国の丘」替歌
別居の唄

一、今日も暮れゆく二畳の部屋に
妻よ辛かろ　切なかろ
辛抱してくれ家さえ摑みや
呼べる日が来る　時が来る
二、今日も更けゆく会社の寮に
又もそなたのことばかり
泣いて笑つて一つの膳に
向かうその日を　夢に待つ
〔『キング』第二五巻八号、一九四九年八月一日、大日本雄弁会講談社、東京、K1094〕

異国のウオツカ（異国の丘）

(一)今日もくらつた
　異国のウオツカに
　友よ
　つぶれてせつなかろ
　かゞんで吐いてる
　背中をなでりや
　帰れ〳〵と
　ポリが来る
(二)今日も過した
　異国のウオツカに
　女房おもへば　身もちゞむ
　泣いて誓つて
　土産見せりや
　だます手もある
　術もある
(三)今日もあをつた
　異国のウオツカに
　重い足どり
　目が赤い
　倒れちやならない
　吾が家の床に
　たどり着くまで
　もぐるまで

［『小説倶楽部』絢爛豪華特別号、一九四九年五月一日、洋洋社、東京、S2244］

望《ふる》郷《さと》（節は異国の丘）

一　すさぶ嵐に　とびかふ雪も
　肌にきびしや　身にしみる
　父よ母よ　子に会う日まで
　結ぶかり寝の　夢がとぶ
二　星のきらめく　異国の空に
　望郷しのべば　雁がとぶ
　山よ小川よ又見る日まで
　何時か　花咲く春がくる
三　幾年耐えし　柳留ぐらし
　今日は首途のドラが鳴る
　さらば曠野よ　異国の街よ
　□は日本のふるさと

［『双輪』第二号、一九四九年七月五日、東貨労組神田支部、東京、S2503］

サラリーマン一疋の唄（男一疋の唄）

1
高いバナナが　果物屋の店に
　貧乏する身は　買つてもやれぬ
男一疋　未練心はさら〳〵ないが
とても淋しい　サラリーマンよ

2
昨日ラク町の　ガードの陰で
　チラと見た娘が　声さへかけぬ
男一疋　何も云うまい貧乏のためだ
　空にやほのかに　七つの星よ

青い溜息（青い山脈）

1
若くて下手な　歌声に
　悩む近所の　人達の
青い溜息　誰か知る
　鐘三つ　今宵も鳴つた夢を見る

2
父も反対した　母もした
　列んだ果ての　ノド自慢
青い溜息　悲しい心
　鐘一つ　鐘ようらめし足重し

屋台小唄（ハバロフスク小唄）

1
妻の顔ラヽラ妻の顔
　ラヽラ妻の顔
屋台のコップの　その底に
唯一つ気にかかる　云訳に
悩むわが家の　窓明かり

2
また来てねラヽラまた来てね
　ラヽラまた来てね
甘いさゝやき　ふら〳〵と
今宵また飲みに行く　屋台店
可愛い彼女は　カストリマダム

［『実話と小説』第二巻一〇号、一九四九年九月一日、実話と小説社、東京、J207］

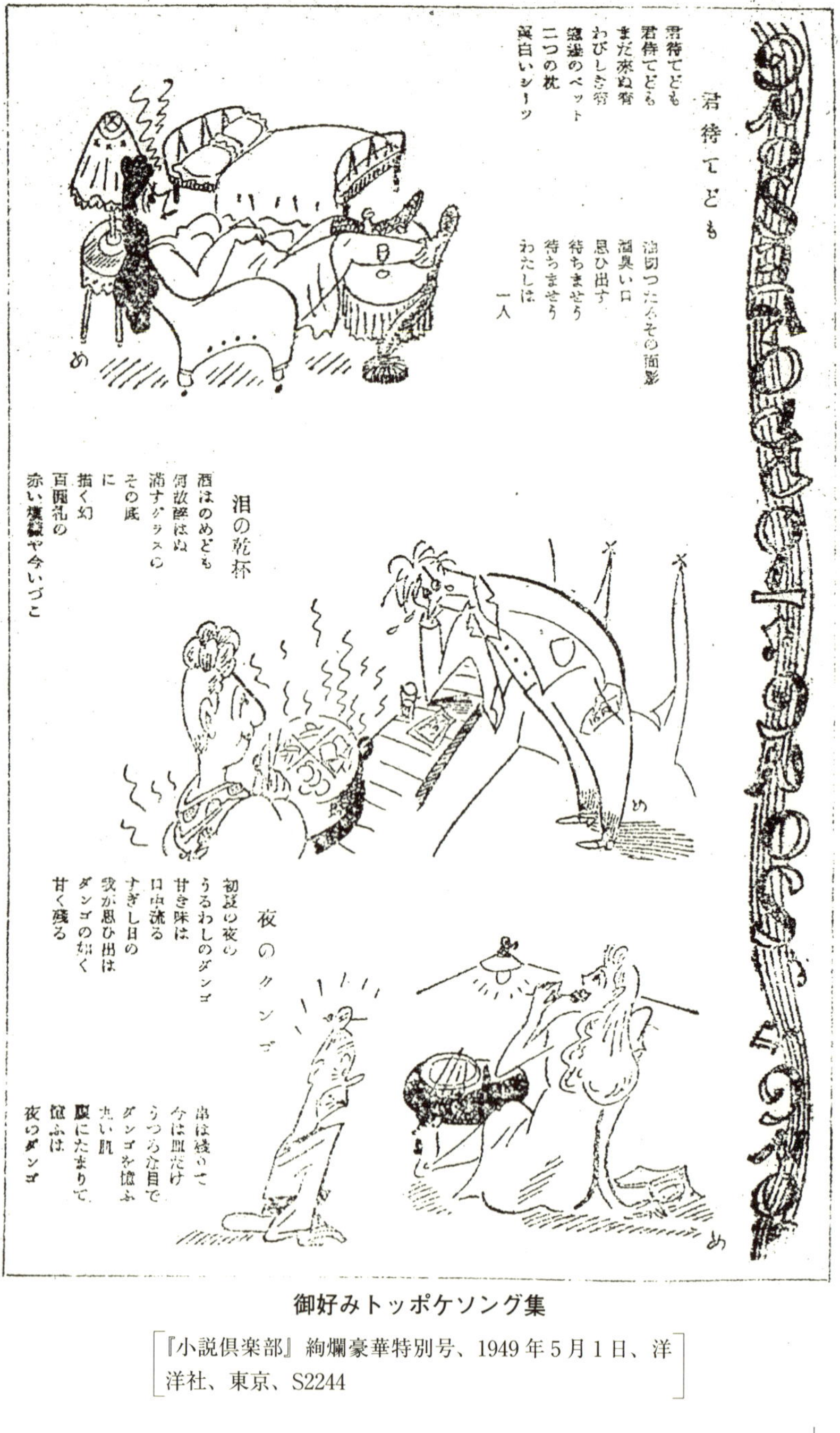
君待てども
君待てども
君待てども
まだ来ぬ宵
わびしき宿
窓辺のベット
二つの枕
真白いシーツ
[illegible]切つたるその面影
酒臭い口
思ひ出す
待ちませう
待ちませう
わたしは
一人
泪の乾杯
酒はのめども
何故酔はぬ
消すグラスの
その底
に
描く幻
百圓札の
赤い模様や今いづこ
夜のダンゴ
初夏の夜の
うるわしのダンゴ
甘き味は
口中流る
すぎし日の
我が思ひ出は
ダンゴの如く
甘く残る
串は残りて
今は皿だけ
うつろな目で
ダンゴを憶ふ
丸い肌
腹にたまりて
憶ふは
夜のダンゴ

御好みトッポケソング集

『小説倶楽部』絢爛豪華特別号、1949年5月1日、洋洋社、東京、S2244

音楽と民主々義の話

清水　脩

第一話

「民主々義」とはどんなものかについては、皆さんは毎日の新聞紙上で大抵御存じのことと思ひますし、ここでそれをお話してゐる暇がありませんので、くはしいことは略しますが、「音楽と民主々義」といふ題でお話しするからには、一と言申しそへておくのが順当と思ひますから、簡単に私の考へてゐることを音楽と関連のありさうな部分だけとりあげて見ることに致しませう。

終戦以来、誰でも口を開けば、軍閥、官僚、財閥排撃を唱へます。目下のところ、これらのいはゆる閥と称するものを根こそぎに取り除くことが第一の仕事とされてゐます。それは申すまでもなくこれらの「閥」が、国民をだまし、戦争へと駆りたてたからなのです。ですからこれらを取り除かぬ限り民主々義なんていふことは夢物語にしか過ぎないのです。きれいさつぱり、戦争中のしこりをほぐしてしまふことが、第一歩なのであります。戦争責任をあくまでも追及するといふのも、まさしくその為にどうしても私たちの力で行はなければなりません。

かうして日本中がきれいに掃除された所で、民主化が活発に行はれるのであります。それではどうして民主化するかといふ、次の段階になります。簡単にいふと、政治のことでも、経済のことでも、文化のことでも、いやそんなむづかしいことをいはなくても、私たちの生活をとりまく一切のものから、秘密ということをとり除くことを第一とし、これらすべての事柄が、少数の金持ちやその他の特権階級の人々のためのみに行はれるのでなく、国民の大部分を占める一般大衆のために行はれるといふことであります。あんまり大ざつぱなので、偉い学者がたから、民主々義なんてそんな簡単なことではないと御叱りを受けるかもしれませんが、まあ一般の人々に民主々義のむつかしい理屈をならべても何が何やら分らないといふのが正直な所であらうと思ひます。

たゞこゝで一言断つておかねばならないことは、民主々義には必らず、いろいろの自由があることです。終戦以来やかましく論じられましたから、皆さんもよく御存じの通り、言論、集会、結社の自由といふのがそれであります。これはまちがつた戦争をつゞけてきた日本にとつて、いや戦争へひきずり廻されてゐた国民にとつてはどれほど重大なことであるか、計り知れぬものがありますが今までの政治や経済のことについて言へば、このことがよく分ると思ひますが、例へば小説を書く文学者にしても、或はまた、報道班員として従軍した新聞記者にしても、実際にその目で見た通りのことを記事にしたり、小説に書いたりする自由は許されなかつたのです。尤も軍の作戦上或程度以上のことについては、その作戦行動を敵に判断されぬために制限が加えられるとしても、事実は退却であるのを転進といい、戦線整理といつて、負けた退却ですらいかにも勝利であるかのやうに書かねばならなかつたといふことは、完全な自由の剝奪であります。

そんな事で民主々義といへぬのは当り前で、前線へ夫や子や父を送つた国民大衆はすつかり欺かれてゐたといふ外はなく、結局は大衆は眼かくしをされたまゝ、あくせくと働く以外に道がなかつたのです。馬鹿をみたのは大衆です。民主々義はかゝる眼かくしを取り除き、この眼でこの耳で、国家に於て行はれる一切の事柄をしつかと見極めることから始まります。

第二話

前置きはこの位にして、果してそれでは、連合国から与へられた民主々義が、音楽へどのやうな影響をなすか。いや音楽の民主化といふのは一体どういふことなのかについてお話することになりますが、その前にもう少し辛抱していたゞいて、本筋の話に入る前に知つておいていたゞきたい事柄を述べることに致します。まあ「嫌だ」といはずにきいて下さい。

それは音楽とは一体何かといふことです。どうも――これは難しい質問です――世界中に昔から今まで音楽を論じ、音楽の歴史をのべた学者は数知れぬほどあります。今一寸想ひ出すまゝにその二三の断片をあげてから、私流の説明をして見ませう。

古い所ではピタゴラスという学者（西洋紀元前五七〇年）は

『音楽は世界調和の影像にして、人間の内心に節度と諧調を齎し欲望を検束し、興奮せる情緒を鎮めしむる能力を有す。』

といひ、音楽こそ和の極致であつて、戦争などといふ争闘的な心とは全然正反対のものであることを主張してゐます。この言葉をよくよく味はつてみますと、音楽の持つ美しい価値が十分によみとれると思ひます。

次に英吉利の劇聖シェクスピアの言葉に、

『人として音楽の心なく、また優美の楽曲のために感動せざるものはその性必ず正義に背き詐計を逞しくするに適す』

とあります。まさにその通りであつて、嘘のない世界こそ、音楽の本領なのであります。ゲーテの言葉にも

『音楽は神の最美の黙示である』

とあります。ベートーヴェンも、これと同じやうなことを言つてゐます。即ち

『音楽は万有の奥底深く秘められた本来の面目の発露である』

と。これらの言葉から推して考へて見てもわかるように、音楽ほど自由な、そして豊かな思想感情の表現はないのであります。私たちはその感じたまゝ、また見たまゝを音楽にあ

らはすことを、音楽は要求しているのです。それでこそ音楽が真の芸術となる資格があるのです。

　しかるに、しかるにです。軍国主義の統師のごとく言はれた、かのヒットラーは、

『芸術家は銃後の兵士なり』

と叫び、日本の某海軍の将校は
『音楽は軍需品なり。』

と宣布しました。ヒットラーといひ、日本の某将校といひ、さきにあげた言葉といかにちがふかを皆さんに《ママ》も、よくお分かりのことと思ひます。

第三話

　満州事変から、支那事変、次いで太平洋戦争と、日本の歩んできた道がどんなものであつたかは、今では誰もが知つてゐることとです。その間、日本の音楽界もまた軍国主義的なものに変つていつたのです。軍歌が街に氾濫し、勇壮な行進曲が毎日のやうに私たちの耳に入つてゐました。戦争中なればこそこれらも止むをえなかつたと言つてしまえばそれまでですが、いかに戦時とはいえ、軍歌や軍国主義的音楽の他に、もつと裕かな、もつと自由な音楽もあつてしかるべきであつたのであります。

　卑近な例をあげて見ますと、戦前にあれほど人々に愛唱せられてゐた「宵待草」や「出船」などの歌は、私どもの見る所では、或は名曲ではないとしても、本当に国民の心に食入るべき何ものかがあると思ひますが、それすら柔弱の故に禁止されたのを始めとし、かういふ例は、外にいくらでもあります。ひとり音楽ばかりでなく、芝居の方でも、文学の方でも同じやうに、名作が葬りさられようとした例はいくらでもあります。

　芸術ほど人の心に食入るものはないと思ひます。殊に音楽が人々の心をどれほど和やかにし、鎮めてくれるかはピタゴラスの言葉を俟つまでもなく、皆さんが度々経験して居られることでせう。音楽家が音楽によつて表現しようといふのは、決して人から命令されたり、人に押しつけられたりしてなされるのではありません。自分の感じたまゝ、自分の思想のまゝを何の制限もうけずに表はすところに音楽の真随があるのです。なるほど戦時中は誰の心も戦争へ向かつてゐるのは当然でせうが、決してそれだけで十分だとは言へません。或時は恋を語りまたある時は戦争の悲惨なことを表はしたくなるでせう。空襲のひどかつた時など、身内のものが無惨な死を遂げたのをこの眼で見、悲しみの情をもよほさない人があるでせうか。その切ない気持を「悲歌」に託して歌ふ声楽家があり、「哀悼の曲」を作曲する作曲家があるのは当り前です。それをしも禁止し、嘘の勝利へ馬車馬のやうに駆りたてようとし、音楽家を金縛りにしたのが現実であります。そんな所に真の芸術が生まれよう道理はありません。

　今や敗戦後の日本に奔流のやうに民主々義謳歌の時代が押し寄せて居ります。いや私たちは、すべての方面で一日も

早く真の民主々義を建設せねばならないのであります。従来音楽芸術というものはあらゆる政治的な主義主潮《ママ》を超越したもので、つまり人間生活の根基に根ざすものであります。音楽が政治に利用されたり、音楽が政治の道具にされたりするのは非常な謬りであります。政治があつて音楽があるといふのでなく、音楽があつて政治があるともいへませう。その意味は人間の住まうところには必らず音楽があるといふことです。たゞそこに国家があるためにその国の政治や経済の状態に自然と□□する傾きがあるといふだけです。国家がないから音楽がないといふのではありません。個人の生活の中にこそ音楽は生きつゞけるのであります。

　かう考へてきますと、個人の生活、国民の個々の生活を金縛りにしておいて、真に偉大な芸術出でよと叫んで見た所で、それは空念仏にしかすぎないのであります。

第四話

　戦争中、音楽に限らず、文学や美術なども政府の統制を受け、一種の統制団体がそれぞれつくられてゐました。これはナチスの芸術統制の模倣だつたのですが、民主々義の立前から行くと、このやうな統制団体は一日も早くぶちこわさねばなりません。といふよりはこのやうな統制は音楽其他の芸術の発展を阻害するばかりであります。そのわけについては前の話でものべた通りであります。

　さればといつて、いやしくも国家があり、秩序が保たれてゐる以上たゞ野放しの儘で放りぱなしでよいのかといふとさうではない。民主主義における自由といふのは、我がまゝや身勝手ではありません。つまりこれまでのやうに上からの権力や圧制によつて音楽を取締るのでなく、音楽家自体の力で、日本の音楽の発展を考へ、また一方音楽家の生活の保障を計るのが肝心なのであります。これまでのやうに個々の音楽家の意見をないがしろにし、音楽家の生活のことなど丸で考へないで、一にも二にも国家に奉仕させることのみを考へるやうな統制や指導はもう真つ平です。したがつて今後生まれる音楽家の団体は断じてこのやうな間ちがつた方向に進んではならぬし、また謬つた権力を、あくまでも斥けて行かなければならぬことは申す迄もありません。

　近頃の新聞を読んでゐますと、すべての方面で、日本再建のための生みの悩みが感じられます。音楽の方でも、いろいろの問題がまだまだ解決されないでゐます。気のつくまゝに二三を挙げて見ますと、官立音楽学校改革の問題、音楽家の自主的団体（日本音楽聯盟）の結成等々、音楽家の力でなさねばならない事柄であります。これらの問題の解決は音楽界の民主々義化の基盤であることは万人認めるところでありますが、それはどちらかといえば音楽家の問題であつて、音楽を愛好する一般大衆とは直接の関係をあまり持つてはゐません。音楽民主化の道はこれらの問題以外に多々あるべき筈です。例えば最近放送局その他で相当に活発に行われてゐる「希望音楽会」などもその手近なものでありませう。真に国民の希望する音楽、国民の楽しみうる音楽をゆたかに提供することは、今後の音楽家の任務でありませう。たゞこれについて私の意見を一言のべさせていたゞくならば、我が国の一般大衆の音楽の水準は決して高いものではないから、大衆の希望を鵜のみに、いたづらに大衆への迎合にのみ努めることは決して日本の音楽の発展を期する最上策とはいへぬといふ一事です。

音楽と民主々義、いや音楽界の民主化も、やはり一つの革命であります。したがつて終戦以後半年にしかならぬ今日、音楽界にも一種の混乱が起きてゐることは事実です。文化の建設と一口に言つてもそれは音楽家と大衆との懸命の努力なしにはなしとげられないのであります。それも一年や二年でなしとげられると思つたら大間違ひです。ではこの辺で失礼します。

［『音楽之友』第四巻一号、一九四六年一月一日、日本音楽雑誌株式会社、東京、〇九七］

新しいアメリカ流行歌

服部龍太郎

大戦中のアメリカの流行歌は、わが国の軍国調一点張りなのとによほど相違して、抒情的なものや、軽快な恋愛歌が盛んにうたはれてゐた。戦時中はそれらの楽曲の傾向を知るべくもなかつたが、進駐軍が新しく上陸して以来、アメリカの軍楽隊が、新しい軽音楽をいろいろともたらしてゐる。軍楽隊といつても、わが国にあつたブラス・バンド風なものではなく、ダンス・オーケストラそのままの編成である。従つてそれらのバンドがもつてゐる曲目は、そのままダンス音楽となり、流行歌となるものである。

新しいアメリカのダンス・オーケストラは、以前のものよりもずつと大きな楽器編成となつてゐて、四管編成が常識である。サキソフオーン、トランペツト、トロンボーンいづれも四本以上を起用して、弦はヴアイオリン八、ヴイオラ二、チエロ二のものはざらである。楽器の数を多くして、音域を広くとつてあるから、編曲者にとつては、仕事のしばえがよくなつたわけである。

この頃のあちらの楽譜では、表題の下の見やすいところに、楽曲のテンポを示すために、太い指針を描いて表示してゐる。ちやうど自動車の速度計のやうである。なにごとも機械的に処理せねば承知できないアメリカ気質が、こんな譜面にまで現れてゐておもしろい。

楽曲のテンポについて見るならば、この頃のアメリカでは、あまり速いものよりも、緩やかなものが多いやうである。従つて極端にハツトの演奏は受けてゐない。ここに掲げた「ジヤスト・ア・プライヤー・アウエイ」のごときも、そ

JUST A PRAYER AWAY

There's a happy land somewhere,
And it's just a prayer away.
All I've dreamed and planned is there,
And it's just a prayer away.
Where the skies look down on a friendly town,
Filled with laughing children at play,
Where my heart will sing,
For it means one thing,
I'll be home at the close of each day,
There's a happy land somewhere,
And it's just a prayer away.

のスロウ・テンポの代表的なもので、進駐軍バンドがもたらした新しいアメリカ流行歌の一つである。

この曲のメロデイも親しみ易いもので、やすらかな憩ひのわが家を祈り求める歌である。わが国のダンス・オーケストラでばかりでなく、一般に家庭でも愛唱するにふさはしい。

楽しきくにはいづこ　祈り求めし土地はいづこ
そは久しくわが夢にみしもの　これぞ切なるわが願ひ。
その町はなごみて　わらべの声さへ空にひびき
日毎、日暮れとなれば　憩ひのわが家へ。
いづこにか楽しきくに　これぞ遥かなるわが祈り。

歌詞の大意である。へたな邦訳歌詞をつけるよりも、こんにちのやうに英語が普及してゐる時代であるから、原語でうたふ方がよろしい。今後、原語そのもので歌ふゆき方は、恋愛歌の場合になると一段、その妥当性が感じられるのである。

〔『婦人画報』第四一巻三号、一九四六年三月一日、東京社、東京、F62〕

呂律のおもしろさ

服部龍太郎

この頃「證城寺の狸囃子」のメロデイに、英語の歌詞を配して、「カム・カム・イヴリボデイ」といふ歌が子供たちの間ではやつてゐます。英語の意味も知らずに、ただなにとはなしに、呂律《ろれつ》が面白く感ぜられるので歌つてゐるやうです。大人にしても、呂律のおもしろい歌をあてがはれると愉快になつて覚えるものであります。ずつとむかしに「ぺペラギ・ジベラギ」といふ唄のはやつたことを記憶してゐる人もあるでせう。それからジヤズのはやりだした当初「チカタカ・フアンヂン」といふ曲が、わが国で相当受けたことがあります。これなども、歌詞としても全く意味のないものでありました。しかし歌つてゐるときの語呂の面白さにつられて、流行たものです。

いまアメリカの新しい流行歌で「チツカリー・チツク」といふのがあります。わたしは音楽好きな士官をつかまへて、この歌詞がなにか特殊の意味があるものか尋ねてみました。すると"It means nothing, but only a joke"（なんの意味もないさ。シャレですよ）といひながら、途端に「チツカリー・チツク・チヤラ・チヤラ・チエツカラ・ローミー」と笑ひながら口ずさんでゐました。

わが国でも古来の阿呆陀羅経がこの呂律のおもしろさを生かしたもので、木魚のリズムに乗せてうたはれるところに一層の興味があるわけです。「チツカリー・チツク・チャラ・チヤラ」も、はじめのうちは思ふように舌がまはらなくて、なかなか歌ひこなせませんが一旦覚えてしまふと、意味のないところに流行歌らしい興味があります。

「チツカリー・チツク」を強ひて意訳すれば、「ビンビンひよつた」とか「ひーこのひよつこ」とでもいひませうか。歌詞の大意は次のやうなものですが、この曲などは、あくまでも原語で歌ふべきものなのです。

チツカリー・チツク・チヤラ・チヤラ
チエツカラ・ローミー・インナ・バナニカ
ポリカ・ウオリカ・御覧よ
わたしはヒーコのヒヨコ。
日がないちにち
同じようなひとつこと
ふるくさい文句では
くさりもしようぞ。
そんなときこそ
娑婆をのぞいた
ヒーコのヒヨコのように
歌はうじやないか
チツカリー・チツク・チヤラ・チヤラ

Chickery chick chala chala,
Chickala romey in a bananika
Ballika wollika can't you see
Chickery chick is me,
Ev'ry time you're sick and tired of just the same old thing
Sayin' just the same old words all day;
Be just like the chiken who fourd something new of sing:
Open up your mouth and start to say,
Oh, Chickery chick chala chala,
Checkala romey in a bananika
Bollika wollika can't you see
Chickery chick is me.

チエツカラ・ローミー・インナ・バナニカ
ポリカ・ウオリカ・御覧よ
わたしはヒーコのヒヨコ。

〔『婦人画報』第四一巻六号、一九四六年六月一日、東京社、東京、F62〕

第三章

活字と娯楽に飢えて

章解説

土屋礼子
鈴木常勝

用紙不足と出版の活況

敗戦後、人々の暮らしは、戦時の統制経済の延長上で、あらゆる物資の不足に悩まされ、戦中以上に厳しい毎日を余儀なくされた。食料、衣服、建材、医薬品をはじめ、紙や印刷の資材も払底していた。新聞雑誌や書籍などに用いられる紙は、戦中に続いて政府の統制下に置かれ、一九四五（昭和二〇）年一一月に設置された新聞及び出版用紙割当委員会に引き継がれた。慢性的な紙不足は、用紙の価格高騰を招き、闇市場を形成し、統制外のセンカ（仙花・仙貨）紙と呼ばれる粗悪な紙が流通した。新聞は一九四四年に夕刊が休止され、タブロイド判の表裏二頁しかない、いわゆる「ペラ新聞」の状態となっていたが、それは一九五二年に新聞用紙の生産が戦前並みに回復するまで、つまり占領期が終わる頃まで続いた。

このような状態にもかかわらず、あるいはそれゆえに、人々は読むものを切望し活字に飢えた。新聞紙法や治安維持法など言論をがんじがらめに縛ってきた多数の法令が占領軍によって撤廃され、ようやく官憲を恐れずに、はばかりなくものを言い考えられるようになると、人々は真実を求め、禁じられてきた思想や真相を知ろうとした。戦後最初のベストセラーとなったのは、森正蔵をはじめとする毎日新聞社の記者たちが著わした『旋風二十年』（一九四五年一二月、上巻刊行）で、「解禁昭和裏面史」と副題が付けられたように、戦争の真相を暴露した本であった。一方で、『日米会話手帳』（一九四五年九月）が発行され、総計三六〇万部という戦後最大のベストセラーとなった。抑圧されていた知識欲が一斉に出版を活気づかせ、『思想』『文学』『オール読物』『平凡』『人民評論』『新潮』など、雑誌が続々と復刊・創刊された。『共産党宣言』をはじめとするマルクス主義関係の書籍も復活した。センカ紙に性風俗を描いたエロ・グロ雑誌も大量に発行され、三杯ですぐ酔いつぶれる安いカストリ焼酎になぞらえ、三号ですぐつぶれてしまうような粗雑な雑誌という含意をこめて、「カストリ雑誌」と呼ばれた。出版界は、活字さえ刷って出せば何でも売れる、と言われるほどの活況を見せ、新しい出版社の創立も相次いだ。

新刊本の貸本屋の叢生

しかし、一般の人々がこうした新刊本を次々と買って読んでいたわけではない。エリート知識人だった大学生たちは、新刊本を求めて出版社の前に列をなしたりしたが、新刊本は値段が高く、生活を切り詰めている人々にとっては、本や雑誌は手の出しにくい不要不急の品であった。そのため、安い損料で新刊本や雑誌を貸す貸本屋業が、古書店から独立して戦後の新しいタイプの貸本屋として生まれるようになった。

須木利夫「貸本屋開業の記」（『交叉点』一九四七年一一月）には、本屋で見かけて買おうかどうしようか迷っているうちに、欲しかった本がなくなり手に入らなくなった時の心境が述べられている。「書物が割に楽に手に入った頃がなつかしい」と戦前を振り返る彼は、一九二〇年代から三〇年代にちょっとした読書人だったのであろう。ドストエフスキー全集などの書物を大事に読み買い集めた友人たちの「過去の蔵書に対する愛惜の念」を受け止めて、貸本屋を開くことを考えたと述べるのだが、こうした蔵書への愛惜は、貴重な知識の源泉として本をいとおしむだけでなく、失われた自らの青春の時間への追慕と折り重なっていて、占領期における読書への切ない思いが感じられる。

一方、三好貢「小資本でもやれる商売」（『商業界』一九四九年五月）と「小資本でやれる商売の色々」（『殖産マガジン』一九四九年六月）の二つの記事は、小金の儲かる商売として貸本屋を論じている。当時の貸本屋には古書店と同様「古物商」の鑑札が必要とされたこと、仕入れや保証金のシステムなどが紹介され、あまり大きな元手が必要でない割に儲かる商売と考えられていた様子がわかる。一九四九年の記事によると、貸本屋で雑誌を一週間借りると損料が一〇円というのが相場だったらしい。映画館の料金が当時四〇―五〇円だったのに比較して、安い娯楽だったといえよう。新刊本を中心とした戦後の新型貸本屋が各地に続々と誕生し、同業者団体をつくるようになるのは一九五〇年代半ばであるが、それに至る過程が垣間見える。

また、記事のなかに出てくる「月遅れ雑誌」とは、最新号ではなくなった、ひと月遅れの中古雑誌のことである。永嶺重敏『モダン都市の読書空間』（日本エディタースクール出版部、二〇〇一年）によれば、明治末から昭和にかけて「月遅れ雑誌」を定価の半額程で地方に売り捌く流通ルートが確立していた。これが戦後も存続したらしい。「月遅れ雑誌販売」（『利殖と副業』一九四九年七月）の記事には、各雑誌の定価と古本の卸値のリストがあるが、そこに挙げられているのは『婦人の国』『オール小説』『婦人と生活』『大衆小説』『科学画報』『子供の科学』など、婦人雑誌、子供向け雑誌など大衆的な雑誌ばかりである。山形県東田川郡の貸本屋でよく読まれているという書名が、「貸本の状況」（『奇人倶楽部』一九四七年一一月、未収録）という記事のなかに記されているが、それも『巌窟王』『ルパン』『姿三四郎』『西鶴全集』あるいは吉屋信子の小説など、大衆小説がほとんどである。最も底辺の大衆的な読書の内容が伺える。

リテラシー調査と読者層

ところで、こうした大衆的な読書の広がりを推測するのに必要な、大規模なリテラシー調査を占領軍は行なっている。一九四八年八月に連合国軍総司令部民間情報教育局（ＣＩＥ）が中心に指導し、文部省と教育研究所が支援して、一万七一〇〇人を対象に実施されたこの読み書き能力調査は、日本では初めての（そして現在まで唯一の）全国リテラシー調査であり、世界でも類のない大規模な識字調査であった。これは物資配給台帳をもとにサンプリングされた対象者が全国約四〇〇カ所に呼び出されて質問票に答える形で行なわれ、出席率が八割以上という驚異的に高い回答率を示した。その結果は一九五一年に日本語で公刊されたが、易しい漢字かな交じり文の新聞記事を読める程度の完全識字者は六・二％、かな文字さえ全く、あるいはほとんど読めない、書けないという完全及び不完全文盲（非識字者）が二・一％であった。つまりそれ以外の約九割の人々が、わからない語や難しい漢字もあるが、かな交じり文章をそこそこ読めて理解できるレベルだと判断された。

この調査は、漢字を廃止しローマ字化するという文字改革案を考えるための資料になったが、結果は日本人の高いリテラシーを示すものと受け取られ、日本語の文字改革案は葬られた。しかし、易しい新聞記事を読みこなせる人が一割に満たなかった点に注目すれば、日本人のリテラシーは決して高いとは言えず、かな文字しか読めない人々の層から漢字も読みこなせる人々の層まで、グラディエーションをなしていたと考えられる。実際にこの調査で、新聞を読むと回答した人の割合は、男七四・五％、女四六・七％、少し読むと回答した人は、男一六・一％、女三〇・四％、読まないと回答した人は、男九・〇％、女二二・四％であった。これは高等教育を受ける男女の割合の差が主な原因であったと考えられる。

読書組合と読書会

このように占領期は、学歴における男女差が大きかっただけでなく、人口の五割弱を占めていた農村部の農業従事者と都市部の勤労者におけるリテラシーの差も大きかった。こうした状況を背景に、公共図書館を中心に戦前から、社会教育として読書指導や輪読会が行なわれてきた。これに対し占領軍は、検閲によって軍国主義思想や反米・反占領軍的な言論を排除する一方で、民主主義思想や欧米の文化を普及させるために、図書館を通じた啓蒙活動を行なった。有名なのは、東京の日比谷にあった日東紅茶の喫茶室を接収し改装した、民間情報教育局によるＣＩＥ図書館であるが、地方の各図書館でもＣＩＥ図書室あるいは進駐軍読書室が設けられ、戦中には見ることのできなかった外国の新聞雑誌や図書が一般に公開された。たとえば、『上毛読書通信』第七号（一九四七年一〇月、未収録）では、群馬軍政部の指導と県の援助の下に、前橋市と桐生市が市立図書館内に「ＣＩＥ図書室（民間情報教育図書室）を設置し、……市民に公開した。何れも毎日多くの市民に愛用されている。前橋は雑誌単行本合わせて約千三百冊を取敢えず進駐軍から交付され、新聞数種、従来所蔵の英書を加えて、自由閲覧に供している」という記事が見られる。こうした

CIE図書室は、先進的な米国の政治経済や技術や文化の情報を日本人に与えただけでなく、映画の上映やレコードによる音楽鑑賞、講演会、読書会などさまざまな催事や活動が行なわれる拠点にもなった。

このような知識人中心の、いわば上からの読書運動が展開される一方、農村の青年団や公民館運動による読書会が各地で自主的に組織されるようになった。福丸定幸「私の村の読書会」(『北海青年』一九四八年一一月)は、その担い手の若者が自らの反省と思いを書いたもので、他の雑誌にも転載され、当時よく読まれた経験談だったと思われる。この記事に出てくる「日読サークル」とは、当時組織された「日本読書サークル」の略で、その機関誌『日読ニュース』によれば、当時の加盟団体数は全国で合計一〇三七だったという。それは、本が読みたいのに良書が入手しづらいという当時の要求に応えて組織された読書組合の一種で、組合員の出資金によって希望の本を作成し配布する方式だった。一九四六年に武者小路実篤が代表となって創設された「日本読書組合」が最初で、その第一回の配本は最も希望の多かった『宮沢賢治全集』と『ジイド全集』だったという(福島鋳郎「読書組合」『戦後史大事典 増補新版』三省堂、二〇〇五年)。つまり、「山形文化連盟読書相談所から」(『東北読書新聞』昭和二一年七月)でも指摘されているように、片や毒々しい大衆雑誌、片や重々しい学者の本があふれるなかで、まじめな読書人には読みたい良書が手に入らないというミスマッチゆえに、読者組織の読書会が同時に書籍の購買組織となったのである。

しかし、読書会は、本の協同購入という実利的な側面を持つものの、単なる娯楽でない読書、健全なる思想や知識、そして仲間との親交を求めて組織された。それは戦前の読書人の中心だった学生やサラリーマンだけでなく、農村の青年団、労働組合などを通じて拡大し、一九六〇年代以降の大衆的読書時代へのスプリングボードとなった。その中心だった二〇代・三〇代の若者たちの姿を、『読書新聞』編集部の岡山猛による「農村読書会の現状を視る」(『青年文化』一九四八年一一月)というルポは、例えば次のように描いていて興味深い。

「……〝愛染かつらはなぜ悪い〟今日出された課題をめぐって議論はめぐりにめぐり、あるいは脱線もし、尽きることがない。もとより本で読んだ者より映画で見ただけの者が殆んどである。半数を占める女性も珍しく発言旺盛、決して男性に負けていない。……」

このような若い男女のおおらかな議論の光景は、現代では珍しくもないが、当時の農村では、これが民主主義的で男女対等な、新しい会合のあり方として、ちょっと知的で新鮮に受け留められたのではないだろうか。読書会とは、閉ざされたインテリたちの個人的読書とは異なった、大衆がともに楽しむ民主主義的な集団的読書のあり方なのだ。

また、子供向けに書かれた滑川道夫「子供読書会」(『太陽の国』一九四八年七月)では、図書館で本を借りるエチケットについて、おじさんが子供たちに「大ぜいの人たちのためを考えて、みんながいいようにするというのが民主主義なんだよ。民主主義というのは、何もむずかしいことはないんだ。本の読みかたの中にだって、民主主義の勉強があるのさ」と語っている。まちだ・みのる「楽しい読書会」(『読書文化新聞』一九四八年五月)でも、書斎にこもってする読書ではなく、分かち合い話し合う読書会こそ「市民社会的教養の育成」の場であり、「……こうした実践を通して独りよがりでない民主主義にふさわしい教養が形作られてゆくものと思われる」と述べている。占領期の人々にとって、読書会と民主主義とは、新しい日本社会を築いてゆく土台として、結びついて考えられていたことをこれらの記事は教えてくれる。

〔土屋〕

占領期の紙芝居

占領期の子どもたちにとっては、新聞雑誌や本といった活字メディアや、入場料を払わなければならない映画よりも、横町の路地で飴を売りながら演じられる紙芝居が、最も安価で接しやすい身近な娯楽だった。まだテレビはなく、ラジオを所有する家も限られていた時代のことである。子どもたちが楽しんでいた紙芝居が、どのようなメディアとして捉えられていたのか、プランゲ文庫に収蔵されている占領期の紙芝居関係の資料からは、①国策紙芝居制作の内情と戦犯問題、②「芸能材としての街頭紙芝居」と「教材としての教育紙芝居」の対比、③戦後の紙芝居屋の実情、という三点が読み取れる。それらの紙芝居論議を「紙芝居の歴史」のなかで考え、そして最後に占領軍による検閲跡に触れることにしたい。

「数枚の絵を順に引き抜いて物語る」という紙芝居の形は、一九三〇年頃に子ども相手の飴売り行商人が客集めのために考案したものだ。初めはハガキ大の絵だったものが、徐々に八つ切りの用紙（ほぼB４大）へと変化した。絵はすべて一枚限りの手描きのものだった。

一九三二年に大ヒットした冒険活劇『黄金バット』により、紙芝居の存在は世間に知られ、折からの不況で苦しんでいた失業者たちが紙芝居屋になった。飴売り行商人と街頭芸人を兼ねる紙芝居屋の前に、子どもたちは群がった。

紙芝居屋の人気に注目して、キリスト者の今井よねは下町の宣教に紙芝居を使った。今井は紙芝居屋の組織をまねて、演じ手を「福音紙芝居師」と名付けた。画期的なことは、「印刷物としての紙芝居画」を制作したことである。ここから「宣伝メディア」としての「印刷紙芝居」が誕生した。

今井が制作した印刷紙芝居を見て、小学校教員の松永健哉や絵本編集者の高橋五山が生徒、園児向けの印刷紙芝居を制作した。

紙芝居を使う教員たちは、紙芝居屋の俗悪さを嫌い、「低俗な紙芝居屋とは一線を画す」ために、教材としての紙芝居を「教育紙芝居」と名づけ、紙芝居屋の紙芝居を軽蔑の念を込めて「街頭紙芝居」と呼んだ。教員たちはまず「日本教育紙芝居連盟」を結成し、次に「日本教育紙芝居協会」（以下「協会」とする）を設立した。「協会」創設者の一人、松永健哉は、「教育紙芝居は、紙芝居のヒントを前者（街頭紙芝居）に負いながらも、その発展の過程はむしろそれと相対立するもの如きのものであり、理論的、技術的にも殆ど前者に負うていない。むしろ如何にしてそれを否定し去るかに大きな努力が払われている」と述べた。

一九三七年の日中戦争開戦以後、「支那事変」国債販売促進ための宣伝用紙芝居が日本勧業銀行から、傷病兵擁護をテーマにした啓発紙芝居が軍事保護院から、それぞれ印刷紙芝居として発行された。翼賛団体は競って「国策宣伝、戦意高揚」を目的とする国策紙芝居を制作した。「協会」は一九三九年頃から日中戦争にかかわる国策紙芝居の発行を始めた。一九四一年には朝日新聞社の子会社「日本教育画劇株式会社」を販売部門とした。政府機関、陸海軍、翼賛団体からの注文を引き受け、アジア太平洋戦争の時期には、日本最大の国策紙芝居製作組織となった。印刷発行数の七割が町会、工場などで演じられる大人向け作品であった。「協会」の内情について、朝日新聞退職記者の秋山安三郎が「新聞記者が紙芝居屋になれなかった話」（『紙芝居』復刊第五号、一九四八年四月）で述べている。「協会」編集長・佐木秋夫は「紙芝居は文化工作の自転車」論により国策紙芝居の教化・宣伝具としての簡便さと大衆性を主張した。

国策紙芝居の語り手は、「お上」に近い教員、役人、町会長などだった。「低俗な紙芝居屋」は国策紙芝居の語り手からも排除された。

銀座の朝日新聞社別館に置かれていた「協会」は、敗戦後、アメリカ軍の日本占領に備えて、編集部と販売部門にあった軍国主義鼓吹の国策紙芝居を焼却し、一九四五年末に解散した。「日本教育画劇」は、軍国的色彩が薄いとGHQが判断した幼児向け紙芝居などを戦後も販売し、一九四六年半ばに解散した。

「敗戦後のいわゆる東京裁判」で国策紙芝居が脚光を浴びた。日本政府の太平洋戦争開戦責任を明らかにするために、日本政府が関知したとされる国策紙芝居『戦争してゐるのだ』（一九四一年七月）が佐木秋夫によって、英語通訳付きで法廷で実演された。佐木は「検察側」証人として出廷し、日本政府が太平洋戦争の開戦を煽ったことを証言した。佐木自身が「紙芝居と戦犯」（『農村文化』一九四六年八月）でそのいきさつを書いている。証言前に検事から「晴れの場面だよ」と肩を叩かれたと佐木は書くが、両者の入念な打合せを想像させる一節である。

佐木は、非合法の「戦闘的無神論者同盟」での活動により、一九三四年治安維持法違反で検挙された経歴がある。「協会」創設者のひとり、劇作家・青江舜二郎（本名・大島長三郎）が妻の兄であるというつながりから「協会」に入った。佐木は戦中には「協会」編集長、敗戦後は「日本紙芝居協会」の専務理事を務めた。

山本武利は、「戦後はGHQの圧力で戦犯免罪と引きかえに、双方〔街頭紙芝居と印刷紙芝居〕が、日本紙芝居協会に大同団結させられた。そのリーダーの佐木秋夫が街頭紙芝居と印刷紙芝居は業界の両輪と述べていたのは、GHQの方針を代弁していた」（『紙芝居』）と、戦後の佐木の役割を述べている。

戦後の「日本紙芝居協会」は、実質的にはGHQの指導方針を下達するための組織だった。その機関紙『紙芝居』

は戦中の「協会」機関誌『紙芝居』の後継復刊誌として発行された。紙芝居業界では、人脈も機関紙も「戦中の継続」だったのである。

佐木は、「総論として」国策紙芝居の戦争加担を認めるものの、「各論として」の作品分析や「協会」メンバー個人の戦中の言動や戦争責任には触れなかった。そのため、戦中の「協会」メンバーがそっくりそのまま戦後の民主教育推進者に転身できたのだ。

戦中の国民の心を揺さぶって増刷を重ねた国策紙芝居『チョコレートと兵隊』（一九三九年六月）と『櫛』（一九四三年四月）は、ともに「前線の兵士を支える家族愛」で観客を泣かせて戦意高揚を煽った「協会」作品だった。『チョコレートと兵隊』の作者・国分一太郎、『櫛』の作者・稲庭桂子は戦後、つづり方教育や左翼紙芝居のリーダーとなったが、彼らも自らの戦中作品についての反省を語ることはなかった。

さらに、占領軍もまた、紙芝居を「国民教化のメディア」と見なし、それを「子どもの善導」に用いようとした。そのことは「街頭紙芝居をよくする運動」（『教育委員会だより』一九四九年三月）のポール氏（軍政部報道課長）の発言からも、読み取れる。占領軍も「協会」グループも、紙芝居を「宣伝メディア」「教材」としてとらえ、それぞれの啓蒙目的に紙芝居は有用だという点で一致していた。

佐木や稲庭たちは戦後も、紙芝居屋の紙芝居に対して「俗悪紙芝居」「ルンプロ文化」との非難をくりかえし、自らを「民主と教育」の担い手とした。

マキ・イチローの「コドモの眼はオソロシイ」（『紙芝居』復刊第一号、一九四八年七月）は、「低俗」「卑俗」という非難に対する紙芝居屋からの反撃宣言とも読める。マキは、「修身の教えを笑殺し、日本歴史を蹴とばしてしまう力を持った子どもたちが、『黄金バット』を生み出したのだと言う。彼は、「ひからびた学校教育」に反抗する子どもたちの力を見ている。この観点は『黄金バット』の画家・永松武雄（戦後は健夫と改名）の言う「芸能材としての紙芝居」（「黄金バットの頃」『紙芝居』復刊第四号、一九四八年四月）という呼び名に呼応する。「芸能材としての紙芝居」は「学校教育のばからしさ」を笑い飛ばす「解毒剤」でもあった。

戦後、セツルメントの子ども会活動で紙芝居を実演していた経歴を持つ絵本作家・加古里子《かこさとし》によれば、マキは戦前の街頭紙芝居『ハカバキタロー』の作者・伊藤正美である。『ハカバキタロー』は水木しげるの人気漫画『ゲゲゲの鬼太郎』の原型であった。

戦後、働き先の企業が閉鎖されたり、日本軍の占領地や植民地から引き揚げて来たりした失業者たちが紙芝居屋になった。おやつに飢えていた子どもたちが紙芝居屋の駄菓子を心待ちにした。紙芝居屋は「素人でも日銭を稼げる仕事」に見えたが、「雨が降れば稼ぎなし」のお天気商売、子どものわずかな小銭を当てにする点で、苦労も少なくなかった。

貧しい暮らしを共有する庶民の紙芝居屋を見る目は、おおむね暖かかった。大人たちは、貧民同士の共感で、紙芝居屋の生活苦を見ていた。ガリ版刷りの地方サークル誌に掲載された室谷武司「紙芝居のおっさん」(『阪南文学』一九四八年八月)がそのことを匂わせている。知識人や教師は、「俗悪、不潔、野卑」と紙芝居屋を批判したが、下町の人々にとってそれらは紙芝居屋を毛嫌いする理由とはならず、むしろ苦労人同士の連帯感をかもしだした。紙芝居屋稼業は、街角や路地裏で庶民の共感に包まれてこそ、成り立った。

室谷の「紙芝居のおっさん」も土家由岐雄の「紙芝居やさん」(『初等四年』一九四七年一二月)も、商売道具を盗まれた紙芝居屋の苦境を描いているが、庶民の支え合いをにおわせる室谷の文と、占領軍に対するへつらいを感じさせる土家の筆は対照的であろう。

最後に、本書掲載の文章に残る占領軍による検閲跡に触れよう。

佐木秋夫の「この一年」(『紙芝居』復刊第一号)には、検閲官による五行にわたる削除指定がある。英文で書かれた検閲文書(sensorship document)には、「古い作品には軍国制や封建的意識の現われが強いので、当然その使用が禁じられる。あるいは再検査の後にのみ使用を許される」の箇所が削除(deleted)されたことが記されている。「占領軍による検閲」の存在を知らせないための削除だとわかる。

土家の「紙芝居やさん」にも、検閲の跡がある。検閲文書では、網掛け部分の文章と二二一頁に掲載した挿絵が鉛筆で囲まれ、ＧＨＱ検閲官の〝possible information〟（可能な情報）という鉛筆での書き込みがある。土家由岐雄は戦中に「米英撃退」をラストシーンとする国策紙芝居『南の二少年』（一九四五年三月）の脚本を書き、占領期には「アメリカ兵の善意」を本書掲載の作品で書いている。

土家は「善意のアメリカ兵に励まされる」紙芝居屋を描いているが、たばこを与えられて、「はっ、これはどうも。まことにサンキューでございます。」という卑屈さが、「民主化」の建前と食い違ったと見なされて、検閲官に不快を与えた故のチェックかもしれない。

〔鈴木〕

参考文献

井川充雄『戦後新興紙とＧＨＱ』世界思想社、二〇〇八年
梶井純「解説　戦後型貸本の潮流と『全国貸本新聞』」『復刻版　全国貸本新聞』不二出版、二〇一〇年
加太こうじ『紙芝居昭和史』立風書房、一九七一年（旺文社文庫版一九七九年、岩波文庫版、二〇〇四年）
佐木秋夫「紙芝居」『児童文化・下』西村書店　一九四一年
佐木秋夫「戦時下の紙芝居」『資料日本現代史一三』付録月報、大月書店、一九八五年
鈴木常勝『メディアとしての紙芝居』久山社、二〇〇五年
永嶺重敏『モダン都市の読書空間』日本エディタースクール出版部、二〇〇一年
松永健哉『教育紙芝居講座』元宇館、一九四〇年（増訂版一九四三年）
山梨あや『近代日本における読書と社会教育』法政大学出版局、二〇一一年
山本武利『紙芝居』吉川弘文館　二〇〇〇年
読み書き能力調査委員会『日本人の読み書き能力』東京大学出版部、一九五一年

小資本でもやれる商売

三好貢

貸本店の開業手引　趣味のある人の商売

営業の許可　貸本そのものについては別に取締り規制に該当すべきものはないとしても、必ずそこには「売る」とか「買う」とかの商取引が行われます。また、その商行為がなくては、貸本屋は一向に面白味がありません。

たゞ、手持のものだけを貸すということ、そこには何の融通と変異もなく余りに平凡で単調でしかも朴念仁すぎます。そして、又「素人」お客さんの持つてくるものを購うことによつて、その舗は顔が売れ、商内高も殖え、利益は増すのであります。

そこで、貸本の場合と雖も、古本の店と同じく「古物商」の鑑札をうけておかねばなりません。――尚、これは最寄りの代書に頼めばスグ手続きしてくれますし、又、よほどの事情のない限り、前科がない限り、これが鑑札も交付してくれる筈とおもいます〔○〕戦災未亡人や未復員家族なら民生委員の証明をそえて願出るのがよいでしょう。

娯楽物を本位に　手持ちの蔵書はべつとしまして、小じんまりとした形体の「貸本店」でゆきます場合には、分野の広いナンデモ主義の形式よりも、間口を狭く数を多く、大衆向きの読み物を専門に行うことがよいと思います〔○〕

その意味では、大衆向きの講談・落語・小説類から、お伽噺しや冒険読み物などの子供向きのものがよろしいでしょう。また、漫画本もなかなか需要がある模様であります。

料金はどの位　では、料金は大体のところ、どのくらいが適当かと申しますと、現今の貸本屋の実際について左に掲るとしましょう。――細かく申し上げれば、書物はそれぞれネダンが違いますから、一冊は一冊であつても、甲・乙・丙・丁いずれも価格はまちまちのわけです。

そこで、定価（或は売価）五〇円のものと百円のものと、百五〇円のものと二百円以上のものとでは一列に同等に扱うことはできませんから、その書物の価値によつて一日の貸本料の基準をつくるのです。

仕入れについて　手持ちの蔵書のほかは、大部分を新らしく購めねばなりません。――この場合もし東京でなら神田の駿河台から神保町にかけて、いわゆる「取次店」がありますから、事情をよく話して数をまとめて購うことがよいでしょう。――打ち明けて相談すれば「一五％引」程度で手に入らぬこともないと思います。

あとは、素人のお客から購うことがよく、それには予め神田界隈の「古本の店」を充分実地に見学しておくことです。大体、市価の三割安くらいで手に入れば、あとで知れてお客の不評を買うような心配もないでしょう。

その他の注意　貸し本と売本とはそれぞれ棚を別にします。――又、貸し本のほうは、種類別にして、たとえば「小説」は一番から二・三・四・五と番号をつけ、「落語」は百番を台にして一〇一から一〇二・一〇三と云つた工合に順を逐つてナムバーを書物の背に貼りつけます。

　そして、台帳には、番号と題名と著者の名を載せておき、一方のひかえには貸出しの日・番号・それに貸したお客の住所と氏名を書いておきます。――尚、よほど顔見知りの近所の人でない限りは、その書物の仕入値に相当する程度の「保証金」を預かつておくことです。――それと、盗難品にはよく注意することが大切とされております。勿論それには予め台帳をつくつておき買入れた月日と、書物の題名とか、買入先の住所と氏名をハッキリ記入しておけばよろしいでしょう。

〔『商業界』第二巻五号、一九四九年五月一日、東京、S2049〕

之から愈々有望な 月遅れ雑誌販売　小資本で利益は大

日本人程雑誌や単行本を読む国民は少ない。之は畢竟するに文化が平均して普及されて居るからである。

　日本と比べると外国には往々文化が余りに高下して居る国がある。例へば或る人は非常に教養が高いかと思うと他の一部には自分の名前も書けないと云う階級もあると云つた具合。其処へ行くと日本の義務教育は比較的完備して居るとも謂得るわけである。

　さればこそ読書熱は益々昂上するとも低下する様なことは無いわけである。

　処が最近の様に極端な金詰り時代が出現すると仲々毎月雑誌も単行本も簡単には求められないと云う結果になるわけで、その結果として月遅れ雑誌が愛用されて来るわけである。

　月遅れ雑誌だからとて「国定忠治」の講談が古くなるわけでなし、「肉体の門」が腐つて来るわけでもないから月遅れ雑誌が使ひものにならないつてわけはない筈である。

　そして其の価格が発行月の定価に比べて半額或は三分の一と来ては自然人気が月遅れに集るのは当然と云へよう〔。〕雑誌に限らず、小説其他の単行本にしても若し定価の半額或は何割引かで求めることが出来るとしたら、それこそ定価で買う人は無くなるだろう。

　では、果してそんなに廉く入手する方法があるかと云うと、確にある。何故だろう。

　何の商売にも裏表があるわけで、廉い本はどうして出るかと云うと、その書籍を担保に金融を仰いだり、倉庫に貯蔵して逐時機を逸して仕舞つたものとか、相当に事情あつて不思議にも定価を割つたものが市場に出るのである。

扨てそれでは之等をどうして売るかと云うと〔、〕前月本会の読書会が発表した通りの普通販売法の外に次の様な販売法もあるわけだ。

◎均一売り

十五円、二十円、三十円位に分けて均一売「より取り見取り〇〇円です」と云う掛声と共にお客の真理を摑んで行く、仲《ママ》には倍に売れるものもあるし二割しか利益の無いものもあるが、均一売は面白く、且儲るものである。

◎組合せ売り

講談、婦人雑誌、映画、科学、子供漫画等何冊かを一組にして、八〇円、一〇〇円、一五〇円位に分けて売る。斯うすると一種の抱き合せであるから売れ残りは生じないと云う特徴が発揮出来る。

◎貸　本　屋

自分の資力で五〇〇冊乃至一〇〇〇冊、或は三〇〇〇冊位を仕入れ、一冊一週間十円位で貸せる〔。〕一ヶ月四〇円であるから元を取つて未だ利益が残る。

二ヶ月目からは元はたゞ、一〇〇人のお客があつてもその収入は大したもの、貸せる時はいくらかの保証金を取るもよいが、田舎では顔を知つて居る故保証金徴収の必要もあるまい。

亦、工場、会社、銀行、学校、役所〔、〕駅等へ背負つて行つて、貸せる事も面白ろかろう。

今、参考迄に古本の卸価を三、四検討してみる。

雑誌名	定価	卸価
婦人の国	六〇円	七円五〇銭
オール小説	六〇円	一六円
婦人と生活	六〇円	五円
大衆小説	六五円	二八円
科学画報	四五円	一〇円
子供の科学	四五円	一〇円
小説歌声よおこれ	一五〇円	二〇円
好色物語　菊池寛著	五五円	一五円
芸術研究	二八〇円	三〇円
猿飛佐助	八〇円	一三円五〇銭

其の他無数にある。

之等の仕入先は神田、下谷方面に多数ある。御希望に依り本会代理部で斡旋をしますが、左の卸屋等は直接取引しても安心の出来る店と思う。

東京都台東区北清島町七七

鈴一商工本店

［『利殖と副業』第一巻四号、一九四九年七月二〇日、東京、R260］

素人でも　本業に副業に
小資本でやれる　商売の色々

企画部

収入の多い貸本屋

此の頃のやうに雑誌や新刊本が高くては、あれも、これもと数多く読みたい人には、お金がかゝつて困る。そこで幻灯利用の貸本屋を始めてはどうか、即ち三日に一度ぐらい夜の七時から九時頃まで自宅で無料の幻灯会を開く、そしてその会場の片隅みに、貸本を積んで置く。幻灯の始まる前と終つてから、貸本を開始する。初めは極く小資本で始めるとして見切本卸屋から千円ぐらいを買入れるのである。見切り本卸店から仕入れゝば、普通の書店から買入れる五倍の量が買はれるのである。タトへバ、菊池寛の小説『好色物語』など、普通の書店で買へば一冊百円内外であるが、之を見切本屋から買へば二十円内外で買はれる。それ故、普通の書店では千円で六冊位しか買はれないが、見切屋から買へば千円で約五十冊の本を買ふことができる。開業の最初の月は五十冊ぐらいを貸出す方法がよい。

此の外に「月おくれ雑誌」を婦人もの子供もの大衆もの等とりまぜて三十冊ぐらい買入れるとすると、之が約三百円であるから合計千三百円の資本でよい。之だけで一ケ月どの位の収入があるかと云ふと、ゴク内輪に見積つても、

雑誌の貸料三日間一冊五円単行本は五日間一冊拾円として雑誌の方は一ケ月の貸料収入（三十冊分）千五百円・単行本の貸料収入は一ケ月（五十冊分）三千円合計四千五百円である。之から千三百円の元金を差引けば三千二百円の純益である。サテ次の月にまた千三百円代買入れゝば貸本代の収入は前に買入れた分の二倍即ち六千四百円の純益となるのである。長い間には、破損するものも紛失するものも出て来るが、それはゴク僅かであるから仮りに毎月雑誌を三十冊・単行本を五十冊宛買入れて増加して行けば六ケ月目には、単行本が三百冊〔・〕雑誌が百八十冊残るから之は財産となるのである。こうなれば七ケ月目には

雑誌の貸料九千円・単行本の貸料一万八千円合計二万七千円の純益となるわけだ。仮りに予想の半分しか借り手が無かつたとしても一万三千五百円の純益が七ケ月目から毎月収入となるわけだ。六ケ月目も七ケ月目も最初と同じやうに千五百円宛、補充の買入れを行ふとして、その分だけの資本を差引ても、相当の収入があるのであるから、此商売は雪達磨式に毎月、財産も、収入も増加して行く真に面白い商売である。この外、子供専問《ママ》の貸本屋を次のやうな方法で始めるのも面白い。

子供専問《ママ》の貸本屋

次に子供専問《ママ》の「青空貸本店」も面白いと思ふ。これは寺や神社の境内を借りて、毎日午後二時頃から、六時頃まで三時間位だけ貸出すのである。之は、其の会場に居て読ませるので自宅へは、持ち帰らせないのである。之は開始前に三十分間ぐらい紙芝居をやる。さうして其の境内の草の上や、石の上に自由に伸び〳〵として子供が読書するやうにする。之は一回三円位の貸本料をとる。即ち三円で好きな本や雑誌を一冊借りて其場で読む、おもしろい本で其の日だけで読み終らない者は次の日また三円出して借りて読む仕組とする。之はせいぜい五十人内外しか集まらぬとごく内輪に見積つて始めれば資本金も少くてよい。漫画本とか野球雑誌とか云つたもので沢山である。それでも一人から三円宛貸料を取るとすれば五十人で百五十円である。その代りに、此処では、キヤラメルとかスルメと云つたやうなものを売ることにする。此の方の収入も相当になる。雨や風の日は寺や神社と特約してその寺や神社の建物の一部を借りて会場とすること、する。こうしてやれば一年中休みの日はなく毎日収入があるわけだ。

〔後略〕

［『殖産マガジン』第一三巻七月号、一九四九年六月二五日、東京、S2165］

貸本屋開業の記

須木利夫

この御時世では書物を買ふ柄でもあるまいと、よく〳〵承知してはゐても、古本屋や書店の前を通ると、やつぱりうか〳〵と入つて見たくなる。

何処の店に入つても一冊や二冊は、かね〴〵ほしいと思つてゐた書物が必ずあるものである。貧乏な私は、貧乏者のお多分にもれず、欲しい物が色々あるのだが、此処でもきまつてその本が買ひたくなつてくる。おいそれとすぐ金を出して買へれば訳はないが、そう簡単に買へない処に問題が生ずる。

買はうか？止さうか？……しばらく考へる。そのしばらく考へる問〔間カ〕は、頭の中で種々な計算と胸算用が素早く展開される事になる。

たとへば、その本が八十円だつたとすると。

—甘藷が約一貫目半買へる—とか—靴一足の修繕が出来る——とか—〔。〕

サバ二匹分—とか、その本の代価で購ひ得る他の必要物資が、先づ頭に浮んで来る。本を買つた時と、他の必要物資を買つた時の結果が、あたかもてんびんにかけられた時の様に、頭の中を上つたり下つたりする。だが結局、何とかして買はうとする心の方が、何日も勝を制してしまふのも争へない事実である。

その時はきまって

—今買つておかないと明日までこの本はないぞ。此処で見離したらもう何日手に入るかわからないよ—

と言ふ声が必然的に起つて来るのである。「明日買はふ」と思つて翌日行つて見て、どう探しても、つひにその本を見出し得なかつた時のさみしさは、口には言へないものである。

柳橋々畔の或る古本屋では、森田草平の「夏目漱石上、下」と、山本英吉の「伊藤佐千夫」を逃したし、薬院では、中山省三郎の「長塚節遺稿」と、齊藤茂吉の「源実朝」を脱したし、数え立て丶見るときりがなくなつてしまふ位に多い。この苦い経験はいつも、無理をして私に書物を買はせる結果になつてしまふ。

食ふ事に汲々としてゐても、唯、食つて生きる事ばかりに満足出来ず、食ふ物と同じ位のはげしさで書物をほしがるから、こんな苦心をしても高い本が買ひたくなるし、書店の多い割に、読みたいと思ふ本は少く、読みたいと思ふ人が余りにも多いので、価格はうなぎ上りに上つて来るし、本が高いので、財布に無理だと十分わかつてゐても、みぢめな苦心をしなければ手に入らない。

こんな事を色々と考へてゐると、書物が割に楽に手に入つた頃がなつかしい。

私は蔵書のうちに「ドストエフスキー全集」廿四巻と「漱石全集」二十巻を持つてゐるが、これなども、外地へ転勤した友人が、餞別がわりにゆづつてやらうといふので、「ドストエフスキー」を十五円「漱石」を十円で買ひ取つたものである(昭和十年頃)〔。〕

考へて見れば夢のやうな、嘘のやうな話である。その頃の状態に還る事はもう出来まい。

外地から引揚げて来た人達や、戦災に逢つた人の、過去の蔵書に対する愛惜の念を聞かされる度に、わたしは淋しくなつて来る。何か考へさせられる。もつと安易に書物が読める方法はないものかと無い智慧をしぼつて考へてみる。結局、共同の出資を以て、何等かの組織を作るより方法はないのだが、それを右にひねり左にこねくつて考へてゐるうちに、やつと次のやうな骨子が出来て来た。

一、各自の蔵書のうち、一冊か二冊かの書物を先づ供出して、最初に基本的共同蔵書を作る。(支社人員一、八〇〇名として、その四分の一にしても約四五〇の本が集まる事になる)「供出する本は良い本を人が出さないよ」と云ふ人があるが、この動機をよく理解しさへすれば、そう〳〵無茶な本ばかりは集まるまい。

二、この本を支社従業員に貸出す

三、貸方法

(イ)借用期間は最低五日位より最高二十日位に定めて、借用独占を防ぐ

（ロ）一冊につき一日いくらかの見料を取る
（ハ）予め蔵書には市価に準じたる価格をつけておいて、貸出した書物を借用者が紛失したり、期間内に返戻しない時は、その価格を弁償させる
四、三項の（ロ）（ハ）による収入金を以て外部より書物を購入し蔵書を増大させる

概略右の様なもので、始めから読み直して見ると、思つた事の十分の一も言ひ了せてゐない仕末だが、書いてゐるうちに、これは一つの文化運動として、是非実行に移して行きたいと思ふ気持が強くなつて来た。

この実現についいては、各自の読書に対する理解と協力が最も必要な事であるがこの点についいては、読書をとほしての智識と真理の探究欲が、ブツ〳〵と地熱の如く皆さんの胸底にもえてゐる事を私は固く信じて疑はない。

何年か後、吾々は、ボー大なる智識の源泉を持ち得るであらう。（終）

〔『交叉点』創刊号、一九四七年一一月頃、福岡市、西日本鉄道福岡支社共済組合、K1738〕

山形文化聯盟
読書相談所から

一、農村の青年と読書

相談にきた階級と年齢層は種々雑多だが、さすがは農業県だけあつて、農村青年の予想外に多くかつ熱心だつたことは、委員の気持を明るくもし又心強くもした〔。〕『農村の若いものは多く本を読まない。かれらの心をとらへるものは大衆小説であり、接吻映画あり、盆踊りである、読書会などをやつても集るものはいつもきまつた数名にすぎぬ――』と指導的立場にある農村青年は嘆くのである〔。〕委員はかれらを励まし励まし次のやうに答へるよりほかない〔。〕

『大衆小説《しよう》をてつ学入門に代へて無理に読めとせめても読まないひとは絶対に読まない、読書会にそんなひとの手をとつてひつぱりたて丶みた〔と〕ころで睡魔とたゝかふ肉体《にくたい》の消耗をかれらに強ひるだけである、なによりも大事なのは読まなくてはおくれる――といふ焦燥《そう》感をかれらに抱かせるやうな雰囲気をあなた方が少しづゝつくりあげてゆくことだ。そしてかれらが自分から――これが大事なのだ――てつ学入門を手にとるやうな日を気ながに待つことだ。それはあなた方の努力を外に向けさせずに自らの内に向けさせるだらう。

意識《いしき》しないあなた方ひとり〳〵〔の〕行動が、あなた方のまはりの文化を目〔に〕見えない程に向上させてゆくのです』と。

二、近道か廻り道か

学問にも流行がある……などとは正当な学問の堪《た》え難い侮辱《じょく》といふべきだが『唯物弁《べん》証法を手取り早く知るにはどんな本を読んだらいいでせう』といふ圧倒的に（！）多い相談《だん》は、はたして侮辱《じょく》であらうか、冒瀆であらうか。しかし少くとも次の一事だけはおそらく間違ひではない。知識《しき》を得ることは楽しいことであると同じ程度に苦しいことである〔。〕『手取〔り〕早い近道』も一つの方法ではあらう。だがそこに疑《うたが》ひもなく現れてゐる気持は苦しみを避け、易きにつかうとする安易性である〔。〕『安易』は常に真実の学問の憎まれつ子だ。たとへばマルクスを識らうとする心は尊い。だがマルクスは正しくはマルクスにはじまつたのではない〔。〕周知のやうにそれは三つの源をもつてゐる。イギリスの古典《てん》経済《ざい》学と、フランスの空想《そう》的社会主義と〔、〕そしてドイツの観念《ねん》哲学と。委員《いん》は、この相談《だん》者がおそれをなすかもしれぬといふことを懸念しつつも〔、〕なほあへて次の様に答へたのである〔。〕『少くともカント、いやへーゲルからで宜しい、へーゲルとフオイエルバツハだけは通つて下さい。それでなくてはマルクスは本当には分らない。唯物弁《べん》証法読本もいいでせう。だが、忘れてならないことは、ほかならぬマルクス自身のいふやうに学問もまだ〔たカ〕歴史《れきし》的な所産であるといふことです。廻り道を嫌つて真正な学問の態度《たい》はけつしてあり得ない』。

三、図書購入の問題

図書がはんらんしてゐる。本屋の店頭にうづ高くつまれた紙の山はどこに『用紙ききん』があるかを疑《うたが》はせる。にも拘《かゝは》らず良書が手に入らない。買ひたい本、読みたい本がない。かくて図書購入の問題は真面目な読書人にとつて共通の悩みとなり『良書を与へよ』の叫びは、図らずも相談《だん》所にそのほこ先を向けてきたのである。だが委員《いん》は生憎出版《ぱん》屋ではない。委員《いん》たち自身が声をそろへて『良書を与へよ』と叫ばざるを得ないではないか。問題は読者がどんな本をいちばん求めてゐるかを知り、そして最も求められてゐる本を最も数多く出版屋に出版させることだ。よ論《ろん》調査の重要性は実にここにある。だが問題は単《たん》にそれのみに止らない。なぜなら『よ論《ろん》』の最も多く求めるもの必ずしも良書とは限らないからだ。姦通小説がいちばん多い票《へう》数を獲《かく》得しないと誰が自信をもつて断言し得ようか。または恋愛《れんあい》小説がどんな本よりも数多く売れるといふ現実を無視する良心をどれだけの企業者がもつといふのか。かくて利潤追求の資本主義はここでも厳正な批《ひ》判の俎上にのぼせられねばならぬのである〔。〕しかしいまこれらの根本的な問題については論《ろん》をはるゆとりをもたない。文化聯盟《れんめい》の重要《よう》な仕事の一つが、よ論《ろん》調査《さ》、出版企業の民主化促進、良書の共同仕入〔と〕いつた面で、図書購入の問題に精力的に向けられねばならぬといふ委員《いん》の今さらながらの自覚を告白してこのレポの稿を結ぶことにしよう。

［『東北読書新聞』第七号、一九四六年一一月一日、福島県、VH3-T75］

読書雑感

望ましいブッククラブの発達

蠟山政道

最近出版物の返品が非常に多くなつたらしい〔。〕小売店でもう少し永く置けば売れるものを極めて短期間のうちに日配へ返してしまうという点なども一考を要しよう。日配からの支払請求にせめたてられて、小売店の方では返品を急ぐ傾向があるように思われる。全般的には、購買力の低下も影響していようが、やはりオーヴア・プロダクシヨン（過剰生産）が一番の原因だろう。

本来の読書階級というものは、今日では全く経済的に困窮しているので、読者の層もかなり横すべりして数量的によく売れるからといつて、必ずしもよい本とはいえない。過剰生産の情勢下に、競争に打ち勝とうとすれば、資金の耐久力というか回転力というか、金融能力の如何が勝敗の鍵になつている。

そこで過剰生産することによつて金融能力を昂めようということになり、需要を上廻つた生産に拍車がかけられるように思う。著者も従つて応接にいとまないほど原稿の多量生産に駆り立てられる。出版社は出版社で、十分一つの本に精魂を打ち込んでいる暇もなく次から次と生産してゆく。取次機関もそれを機械的に小売店に流す。読者も戸惑つてしまつて、どれを買つたらよいのかわからなくなるという状態だ。もう少しいい本を少く出すという方法が講ぜられねばならないと思う。

「ほしい人にほしい本が」行きわたるためには、費用のかからぬ簡易な方法で直接購入の仕組みがほしい。そのためにブツク・クラブの制度をもつと発達させねばならない。どうも今まで日本ではブツク・クラブが発達しないのは遺憾だ〔。〕日本のブツク・クラブはこれまでも時々出来ては消えたが、ブツク・クラブの選択するものが会員の要求するものとちがつていたりするのだが、そうかといつて会員の自由選択にまかせていたのでは、ブツク・クラブが成り立たないというようなこともあるわけだが、アメリカあたりでは百万人位の会員を擁してやつていけるのに日本では一万の会員も容易に持つことが出来ない。

しかし何とかしてブツク・クラブを発達させて読者が郵送料を負担せずにハガキ代程度で、註文したらほしい本がすぐ手に入るような方法がないものか、そのためには、地方の図書館がブック・クラブの支部のような形にして、図書館が取次をしてくれたらよいと思う。日本など小売店の多い国はほかにはあま〔るカ〕まい。

取次機関については、日配に対抗するような規模の大きい機関を現在の業者が合同して、二つが競争するようなことになれば自ら能率があがり合理的配給も可能だろうが「俺が、俺が」の意識ではなかなかむずかしい。返品処分についてもセカンドハンド専門で安く読者に提供するような共同の販売機関でもつくつてみてはどんなものだろう。（談）

〔『出版文化新聞』第一号、一九四九年三月八日、東京、VH3-Sho77〕

村の公民館　加世田町柿本部落訪問記

農業講座や読書会に和やかな集り

新しい農《のう》村、民主化された農《のう》村の建設、あるいは農《のう》村文化の振興、という声は高い。だが、その新しい農《のう》村をつくるために、ちようど一つ一つ大地に鍬を打ち込んで土地を耕し、整地し、肥料を施し、雑草を除き、豊穣の秋をまつ、という風に、絶ゆまない努力を続け、足を地につけて一歩一歩と香り高い、豊かな農村を築くために、ひたむきな情熱を傾けて、これを実践する人は少ない。

農《のう》村にはいま、大きな改革の嵐が吹いている。土地を働く人々に開放するための農《のう》地改革、町村自治制度の改革、学制の改革、そしてこれらの諸改革と繋ぎ合つて、この変革された基盤の上に、稔り豊かな再建日本の農村をつくるための公民館運動。

そこで公民館とは一体何であろうか、公民館とは、町村民の政治的文化的教養を高め、お互の社交娯楽に利用し、産業指導もやれば生活指導もやる、町村にある各種団体の連絡もする文化施設。それは町村民の集会所であり、公民学校であり、図書館であり、博物館であり、産業指導所でもあるという。美しい言葉である。それが出来れば、まことに至り尽せりの施設である。しかし公民館とはそのように美しい、完備した施設のことなのか。この説明のもつひびきの中には、既にできてしまつた公民館、理想としての公民館、形式としての公民館、建物としての公民館のみが説かれてはいないか。

公民館とは既にできてしまつたものではなく、これからつくつて行くもの、どうしてもつくらねばならぬという、部落の意志、町村民の熱意、その一致した積極的な気持の中にそれをつくり上げて行く、その精神その動きの中に公民館はある、と極言したいのである。公民館とは決して単なる建物でもなければ、美しい言葉でもない筈である。

公民館運動が起されてから一年余りになる。その間、鹿児島県における公民館運動は、建物を造る公民館運動に主力がそそがれはしなかつたか。適当な建物がないために、公民館運動もはかばかしく進まない。学制改革による新制中学の建設で公民館が出来ない。農《のう》地改革や学制改革による町村財政の支出過多で公民館が出来ない。それが公民館の出来ない理由でもあり、また公民館運動の進まない現実の悩みでもあつたようである。建物に捉われた考え方であると言える。そしてこの悩みを打開するために、立派な公民館中央館ではなく、農《のう》村部落にある既設の建物を利用して、公民館の部落分館をつくる、という現実的な方向へ歩みを換えてきたようである。

鹿児島県内にある公民館運動としては、全国的に知られた姶良郡帖佐町の公民館をはじめ、噲唹《ママ》郡松山村の秦野、尾野見両校区の文化運動、日置郡伊作町、吉利村の読書会、鹿児島郡谷山町和田部落の図書館、鹿児島市川上校区を中心とする公民館施設など注目されてよいものであるが、記者はひと日、部落公民館の先駆として、明るいのびやかな村ずくり《ママ》に努めている〝青年の部落〟を川辺郡加世田町柿本部落にみた。以下は柿本部落公民館誕生記である。

柿本部落は加世田町の町端《ママ》れ、武田神社前を過ぎ、だんだら坂を下つたところにある。加世田地方特有のヒトツバの木に囲まれた部落である。終戦後、混迷の世相を映して、農《のう》村青年の男女は、一時進むべき方向を見失い精神的に虚脱の状態にあるようにみえた。しかし、それは一時的であつた。再建日本はこれでよいのか、農《のう》村はこのままでよいか、…虚脱から反省への動きは、青年によつてはじめられた。その中心となつたのが、現川辺郡連合青年団副団長、加世田町青年団長の川元憲一君である。川元君はまずわが部落の青年団運動に着手し、何よりも部落に愛される青年団をつくることに腐心した。十七、八才から二十三、四才位の男女青年三〇名は、早朝に起きて部落の清掃をすること、協同で道路の修理をすること、夜は青年倶楽部に集つて男子青年は藁細工を作り、女子青年は裁縫をするなど集会を重ね、傍ら各自が購読した図書を持ちよつて読書会など開くことにした。

ちようどその頃、公民館建設の運動が起つた。公民館を造ろう。部落の集会所ともなり娯楽場所ともなり、図書館にもなる。部落の実情に適合した公民館を造ろう。その声は段々大きく広くなつていつた。加世田町青年学校教頭の柿本正憲氏が、青年達の指導者になり相談役になつた。部落の長老の人々に趣旨を説明した。壮年の人々にもはかつた。『よかろう。公民館を造ろう。わが部落の公民館を造ろう』かくて柿本公民館は部落全体の盛り上る熱意によつて生れたのである。

柿本公民館は青年倶楽部跡建坪二〇坪ばかりの、極めてささやかな建物である。施設ももとより充実しているとはいえない。しかし一年の計画を月別に立てて農《のう》業講座、衛生講話、舞踊講習などが行われ部落民の生活水準を高めることに役立つている。そこには部落民の娯楽施設として、囲碁将棋、ピンポン台、図書二〇〇冊、製縄機一台、ラヂオ、蓄音機、裁縫台のほか試作地として畑一段歩をもつている。

公民館の組織、運営はすべて民主的に行われ、青年が中心になつて部落民全員が農《のう》業研究部、図書部、教養部、娯楽部、更生部、生活科学部の役員につき、各部会とも年頭に一カ年の実施計画表を作成し、これを全員にはかつて、計画を定めている。

現在まで公民館運営の経費は、すべて自発的な部落民の寄附金によつて賄いされてきたが、今後は寄附金のほか柑橘、蔬菜の共同出荷による歩合利益金、その他協同作業による収益金を基金とする方針である。

部落の読書会が開かれると、若い青年男女は公民館に集る。村の青年たちの中には、若い農《のう》村の娘さんたちも混つて、一人が読み終つた本の感想を述べるとそれを中心に合評会がはじまるのである。映画の批評会も時折りは催される。レコード・コンサートも開かれる。すべては和やかな雰囲気のうちに運ばれる。

とにかく、加世田町ではいま町内の各部落毎に、公民館分館を造ろうという、分館設置促進の運動が起されている。七月一日から九月末日までは準備期間として、部落民に公民館の意義を徹底させ、公民館設置の機運を醸成する。そして十月から十二月までに、それぞれ準備委員会を結成して、部落の特性をいかした公民館を造る計画である。

公民館もいま漸やく生れたばかりである。始めから充分に設備の整つた公民館はない。郷土を愛する青年達の熱情をもつて、ささやかなものから、一つ一つ築き上げてゆく。そこにのみ農《のう》村文化の向上がある。新しき農村がある。

（平川記者）

〔『産業南日本』第二巻一〇号、一九四七年一〇月一日、鹿児島県鹿屋市、南日本新聞社東部支社、S173〕

読書会の運営

石川正一

石川県河北郡七塚町の国民学校にある町立図書室は図書館関係者には既に有名な所であるが、公民館の図書部の機能運営に資するため、今改めて紹介したいと思う。

七塚町の図書室は既に十年有余に亘り運営され、読書会として青年男女の有志にはなくてはならぬものになつている。しかしこの読書会を思ひ立つた元国民学校長、現に品川図書館長である東田氏は、当時漁業でもうかり、おごり高ぶつた青年たちに、反省の機会を与えるため一つの確信をもつてやつたのである。その確信とは東田氏の前任地における苦闘による見通しである。倶利伽羅峠に近い笠谷村に、八年も頑張つた東田氏は校長拝命の当初、同地が校長着任の翌日から排斥運動がおこるようなむつかしい土地であつたが、その村の学童をあずかる身として村政に無関心ではあり得なかつたのは当然である。何とかして村を興そうとして、思ひ立つたのが読書会の運動であつた。

苦しい思ひで始めた読書運動によつて、動きかけたのは、やはり青年達である。見る見る中に村内青年の一部に新しい活力が輝き出した。借金だらけで、人情の悪い村の新生を苦慮していた村長はこの動きを見逃す筈はなかつた。村長の胸算用では、村をおこすのには政党の力を借り、県あたりから多額の金額を取ればわけないこと丶思つていたが、それだけでは何事も出来ないのに気がつき、結局、読書会の青年たちの立上る姿を見て廻り道のようでも文化、教育の力に真正の道を見出し、村長は読書会の有為の青年たちを、どし〳〵村政の重要な地位に据えたのである。其の後の村の再建は期して待つべきものがあつたと云う。東田氏は前任地の尊い体験をこの町においても生かそうとして青年たちに読書会の計画を語つたのであるが、この地でも前任地と同様よい結果を得たのである。東田氏が退いて後も司書の先生の努力によりその図書室読書会は現に継続してをり、漁村として見かえる程の堂々たる国民学校の一室に、教室大の図書室が設けられている。部屋の周辺には書棚がめぐらされ、中央には簡素なテーブル、イスが置かれている。図書の種類は思想科学に、関するものを中心に読み答《ママ》えのあるが多々集められている。

読書会は読者の中継続年限に依り一年二年三年四年と男女をそれぞれのクラスに分け、月に一、二回仕事のすんだ後の時間をさいて集まり、読書の内容を発表して後、司書の先生を中心に思想する力を養うのである。国民学校卒業程度の青年が土田杏村の「思想読本」の内容を相当の理解を以つて発表していたのを見て、かかる読書会の有意義なことをつく〴〵感じさせられたのである。

［『生活科学』第五巻一・二号、一九四七年一月一日、東京、S439］

私たちの研究二

私の村の読書会

福丸定幸

一、**準備期間**　今年の一月、読書会を結成するまで一年半というものは、全く準備期間に過ぎなかつた。事業のためにあるような青年団に、何かしら割り切れぬものを感じ、文庫でも作つて見たらと漠然と考え、図書館を作ることを提唱して大々的に働きかけたのは、新しい青年団が発足して丸一ケ年を経過した二十一年秋であつた。案外協力者も現われ、百冊ばかりもの自分の蔵書を投げ出してくれる人もあつて、これに力を得た私達は、戸棚を作るやら、会館に電灯をつけるやら、書類を部類別に整理するやら、協力してどうやら大体の形を整えたのは、翌年の夏であつた。

そのころ、団運動全体が下火となり、不活発であつたことも原因して、開館したがさて一人の利用者もないと言つた情けない事情だつた。それもそのはず、読めそうもない大思想全集のようなものが、厳めしく並んでいるような状態では、読書欲をそゝるようなことは、到底望み得べくもないことであつた。

二、反省　私は反省して見た。まず私自身が読書経験を持たないことが最大の原因である。しかしそうかと言つて、農村において今一番大事と思われる読書指導を外にして、何処に我々の熱意のはけ口を見出し得るであらうか、私は失敗にこりず、再び努力して見ること、した。

まず本を寄せ集めることに図書館の実体があるのでなくして、青年の一人一人が自分達の力で、一冊ずつでも買つて読み、互いに貸し合う、そこにこそその芽ばえを見出さねばならぬと思つた。

三、読書会結成　そこで各部落で、これと思う人に読み仲間を獲得してもらつた。四、五人の同志か〔がカ〕本を持ち寄る。又共同作業をして資金を得て新しい本を買う。こうして追々支部が充実して来たので、ようやく村全体をまとめて読書会を作つた。百名以上の多数の会員を得たが、私はこれが本当のものであるとは考えられなかつた。

やがて必ず相当の落伍者が出て来ることを予想した。最初十円ずつ月々の会費を出し合つて新しい本を購入して居たが、田舎のことゝて思うにまかせず、会員の求めるところと非常に隔たりがあることは、承知しながらもどうすることもできなかつた。

丁度その頃、わざわざ出張して頂いた、今井書店の読書相談部の方から、日読サークルという機関ができることを耳にした。これは出版社及び地方の読書人二十名前後をもつて結成する読書群から成るもので、出版一カ月前の予告を月三回（現在は二回）ずつニユースとして出し、確実に良書を得ると共に、出版界を粛正せんとするものであつた。私達は早速加盟することとし一般の人々にも呼びかけ、どうやら資金も得られたので、四月に加盟現在に至つて居るが読書会の大きな障害の一つに数えられる購入方法も、立派に解決出来て、都市に居住すると同様に、自由に選択することが可能となつた。読書会を見すて、行く人に代つて、その価値を認めて入会して呉れた人、依然協力を惜しまない人、心と心を強く結んだ人達と共に、読書会の本当の姿を求めて歩みたいと思う。

四、読書会の在り方　以上を歩んで来た経験より、読書会、殊に農村に於ける読書会の在り方について考えて見たい。

実生活に基盤を置くこと、やゝもすると私達は、思想をもてあそんだり、三文小説に読みふけることに流れ勝ちである。それであつてはいけない。まず私達は、農業技術の進歩を図るような読書傾向をとらねばならない。農作物の増収を得る方法を、書物を通して学び取り、実際に応用して成果を挙げるならば、決して読書会を無意味と論ずる人も居ないだろう。そして自分の職業を愛し全力を注ぐうち、それだけでは満足出来なくなるであらう。その時にして農政学を学び、哲学を究むるもよいであらう〔。〕農村青年が自己の本分を忘れた時、それは如何なる姿であろうとも、私は決して真面目な人であるとは信ずることができない。けれども出発に当つては、読み易い小説と農業関係の雑誌が第一に手許になければならない。

（石狩連合青年団）

［『北海青年』第三巻一一号、一九四八年一一月一五日、北海道札幌市、H626］

農村読書会の現状を視る

ルポルタージュ

岡山　猛

この夏私は約一週間にわたつて静岡、長野方面の農村読書界の実態を視て歩く機会を得た。その結果はすでに読書新聞（四五二号）紙上に、報告済みのものであり、こんどまた本誌の編集部から依頼された際には多分の躊躇を感じたのではあるが、一応ここに報告しなおし、とくに地方読書士の参考に供したいと思う。

戦後に農村の各地に新たな読書会が起り、現象的にはたしかに〝起ち上る農村〟の最も顕らかな姿の一つをそこに見ることができる。そして私の見聞の範囲に限つていえば、それら読書会の大部分が二〇才前後の、いわば新しい青年層によつて構成され、その自由で、純粋で、向上と変革の精神に富んだ、意志によつて自主的に盛り上げられていることは、戦前戦中に多く見られた〝上からつくられ与えられた〟読書会と対比して本質的に異つた、すぐれた性格をそこに持つているといふことができよう。

しかし農村各地の読書会が折角このように良い性格をもつて発足しながら、その多くが発足当初のはげしい意欲にも拘らず、実際に歩み出したその道程において必ずしも活発ならず、中途で早や挫折しているものも多いという現実はまた多くの考えさせる問題を含んでいる。

一体何が彼らを挫折させ停滞させて了つているか。文化の都市偏在という大きな社会的制約が先ずその原因にあげられよう。たとえば出版物は今なおその五割以上が都市でさばかれ、鉄道沿線から一寸入つた町には本屋のないのがむしろ当り前の事実である。従つて図書の入手が難事中の難事となつている。さらに突込んでいうと農村の経済的低位ということが障害の根底をなしている。農務に追われて本を読む時間がない。本を買うにも金銭的に余裕がない、本を読むにも学力に欠けている等々いう幾多の悪条件は、それをつきつめると結局農家経済、農村経済の低さということになる。

問題は農村自体にかえるのである。従つて読書会運動は単に読書愛好家の集りという域にとどまらず、農村自体の改革ないし向上という実践的要素をもその底に持つた、真に根深い運動にまで発展しなければならない理由があるわけである。戦後は農村にも自由な空気が通いはじめたとはいうものの、未だなお頑として存在する多くの因襲と戦つている読書会有志の語る苦心談は、それだけにまた涙ぐましいかぎりである。以下私が身近に見聞した二つの部落の模様を、ありのままに伝えたい。読者諸君がそこから何らかの問題をひき出し、自身それぞれ解決の道を考えていただければ幸いである。

一、静岡県徳山村の場合

東海道線金谷駅から大井川鉄道に乗かえて約二時間、大井川の流れに沿つた小さな山村である。徳山駅で降りた私は村道を一町も歩かないうちに一つの建物に眼をとめた。それはどこの農村にも見られるごく簡素な組合倉庫なのであるが、その表てにかけられた〝堀之内図書館〟という標札が筆墨も鮮やかに痛く私の心を捉えたからである。ちなみに堀之内とは徳山村五部落の一つである。

元来この大井川流域一帯は川根地方と呼ばれ、特産といえば緑茶がある位で、小狭い田畑と山林のみの貧村であり（徳山村の戸数六七〇、人口三、七九三、一戸当平均二反二畝）、終戦までは文化的にも全く眠れるごとき状態であつた。それが戦後ともかくも各村に壮年層を中心とした文化協会が設立され、それが中心となつて夏季大学の開催をはじめ各種の啓蒙事業を展開、またその刺激を受けて青年団が文化活動に目ざめるまでには元立教大学講師富田美彦氏（クリスチャン、疎開人）ほか少数有志の尽力は並大抵のものではなかつた。

教員、会社員、官吏、医師等いわば村の知識人を集めた各村文化協会の啓蒙運動も一段落といつた所で、現在はむしろ各部落の青年団の活動に本舞台は移つているようである。私が見た堀之内図書館がその一つの現れで、この設立も昨年四月青年団資金一三、五〇〇円を基に全く青年団自らの力で成つたものといつてよい。

農業組合倉庫の二階を改造し、畳を敷き、簡素ながらも清潔な感じのする図書館である。「書棚も何も全部が手製です」と案内の団員は説明する。書棚には手あかで真黒な本が部門別に分けられて並んでいる。現在約八〇〇の蔵書を持ち、A（小説類）B（随筆、伝記類）C（哲学、政治、社会、実業類）D（参考書類）の部門分けのうちでA級が最も読まれ従つて冊数も圧倒的に多い。

青年団員は非常な熱心さで図書館の管理に当つており、プリントされた管理規則には厳密な規定が書き並べられている。勿論無償のサーヴィスである。図書購入からペーパー貼り、貸出業務、帳簿整理、図書月報発行と、全員が繁忙な農務をもつているだけに交替制とはいえ相当の熱意がなければ果せられる仕事ではない。板壁の上に張られている昨年度の貸出図書統計表などは文字通り彼らの丹精によるものであろう。赤、青、黒で彩られたそのグラフは農繁、農閑期における利用率の著るしい差違と小説・娯楽ものの圧倒的利用状況を如実に描き出していた。

先ず利用状況からいうと、貸出、館内ともに二円から七円（日数、時間数によつて細かく規定されている）の閲覧料をとつているにも拘らず、かなりよく利用され一日平均十人は下らない。利用者の中心はやはり二〇歳から三〇歳の青年層で、小中学校の生徒もこれに次いでいたが最近では後者はむしろ教育上の見地から学校の図書館の方に受持つてもらつているという。

読まれる本からいうと、昨年度のトップは時代小説で成るほど野村胡堂「轟半七」角田喜久雄「変化如来」川口松太郎「さくら吹雪」といつた類はヨレヨレになつてその人気振りを語つていた。そういう類いに次いでは宮本百合子「風知草」「播州平野」、石川達三「頼みなきに非ず」、かたいところで高橋正雄「社会主義のはなし」といつたところ。また最近新制中学の先生を中心にできた農業研究会との関係もあつて農業技術書ないしは実用書（蔬菜園芸といつた類）がかなり読まれている。

さて右のような読書内容から見ても解るようにここは決して未だ高い程度までには進んでいない。若し質的向上を望むとすれば、それは今後にあるといわねばならない。しかしこういう貧村において、ともかくここ一、二年のうちに部落図書館の建設が青年団の自主的努力によつて行われてきたという事実は大いに評価評されて然るべきであろう。村民の読書にとつて図書館の占める役割は決定的に大きいのである。たとえば昨年春に青年団で行つた団員（三〇九名）の読書実態統計によつて見ても〝読書の方法〟の項で新、古本問わず個人購入は数人に限られ、大多数の団員は友人借読か図書館利用によつている。

公共文化費などはもとより零にひとしく、従つて図書購入の財源は月千円前後の閲覧料に頼らざるを得ない。さらに図書の購入となると遥に静岡の書店まで一日がかりの出張が必要となる。図書の選択もそれ以上に難しい課題であり、ここに到ると結局有力な指導者でも出ないと簡単には解決できない実情である。

しかし自分たちの〝部落図書館〟を曲りなりにも自力で建設したという青年たちの新たな自信は素晴しい収穫で、現在彼らの目標は次いで読書会の開設という方に向いてきた模様である。現に徳山の隣村藤川部落には男女約四〇名（最高年齢二四歳という若いグループ）が月一、二回集つて文学書を研究しはじめていた。読書内容など暗中模索に近い状態といつてよいものだが、ともかく彼らが開拓の苦悩を一歩一歩地道に体験して歩んでいる姿は涙ぐましいほどであつた。

二、長野県浦里村の場合

戸外は氷雪一色で足さえが凍るがごとき冬の夜である。しかしここ公会堂に集る青年団員約三十名は、爐火を囲んで談笑するお互いの熱気と今月始めて経験するたのしさに戸外の寒気を意識する者一人としていない。〃愛染かつらはなぜ悪い〃今日出された話題をめぐつて議論はめぐりにめぐり、或いは脱線もし、尽きることがない。もとより本で読んだ者よりも映画で見ただけの者が殆んどである。半数を占める女性も珍しく発言旺盛、決して男性に敗けてはいない。……………こんな模様でここ浦里村の読書会は一昨年発足したという。

現在総員二八〇（十七―二五歳）の青年団はその文化活動として六つの研究班―文学、社会、農業、科学、娯楽（演劇、舞踊、音楽）、生活（女子中心で家事、育児、栄養）をもち、団員はそれぞれ好みの班に属して、各班ごとの読書会を中心になかなか活発な運営を行つている。その健実な足並みを見て、誰しもがこの十数年農村運動で鍛えられ来つたこの村の特殊な伝統ということに思いを到《ママ》すのは当然である。その痕跡は例えば公民館図書館の充実にも見出されよう。

ここの図書館も現在は青年団の管理に任されているが、冊数約四〇〇〇、財政難から微々たる新刊書に比べて、むしろ昭和初頭以来集められた蔵書にはなかなか良いものが多い。洋書あり、全集あり、社会科学、農業専門書ありで、たとえば文学書にしても娯楽書と並んで純文学ものが多く、また子規、鴎外、漱石、有島、長塚、芥川等の全集がドッシリ詰つている。農村問題、思想問題の本は多く戦時中に没収されたとはいえ、なお貴重な専門書に恵まれている。

ここの村も戸数九五〇、人口約五千、一戸当平均耕地五反弱（二毛作）という零細農で長野県下でも一、二の貧村、それ故にまた農民の意識も敏感なものがあるのだろうが、団員はむしろ村政の低調をかこつている。彼らは何よりもやはり村の因襲の頑固さをなじり世代の対立をいう。そういう彼らは一体どんな風に読みまた実践しているだろう。

各班とも先ず年頭にはスケジュールを作成、その計画もなかなか一貫してまとまつている。例を文学研究班（三五名うち女子二一名）にとつてみると、昨年中に読まれた作家だけでも独歩、鴎外、漱石、芥川、ヘッセ、ジイド等があげられ、今年の計画としては①世界の古典―ロシヤ文学（トルストイ「復活」ドストエフスキー「罪と罰」ツルゲーネフ「父と子」）②現代日本文学（平林たい子、宮本百合子、椎名麟三、野間宏）③詩短歌の創作研究④モーパッサン「首飾」文章研究と、一月から十二月まで月別に詳細なプランを作つている。もち論ここでも農繁期は月一回がせい〳〵で従つて活動はもつぱら十一月から四月までの農閑期に集中されその間は月三回となつている。

私も一夜文学研究班の連中と語り合う機会を得たが、話は今までの読書経験から現代作家へのかなり手痛い批判にまで及び、さらには村の問題、身辺の「家」の問題に発展して際限ない有様であつた。随処にユーモアと朗笑を交じえて和気あい〳〵たる中にもひたむきである。また女性の発言もむしろ予想外の活発さであつた。

文学研究班のほかで、たとえば社会研究班の昨年のテキストとしては畑中政春「ソ連の国民生活」大内兵衛「国民生活と財政」（ともに岩波）川島武宜「日本農村の生活意識」（農村文化協会長野支部発行の「農村文化叢書」の一）などが用いられたほか、自村の実態調査と農業協同組合の研究を行い、とくに協組の研究はこんどの農組改革に対して実践的に相当働きかけるという成果を産んだという。同班の今年のプランとしては〝民法の家族制度改革〟が取上げられてすでに数回の研究が済まされている。先きに私はここの足並みの健実をいつたが、読書会の本来の目標から見ればもとより未だ〳〵である。そしてこれら農村読書会の現情を通観して最も痛感しなければならなかつたのは指導団の欠如ということである。とくに読書計画の立案と読書会内部の啓蒙という点でそれは一番痛切である。そしてこの意味からいえば青年団のみを構成員とする行き方自体に一つの限界があるのではないか。偏狭な世代意識の危険性をもつと自覚、反省すべきである。浦里村の場合ともかくもここまで進み得たその成果のかげには、何よりも地もと学校の教員を中心とする少数有識者の積極的協力と、前記長野農文協の計画的指導（読書講習会、講師派遣、農村向テキスト出版、良書斡旋）の存在が大きな推進力になつていることは慎重に考えねばならない事実である。

それと共に最後のカギはやはり青年自身の努力にあること、今さらいうまでもあるまい。浦里村では図書入手難の最後の対策として例えばヘッセ「車輪の下」とかいつたものを四、五人分担して謄写し、立派な和綴本を現に作りテキストに用いているものを見たが、こういう縁の下の労苦こそはいつの世にあつても力強くまた美しいものだといえよう。自ら育てなくして一体たれが育てよう。

（読売新聞編集部）

［『青年文化』第三巻九号、一九四八年一一月、東京、S515］

青年団における読書会の運営

安井忠次

一

青年期は詩の時代であり、熱情の時代であると同時に、自然と人生の神秘の扉を、自らの力によつてうち開かうとつとめ、もだえて行く悩み多き知性の目覚めの時代でもある。

終戦後の新生青年団の活動において、歌謡・演劇・楽団等が燎原の火のやうに国のすみずみまで燃えひろがつたのは、久しく抑圧されてゐた青年の熱情の爆発であり、又ほのかながら芽生えつつある講演会・研究会・討論会・読書運動等の傾向は、青年の求めてやまぬ真実への胎動と見なければならない。しかし一般に知性の覚醒は感情の奔流よりも一歩おくれて発達する。芸能大会等の盛大さに比べて、研究的な会合が如何に物さびしい現状であるかに思ひを致せば、青年団運動の前途また遥かなるかなの感を深くせざるを得ないのである。

知性の開発は現在の農村青年に与えられた最大の課題である。これによつて自らの演ずる芸能も輝きを増すであらうし、生活も産業も合理化せられ、隷属なき農村楽土建設の第一歩は踏み出されるのである。私は最近色々の機会に、新しい時代の知性を身につけようともがいてゐる多くの青年諸君に接することができたのであるが、それらの人々の意欲が純真であり、ひたむきであればあるほど、あまりにも啓蒙せられてゐない一般の環境に涙せざるを得ないのである。今ここでとりあげようとする読書会の問題も、地方の農村では或は現在たやすくはうけいれられ難いものであるかも知れない。しかしあくまで真実の道を求めて進まんとする心ある青年諸君と共に、新しき知性のために実践への一つの手がかりを求めて考察を進めてみたいと思ふのである。

二

さて青年団の文化活動として読書会を持つといふことになつても、色々の種類のものが考へられるのであるが、私はここではその第一歩として、地方の生活形態とにらみ合はせながら、かうした所から始めたならばと思はれる手近な会合の方法を提案してみたいと思ふ。その後の発展は青年諸君の自らの創意によつて解決されると信ずるからである。

先づ第一に、青年団の読書会は他の多くの青年団行事と異なつて、小グループ単位で相当継続的なことが望ましく、又あまり固くるしくない自然の結びつきによつて開かれてほしいものと思ふ。内容によつては数多く集ることも妨げないのであるが、私の経験から言つて、むしろ十人内外といふ所が実のはいつた愉快な会合が継続できるやうに思ふ。場所は団員の家でもよし、会館でもよし、学校でもよいであらう。このグループは始めは恐らく気心の合つた近くの青年によつて作られることになるであらうが、それは勿論排他的なものであつてはならないのであつて、団員の誰をも受け入れられる広い心の準備ができてゐなければならない。農村では農閑期の夜、特に冬期間はのがしてならない読書教養のチャンスであつて、毎晩とか一日おきとか、一週一回乃至二回とか、五と十の日とかいふ具合に日を定め、又時間も六時から九時までといふやうに、始め終りを大体予定して秩序ある会合としたいものである。

第二に、最も大切なのは書籍の内容であるが、これはやはり会員の合議によるか、又は後に述べる指導者に相談するかしてお互が最も関心を持つてゐる問題について書籍を選択するやうにすべきである。

広く書籍に親しむ機会に恵まれて来てゐない地方農村の青年諸君にとつて、書籍の選択といふことは難中の難事であつて、どうしても学校教師や村のインテリ層や、青年団連合体などの力をかりなければ良い効果をあげることはできないであらう。しかし研究の態度さへできて行けば、どのやうな書籍でもそれなりに消化されるものであるから、始めはあまり気にかけずどしどし会を続けて行けば、そのうちに自ら道は開かれて行くものと思ふ。又研究的な読書会においては、全員テキストを持つことは理想ではあるが、現在のやうな不自由な時には、一冊の良書でももとにして運営できるやうに工夫する熱意が必要である。

かうして青年団の中に次第にいくつかの読書グループができるやうになつたならば、会員の態度や指導者の傾向などによつて、Ａグループは文学的な色彩の濃いもの、Ｂグループは農学研究的な方面のもの、Ｃグループは政治思想の研究などといふやうに特色づけられて行くのも自然であらう。又特定の雑誌を中心とした読書会を開くとか、青年団の機関誌を取扱ふ会合を開いたりするのも興味あることであらうし、新聞の特殊な記事をテキストとして使用するのも意義深いことであらう。勿論かうしたＡ、Ｂ、Ｃ、Ｄ、Ｅといふ各読書グループには、先にも述べたやうに団員の誰もが希望と熱意によつて参加できるやうにしくまれてゐなければならない。だから単位団の文化部では、団内の各読書グループの計画と情報とをよくとりまとめ、会合日などを調整して掲示板に発表するなり、機関誌に載せるなりして、一般団員に周知せしめる必要があるわけである。

第三に、かうした読書グループの会合がうまく運営され継続発展して行くためには、どうしてもその中に指導的な役割を果す者が居なければならないやうに思ふ。それは青年の中からでもよし、学校教師の中からでもよいのであるが、そのグループの世話役となり、他の会員より一歩先んじて知性の扉を開かんとする熱意に燃えたものでなくてはならないのである。

私は最近接した農村の青年諸君の中に、教養も識見も共に地方青年の先達としての役割を果すに足る多くの人達を見出して、ほんたうに心強く思つてゐるのであるが、かうした青年諸君が進んで読書会の提唱者となり、司会者となり、解説者となり、郷土の同輩、後輩と共に成長することを喜びつつ、献身的に心を砕いて活動して行くならば、読書運動を通じて必ず現在のやうな視野の狭い、教養の低い農村のみぢめな状態を打ち破り、幸多きゆたかな将来を夢に描くことができるであらうと確信するのである。

第四に、読書会がグループとしてとりあげられるのは、お互に読み合つたものについて感想を述べ、意見を発表し合つて討議できる所に大きなねらひがある。

　実はほんたうの読書といふものは、ひとり静かに書中の人となる所にむしろ妙味はあるものであるが、修養途上の青年同志の読書グループは、読書を中心として討議し合ひ、グループの力によつてお互の人生を深め、社会生活の向上に寄与するところに特色があるのである。それゆえ読書会には必ず討議の時間を設けて、疑問な点をただし合ひ、くつたくのない話し合ひが行はれるやうに運営したいものである。又この意味から読書会は必ずしもテキストを読み合ふことばかりでなく、おたがひ個人的に読み終つた書籍について、その内容を紹介したり、読後の感想を述べ合つたりして、見解を広めて行くことも望ましいことである。

三

　農村青年の読書については、実は読書の会合をどのやうにして運営するかといふことよりも、もつとむづかしい問題が横たはつてゐることに注意しなければならない。即ち青年の読書内容を充実するために読書組合的な組織を持つて、如何にして優良図書を農村に蒐集するかといふこと、春の農耕から冬の山かせぎに至るまで苛酷な労働条件のもとにあへぐ青年諸君が、如何にして読書の時間を見出すことができるかといふこと、又都市文化の所産である現在の出版事情のもとにあつて、農村青年向の良心的な教養書、専門書などを、如何にして獲得することができるかなどはその代表的なものと言ふことができるであらう。このために公民館、読書組合の運営、官立図書館貸出文庫の利用、個人蔵書を動員登録する全村図書館の構想、農村経営の合理化による青年教養時間の設定、青年連合体による青年教養シリーズの刊行、及び優良図書の紹介、斡旋等は真剣に解決を迫られてゐる切実な問題と言はなければならない。しかもそれにもまして私がここで特に強調しなければならないのは、これらはすべて農村青年自体の、強烈な知性へのあこがれと意欲にその根本的な解決の鍵が握られてゐるといふことである。

　農村の青年諸君よ、もし諸君が農村の現実の生活に満足し切れないものがあるとしたならば、それを打開して行く原動力は、ただ無限に耕し得る諸君自らの知性の開発に求むべきであるといふことを銘記すべきである。先に悟れる者が先に立ち、各地に大いに読書グループを持たう。そして読書と研究の中に若き日の情熱を注ぎ込み、正しき知性の炬火をかざしつつ、職業を通して祖国再建の前線に立つべきではないか。


［『青年評論』第三巻一三号、一九四八年四月一日、東京、S533］

文化運動と読書会

福田清人

明日、今日の食糧に国民の多くは血眼になつてゐる。これから文化国家の建設だと言つてみても、このやうに生きることに追はれてゐてはさういふ設計も容易でない。

一方すでにおびたゞしい文化団体や文化雑誌など生れてゐる。なかには当面のこの深刻な現実から浮きでた線の企業性が、さういふものにうかゞはれるものがある。文化運動も衣食住の生活面に深く根をおろし、道義と科学と芸術性の渾和ある理想を追求して進むべきである。

私はこの現実を思ひつゝ、今後文化運動の対象として、強く働きかけるべき三つのものを考へる。

第一は、地域的に農山漁村といつた国家の基底部である。第二に女性である。第三は青少年層である。

第一の農山漁村の文化が高まらず、そこに住む人の教養が向上しなくては、日本全体の文化はいつまでたつても停滞してゐる。都市と農村を対立的に考へる観念はよさう。都市の持つ科学性など、農村文化の向上に役立つものはどん／＼注入されねばならぬ。第二の女性については、とにかく女性文化の低さが色々の禍ひであつた。参政権を与へられたが、それにふさはしい女性の識見を高めることに努力が捧げられねばならぬ。第三の青少年の問題――新日本の建設は彼等がうけつぎ、彼等の代、或はその次の世代にまで及ぶ。彼等はこの過渡期に受けすぎる影響を受けてゐる。正しい進み方をすればいゝが、デカダンスの沼におちたら日本はおしまひだ。

都会ではすでに、この第二、第三のものに心痛すべき風潮が見聞される。

さて、第一の農山漁村でもそこに住む女性、青少年の教養を高め、文化水準を示す工夫が考へられねばならぬ。青少年団なども今度は郷土郷土で独自の活動をするやうになつたが、文化教養の面に、その指導者は心がけねばならぬと思ふ。

○

さういう寄り場の一つに私は読書会を考へる。月に一度か二度、読んだ本の感想を述べあふ会を持つのである。新刊はでないが、既刊の良書を中心に行ふのである。本がないと言つても県庁の町の図書館の巡廻文庫を利用するなり、村の特志《ママ》家の蔵書を集めて文庫を作ればいゝのである。

私は富山県のある山村で巡回文庫の中に栄養関係の本があり、栄養といふ文字がしばしばでることによつて、栄養とは何ぞやといふ疑念が、婦人連におこり、ついに県の衛生技師など招いて栄養講座を開いて、村の食生活が改良されたといふ話を、そこを旅する時聞いた。有名な結核県の富山の一山村の文化的開眼がかういふことでなされたことは興味がある。高知県のある農村の女子青年の読書会では、読書の感想を述べるばかりでなく、必ずそれで得たものを生活の上に生かした実際の報告をするやうになつてゐる。たとへば発明者の伝記を読んで感動したなら、日常生活のさゝやかなことでも、自ら創意工夫した例を話すといふのである。

青森県の図書館長は、県下の農村の読書会では、会員の資格を必ず自ら田に入つて仕事するものと限定し、働かざる者の有閑読書を排撃すると共に、農業技術改良など、そこを中心に活発に論議実践される例を語つてくれた。二、三年前、林檎の害虫駆除、紙不足による無袋運動についての工夫など、こゝの会員が率先して県下に手本となる成績をあげた由で、害虫駆除など、図書館や農事試験場の図書などかりだして、研究しあつたさうである。

私の実際臨席しえた読書会で興味の深かつたのは山梨県の小さな町の指導者層のそれであつた。町長、農業会長、郵便局員、農家の人たちで、こゝでは読書、感想以外、近作の俳句の発表があり、それについての批評など出、又、会員がやりはじめたアンゴラ兎の飼養普及や、自分で工夫してゐるサツマ芋貯蔵法の発表などあつた。又ある人は写真週報にのつてゐる、短篇の朗読をやつて、ある種の読書会が形式的になつてゐるのに新生面を開いてみせてゐた。

◯

農山漁村に住む人々は、他から与えられるもの、外からやつてきて刺激する者も、その平調を破るため時には必要であるが、まづ自らかうした同志の会同を作り、自ら文化教養を創りだす工夫がなくてはならない。そしてその運営も、時にはラジオの共同聴取とその批評会とか、健康な芸能会とか、農産物の品評会とかいつたものもこゝを母胎にやるとい、と思ふ。農村図書館の建設、科学室の設立などを考へるのもい、であらう。

それについても指導者であるが、社会教育の面に活動を要望されてゐる国民学校の先生など大いに立ち上つてもらはねばならない。今までその人たちは遠慮してゐた。あまり外へ出しやばると、村の特権階級からにらまれるとか、県の当局の覚えがめでたくないといつた心配が彼等をためらはせたのである。文部省あたりも今度はさういふことのない、むしろ積極的に社会教育にのりだすやうにすゝめてゐるから、文化的感覚のある教師たちは進んでやるべきで、又村の宗教家なども参加すべきであらう。疎開してゐる文化機能人も当然その役割にふさはしい人である。

新しい時代に眼ざめた図書館人——たとへば青森、山梨、富山、石川等の如き所にはかうした面に積極的に戦時中から動きだしてゐるのであるが、多くの県ではまだ古書と共に古風な夢に沈滞してゐる。

読書会で利用される図書群のリストも、戦時中と変つた新しいものが要望されねばならない。

二、三年程前国民読書運動といふ気運が起つた頃、私もその主唱者のひとりであつたが、戦時中虐待された文化運動、ことにこんな時読書なんてといふ横槍がでて、それは実をむすばず、一方片棒の文部省でもあまり熱をいれず、うやむやになつたが、今こそ大手をふつて、文化国家建設の下部構成にこの運動は起つてい丶であらう。

最後にこの二、三年に出版された読書指導についての参考になる本をあげておく。

東田　平治　わたくしの読書会経営　有明堂
弘津　徹也　勤労青少年の読書指導　教育科学社
厚生閣編　青少年読書指導　厚生閣
佐藤　忠恕　青少年の読書施設　大日本出版株式会社
風間道太郎　農村青年読書の栞　彰考書院
堀内　庸村　国民読書と図書群　青年文化振興会

［『農村文化』第二五巻二号、一九四六年五月一日、東京、N752］

読書会を提唱する

加藤良雄

戦争は敗けた。之れからの文化国家は我々青年の動行如何にある。その任務の完全遂行の為には、現在の指導者のみによらず、職場、私生活共に指導はゆるがせに出来ない。故に読書指導として読書会を提言するものである。

〝読書会の結成〟

読書指導を行うには、先ず読書会の結成が先決問題である。しかし会の結成は強制的では効果は少いし、又永続性がないから、先ず指導者が熱心に職場に呼びかけて、此の暗い世の中特に読書の必要を認識させ、自然に読書会結成の機運を待つ事が肝要である。

しかし徒に自然発生的な状態で待機していたのでは、百年河清を待つに等しいから、二、三の将来指導者になり得る様な青年達に強く働きかけ、会結成の役に当らせる様にする事が必要である。

某詰所で「本を読む」と称せられている人達を集めて、読書座談会を開いた所が彼等も亦講談倶楽部、大衆雑誌の愛読者程度で、一人も真に読書し得るという人を発見す〔しカ〕得る事が出来なかつた事は、勤労大衆の文化的水準である。だから仲間の評判なども当にせずに知識慾や時局認識に富んでいる様な人物を先ず構成員とするが良い。

次に会には常に具備されていなければならぬ三ツの条件がある。それは

（一）会の目的。明確であつて構成員総てがこれを十分に理解している事
（二）会には日常に一種のユーモアがなければならぬ
（三）指導者と指導原理が確立している事である

読書会の目的は「読書を通じて生活する」事になるのは言うまでもないが、其の成立の条件で或る趣味娯楽の為とか、

修養の為とか或は技術的研究の為等いろ〳〵に別れる事と思う。会の名称等も只読書会とせず会員の総意を反映するような名称をつけるが良い。

第二に会が常に同志的な結合とならなければ永続しない。常に全体に和合の気分がかもし出される様、指導者は意を用いなければならない。此の為にはこのグループで読書以外の行事、ハイキング、歌の会等を行うのも有効である。

第三は最も重要な条件で、指導者にその人を得なければ会は成立しない。我々日本人は短気で三人寄れば直ぐ何とか会を作るが直ぐ又こわしてしまう欠点があるのは有名である〔。〕これは要するに適当なる指導者が居ない事、又居ても皆が寄つてたかつて〝けち〟をつけるという傾向がある為である。

読書会は一人の良き指導者とこの人を支持する下部指導者網の確立が必須の条件である。尚技術的な問題として、会則会員数会員の性別、年齢別職務別等の問題があるが、ここでは評論する余紙が与えられていない。只読書会の運営よろしきを得れば、職員と工手の対立や上下の階級意識の撤去に非常に有効である事。たゞし其れには指導者は常に指導者振らずに会員と共に本を読み発表もし日記もつけるという完全に同行の生活をするが必要である。

〝読書会の方法〟

読書会の方法には通常輪読式と発表会式とがある。前者は一つの本を全員が交替で読んで行く方法で、後者は各自が別の本を読んで来て、其の内容の発表を行う方式である。全員必読の書などは、教科書にし各自に与えて輪読式に読ませると良いが一般的には後者の方式が多く採用される。何れにしても型にはまつた方法は飽きが来やすいから、多少目先きを変えて行く事、例えば月明の夜など各自名句や名文の暗誦も良い。感激した内容の発表も良し、更に慾を言えば著者の声咳に接する機会を作つてやる事など望ましい。読書会は定期的集会を行うのであるが勤労者の場合は回数は月々に一回位が適当ではないかと思う。其の代り月一回必ず開き全員出席の立前を堅持する必要がある。特に会の出発を余り華々しくやると、線香花火式にいつの間にか消えて仕舞うから成るべく地味に会員の煩はしさを少くして開くが良い。

〝会の運営〟

会を運営して行く為には、各自会員が各々の義務を完全に果す事、運営に必要な経費がなければならぬ。会員の務としては

(一) 会員は毎日読書する事たとえ一頁でも二頁でもどんなに忙しくても読む習慣をつける事。此れが会員たるの資格である。

(二) 読書の記録を毎日つける事

これは読書カード読書日記等を予め与えておいてつけさせる事

会の経費は主として書籍代と、集会費、印刷費等が主であるが勤労者の場合は各自の負担をなるべく少くする事。しか

し少額でも必ず全員から取る事が必要である。図書等は各鉄道に文庫を設け之を利用させると良いが会員が職員の一部に限られる場合読書会が自ら其の文庫を持つ事も必要である。鉄道の幹部や職員の自宅には、死蔵された図書も少くないと思うから遅〔適カ〕当な図書はドシ〳〵この文庫に寄贈として貰う様にすれば経費も軽減されるし、又鉄道の会員の刺戟ともなり遊休物資の動員ともなり得る事を私は叫びたいのです。

（労組支部）

［『働民』第三巻一号、一九四八年一月二〇日、秋田市、D273］

子供読書会

滑川道夫

（1）

白い雲がむく〳〵わきあがつて、いかにも夏が来たことを感じさせる日曜日の午後。タミオ君はケンちやんをさそつて、おじさんのうちへ本を借りに行きました。

行つてみると、くに子さんやはる子さんが、何かおじさんのお手つだいをしていました。

おや、何をしているのだろう。

見るとこわれた本をしゅうぜんしているのでした。

「今日は本を借りていく前に、ごひとしと〔ひとしごとカ〕手つだつていくんだな。」

と言つておじさんはメガネの下からぎろりと、にらむまねをして笑い顔をしました。

このおじさんをわたくしたちは、ゲンおじさんと呼んでいます。ほんとうの名まえは「松村源太郎」と表札にでています。県の図書館の司書というおしごとをしている人で、土曜日には、図書館のある市から村の自分の家へ帰つて、日曜日の夕方また市へ帰つていくのです。

ゲンおじさんの弟さんが東京で子どもの本を出す出版屋さんだそうで、ゲンおじさんの家には、村では買えないおもしろい読みものがたくさんあります。

タミオ君たちは、日曜日ごとにおしかけていつて本を読ませてもらつているのです。ゲンおじさんはよろこんで本をかしてくれます。

今日の日曜日、また東京からおもしろい冒険小説でもとどいていないかしらと思つて、やってきたのですが、まず本のしゅうぜんに《ママ》手つだえということになつたのです。

そう言われてみると、タミオ君もケンちやんも、小わきにはさんできた先週借りていつた本も、表紙がとれたり、見かえしの紙がやぶれたりしているので、何だかきまりが悪くなりました。

「おじさん、お手つだいしますよ。」

「どんなふうにするか教えてください。わたしたちが、おじさんのだいじな本をこわしたんですから、わたしたちにしゅうぜんさしてください。」

「そうか。本がこわれていると、読んでも気持が悪いだろうと思ってな、それにページがばら〳〵になつたり、一部がなくなつてしまうと、後で読む人がこまつてしまうからな。」

と言いながら、おじさんは、ねったノリの中へ白い粉を入れました。

「その白い粉は何ですか、おじさん！」

ケンちゃんは、ふしぎそうに聞きました。

「これはな、ボウフ剤、つまり虫よけの薬だよ。さつき、タンスのすみから拾つてきたショウノウとナフタリンのかけらを粉にしたのさ。」

「なるほど、こうすれば、ノリを好きな虫もたべないんだね。なるほど――」

とみんなが感心しました。

本のセ中にあたるセ表紙がとれてなくなつたもの、表紙がどこかえいつてないもの、裏表紙だけついているもの、本をとじた糸がきれて、三つにも四つにも分れてしまつたものなどを、さがしだしてきて女の人たちはページをそろえたり、表紙にいたづら書きをしたところを消したりしていました。

タミオ君たちは、新しい表紙をつくるためにボール紙を、寸法をはかつて切つたり、セ表紙にはるクロースやヌノを切つたりしました。

ゲンおじさんは、本のしゅうぜんのしかたを教えながら、こんな話をしてくださいました。

(2)

「君たち、こわれたり、こわれかけたり、よごれた本を読むのは気もちが悪くないかね。」

「気もちが悪いわ」

「だれだつて気もちが悪いさ。」

「そうだろう。気もちのいいように本を読むにはどうしたらいいかね。」

「それあ、手あかがつかないように、こわさないように読めばいいさ。ね。」

「そうそう、よごれないようにするにはどうすればいいかね。」

「わたしは、古新聞でカバー（おおい）をこしらえて読むわ。」

「ぼくは、ツバをつけてページをめくらないようにしている。」

「へえ、そんなことあたりまえよ、ケンちゃん。」

「だつてさ、この前借りていつた『海の男』（大仏次郎著・尚文館）という本なんか、ページをめくるところが、みんなよごれていて気もちが悪かつたぜ。あれは、きつと、ツバをつけてめくる人が読んだらしいぜ。」

「それよりね、本を読む前に手を洗うくせをつけたらいいね。本がいつまでもきれいになつているよ。」

「なるほど、それがいいですね。おじさん。」

「これから、ぼくもそうしよう。」

「君たち、どんな時本がこんなにこわれると思うかね。」

「ぼくこの前お借りした本『動物のふしぎ』（椋鳩十著・光文社）という本は、うつかりしているうちに、熱がはいつてきて、表紙をびり〳〵とやぶいてしまつて、新しい本をあんなにして、すみませんでした。」

「それあ、タミオ君の本の置きどころが悪かつたのさ。ぼくもよくおかあさんに、タタミの上に本を読みつぱなしにしておくとしかられるんだけど。」

「本をまるめるとこわれるね。」

「そうだ。本や雑誌は、けつしてまるめるものぢやないよ。君たちよくまるめるがね。」

「表紙だけで、もち上げるのもいけないね。ぼくそれでしつぱいしちやつた。」

「それから、火の上にかざして読むと、本が変にまがつてなか〳〵なをらないわね。」

「それもいけないね。本を人に投げてやることもこわれるもとだよ。」

「そうですね。」

「ここの本のように、一さつの本を、みんながかわる番に読むのは、だれかが、よごしたり、こわしたりすると、その次に借りて読む人が、すぐこまつてしまうだろう。そこを考へてだね。ていねいに扱うことが大事だね。自分がよごしたり、こわしたりすればすぐ次に読む人が同じようにこまつてしまうだろう。みんなのこと、大ぜいの人たちのためを考えて、みんながいいようにするというのが民主主義なんだよ。民主主義というのは何もむずかしいことはないんだ。本の読みかたの中にだつて、民主主義の勉強があるのさ。」

　ゲンおじさんはそういつてニツコリしました。

（3）

「おじさん、今、しゆうぜんしている本は、みんなおもしろい本ばかりですね。」

「そう〳〵」

「おもしろい本ほど、こわれやすいのかな。」

「それあ、おもしろいから、みんなが借りていくわけさ。大ぜいの人が読むから、どうしても早くこわれたり、よごれたりするわけさ。」

「さあ君たち、しゆうぜんのできた本に書名を書いてやるから、こつちへ出しなさい。」
○ぶどうの若葉　坪田譲治著・櫻井書店
○ミシシッピー川のたんけん　波多野完治著・国立書院
○孤島の怪賊　南洋一郎著・まひる書房
○少女時代　横山美智子著・偕成社

とおじさんはスミで書きました。

わたくしたちのためにこんなにまでしてくださるおじさんの心がみんなの胸にあたたかくつたわりました。そうだ、おじさんにばかり、たよつていてはいけない。わたくしたちが力をあわせて、ゲンおじさんを中心に読書クラブを作ろうじやないか。うん、それがいい。わたくしたちの本を持ち寄ろうよ。おこずかいを節約して会費もだそうよ。

帰り道こんな話をしながら、たんぼの中の一本道を歩きました。

（おわり）

〔『太陽の国』夏の号、一九四八年七月五日、東京、T72〕

楽しい読書会

まちだ・みのる

従来私達の教養といえばすぐと書斎にこもつて読書するとか婦人の方では華道とか茶道とかいつたような自分一人身を修めるということに《ママ》考えられ、それは又封建的な家というものに結びついていた。そのような教養はややもすると自己満足に陥つたり社会というものを無視しがちであつた。敗戦以前の日本では又それでよかつたし、たまたま広く眼を見ひらいて自由に社会や国家のことについて議論するようなことがあると危険なことだとされた。良心があつたり自由な批判力があつたりすると国家の為政者には邪魔になつたのだ。

敗戦によつて私達の立場は全く変つてしまつた。国家社会はその構成員である個人の自由な判断力と正しい行動によつて成り立つということになつた。それだけに又各人に大きな責任が負わされたわけだ。日本に民主主義をうち立てるといつてもこの根本ができない限り六ケ敷いことになる。しかしどうしても各人の教養を高めそこまでもつて行かなければならないとしたらどうしたならばよいか。そこで私のいう市民社会的教養の育成ということが是非必要だということになる。

今までインテリの欠点は書斎にこもつて一人だけいい気になつていることだつたが、これからは大衆とともに読書するということが必要になる。楽しみは分ち合い、正しいこと誤つたことは大勢で本を読んで談し合うことによつて理解してゆく。それには個人個人が何ものにも制約されずに自由に考え判断する習慣を養うことが先づ第一で、読書会など開いて最初の困難はお互が遠慮なく自由に発言できるようにすることだ。皆が遠慮なく発言するようになればしめたもので〔、〕あとはその人の心の中には入《ママ》つてそのいおうとすることに助け補つてやり、いい思いつきであればその創意をどしどし生かしてゆくように心がけてゆく。こうして一人で本を読むよりも有益で面白いということになれば読書会の目的は達せられたといえよう。

私は終戦後間もない頃、近隣の学生諸君を中心に青年読書人クラブというものをもつた。皆相当な熱意に燃え毎週一・二回は研究会や読書会を開いていつたのだが、不幸にして中途で解散してしまつた。そのような経験は私に大きな反省の機会を与えた。私の読書会についての話は私の失敗談であるけれども、この話から現在読書会をされている方に何等かの参考になりうれば幸だと思う。

私の会では全員で三十名足らずであつたが、会費として各人毎月五円づつ拠出し（当時雑誌は皆五円以下であつた）それをもつて各種の雑誌を購入し、回覧で読み合うことにし、最初は毎週一回興味をもつて読んだ記事についてこう概を談し批評し合うというわけで〔、〕この会に入ることによつて会費は五円の会費で沢山の雑誌が読めるという利益があつたし事実有意義に利用した会員もあつた。又文藝春秋の随筆欄などを車座になつて順ぐりに読み合うようなこともした。その他読書人クラブには趣味により、文芸部・社会科学部〔・〕語学部などに分け会員をそれぞれに分属してその責任者をつくり研究発表なり回読なりをやつたのであるが、間口が広すぎたため指導に困難を生じたことが失敗の大きな原因であつたように思われる。又、構想だけで遂に実行していないのだが、会員のうち優秀なもの数人をもつて更にいわゆる勤労青年に呼びかけ読書グループをもち彼等に不足な英語の初歩など手ほどきするようなことをしつつ、現実の労働問題などにつき双方研究してゆくというようなことは有意義なことであろう。このような勤労青年との結びつきができなかつたところにもう一つの失敗の原因がある。

さて最後に是非実行しなければならないことは謄写版で結構だが機関紙をつくることだ。雑誌形態にしてワラ半紙半折八ページ程のものでも月一回位はだしたいものだ。会員の自由な意見の発表できるものとして随筆も結構だし、創作、論文も結構だが、是非読書会の要約した記事や雑誌その他読書の感想のようなものを載せてお互が楽しめるものにしたい。できればこれも会員自身で作ることが望ましい。内容はともかくこのようなものを作つてゆくことは読書会の効果を挙げる点からいつても両々相まつて必要なことであろう。こうした実践を通して独りよがりでない民主主義にふさわしい教養が形づくられてゆくものと思われる。

［『読書文化新聞』第一号、一九四八年五月一五日、東京、VH3-D44］

新聞記者が紙芝居屋になれなかつた話

秋山安三郎

私はもうこの頃新聞記者を罷めて――と云ふより罷めさせられて紙芝居屋になつてゐた。

新聞記者が堕落して紙芝居屋。私は随分憤慨したものだが、私口に糊するためにはどうにも仕方なかつた。といふのが、私の新聞社が内々紙芝居製造を兼営してゐて、私が記者を停年制で罷めることになるのを待つてゐて、その方に廻つて呉れぬかと頼まれたのである。私は極端な侮辱を感じたが、これは感じる方が無理で、さう感じさせる方では、停年制で罷めたら生計に困るだらう。永年働いた者だ。紙芝居の方で拾つてやらうという親切心が多かつたらしい。私は最初、頑然としてこの親切を拒絶していたが、そのうち、いよいよ停年の日が到来するまで記者の方では誰も引止めようとするものがなかつたので生計にはかてず、唇を噛み切るほどの思ひで紙芝居屋に堕ちたのである。新聞記者は社会の木鐸といふが、紙芝居でも柝《き》を叩くから同じことかもしれない。

紙芝居での私の役は、初めは「沢山集まつて来る紙芝居の〝言葉書き〟の中には随分滅茶苦茶な文章や言葉づかひの間違つたものが多い。それを見つけて正しくしてもらいたい」といふことであつたが、いよいよ其処に入つて手を着けてみると、それは同時に新しく紙芝居を作ることになつた。それはその位骨が折れて、しかも出来上るものは、既に元の作者の枠が利いてゐるから、稚拙極まるものだつた。それに、もう一役は、この紙芝居屋は元からあつたものを新聞社の重役がプライベエトの資金で買収したもので、事業の主権は新聞社側にあつたが、元の方からくッついて来た役員もゐて、どこにもある例だが、この人の合流が円満に行つてゐない。その緩衝役（？）といふ役もあることが、入つてみてから後で判つた。ここで作る紙芝居は、子供が観るものも無論少しあつたが、製作の重点は大人用のものであつた。あの町の角で、飴を売りながら拍子木をチヤキチヤキやる紙芝居を拵へてこれを大量に印刷し、全国へ頒布販売するのがその事業だつた。全盛時には台湾、満鮮の隅々まで紙芝居の愛好家と利用家がゐて、これを争ひ求めてはその新版もので自分の宣伝をしたり、紙芝居の絵の裏に顔を隠して、素面ではできないことをしたがるやうな人が待つてゐた。然し多くは、官辺筋とか社会運動団体とか農民組合とか或ひは学校筋に、集団的に大量に利用されてゐた。

営利としてはそこがつけ目らしい。その領布普及網には新聞社は昔からある各地の配達店が利用されてゐた。

それにしても私は随分クサつてゐた。新聞社はいわゆる社会の木鐸で気分的にもすべての同僚に毅然たる底意が漂つてゐたが、此処へ来てから、こゝから官辺などへ電話をかけるのを傍で聴いてゐると、

「え？　何？　紙芝居？　あ、さうかァ」

とそこで初めて相手の声が馬鹿にしているやうに変つて、

「それなら明日の何時頃に来給へ……」

　正門からでなく、裏門を通つて来給へと云つてゐるのではないかと思はれるまで、こッちの卑屈に対して相手の応対が傲岸になつてゐる状がまざ〳〵と受話器を溢れ出しては窺はれるやうな気がする。此処で紙芝居に専念してゐるのは、元の方から来た帝大出の文学士であつたが、その人が、初めて見た時は、デスクに向ひながら、左手に、名刺大をもうひと廻り大きくした位の白紙を何枚も握つて（よく見ると、その一枚々々に紙芝居の略図が描いてある）、それと見合せ照合せ、一枚づつを剝くつては口の中で何か文句を喋りながら右の手では目の前においたそれ用の特殊の原稿用紙に紙芝居の筋書きを書いてゐるところであつた。その時から私はもう侘しくなつた。けれどもその文学士が
「映画が自動車なら、これはまァ自転車でね。文化事業としての自動車は、横丁が狭くて入れないでしよ。その入れない横丁や路地に紙芝居が入るんです」

　といふ説明をした時は、私も無条件に賛成せざるを得なかつた。文化は陋巷《〔ろうこう〕》から、といふのが予ての私の主張だ。新聞は陋巷から遊離してゐる、という不平も予てからある。これが若し紙芝居といふもので救われるなら、といふおほ《マ》けな《マ》い自負心も動いて来る。流石に主宰者で、誘い方も巧いことをいふ。

〔中略〕

　すべてが私にとつて侘しいタネであつた。いはゆる脚本作家として集まる顔を見ても国民学校の先生が最も多く、それに文学者志願のやうな若い男や女や、華族の夫人が紹刺しの手すさびに倦きて筆を持つてみたのや、旅巡り劇団の作者や三流新聞の文芸部の記者や、さういう半熟、半可通な文学者達が、一応「作家」づらをして集まって来る浅薄さにも侘しさを感じた。結局、自転車の文化には動かされたが、出来る紙芝居は精々浪花節の狙つてゐる所の線を超えず、その他のものと云へば国策宣伝用ばかりなのに失望し、また、それを突き除けて良いものを拵えるほど紙芝居というものに熱中せず、鶴のゐる畑ではない、という風に思ひ上つて、私は紙芝居を罷めてしまつた。それにはその時丁度政府の命令で新聞統制機関の日本新聞会という厳めしいものができたからである。立派な新聞記者が乗り込むには恰好な所である。立派な、をやめて、停年後の新聞記者が乗り込むにのは〔にはカ〕——と読者方で直すかも知れない。

［『紙芝居』復刊第五号、一九四八年七月一日、東京、K361］

紙芝居と戦犯

佐木秋夫

戦犯裁判（極東国際軍事法廷）のA級被告荒木その他に対する検事側の証人として、六月二〇、二一日の両日、歴史的な法廷の証人台に立つた。カミシバイを知らぬ外人が多いので、まず概論を一席述べ、証拠として提出された作品『戦争してゐるのだ』（四一年七月、日本教育紙芝居協会＝日本教育画劇株式会社刊）を通訳つきで実演した。やる前に検事から「晴れの場面だよ（スプレンデイツド・ジヨブ）」と肩を叩かれた。たしかにすばらしいパブリシティを紙芝居も持つたものだ、が当の身になつてみれば、深刻な問題がある。

この解説紙芝居は翼賛会のパンフレット『国民に訴ふ』（陸軍報道部長著）を砕いたもので、要旨は、日支の兄弟ゲンカは米英にあやつられているのだが、その米英にハッキリ対立する枢軸陣営に日本は参加し、世界動乱における日本の態度はきまつた、国民よ〔 〕がんばれ、とゆうので、ことばは少々ぼかしてあるが、今にして顧れば、明らかに太平洋戦争の準備宣伝だ。

弁護人は反対訊問でしきりに口実を設けてこの点を否定させようとした。否定すればこちらの戦犯協力の責任も軽くなる。しかし、バカと思われやうと、時の権力にこびる軽薄さととられやうと、わたしは良心と理性に従つて、準備宣伝と認める、と主張した。

この問答の間で、この侵略戦争に対する根本の考へかたに就いて大きな開きのあるのを感ぜずにいられなかつた。わたしの心を第一に満たしてゐたのは、事情はどうあらうと、犯罪行為に協力した自責の念だつたのだが――。

と同時に、紙芝居と戦争、戦犯との関係を改めてふりかへつて整理してみずにはゐられなかつた。

〔後略〕

〔『農村文化』第二五巻四号、一九四六年八月一日、東京、N752〕

この一年

佐木秋夫

神がかり日本精神に圧しひしがれてゆがみいぢけた日本文化は、自殺的な侵略戦争によつてみぢめな破滅に終つた。

縄張り争いと官僚主義的無能と思いあがつた「みこともち」意識に踏みしだかれ、資材不足、輸送混乱、空襲にいためつけられ、文武《ママ》官僚の腐敗に毒されて、戦争末期の紙芝居は殆どチツソク状態にあつた。

街頭〔紙芝居〕関係は説明業者の減少、学童集団疎開、業務用砂糖の配給中止などで、大日本画劇協会〔紙芝居屋に絵を配給する会社〕も自然消滅のかたちとなつた。印刷〔紙芝居〕関係も資材関係と空襲とで、翼賛文化画劇、第一画劇などが脱落し、大日本画劇、興亜画劇、全甲社、紙芝居刊行会などが罹災し、半身不随となつた。

資材獲得のため（紙芝居には正規の配給がなかったし、今もない）文部省、情報局（その芸能課と文芸課）の共管で社団法人大日本紙芝居協会が目論まれ、準備機関として民間側の大日本紙芝居協議会が設けられたが、官庁の縄張り争いとスローモーとで、まとまらぬまま敗戦となつた。

敗戦は民主主義文化革命への途をひらき、言論、出版、思想、信仰の自由を抑圧してきた中世的な人民弾圧法は解放者である聯合軍の力で次々に廃止された。映画、出版その他では革命的民主化が進行し、戦争責任を「敗戦責任」にすりかえようとする「総ざんげ」内閣の厚かましい術策にもかかわらず、戦犯粛清が強力に行はれた。

紙芝居界では、世界が小さすぎて、戦犯の厳重な追究〔追及カ〕は新らしい民主主義紙芝居を生む代りにたゞの空白をもたらすことがはつきりと予想された。古いものを打ちたおして取つて代るべき勢力の予備軍がなかつた。かくて、独特の「文化界の片隅での」無風状態が現れた。この空白時代に、最後の情報局当局は紙芝居『新生』を贈りものにして消滅した。大日本紙芝居協議会は解体して、民間の自主的な日本紙芝居協会が生まれた。業者、作家画家聯盟、演出者聯盟などを会員とし、広汎な全日本紙芝居聯盟を外郭とする綜合的な機構のもので、民主主義文化革命に於ける紙芝居の役割を果たすのに最も現実に即した効果的な機関であると考へられたのである。

紙芝居に対する一切の官僚指導検閲は禁ぜられ、カミシバイの重要性を認め、聯合軍総司令部は民主化のための種々の有益な指示と援助とを協会に与えてきた。

古い作品には軍国制や封建的意識の現われが強いので、当然その使用が禁じられる。あるいは再検査の後にのみ使用を許される。

日本教育紙芝居協会は四五年末に自発的に解散し、日本教育画劇も残務を終えて四六年夏に終業した。

〔後略〕

［『紙芝居』復刊第一号、第七巻一一号、一九四六年一一月一日、東京、K361。アミ掛けは検閲］

子供・紙芝居・先生

川口市立青木小学校長　四方田正作

猿飛佐助の忍術や水戸黄門の物語が、日本の庶民思想の一底流として寄与したものは、その是非善悪はべつとして見のがすことのできない事実ではないかと思う。このことはあたかも現下の街頭紙芝居が、大人たちからはいろいろと批判され非難をあびながら、子供たちの現実に根強い力を有つてゐる事実を否定できないことと照応して教育とか教化とか言はれる領域を担当する者にとつて、じつに率直な提訴である。

　子供と紙芝居――切つても切れないそのつながりの強さは、民主教育のあるべき相を示唆すると共に、学校紙芝居の価値や使命の吟味問題をはらんでゐる。昭和二十一年から翌年にかけて、私は学校長として、紙芝居がいかに教育にとり上げらるべきか〔、〕その運営はいかにあるべきか等について実践の体験を有つてゐる。紙芝居を採用した学校運営一年から得たもの、それは紙芝居の有つ特質が期せずして新教育の方向と一致する事実である。

〔中略〕

　学校当事者の大部分は、口を開けば街頭紙芝居を罵倒し攻撃し、ひんしゆくに堪えぬかのゼスチユヤー《ママ》を示す。なるほど町の彼らの演出は非教育的で、低劣で見るに堪えないかもしれない。しかし現実の事実としてあの柝に集る子供たちのすがたを何と見る。横町から路次《ママ》へ抜けるカチカチの魅力の強さよ。甘くなくても飴をくわえて瞳を輝やかせながら、舞台をとりかこんでゐる児童群は、何を語るか。この魔力の恐ろしさを思はねばならぬ。

　学校の紙芝居はとかくどこかに教化がかくされ、先生の紙芝居はいつか訓戒がにじみたがる。子供たちはそれを鋭敏にかぎわける。彼らは大人からの教化、わけてもよいこども的訓戒を無言で拒否する。美談や立志伝は、うつかりすると、彼らをして（なにをいつてやがんでえ）と独白させる。□□な空想や奔放な冒険や、強いくすぐりも、それが圧制をもたない世界だけに、子供らは絶対に街頭紙芝居フアンである。

〔中略〕

　学校の先生よ。あまりに教えたがる先生よ。子供らといつしよにあそび、子供たちとありつたけふざけられる先生にしてはじめて教え得られる人ではあるまいか。子供たちが心からたのしんでくれるならば、新しき猿飛佐助を作ろうではないか。ブルトーザを運転する二宮金次郎が出てもよいではないか。――と私は野心を有つ。

　先生が業者と握手できて、業者が遠慮なく先生に相談する日が一日も早いように、私は刻下の問題として、この解決を期待する。

　昭和廿三年の初頭〔、〕埼玉県学校教育課は埼玉新聞社とタイアツプして、学校教材の紙芝居作品募集に乗り出した。その成果は未発表であるが、こうした企画は民主教育のよい方向を示すものとして、心から喜びに堪えない。

（昭23・2・8）

［『紙芝居』復刊第四号、一九四八年四月三日、東京
K361］

街頭紙芝居をよくする運動

〔神戸市〕社会教育課

○

街頭紙芝居が子供たちに与える悪い影響については、各方面からいろいろと聞いている。なかには禁止してしまえ、という強硬論まである。しかし、ふりかえつて、紙芝居に代るだけの〝子供の娯楽〟に何があるか、というと、どうもそれだけの普及性と興味の持続性を持つたものはみあたらないのである。子供のためにある唯一の娯楽と言つてもいいこの紙芝居を、唯単に禁止するなどということをいわずに〝見テヨイモノにしてやろう。〔〟〕と始めたのが〝紙芝居をよくする運動〟である。

○

先ず、昨年十二月八日、市役所で絵元懇談会を開いた。全市十一軒の絵元、市警防犯課の永井主任、市側として社会教育課指導課から七名出席して、社会教育課長の司会により、紙芝居の現状をどうすればよくする事ができるか、を話しあつた絵元諸君はこの運動に対して非常な熱意を示し、その日のうちに、新しい紙芝居業者団体を生むための準備会として紙芝居連合会の発足を見〔、〕やがては実演研究会、講習会を毎月定期的に開いて紙芝居屋の〝オツサン〟をマチのセンセイにまで高めよう、という事になつた。

社会教育課としては、この業者の熱意にこたえるべく、早速同月二十一日に、実演研究会を市庁で開催し、〝あるべき紙芝居の本来の姿〟への方向を見つけ出そう、という事になつた。

当日は、軍政部報道課長ポール氏〔、〕全市の紙芝居実演者約七〇名、全市のヨイコたちを代表して川池校の四〔、〕五、六年生約一五〇名、各区の方面教育係の先生方、市警柏木防犯課長〔、〕湯浅課僚の出席を見、午前九時、木戸教育長の挨拶によつて開会、十一軒の実演者団体から代表者一名ずつが代る代る熱演、なかには演出技術〔、〕脚本とも予想外に良好なものがあり〔、〕意外の収穫を得て午前の部を終つた〔。〕

午後、ポール氏の談話を皮切りに、社会教育課長の司会で研究懇談会にうつつた。ポール氏は「子供は日本の未来であり、紙芝居は子供の精神に非常な強い影響を及ぼす力を持つている。故に私は、紙芝居に対して絶えず関心を持ちつづけて来た。現在のところ、なかなか新しい考えを持つている業者もあるが、未だ旧思想から抜けきつていない人たちもいる様である。製作者は子供たちによい影響をあたえるものを製作する様努力してほしい。ことに、新日本建設の精神を子供たちを通じて大人にまで理解させてゆく様な内容を持つたものが望ましい」と約一時間にわたつて占領軍当局の紙芝居に対する意見を述べ、つづいて川池校のヨイコたちから「きようの実演についての感想」発表、実演者からヨイコたちへの質問があり、実演された脚本・演出者の技術についての批判研究にうつり、街頭での実演者の態度についても話が進んでいつた。この間〔、〕約七〇名の出席実演者たちは熱心に聞き、かつ言い、紙芝居向上への熱意を見せ、予期以上の成果を収めて午後三時半散会した。

〔後略〕

〔『教育委員会だより』第三号、一九四九年三月三〇日、神戸、K2143〕

紙芝居

こどもの文化展望

文京区M町の一角、棟割長屋が立ち並んだ崖下の空地に、最近紙芝居のおじさんが日の暮れ方になると必ず姿を現わすのである。

吉田首相を若返らせたような童顔、デップリした体躯のおじさんが表通りに面したおふろやの角を廻つて、悠然として自転車を空地の中に乗り入れると、それを見かけた子供たちは早速遊びをやめて飛んでくる。

最先に馳けつけた二人の子は、おじさんの太鼓と拍子木を借り受ける権利をもち、附近の路地、横丁をドンドン、カチカチと前触れして練り歩く役をうけもつ。やがて二〔、〕三十人の子供達が手に〳〵皺くちゃな一円札、五円札を摑んで空地に集まる頃には、おじさんの方でも紙芝居の舞台を自転車の荷掛けの上に装置してお菓子を売るばかりの体制が整っている。

ブリキ罐にごってり詰った水飴、クリーム付きのうすいおせんべい、コチコチの塩こんぶなど、単価一円ないし二円のお菓子類が飛ぶように売れてゆく。一人当り平均三円は買うようだ。抽斗つきの小さな箱の中に納まっているとはいえ、一日中あちこちの空地、広場の埃を冠ってきたお菓子類が、泥だらけの子供の手から口へと運ばれて行く光景は、どう見ても衛生的とはいえない。中には地面に落した飴をそのまゝ、頬ばる勇敢な子供もある。お菓子と一緒に小さな数字札を渡すのは当世流行の紙芝居籤《くじ》の一つであろう。売り終つた後でおじさんが手許の数字札の中から五枚を引き抜き、当り籤をもっている子供に特別大きなこんぶを一枚ずつやっている。大勢の中にはお菓子を買わない子も二〔、〕三混っているが、おじさんが仰山に顔をしかめて「だめ、だめ、おじさんは飴を買わないで紙芝居をたゞ見する子は顔を見るのもいやだ。」「い、じゃないか、今日は母さんがいなくてお小遣いが貰えないんだもン。明日うんと買うからよう。」

こんな問答が終ると、いよいよ紙芝居が始まる。鳥打ち帽を横っちょに冠り、太鼓と呼笛で適当な擬音効果をあげながら、絵を一枚ずつはぐって説明するおじさんの巧みな話術は子供たちを全くお話の世界にひきずり込んで行く。

上演時間は二十分前後、いつも三〔、〕四篇のシリーズ物が用意されていて、約一週間で順次にさしかえられて行く。その内容を分ければ、探偵活劇物、科学探検物、或は忍術、お化け、武者修行の時代物など、スリラー的要素の強いものを中心として、子供を主人公とした軽い笑劇、西洋名作童話などが添え物につき、あくまでも子供向きの面白さを主眼として、それ〴〵の内容に変化を持たせようとする演出上の苦心が窺われる。

「なんでえ、おじさん。今日は笑いの仮面をつづけてやるっていう約束じゃないか。」

観客を代表して抗議するのは、新制中学にいっている最年長の子供で、ボス的な存在でもあり「おい、サブロー、お前、飴も買わないのに前の方に割り込むない。」と、小さい子供に睨みを利かせもする。

さて、一般に紙芝居の魅力は、おいしいお菓子を食べながら、面白いお話を見聞きしたいという子供の切実な願望が、安直に与えられるということで説明がつくが、更に、紙芝居のおじさんのかもし出す人柄の魅力が子供心を強く惹きつけることも見逃しえない。「子供が本当に可愛くなけりゃこの商売は勤まりませんや。」と、〝巷の教育者〟を以て自ら認ずるおじさんはいう。

紙芝居の功罪を論ずる世の人々は、まず、このおじさんの心を己が心として、街頭から悪い紙芝居を駆逐すると共に、もっとよい紙芝居を、もっと衛生的なお菓子と共に子供達に与えてやるように協力すべきではあるまいか。（T・K）

〔『新しい教室』第四巻七、八号、一九四七年七月一日
東京、A469〕

コドモの眼はオソロシイ

マキ・イチロー

〔前略〕

紙芝居を、何故、あんなにコドモたちが好むのだろう。紙芝居を演じてくれるオヂサンの拍子木や太鼓の音などが聞こえると、コドモたちは主人の足音を聞きつけた犬のように（とは非常に失礼な形容だが）その音のする方え《ママ》まっしぐらに駈けつけて行く。このように、コドモたちが狂喜してうけいれるものが、紙芝居をおいて他にあるだろうか。今日演じられている紙芝居のすべてが、コドモたち自身が生み、育て、つくりあげているからだ。製作者も作家も画家も演出者もこのコドモ民衆の眼をのがれて、何事も出来ないのである。するどい、きびしいコドモたちの眼を感じながら製作者も作家も画家も演出者も、コドモ自身と共に、その職場々々

で働いているコドモ自身の姿に外ならない。

　今日つくられた紙芝居は、明日は、コドモたちの峻烈な鑑賞の眼をくぐらなければならない。コドモたちが、零点をつけた紙芝居は、紙芝居として落第なのだ。この採点は絶対のものであり、情状しやくりようの余地がない。或いは、白いものが黒いといつても通るオトナたちの世界とは違つて、白いものは飽くまで白く、黒いものは絶対に黒いとしか通らない。ここにコドモの世界とオトナの世界との相違があるのである。たまには、製作者も作家も画家も演出者もオトナの考え方になつて、胡麻《ママ》化そうとする。すると、コドモたちはただちに見破つてしまう。見破られたが最後、コドモたちの手厳しいボイコットにあうのである。

　つまらないことを、コドモたちはおもしろがるというが、それは嘘で、ほんとうはおもしろいのだが、オトナたちには、そのおもしろさがわからないのである。

　たとへば、一つ頭の怪物よりも、二つ頭の怪物の方がコドモたちはおもしろく思う。しかし、そうかといつてコドモたちは、二つより三つ、三つより四つと、怪物の頭がたくさんになれば余計におもしろがるかとオトナは思うが、そうではない。コドモたちは、バカにするなと、その紙芝居を軽蔑し、排せきする。コドモたちに、批判する力がないとか、無批判に、どんなものでもうけいれるとかいうが、決してそうではない。コドモにはコドモとしてのちやんとした批評眼を持つている。

紙芝居を低俗とか、卑俗とかと教育者はいうが、そうだろうか？　視覚教育の立場から色彩が強烈だとか、話に芸術性がないとかいうが、そうだろうか？　巷の騒音の中で、一尺四方の舞台のなかに入れられた紙芝居を鑑賞しようとするのには、教育者のいふ定義がゼロであることは、コドモ自身がよく知つている。若しこのことが間違つていると思うのなら、その教育者が、巷の中に紙芝居を持ち出せばわかることである。教室のなかで、コドモたちにおしつけがましく見せる紙芝居と違つて、外界の刺激に圧倒されてしまうのである。教育者は、このことをよく知るべきである。

　昭和五、六年頃の紙芝居に『黄金バット』というのがあつた。紙芝居といえば『黄金バット』『黄金バット』といえば紙芝居を〔、〕あの『黄金バット』を例にひいて話そう。

　昭和五、六年頃といえば、日本の軍閥が、漸く世界侵略の魔手をのばしはじめた頃で〔、〕ストライキは続出するし、失業者は巷にあふれ、まつたく世相はアンタンたるものであつた。このインウツな時代のコドモであつたコドモたちは、どんな紙芝居を生み育て、つくろうとしたか？

　学校のひからびた教育に反抗したコドモたちは、自身の手で、『黄金バット』をつくりだしたのである。『黄金バット』こそ全日本のコドモたちが暗黒の世の中に抗議する偉大なともしびであつた。天空を縦横無尽に赤マントをひるがえし飛躍する『黄金バット』〔の〕豪快この上もなき笑ひ声。『うわはつはつはつ‼』

悪きものを完膚なきまでに叩きのめし、神出鬼没の活躍は、コドモたちのもとめるコドモたち自身の救世主であつただろう。『黄金バット』の笑声こそ世の中のオトナどもを峻烈に批判したコドモたち自身の怒声ではなかつただろうか。その笑声は、教室内にみなぎり修身の教えを笑殺し、日本歴史を蹴とばしてしまつたのである。ここに当時の教育者はうろたえあわててついに、紙芝居の取締りを、文部省にあらず、警視庁に申出たのである。その後警視庁は、その権力をもつて、紙芝居の検閲に乗出して来た。つまりは、コドモたちの生み、育て、つくる紙芝居に一大弾圧を下したのである。このため、街頭紙芝居が、衰微をみせたのも、コドモ自身の手で、紙芝居が、つくれなくなつたからである。紙芝居の教育性といい、芸術性といい、娯楽性といい、その時代のコドモたちの社会性を無視して、成り立つものでないことは明らかなことである。繰返していうが紙芝居は、時代のコドモたちが生み、育て、つくりだすものである。紙芝居は、コドモたちと共に前進する。いかなる障害があろうとも紙芝居は、コドモと共に前進するのである。

幸いにして、敗戦後、GHQの理解ある同情のもとに、紙芝居は、今までになき開花を示している。コドモたちも何んの束縛も受けずに自由にのびのびと紙芝居の民主化をはかり、偉大な民衆芸術としての紙芝居を創造することになろう。

（紙芝居作家）

［『紙芝居』復刊第四号　第八巻二号、一九四八年四月三日　東京　K361］

紙芝居やさん

土家由岐雄
小池巖　絵

紙芝居のゲンさんは、いつもの四つかどまでくると勢おいのよい自転車《じてんしゃ》を、ぴたりととめて、すとんととびおりました。そのひようしに、自転車にのせてある紙芝居の舞台《ぶたい》と、その下におかれた箱の中で、するめの足が、ごそり、がたんと、心地よい音をたてました。

ゲンさんはまず念《ねん》入りに、ぴーんと、自転車にかぎをかけてから、ひようし木を箱の中からとり出すと、兵隊服の胸を鳩《はと》のようにはつて、かち〳〵、こん〳〵と鳴らしながら、日あたりのよい横丁《よこちょう》へ、ゆつくり、ゆつくり、落ち着いてはいつて行きました。

この間まで、まるで、うそのように吹きつけていたからつ風は、いつのまにかなごりもなくおさまつて、今日は、まことにうららかな、春めいた日ざしが、どこの横丁にも、屋根にも、石ころにも、あふれていました。

「あっ、きたきた。」

「おじさん、続きもの持つてきたかい。」

という、大きな声や、小さな声といつしよに、むこうのみちからも、こちらの家からも、目をかがやかせてとんでくる子どもたちに、ゲンさんは、なおもよい音で、ひようし木をかち〳〵ときかせながら、

「うん、今日はいよいよおもしろい場面だぞ。」

と、気合いをかけるように一人一人にいいきかせて、路次《ろじ》から路次をとおつて行きました。

すると、一人の男の子が、ぱた〳〵とおいかけてきて、たずねました。

「おじさん。今日はどこでするの——」

ゲンさんは、自分が打ち鳴らすひようし木のひびきが、春近い町に心よくこだまするのにうっとりとき入りながら、答えました。

「なんだ、二郎ちゃんか。いつもの場所だよ。」

「でも、自転車、ないじゃないか。」

と、その子は、ふしぎそうにききかえしました。

「なんだと。あの、いつもの石垣のそばだぞ。」

「あるものか——」

「ほんとうか——」

「みんな、ぼんやり、まつているよ。」

「そんな、そんな、ばかなことがあるものか。」

と、ゲンさんは、今までゆうゆうとかまえていただけに、ふいをつかれて、かけ出しました。首にさげたひようし木が、走るゲンさんにひつぱられて、こつん〳〵とおしりの方でふれあう音などは、もう耳にも入りません。とんできて見ると、いまおいた場所に、自転車は、まつたくかげも形もありません。

ゲンさんは、声をはずませました。

「だれか、自転車を見なかつたか——」

と、二三十人の子どもの顔《かお》を、しどろもどろになつて、見まわしました。

「見ないよ。」

「ぼくがきた時から、なにもなかつたよ。」

ゲンさんは、ぼうぜんとしましたが、いきなり
「ぬすまれた——」

と一声さけぶと、そこ、こ、の路次を、ころぶようにかけず

りまわつてのぞきました。しかし、自転車はもちろん、紙芝居の舞台も、するめの足一本も、見つけ出すことはできませんでした。

　ゲンさんの顔と胸は、石のようにつめたくなつてしまいました。そのあわれな姿を、二三十人の目が、じつと見つめて、「ぬすまれた。」「ぬすまれたんだ。」と、がやがやさわぎはじめたので、ゲンさんは、ますます、つらくなつてきました。そして、つい、子どもたちに、あてもない約束《やくそく》をいつてしまいました。

「さあ、今日は休みだ休みだ。明日は、うんとおもしろいのを持つてくるから。今日はおしまいだ、おしまいだ。」

といい残して、わざと、から元気をつけて、すたすたと、いせいよく家の方へ歩きはじめました。花屋さんの角を一つまがると、なおも勢いよく二三歩あるいてから、ゲンさんは、そつと引きかえして、赤や黄色のチユーリツプが、におうようにかざられてあるシヨーウインドーのかげに身をかくして、息《いき》を殺してうしろをながめました。今いた石垣の場所には、もう子どもたちの姿は一人も見えませんでした。

　ゲンさんは、自分のみじめなありさまを見つめている者は、もはやだれもいないぞと思うと、今まではりつめていた気もちが急にくずれて、花屋さんの横のどぶ板の上へ、くたくたとこしをおろして、ふーつと一いきはきました。あしたから、どうやつて暮らして行こうかと思うと、目の前がまつくらになつて、町のうららかな日ざしも、青々ともえたつた柳の芽も、春を呼ぶような空の浮雲も、ゲンさんの目にはもううつらず、たゞうつろなひとみに、悲しみの色ばかりが、深くたたえられているばかりでした。

　ゲンさんは、ぼんやりとしたまゝ、きせるをとり出して、きざみたばこをつめはじめました。たばこの粉は、ゲンさんのよごれきつた服に、ばらばらと落ちかかるばかりで、ゲンさんはマッチをする勇気さえも、今は忘れているのでした。するとふいに

「コレ一ポン、イカガデスカ。」

とへんな日本語が、頭の上でしました。と同時に、目の前に、大きな腕がにゅっとあらわれて、一本の巻きたばこが、つき出されると、続いて、しゅうっと、ライターの火が差し出されたのでした。

　ゲンさんはおどろいて、その人を見あげますと、大きなアメリカ兵が一人、にこにこしながら、ゲンさんに、

アメリカたばこをすすめているのでした。

ゲンさんは、あわてゝ立ち上がると、半分ぼんやりしたまま、むちゆうでお礼をのべました。

「はつ、これはどうも。まことにサンキユーでございます。」

するとアメリカ兵は、もう一度、たどたどしい言葉で、

「ゲンキ　ダシマシヨウ。ゲンキ、ゲンキ。」

と、にこにこしたまゝいうと、自分で二三回うなずいて見せて、目もさめるような黄水仙と、白つばきの花をあざやかにかかえたまゝ、花屋さんの店先に待たせてあるジープに乗るが早いか、すーうつと行つてしまつたのであります。

ゲンさんは、つゝ立つたまゝ、左手にきせるを握《にぎ》り、右手に、火のついたアメリカたばこをつかんだまゝ、なおしばらくはそのあとを見送つていましたが、急に、人のなさけというものは、わずか一本のたばこでも、こうもうれしいものかと、涙ぐましい気もちが、胸をゆすつて、こみあげてきました。

それとともに、まずしいながら、今日まで正しく働いて来たこの自分から、あの大切な商売道具、自転車も、舞台も、するめの足も、ことごとくうばい去つて行つた、同じ日本人のさもしい根性《こんじょう》が、たまらなくなさけなくなつて、声をあげて泣きふしたい気持ちになつてきました。すると、今朝まで大勢の子どもたちに声をからして聞かせていた紙芝居のせりふの一節が、たちまち怒りの声となつてゲンさんの口をついて叫ばれました。

「ようし、ぼくは、そんなけちくさい日本人にはならないぞ。心を広く、世界の、世界の人間になつてみせるぞ。」

ゲンさんは、ふいに出た自分の声の大きさにあわてゝ、口をつぐみました。そして今度は、口を閉じたまゝ、心の中で叫びました。

「今の、外国人のようにやさしく――」

ゲンさんの顔色は次第に明るくなつてきました。そして一息に、たばこの煙りを胸深く吸い込むと、あの異国人のゆたかな愛情が、全身にしみとおるように感じられてきました。

「おつと、これは、たから物だ。」

というとゲンさんは急いで火をもみ消して、たばこを、胸のポケットに、ていねいにしまいこみました。そして、

「自転車がなければ、舞台を背負つてでも働くぞ。正々堂々と生きて行くぞ。どこまでも、どこまでも――」

と、ひとりごとをいいながら、今度はほんとうに元気よく、春近い町を、日ざしにかがやきながら歩きはじめました。


［『初等四年』第二巻四号、一九四七年四月一日、東京、S2280。アミ掛けは検閲］

紙芝居のおつさん

室谷武司

せなかをビツシヨリ汗にぬらして、電柱に手製の舞台をぶらさげて子供達の人気者〔、〕街の演芸家紙芝居のおつさんが迫る夕暮を気にしながらさかんにしよ《ママ》がれ声を張り上げてゐる。

カツチン〳〵日に幾回ともなく立ち替り入れ替り廻つて来るのには金のせびられるのと、うるさいのとであゝ又かといさゝか閉口の感じだが、お互に生活といふむつかしいものと取組まねばならぬ辛さをつく〴〵思ふ時、子供達を集めてなんとか人気をと汗どろ血どろの奮闘の姿に又同情が起つて来る。

或る時は電柱に又は板塀にと人一倍面倒な苦労を見せなければならないこ〔の〕おつさん。それは去る日の受難から始まつた。

その日もカツチン〳〵とじり〴〵照りの中をこぼれる汗を拭きながら子供集めに廻つてゐる間に商売道具はもちろん虎の児の自転車までも失敬されてしまつたのである。

おつさんの落胆はそばで見る目も痛々しく〔、〕集つて来る小供達の「おつさん〔、〕飴は」「どこですするんや」の声に返事もそこ〳〵に頭をかゝえてしやがみこんでしまつた。

垢じみたシヤツ古びた登山帽を通じておつさんの苦悩はつく〴〵うかがわれる。明日からの商売、家庭生活、小供の顔等々いろ〳〵の事がぐる〳〵頭の中で渦を巻いてゐるのでせう、すご〳〵立ち去るおつさんの後姿に見送つている人々も声はなかつた。

だが翌日のおつさんの不屈の精神と云わうか、生活確保のやむなきと云わうか、速製《ママ》の舞台を小脇にかゝえて画面と飴との入つたかばんを肩にかけて、カツチン〳〵とやつぱり現れた。見てゐるとまずカバンから金槌を出してそばの電柱にコン〳〵と釘を一本うつて舞台をひつかけた。

見てゐた子供達はどつと笑つたが、おつさんはさみ〔し〕そうな顔をしていた。

この暑さに次から次へと廻つて商売をしなければならないおつさんの労苦と昨日の受難とを思ふ時〔、〕あゝ人生こそまさしく紙芝居であろう。

それからも古びた登山帽の肩から紙芝居をかけたおつさんは相かわらず、辻でしよがれ声を張り上げてゐる。

それからは子供達にせびられる度に「紙芝居の盗られたおつさんに買ふんやで」と云つて五円さつをほりだしてやる。

（昭和二三、八、五）

［『阪南文学』第三号三、八・一五解放記念日特集号、一九四八年八月一五日、岸和田（大阪府）、H225　手書き］

第四章　広告新時代

章解説

竹内幸絵

「貝殻人間」だった広告人たちが口を開く

戦時に向かう直前の一九三〇年代、日本の広告界は急ピッチで近代化を遂げようとしていた。それは広告媒体の発達と印刷技術の進歩、そして欧米に刺激を受けた広告表現の転換が三位一体で推進したプロジェクトだった。ところがこのプロジェクトが進展し、欧米に倣った訴求力のある新表現、いわゆるモダニズム表現がマス・メディアにおいて実現しようとしていた矢先に、国家が戦時体制へと突入した。中断された広告の近代化は、商業の道具としての広告ではなく、国家プロパガンダに転用された。そこで日本の広告表現の近代化が実現し開花したのは、皮肉な時代の巡り合わせというしかない。

敗戦直後の広告界は、この「戦時期の近代化の中断」の、さらなる中断に直面したといえよう。敗戦の街で近代広告とそのデザインは二重の意味で空中分解したのだ。それはどういうことか。

敗戦により唐突に始まった「配給された民主主義」（「宣伝人と自主的精神」『綜合宣伝』一九四六年一〇月）。そこで指導的立場にあった人々は、来る消費社会を予感し、「今後の社会は宣伝の時代である」と広告新時代の到来を期待した。だが敗戦直後の街で誰が近代的《モダニズム》広告を作ることができただろうか。洋画家の岡鹿之助が『美術手帖』で、大衆は「戦争中からの、どぎつい宣伝に頭の中をかきまわされた」（「看板・ポスターの恐ろしさ・親しさ」一九四九年八月）と語り、『綜合宣伝』が創刊の辞で「（国策宣伝は）国民の自然感情を委縮せしめた」（「宣伝は解放されたり——創刊の辞に代へて」一九四六年六月）と示すとおり、近代化と消費社会の象徴だったはずの訴求力の強い近代的《モダニズム》表現は、戦時期に国家が宣伝に利用したことで、戦時の暗い記憶に結びつくものとなってしまっていた。

いやしかしその前に、もしそのような暗い記憶が仮に薄いものだったとしても、敗戦直後に消費社会の到来を賛美するような近代的な広告は誰にも作れなかった。売るものがなく、広告を描く紙もなく、そして一九三〇年代に切磋琢磨し、新時代の表現を開拓してきた戦前の広告人たちも「従軍したり、他の写真部門に従事することになったり」(「商業写真はむづかしいか」『光画月刊』一九四九年七月)で、元の職場に戻ってはこなかった。資生堂で活躍した商業写真家の井深徴《あきら》は、商業デザイン(ここでは商業写真)が成し遂げた「昭和七、八年から十四五年間」の「非常な発展」が戦時期に中断し、占領期の終わりごろ一九四九年に至ってもまだ「昭和二、三年頃の状態」だ、と嘆いている。井深が「悲惨な状態にあるのは続くもののない商業図案界・商業写真界」と表現する通り、敗戦直後の広告界は、社会・モノ・人材・表現、すべての近代化がズタズタに空中分解した、先の見えない状況にあったのだ。

しかしそれでも広告は街に出現した。都内国電から見える「焼跡の、いたるところにあらわれた「結婚とは何ぞや」という料理屋の珍妙な落書きの広告」(「広告界展望」『週刊朝日』一九四七年一月)は、多くの人に敗戦後初の屋外広告として記憶されている。しかしプランゲ文庫の資料群は、敗戦直後にこれだけではない多様な広告が、売るものも広告を創る材料さえもないなかで多数作られたことを記録している。

「終戦後特に異常な混乱ぶりで狂爆状態を発揮した屋外看板界」「焼ビルの胴パラや屋上等」に「雑炊のようなのがゴタゴタと繁華な中心に立ち並んで」(「広告媒体雑感」『綜合宣伝』一九四八年一〇月)、「正視することも出来ぬ」「あくどい欲情的な言葉と絵の氾濫」(前掲「看板・ポスターの恐ろしさ・親しさ」)、といった数々の証言が示すとおり、敗戦後の混沌とした状況から離陸したそれらは、美的にはかなり劣ったものだった。岡は、大衆が狂爆状態の屋外広告デザインに「ますます煽り立てられていく」と憂いている。

これらの描写を読めば混乱した広告を占領期のあだ花と捉えることもできるだろう。少なくとも当時の知識人らにとっては憎々しい不愉快な造形物だった。しかし、ここで私たちはそのデザイン性ではなく、モノも資源も、制作する人材も揃わないなかで、文字どおりゼロからスタートした占領期の庶民的な商売人たちが、それでもなお多数の原初的な広告表現を作ることに力を注いだ事実に目を向けるべきだろう。

広告を描くための紙にも事欠いた様子は、「飛ぶように売れる新商品の仕入れ方法」（『殖産マガジン』一九四九年六月）のサンエス・パウダーなる商品を知ると、より実感できる。これは「極く簡単に古新聞紙を画用紙のやうに白くすることができる」という白塗下地画材だ。古新聞を白塗りしてまでなぜ人々は「広告」を作ろうとしたのか？　彼ら街の広告人の心情は残念ながらプランゲ文庫の資料内にも書き残されてはいない。しかしこれが「民衆の中から、民衆の声として、民衆の創意として、生まれ出て」（前掲「宣伝は解放されたり」）きた、日本の戦後初の広告であり、占領期の広告界のエネルギーを映す広告なのだ。敗戦直後の広告界には無名の「口を開いた「貝殻人間[1]」たる広告人が数多く存在していた。戦時期に貝のように口を閉ざさざるを得なかった市井の広告人たちは、敗戦後売る物さえ事欠く状況下で、再び広告を創る情熱を持った。それが雑多で混乱したものだったとしても、そこには戦後への期待と消費への憧憬が込められていたのである。

混乱する街の広告風景に対して、地方のサラリーマンらが的確な指針を示している点にも注目したい。「街の美学」（『望洋』一九四九年八月）では、釧路の炭鉱の一社員が「環境即ち街を美しくすることに努めねばならぬ。……（広告は）扱い様によつては広告本来の目的を果すと共に街の美しさを増す」と提言し、「通俗美学　街を歩いて　広告談義」（『東風』一九四八年九月）では、名古屋の銀行マンが「焼けて、敗けて、物の無い昨今、新しい高層建築は望めないとしても、安物のバラック街にも、それ〔広告〕が適当に構成され、そして適当に装飾されてゐる限りに於て、新時代の美しさはみいだされるであらう」と、美しい広告のある、明るい未来を予想する。彼らの冷静な文に、地方都市の知性と復興の力強い息吹を感じる。

広告塔と女性のイメージ

混沌とした占領期の街角に現われた「広告塔」。一九四六年六月六日の『朝日新聞』は、日本橋―銀座間に四六基の広告塔が新設されたと報じている。広告塔は戦前にも銀座などの繁華街に設置されていたが、占領期のそれは大衆に戦前とは別の印象をもたらした。「街がバラック建築なのにひきかへて、小規模の為に広告塔に材料が本格的なものを用いてゐる。その為か街の建築と飛びはなれて存在し、その上装飾しすぎてゐる」(「街の広告塔」『新建築』一九四七年一一月)。焼けた街と不釣り合いに立派な広告塔。実際にはどのようなものだったのだろうか。「街の広告塔」に設計図が二点残されている。高さ約二メートル、四角柱の四面に広告掲示場があり、一点は二段構えで上下段にポスター掲示が可能。もう一点は植込みの間に建てるプランだ。歩道と車道の境界に置かれたのだろうか。いずれも直線的なグリットで形作られた一九二〇年代の構成主義を思わせるモダンな印象を与えるデザインである。

広告塔の姿は『電波科学』(一九四七年九月)の表紙にも捉えられている。話題の映画『春のめざめ』のポスターが張られた円柱型で三角屋根の広告塔がなぜ雑誌『電波科学』の表紙だったのか? それは占領期の広告塔に音声発信機能が備わっていたからだ。これは戦時期の満州や台湾のラジオ広告を除けば本邦初の音声広告と言えるものだ。ここに音声広告を出稿したという記録が、ニッサン石鹸が開催したイベントを知らせる同社社内報に残されている(「ニッサン石鹸・ニッサンマーガリン広告写真懸賞募集中」『社報日油』一九四九年八月)。

一般写真愛好家向けの撮影会というこのイベントは、占領期も終盤にさしかかり時代が転換しつつあったことを象徴している。まだ高価だった写真の機材を各自が持ち込む撮影会という内容は、趣味への投資が可能な層の出現を示しているし、東映ニューフェースをモデルに雇うという趣向は、今日のアイドル撮影会を彷彿させる。そしてそのイベントの開催広告が、当時先端の広告媒体であった広告塔で、恐らく女性アナウンサーの声で広められた。

「時代の脚光を浴びる女性職業　そして貴方はなにを選ぶか」(『芸苑』一九四九年三月)には、「婦人警察官」や「ドレス・メーカー」(裁縫師)、「婦人記者」、「通訳」と並んだ女性の花形職業として「広告塔アナウンサー」が示されている。現在もアナウンサーは若い女性のあこがれの職業だが、これが占領期の広告塔アナウンサーに起源を持つことは今や全く忘れられた事実であろう。

女性の声が響く広告塔には当時女性のイメージが持たれていたようだ。街を歩く少女が大人びた女性へと変わりゆく様子を広告塔の視点から描写した創作短編「広告塔」(『新星』一九四八年九月)でも、広告塔は女性として描かれている。これは北陸の工場の労働組合誌に書かれたものだ。「丸の内のオフィスの退け時、有楽町からのシネマのお帰り、楽しく肩を組んで宵の銀座にペーヴを踏んで行かれる時、私や私の仲間達は一せいに軽快な音楽を奏でてあなた方のハートのピッチをこころよい状態に高めてあげる」。

この描写からは「広告塔」が消費文化の幕開けと、華やかな戦後の都会の場の演出物として認識されていたこと、そして活躍する女性のイメージをまとっていたことがわかる。しかし実際に広告塔に張られたポスターはというと、「あの一本の塔に一体何個の広告が雑居しているのであろうか」(「広告塔論」『綜合宣伝』一九四八年二月)という証言のとおり、やはりごった煮の多数の小さな広告だった。いささか残念だが、とはいえ欧州風の「パリあたりに見かける広告塔とほぼ同様の」広告塔が、都会の人々の消費の気分を盛り上げる役割を演じたことは確かだろう。

地方にも広告塔は建てられた。しかしそれらは都会とは違ったうけとめかたをされたようだ。熊本と岡山の高校のガリ版刷りの文芸部雑誌に、いずれも「広告塔」という題の詩が掲載されている(「広告塔」『ひこばえ』出版年不明、「広告塔　あぶく　街の風景」『足跡』一九四九年五月)。両者とも、都会的な空気をまとった広告塔と、そのすぐそばで敗戦の痛みから立ち直れないでいる弱い市民を対比して描いている。広告塔はここでは消費復興の象徴としては記憶されていない。荒れた街や人と不釣合いに豪華な広告塔の賑わいが、若者の心に占領期社会の矛盾へのざわついた感情を掻き立てたのであろう。

アメリカ広告文化への憧憬

ヤミ市の街の「刹那的なあくどさ」に辟易した銀行マンが、「進駐軍関係のオフィス、住宅等に見る白い建物、緑の柵、こう云つたものがとけあつて出来た簡素の美」に惹かれる(前掲「通俗美学　街を歩いて　広告談義」)。B29が焼野ケ原にまいた小型の日本字新聞に載っていた「スウイフトのコーン・ビーフ」や「カーネーション・ミルク」「リプトン紅茶」の絵入り食品広告がいかに羨ましいものだったか、「ヨダレをたらして眺め」たと回顧される。そして敗戦から二年後の一九四七年に早くも『リーダーズ・ダイジェスト』(第二章参照)などのアメリカ雑誌が書店に並び、これに載る「フカフカ柔らかさうなパン」や吸い取り紙の要らない「パーカー五一インキ」、「海洋の空を飛ぶ旅客機の図案がすっきりした、ロッキード航空機」などの「スマートなアメリカ商品の広告」に驚嘆する（「早くも広告にあらはれたアメリカ商品」『マーケット』一九四七年三月）。

プランゲ文庫内の雑誌では、アメリカの「モノ」や「広告」が占領期の生活に次々と入り込み、「日本人の目にやきつけられ」ていく状況を庶民が語っている。そこにはアメリカの「モノ」の姿カタチに圧倒され、感化されていく心情も映されている。戦前から企業内広告制作者として活躍していた二渡《ふたわたり》亜土は、「栄養失調の様に痩せたペーヂ、活字見本の様な色気のない印刷、艶の褪せた憐れなる日本の雑誌！」と日本の雑誌の貧相さを嘆き、「オールペーヂ・アートのアメリカのマガジンは笑ふ――」と、「アメリカの雑誌広告の豪華版」を羨む。アメリカ広告には「自動車も、ラヂオも、宝石も、首飾も、靴も、煙草も、香水も、パイプも」「燦然とした色刷りで魅惑を誘」っていたのだ（「宣伝覚書　雑誌と都市に就て」『綜合宣伝』一九四六年一〇月）。

ところで戦前の日本の広告表現は、もっぱらヨーロッパを手本として近代化を推し進めた。戦前の日本の広告界は「前衛的《アヴァンギャルド》」ないし「抽象的」モダニズム表現を強行した欧州の表現を好んだのである。一方アメリカでは、戦前より具象表現を主流とした広告が作成された。それはアメリカでは「ヨーロッパでの思想動向に対抗する形で」芸術概念が形作られたからだという。[2]「アメリカン・リアリズム」と称されるこのようなアメリカ芸術の特質を、日本は戦前、とりわけ広告表現においては全くと言っていいほど歓迎しなかった。戦前のアメリカから日本が輸入したのはマーケティングの「理論」だけだった。戦時期の日本政府が制作した対外写真プロパガンダ誌も、当時世界を震撼させるメディアに成長していたアメリカの写真雑誌『ＬＩＦＥ』が示したリアルフォトによる説得手法は手本とせず、欧州的な、芸術的で恣意的な「前衛的《アヴァンギャルド》」表現を選んだ。

しかし占領期の日本に選択権はなかった。アメリカン・ライフを彩るリアルな「モノ」が矢継ぎ早に流入し、その「モノ」の持つ説得力が庶民に、そして広告表現に、否応なく覆いかぶさっていったのである。「アメリカ商売教室」（『新商品と新商売』一九四九年七月）では、このメイド・イン・アメリカの「モノ」の影響を「優美で実質的なデザイン」として評価している。「アメリカ商売教室」というこの記事は、原色を好むアメリカの色彩感覚には賛同しにくいとしつつも、「アメリカの実質的な洗練されたデザインは大いに見習う必要がある」とその影響を好ましく受け止めている。

「英文広告 a·la·carte」（『商店界』一九四六年七月）は、広告に英文字を使いたいがためにローマ字で「ＫＵＴＳＵＭＩＧＡＫＩ・ＳＨＯＰ」と書いてしまう「笑えぬナンセンス」が後を絶たないことをコミカルに描いている。英文字表記の広告は必ずしも駐在するアメリカ兵のためにあるわけではなく、「明るい戦後」を日本人に意識させる恰好の表象と意図されたのだろう。「今日のアメリカ広告の行き方」（『ＮＥＷ広告界』一九四九年三月）は、次節で後述する広告研究雑誌の創刊号の表紙にある最初の特集だ。日本の広告制作者の参考とすべく最新のアメリカ雑誌の広告を抜粋し、翻訳・模写したものだ。写真製版もままならない状況下での苦肉の策だが、リアルな描写を売り物にするアメリカ広告の特質を伝えることには成功しているのではないだろうか。

占領期の広告と広告業界のその後

最後に、占領期に創刊し、戦後の広告や宣伝のありかたを示そうとした二つの業界誌、『ＮＥＷ広告界』と『綜合宣伝』に目を向け、占領期の広告と広告業界の立ち位置を考えてみたい。

『ＮＥＷ広告界』は、戦前唯一の広告業界誌だった誠文堂刊『広告界』の廃刊時（一九四二年）に編集長だった宮山峻が、私費で復刊した雑誌である。創刊号は一九四九年三月二〇日、タブロイド判新聞の形態をとった全四面の簡素な紙面でスタートした。二号はＢ４版一六頁の小冊子、三号はＢ５版で体裁は戦前の『広告界』に戻り、ページ数も六四頁に増えた(3)。宮山は創刊号で同誌を「広告界の進歩に役立つ……緑の葉を一杯にはつた大きな樹に育て」たいと述べ、二号では、「往年の広告界まで到達すべく懸命に頑張る」と決意表明する。また宮山はこれに続けて「抽象的なものを避けて具体的な生のもの、実になるものを、一応白紙にかえって路傍の小石からも採り上げてみたい」とも語っている。ここにも日本の戦後広告が、戦前目指した「前衛表現《アヴァンギャルド》」から離れ、「具体的なもの」（リアリズム）から再出発せんとする指向が現われており興味深い。宮山はこの後、戦時期の廃刊を機に退社していた誠文堂に戻り、一九五三年に『広告界』の復刊を『アイデア』という新雑誌で果たす。

宮山の決意は固かったが、とはいえ占領期の『NEW広告界』は「派手な『広告界』をご存じの方には余りに創刊第一号がお粗末であるのに一驚されるで〔し〕よう」(創刊号)と断わりを入れるような出来栄えだった。しかし同誌には大勢の戦前からの「親しい顔触れが手を貸し」「応援」[4]した。彼らの文やデザインの寄稿により、拙い印刷ながらも広告新時代への期待が伝わる誌面となっている。文字通り「新しい広告界」復興の道しるべとして、同誌は広告制作者らにかつての仲間との絆と希望とをもたらしたのである。

一方『綜合宣伝』は、一九四六年の六月に創刊された理論中心の宣伝研究誌である。創刊号には、ナチスの戦時宣伝を例に強制的な宣伝の無意味さを語り、民衆のなかから民衆の創意として生まれる表現が明日を建設する、とする使命感にあふれた巻頭言が示されている(前掲「宣伝は解放されたり」)。

これら二誌[5]から見える占領期の広告業界には、まだ敗戦の混乱から立ち直る兆しは感じられない。しかし登場する執筆陣は戦前の広告業界から生き延びた顔ぶれであり、彼らの言葉には「戦時期の近代化の中断」への無念とともに、新時代への決意がにじみ出ている。「われわれは、当初は民主主義を配給されたのかも知れぬが、今や自己の理知と判断の下に、これを創り出さなければならぬ立場に立ってゐる」、と。これは検閲により削除された『綜合宣伝』第二号の巻頭言(「宣伝人と自主的精神」)にある言葉だ。この巻頭言には続けて商業広告の専門誌にしてはいささか大段構えにすぎるような理念が語られている。「自主的精神に立たぬ限り如何に先進国を模倣しても、それは皮相の文化であり、借物であり、結局は軍国主義時代の反動としての現象に堕してしまふものであることを警告しておきたい」。

理想を掲げた意思表明は、敗戦翌年の現実からは遠く、異和感さえ感じる。指導者層の雄叫びのようにも思えるが、これも、占領期の広告を現わす一断面だったのである。焼け跡にバラックが立ち、雑多で混乱した広告が乱立し、「あらゆる広告が、媒体の無秩序振りを通して、銘々勝手に右往左往している」(「広告媒体雑感」)時期に、から元気にも思える理想を掲げ、歩もうとする広告人らが存在したのだ。そして彼らの強い意志が、占領期終了直後の広告ブーム、「デザイン・ブーム」[6]を引き寄せる力ともなった。庶民が目にした実際の広告の混乱の後ろで、彼ら業界人には戦前の無念を背景とした強い意思が既に芽吹いていた。この二面性が、占領期広告界の真実であったことを記憶しておきたい。

注

(1)「貝殻人間像」は、戦時期日本YWCAで、冷静な現実認識、「正気」を持ちつつも忠良な臣民の「ふり」をしていた日本の青年像に、武田清子が命名したもの。武田清子「口を開いた「貝殻人間像」」『占領期雑誌資料体系・月報二・大衆文化編』第二巻、岩波書店、二〇〇八年、一頁

(2) 小林剛『アメリカン・リアリズムの系譜――トマス・エイキンズからハイパーリアリズムまで』関西大学出版部、二〇一四年、一九頁。小林は同書で一般的な美術史では等閑視されてきたリアリズム表現の系譜を、アメリカ美術の文脈に見いだし、一九世紀末から二〇世紀末のスーパーリアリズムまで通観している。

(3)『NEW広告界』は一九五〇年五月一六日発行の四号まで発刊が確認できている(プランゲ文庫には三号までが収蔵)。

(4) 山名文夫「デザイン・ジャーナリズムの復活」『体験的デザイン史』ダヴッド社、一九七六年、四四〇―四四一頁

(5) 占領期の広告業界誌は三誌あった。プランゲ文庫には収蔵されていないが、戦前に関西の広告制作者に配布され、一九四四年に休刊していた広告情報誌『プレスアルト』誌も、一九四六年、第七四号から復刊していたのである。脇清吉の碑をつくる会『碑 脇清吉の人と生活』プレスアルト会、一九六七年。なお『NEW広告界』には『プレスアルト』の広告が掲載されており、同誌と東西での連携を模索するという記事も書かれている。

(6) 一九四九年には特許庁が第一回産業意匠展覧会(社団法人発明協会、日本工芸連合会と共催)を開催するなど、国家がデザイン振興策を開始した。産業を復興し輸出貿易の促進を図る上でデザインが大きな効果を持つことを認識したためである。これに朝鮮戦争による「特需景気」が相乗し、一九五〇年代半ばにはいわゆる「デザイン・ブーム」が到来する。広告業界と広告デザインもこの時期に一気に基盤が固められた。

ポスターをはる人（サジ・シンキチ）

［『クマンバチ』第 3 巻、1947 年 12 月、科学新興社、東京、K1924］

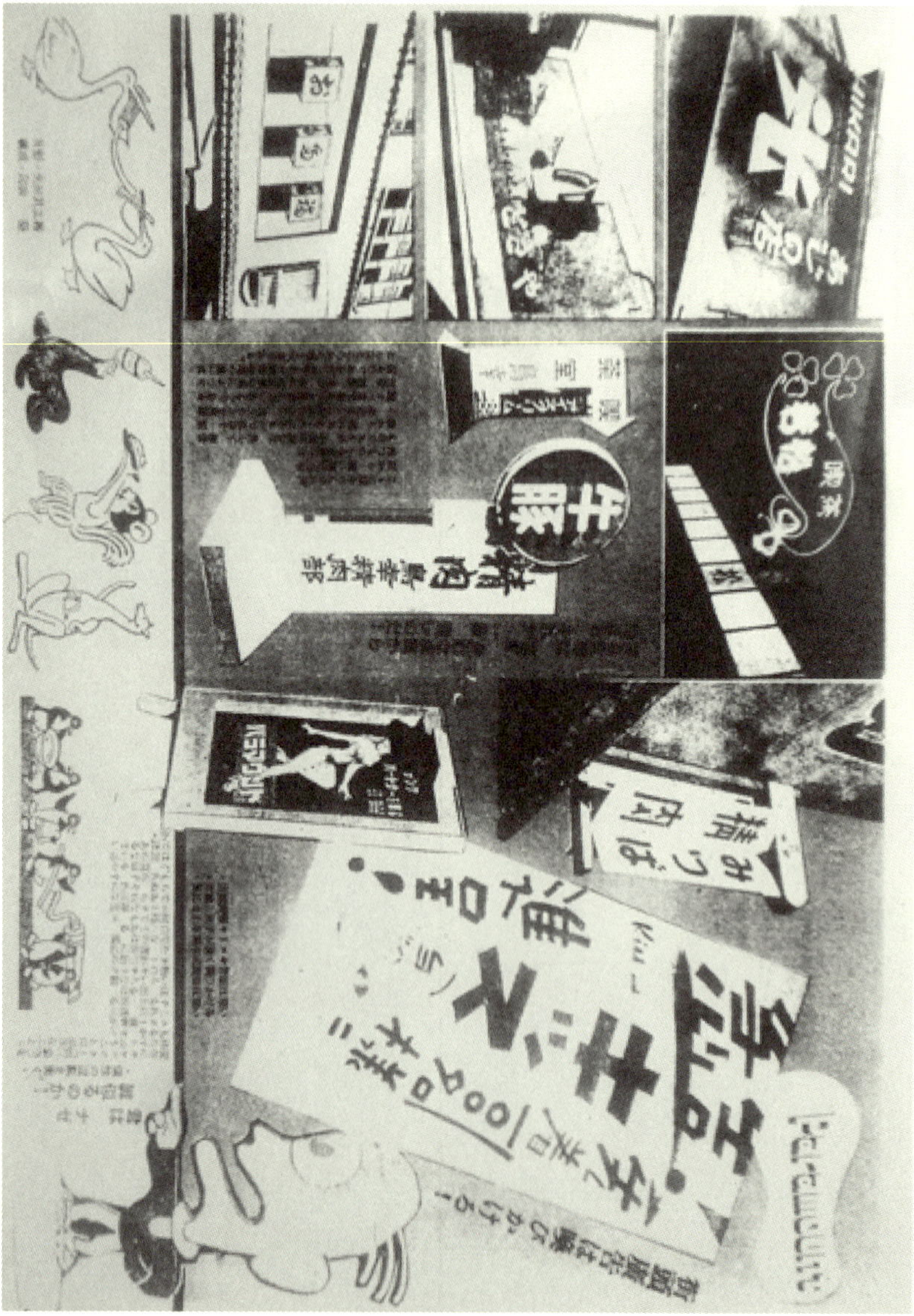

街頭広告は喚びかける！

『商店界』第 30 巻 5 号、1949 年 5 月、商店界社、東京、S2265

広告媒体雑感

西郷徳男

日本の現在の広告界が、しつとりとした統一が無く、混頓そのものの状態で、正しく演出されていないのは誠に残念である。日本広告会あたりが、日本の広告を演出する舞台監督の役割を果すべきだ、と思ふのであるが、未だそこまで行つていないのは已むを得ない。ありとあらゆる広告が、媒体の無秩序振りを通して、銘々勝手に右往左往しているのみで、こん然とした調和を以て、広告が一つの文化圏を構成する要素となつている、と云ふところへは程遠い感がある。そこで、少し媒体のことに触れて見たいと思ふ。

〔中略〕

屋外広告（看板）

さて、終戦後特に異常な混乱振りで狂爆状態を発揮したのが屋外看板界で、その無統制と云ふか、乱立氾濫振りは、既に識者のヒンシユクを買い、新しい都市美の観点から、或は都会人の神経を荒ませると云ふ情操的な観点から、今や重大問題化そう《ママ》としている。都市美も、商業美術もへつたくれもなく、焼ビルの胴パラや屋上等を、只単に利権的に使用権を獲得して、之を法外な値段で提供するヤミ屋的利権屋的業者（勿論全部が全部そう云ふ連中だけではない）の好餌となつて踊らされた広告主の、無定見、無関心振りは呆れるばかりで、単に金儲主義の業者の出鱈目さ加減を責める前に、このような広告主の責任を大いに追求《ママ》する必要があらう。一刻も早く、取締機関と広告主と業者が一体となつて、善処すべきである。戦争の傷口とも云ふべき焼跡の荒廖さを少しでも美化すると云ふ簡単なことも出来ず、広告とは何てエゲツないものだらう。と云つた悪印象を与へるものでしかないような現状を、そのままに放置するなどは、少なくとも文化的でない位、三つ子でも考へるだろう。

何かしら見て楽しいとか、感情をしみじみさせるとか、生きる喜びを与えると云つたものが少なく、只もうイラ〳〵した感情を逆さに撫でられるような、雑炊のようなのがゴタ〳〵と繁華な中心地に立並んでいるのを見ると、日本人のカサ〳〵した埃つぽいドロ臭さを面と向つて見せつけられるようで、ほんとに不愉快になる。

こんな工合に、どこを見ても広告の低俗さに腹が立つばかりで、とりもなほさず広告関係者の心情の低劣さがそのまま形になつて現はれた現象としか考へられず、情ないとつくづく思ふ。

交通機関内の中吊りポスターを、タテに三ヶ所位破いておかなければ出せないなど、全く沙汰の限りと云はなければならない。

スツキリした知性の裏附けを以て、気持よく素直に表現された商業美術によつて、美しい生活や、美しい都市の文化性を高める立派な媒体に取囲まれた文明人らしい生活のあり方を持つことが出来るのは、果して何時のことであらう。

（四八・七・一六）

［『綜合宣伝』第三巻五号、一九四八年一〇月一五日、綜合宣伝社、東京、S2457］

看板・ポスターの恐ろしさ　親しさ

S・O生〔岡鹿之助〕

……大袈裟にいえば私は正視する事も出来ぬ程だ。しかも、そのあくどい煽情的な言葉と絵の氾濫の下に、慣れているのか、麻痺しているのか、もうこれ位では刺激が足りぬという様な顔をしている人々の顔つきが、さらに私を驚嘆させる。人々は諦めているのだろうか。疲労しすぎているのだろうか。……これは久々で地方から上京して電車内のビラ広告に眼をうばわれた安部知二氏の嘆声である。（『宣伝の病的現象』時事新報所載）……戦争中からの、どぎつい宣伝に頭の中をかきまわされて、もはやそれ等の宣伝について真偽の判別もつかなくなってしまった人間が、この東京を中心にして、全国にみちみちているのであろう。そして、その様に惑乱した大衆に向って、無恥にして強欲なる人間共が、凡ゆる感情的刺激を使用して、ますます煽り立てていくとすれば、これは始末に負えぬ悪循環となって、日本人を文化的低脳人種にまで追いこんでいくことになろうかも知れぬ。

われわれは何らかの力を尽してこれと戦わなければならない。いったいこの病的現象は、戦後的混乱を示すものなのか、戦前的不安恐慌を示すものなのか……と『黒い影』の作者は憤怒しているのである。云うまでもなく車内の広告ばかりではない。東京の町全体が広告のためにどれほど汚されているかわからない。東京の人々は、その猥雑さに慣れて、苦痛を感じない様だが、試みに、欧州やアメリカの街を写した映画の中に、突然新宿なり渋谷なりの繁華街のひとコマが現れたとしたら、誰しもハッとするだろう……という想像は容易に出来ると思うのだ。

パリにバルザックの記念銅像を建てる運動が起ったときに、フランスの駐米大使だった詩人のクローデルが、わざ〳〵パリに書簡を飛ばせて、醜い銅像が既にさんざんパリを傷つけているのに、なんでこれ以上哀れなパリを痛めつける必要があるだろう。バルザックへの讃仰ならブリュヌチエルの一文に尽きると厳重な反対を唱えて、銅像建設を中止させたことがあった。こんなにも、あの人達はパリの街《まち》を愛している。

だが、東京の街は広告の跳梁にまかせて顧みる者もない状態である。気の毒な東京……

戦後四度目の夏を迎えて、兎も角も町々は一応の街らしい面目をととのえて来た。無暗に痰をはいても罰せられ、道路を横断するにも指図に従わなければ罰せられるまで、清潔と秩序を重じて来るまでになったのだから、もう一歩すすめて、広告看板から猥雑、混乱、痴呆を取り除く様に当局の配慮を望みたい。

　電車内の宣伝ビラ——ちかごろは娯楽、婦人雑誌が大半を占める——を見ると（筆者は広告主に忠実なる人間であるが）多色の色わけをして、縦書き、横書き、ななめ書きと内容の題名や作者名をこぼれる程コテ盛りにしている。この視覚を混乱に陥しいれる表現は、内容の複雑と充満らしさに誘う常用手段なのであるが、二つ三つ、この種のビラに目を注いで、下車してみると、雑誌は何んだっけと思うことがよくある。『複雑は忘却へ導く』好例である。これでは何んにもならぬでしょう。

　広告の要締は見る人に記憶を残させることにある。とすれば、先ずなによりも単純簡潔を狙わなければならない。その点で、改造文藝の別冊や風雪の車内広告は、色の簡素と整然とした文字の配列で記憶に残るものであったし、清潔な感覚の『ととや』のビラは近頃での秀作とも云えよう。

　街のポスターにカッサンドルやポール・コランの粋な優れた画家が活躍しているパリは羨しい。街の眺めを美しくするだけでなく、見る者の心を和やかにしてくれる。日本でも東郷青児氏や猪熊弦一郎氏あたり進出してもらいたいものだ。広告主は礼を篤くして優秀な画家を迎える術《すべ》を知っていないのだろうか。マチスでもボナールでもポスターは描いたのである。

　貧弱なポスターの中で、東宝系のポスターに時々秀作がある。終戦直後の『桜の園』や昨年だったかの『真夏の夜の夢』など品のあるものだった。誰か知らないがＨＩＪＩとあるサインを記憶している。

　店頭の看板となると、矢鱈に文字ばかり大きくて、配置や字体の美的価値はおおむねゼロ。概して整っているのが、さすがに京橋から銀座へかけてで、右側の店がいい。『えちごや』の看板は、単純で、字体には近代感覚があり、与えられた面積に充分のゆとりを持たせてスマートである。

　ネオンの光が戦後の夜を華やかにし始めた。が今迄のところでは、こまちゃくれたものが多くて、大味で冴えたものが見当らない。映画館渋谷東宝の正面入口のネオンは字体が少々まずいが大きくローマ字を斜線で（西欧では普通のことだが）快く映えている。

　戦後こそ余り目立たなくなったが、八字ヒゲの偉そうな男の顔の仁丹の看板絵は、以前街の至るところに見受けたものである。

　あの容貌を読者はどう思います？

　随分あの顔には馴染んだ筈の市民も、結局は仲よしにならずじまいに終った様である。なぜだろう。つまりは、気位の高いエラそうな表情は、嘗ての大学目薬のヒゲだらけの顔と

〝ニコラ〟のポスター

同じ様に、明治時代の事大主義の残滓だから、われわれの共感を呼び得なかったのだと思う。

　パリにこんな例がある。——ニコラと云う葡萄酒醸造会社が、サーカスの道化のようなとぼけた顔の配達夫をポスターにしたことがある。この御用ききは両手に幾本かの葡萄酒の壜をブラ下げて正面切って立っている。文字はニコラと屋号だけの単純なものだ。(図参照)このポスターの成功は単純なせいもあったが、なによりも人物がエライ人でなかったのがよかった。パリのあちこちにこの人物が貼出されて一年も経つか経たない中に、いつとはなしに市民と仲よしになって来た。という訳は、雨の日も風の日も営々と配達に余念のないこの配達夫に、人々はネクタールという名をつけて了った。ネクタールは銘酒の意味がある。季節の代り目毎に新しくされるポスターは、時には横向きの、時には後ろ向きのポーズに変ったが、ネクタール君はいつも同じ素朴な服装で……相変わらず壜をブラ下げている。二、三年もたつ頃になると誰云うとなく独り身じゃ可哀そうだ。嫁さんを持たせればいいのに……という声が起って来た。いかにもパリらしい声だ。

　粉雪がサラサラ降るクリスマスに近い歳末だった。パリの壁には一斉にネクタール君が若いおかみさんと二人立ちで現れた。街かどの至る所でパリ市民は微笑を交わしている。そのおかみさんが又大出来だった。素朴そのものの表情で、仕事着をきて、何んと彼女もまた葡萄酒の壜をブラ下げているのである……夫婦共かせぎ。

　勿論このポスターの成功は読者の想像通りであった。成功の裡には、しかし、フランス人の「家庭」と「仕事」とを愛する着実な思想がちゃんと折込まれていたからでもあるのだ。

　もう一つの例——にこりと笑っている赤ン坊の顔だけ、それだけを大きく看板にしたカドオムという石鹸の広告がパリの大衆から可愛がられたことがある。目抜きの場所々々の高い所から可愛らしいべべが市民に笑いかける。とう〳〵べべ・カドオムという造語が生れてしまった。この『カドオム赤ちゃん』という文字はある時期『可愛らしい』『愛くるしい』という形容詞に使われたものである。マチスはその芸術感想の中にこの言葉を使ったために、日本でこの論文の訳者を困惑させたことがあるのである。

　漫画の社会では、嘗てはフクちゃんとか、サザエさんとか子供の仲よしがいる様に、広告の社会からも誰か友達が出て来てくれたら楽しかろうと思う。花王石鹸のみか月《ママ》の顔も、随分古い感覚だが、あれなどは工夫次第で何んとかうまく行きそうなものだ。久しくそんな事を思っていたのだが、聞くところによると、この会社は、いろ〳〵な画家に、いろいろなみか月様の横顔を工夫してもらって、既に千種にもあまる顔が集まったとか云うことだ。ポスターに特別の興味を持つ筆者などは、新時代の人気者がポスターから出現してくれることを楽しみにしている。

（S・O生）

［『美術手帖』第二〇号、八月号、一九四九年八月一日、東京、B85］

街の美学

文化と云ふ事が今程ピツタリと感じられる時はない。此の言葉は常に青年の最も好んだものの一つであつた。その文化の問題が今や封建の殻を破つて我々の前に押し出されて来た。あらゆるものが新しく歩み出さうとしてゐる現在、我々の求むる文化は注ぎ込まれたものではなくして、積極的に切り開き建設してゆくそれでなければならぬ。我々青年は経済の安定と共に、文化の安定をも確立せねばならぬのである。

啓蒙と宣伝は文化の触手である。人は此の触手に依つて文化の華に接する。精巧な活発な触手を持つ社界《ママ》は幸福である。我々は文化技術として此の触手を育て上げねばならぬ。そして此の技術の一面に造形面がある。

総ての造形は生活から生れる。力強い健康な生活の営みがあつてこそ、初めて造形の華は開く。かくて生活は造形の、ひいては文化の基礎である。かかる意味からして、我々の生活の中にある美しいものを取り上げて考察するのも、あながち無駄ではあるまい。

×　×　×

街の美学

我々は自分の生活を美しくすると共に、その環境即ち街を美しくする事に努めねばならぬ。街を美しくすると云ふ事は絵画的に美しくする事ではない。肉体の健康が第一と同様健康な建築から成る街には生気ある美しさが生れる、街の美しさは量の美しさである。個々の建物が与へる美しさよりも、寧ろそれ等がまとまつたものとして我々の視覚に訴へる量の美しさである。個の集合としての量の美しさは統制されて初めて生ずる。かくて街の美しさは統制された美しさである。自由統制と云ふ事は無節操な自由競争に反対するものであるが、自由を束縛するものではない事は少くとも建築の場合には云い得ると思ふ。各種さま〴〵の建築が一定の調和をもつて建ち並んだ処にこそ街の美しさは見られるのである。

街にはいろどりを添へるものが無ければならぬ。街の添景は動と静の二つのカテゴリーに分れる。車と人と電光に対して家と風景と。併し動的なものとの間に現実と想像との間には、昼と夜との間の様に平衡が保たれねばならぬ。

××××

広告

建築物に依つて構成される街を彩るもの丶一つに広告がある。これは扱い様に依つては広告本来の目的を果すと共に街の美しさを増す上に相当の効果を有するものである。併し現在一般に無統制で乱雑である事は否めない。此等の整頓から先づ始められねばならぬ。

今日の街は急速なテンポの生活の反面に、一日の或る時間、殊に夜間は緩やかな生活が営まれる。従つて夜の街のプロフイルは昼のそれとはかなり異つたものである。将来照明技術の発展に伴い、商店や会館、劇場等の外観は昼と共に夜も充分考慮を払はねばならぬかもしれぬ。照明の技術は絵画的な広告の領分を獲《ママ》い、建物の屋根迄照明される結果。建物のシルエットも又重要な広告の一要素たり得よう。現在でも建築と広告とは密接な関係があり、種々の工夫がなされてゐるが、建築物自身の大騰《ママ》な誇示が最も効果ある宣伝であらう。

××××

行進

例へばメーデーの行進

大低の人は此れを厄介な義務と心得てゐる。併し此れは確かに一つの芸術的表現に属する事だ。此れはみごとな一つのドラマに相違ないのだから、演出者や演出の技術が考へられるべきだ。此の点遺憾ながら我々の行進は見すぼらしい。徒らに、プラカードさへ多ければ、人さへ多ければ立派だと云ふ浅薄は観念は我々の造形芸術に対する構成力の低さを表現してゐる。

新しいドラマツルギーの確立。現実と社界を舞台とするドラマの演出と云ふ事が取り上げられて、考へられても良い頃ではあるまいか。

××××

望洋画会街頭展を見て

第一回望洋画展以来何等かの意味で自主的となつた会員の一つの動きが、此の街頭展となつて現はれて夏の街頭を飾つたのであつた。行き詰つた展覧会形式を打破し、大衆の中に飛び込まうとするのであらうか。

見るからに若い潑剌とした気に満ちた展覧会であつた。嬉しい感激に満ちた創作欲がその一筆、一線に溢れてゐる。同展の今後の歩みがどこへ行くか。やがて到達するであらうマンネリズムを如何に打開して行くか。そしてその作品、作者を通じて如何に大衆に呼びかけ、啓蒙して行くか、同展の意義はか丶つて明日にある。

凡そ絵画や彫刻の如き文化財が我々の生活に欠くべからざるものである事は云ふ迄もない。それが我々の生活に直接関係が無いから、それが無くても生活には差支へないから、必要がないと云ふ事は誤つてゐる。壁に貼られた一枚の絵が我々の生活にどれ程のうるほい《ママ》を与へる事か。若し此等のものが無かつたら我々の生活はどんなに淋しいか、どんなに貧しいことか。そこで絵を炭坑に持ち込んで展覧会を行ふと云ふ努力がなされ、それが生活文化としても絵画の役割だと云ふ風に考へられる。併し受取る側では、絵などを見る暇があつたら、一杯の配給酒に疲れを癒した方が良いと云ふかも知れぬ。かうなつては絵は引込むよりせうがない。どうにも縁が無いからである。併し問題は此処からはじまるのである。

我々の祖先は、小さい家は小さい家なりに、貧しい者は貧しいなりに、生活の環境に秩序と表現の美しさがあつた。その時代には画会もなかつたし、勿論展覧会もなかつた。併し生活の中には美的表現が行き渡つてゐた。併し我々は狭い家の一隅のうす暗い電燈の下で配給酒を呑んでゐる時、我々は生活の環境についての美しさの観念を持ち得るであらうか。

我々の祖先の生活に華を開き、現在我々の生活の中に動かんとしてゐる造形美に対する欲求の烈しさを高める事これが生活文化としての絵画、ひいては造形芸術の役割ではあるまいか。

完

「『望洋』第三号、一九四七年一二月三〇日、太平洋炭鉱望洋編集部、釧路市、B196」

通俗美学

街を歩いて　広告談義

本店営業部　長戸啓太郎

近頃街を歩いて感じること、戦時中の翼賛調？はすつかり抜けて——みんな焼けて他動的に抜けたのかも知れないが——戦前にも比すべき多彩な広告が、ヤミ景気のそれのやうに、華やかにわれ〳〵の目に沁みるやうになつた。色彩的には相当賑やかになつたと思ふ。だが、今、ヤミ景気としたやうに、若干の例外を除けば、その底に流れるものは、刹那主義的なあくどさで、考へようによつては、それが今日の風潮にピツタリ合つてゐるとも云へようが、華やかな中に何処か美的要素に欠けてゐるような感なきにしもあらず、ひとり私だけの淡い感傷でもあるまい。

元来、屋外広告の要締は——と開き直る程、広告論的な素養もないが——その広告が背景と如何にマツチするが《ママ》、云ひかへれば、街の美観に如何にとけこんでゐるか、と云つた処にありそうに思ふ。

都市美を度外視して屋外広告は考へられないし、それを度外視する傾きの見られるのが、今日のそれである、とも云へよう。

街を歩いて、美しく楽しい感じを抱くこと、そんなのを都市美と云ふだらう、と私は何となく考へてゐる。

広いペーブメントの両側に真白な建物が並んで、緑の並木か、青空が、そして間を縫つて赤や青の洗練された広告がちらほら見える風景を、いつも私は胸に描く。

焼けて、敗けて、物の無い昨今、新しい高層建築は望めないとしても、安物のバラック街にも、それが適当に構成され、そして適当に装飾されてゐる限りに於て、新時代の美しさは見出されるであらう。

街々に並木が復活して、緑の若葉が青空にゆれるのも遠くあるまい。

こゝに、美しい広告——本当の意味の——が進出して現在のヤミ景気的広告を駆逐する時、私の小さい夢も実現するのではないかと思ふ。

多彩なことが美しいことの代名詞でもあるまいに、日本人の根性として——戦前にそうでもなかつたと私は確信するが、敗戦日本人の心掛?として——一つの広告を描くにも、限られたスペースを一〇〇%に利用したいいぢらしい心根からか、殆ど余白も無い程に、赤、青、黄と塗りたくる。

軍事上の要求はともあれ、進駐軍関係のオフイス、住宅等に見る白い建物、緑の柵、こう云つたものがとけあつて出来た簡素の美は、丁度これと対的《ママ》なものとも云はれよう。

塗りたくり主義の広告を続ける限り、互に広告の効果を殺し合つて、美しさどころか、広告として人を惹きつける力すら抹殺されるものだ、と云ふことを銘記すべきである。

街全体の美観を損はず、広告物それ自体、適当な余白——それは見る人に気分的なゆとりを与へると共に、その広告自体の品位をプラスする——を持つて、明るく理智的な色彩で、敗戦後の荒んだ人の心を少しでももみほぐして、しかも広告本来の目的を達することが出来たら、と思ふのである。

（一九四八、七、五）

［『東風』第五号、一九四八年九月二五日、東海銀行職員組合、名古屋市、T443］

ノンコさん　ポスターの巻（鈴木平八）

［『友愛』第9号、1948年9月1日、全織同盟友愛編集部、東京、Y356］

広告塔（『電波科学』表紙）

［『電波科学』復刊第 9 号、148 号、1947 年 9 月 1 日、日本放送出版協会、D133］

時代の脚光を浴びる女性職業

広告塔アナウンサー　スピーカーを流れでる魅惑的な美声。それは巷ゆく人の心を和ませる声の花である――都会の新しい風物詩よ。激烈な商業宣伝の第一線も、一度び彼女らの喉にかかれば、それは優しいニュアンスのなかに彩られてしまう

［『芸苑』第3巻6号、1949年3月1日、厳松堂書店、東京、G139］

街の広告塔

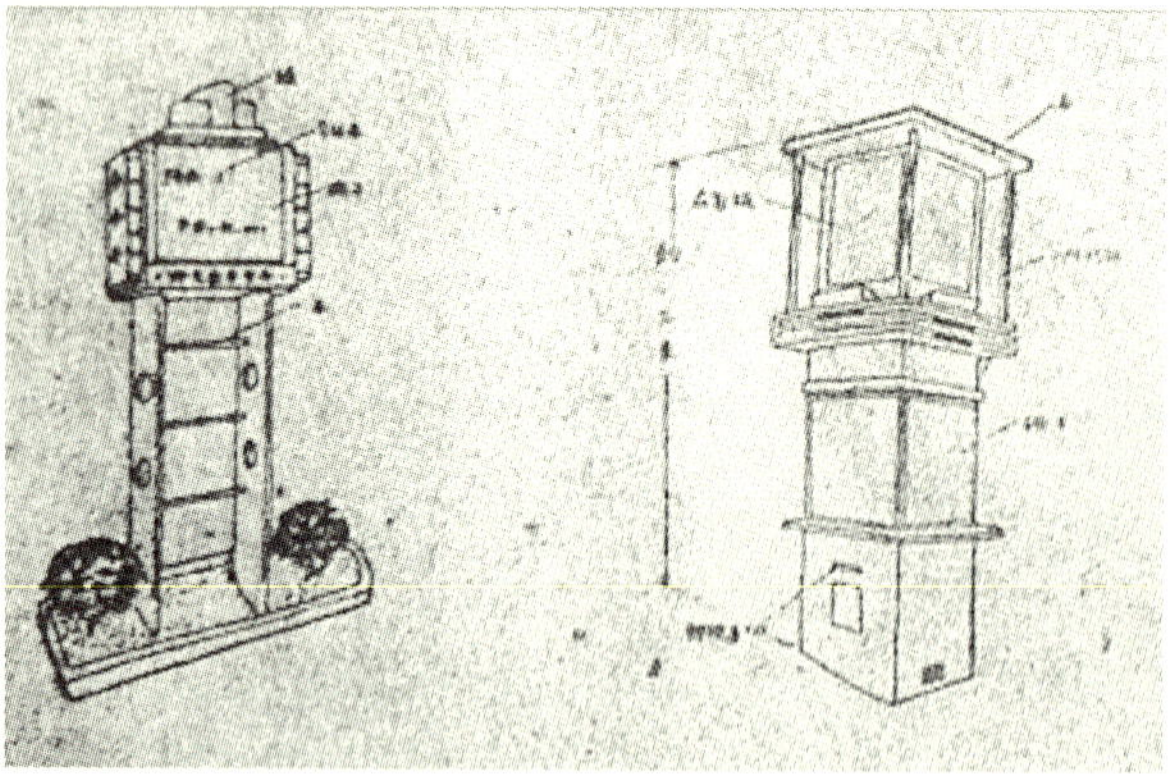

戦後急に盛んになつた広告戦。一例として、街頭に広告塔が乱立しだした。アメリカには従来より盛んに行はれてゐたものだが、日本では余り発達しなかつたがバラック建築なのにひきかへて、小規模の為に広告塔に材料も本格的なものを用ひてゐる。その為か街の建築と飛びはなれて存在し、その上装飾しすぎてゐる様だ。ラウドスピーカーを広告塔の中に設けて、声の広告宣伝をしてゐる　宣伝の合間に音楽を聞かしてゐることにむしろ好感をもつのは記者ひとりでせうか。

［『新建築』第二二巻八号、一九四七年一一月二五日、新建築社、東京、S1443］

広告塔

Y・K

私は皆様が朝日新聞の前を銀座の方へ数寄屋橋を渡つて行くと電車通の両側に並んで居ります広告塔の一つです。広告塔、そう皆様よく御存知ですわね。ダンスホールや喫茶店やお薬の名前などの宣伝広告のアナウンス、その合間の音楽、あなた方が丸の内街のオフイスの退け時、有楽街からのシネマのお帰えり、楽しく肩を組んで宵の銀座にペーヴを踏んで行かれる時、私や私の仲間達は一せいに軽快な音楽を奏でてあなた方のハートのピツチをこころよい状態に高めてあげるつもりなのです。でも私達の本業は広告宣伝なのですからお仕事となれば大抵のことはしやべります。先日もお昼過ぎの暑い日射しの中で、「皆様のお用いになります口紅は是非モン・パリとお定めなさりませ［。］ダークからライト・カラーのものまで七色に分れて居りまして、中年の奥様、女学校のお嬢様、誰方でも自分のお好みの色合のものをお選びになることが出来ます。品質は絶対高級で良心的なものを使つてございますので安心して御使用になれます。それに御使用になつてぢきにはげて落ちるということがございませんので一日の中何回もぬり直さなければならないというようなこともなく、キッスをなさつても殿方の、お顔やお召物に色の移る心配もございません」とやつて居たんです、そしたら私のそばを通る女学校を出たばかり位の三人連のお嬢さん達に「いやーね」といつて私は睨みつけられてしまいました。

然し其の中の一人のお嬢さんは他の二人の方より目立つて赤い唇をして居ましたから私を睨んだ目を返すと「フ、ゝ」と言つて俯向いて笑つて居ました。それから三日程した夕暮れ時、此の頃が一番私達のまわりも雑踏が激しく美しい若い人達の一番多く通る時刻なのですが・・・それで私もお顔に灯を入れて、心のうき〳〵するようなハワイアン・メロディーを奏でて居りました。その内にフト三日前のあの唇の赤いお嬢さんを見かけたのです。ひら〳〵する様な細かい花の模様の入つたワンピースに白いハイヒール髪を夕風にそよがせて颯爽と歩いて来たのです。彼女は左側、エー勿論右側に楽しそうに並んで話しかけ乍ら歩いて来たのは頭髪をピッタリ、リーゼントに分けたスマートな青年なんです。彼女の今宵の唇はそれこそ、したたり落ちそうに赤くぬれて居るぢやありませんか。やつぱりあの女性は他の二人とは異うんだなと思いました。女性の頭の中は九分まで感情の世界で占められて居る。とこれはその感情がとても九分なんてありそうもない理屈屋のM子さんが言つてましたつけ、よく笑いよく泣く、花を飾つて美しさを味う、自分の顔を粧つて美しいと思う、はては自分だけで満足出来なくて他人にまで美を誇示する、女は自分自身を画いて居る画家だとMちゃんが言つて居た。そしてその画が売れると尚一層顔や衣装に工夫をこらす、ぬつたり、たたいたり実に一日の彼女の有用時間の一〇%位を創作に費す。そして彼女は自己の意を満す。しかして化粧品屋は商売になり、私達広告塔は又口紅の宣伝のお仕事にありつく訳だ………と、

これは私の考えた勝手な理屈ですけれど………。

［『新星』通巻第二五号、一九四八年九月一七日、北越製紙市川工場労働組合、千葉県市川市、S1585。手書き］

広告塔論

倉本長治

用紙不足から新聞雑誌の頁が少くなり、従つて、それにのせる広告のスペースが縮少されるに及んで、印刷によらない各種の広告が台頭して来たのは当然である。

この傾向は、用紙難のそれほど甚しくない諸外国に於いても見られるところであつただけ、わが国に於いては、街頭広

告等の勃興は偶々用紙難に拍車をかけられたものともいへる。

〔中略〕勿論、放送広告の急進といゝことを考へなければいけないが、屋外広告も亦、相当に根強い需要を持つているであろうことも想像して良いかとおもわれる。

しかしながら、戦後わが国の主要都市の街頭に急激に進出した広告塔について、これが果して、新聞雑誌に代はるだけの広告的効果を期待し得るものであるかどうかは大いに検討すべき問題と思はれる。

広告の原理は新聞広告に於ても、街頭広告にあつても同一であり、繰り返えしの効果と、大スペースの効果とは必ず狙はねばならぬ決定的定石である。これ以外の方法による効果は頗る稀にしか期し得ない。故に、アメリカあたりの街頭広告は24シートポスターの大量□□によつて、圧倒的に行はれるのである。

ところで、今、東京に行はれているパリあたりに見かける広告塔とほゞ同様のものには、どれだけの繰りかへし印象の効果があろうか――又、あの一本の塔に一体何個の広告が雑居しているのであろうか、圧倒的な量感といふ風なものは、アノ広告塔に見る広告群の一つ一つからは少しも得られないのである。そこで、試みに大衆にテストして見給へ「あなたは広告塔に描かれた広告の何と何を記憶しているか」と。答へは必ず、広告業者と広告主とを失望させるに充分であろう。

が、媒体難の折柄、広告塔の出現は広告界のため大いに喜ぶべきで、これはある種の地区広告として、若し長期に継続利用されるならば、相当の効果を持つかとおもはれる。又、一本の広告塔を、せめて三件位の広告まで利用し、これが同調子で数十本、数百本に及ぶ位にまで積極的に活用されるのでなくては、本当にあの広告塔は生れ出た目的を達したとは云へないであろう。

（株式会社科学社専務、元商店界主筆）

〔『綜合宣伝』第三巻四号、一九四八年二月一五日、綜合宣伝社、東京、S2457〕

広告界展望

金丸重嶺

広告は生理的本能

戦争中のアメリカ雑誌をみると、殆ど平常と変らぬ有名商品の広告が美しい画や写真で誌面を飾つている。

戦時中で発売されぬ自動車やテレヴイジョンの広告までが、勝利の日を待つ民衆や、兵士に送る詩などを掲げて、艶な姿のなかに、国民の中に一つの力と豊かさを与えていたことが、その頃の日本といい対照であつた。

「広告は投資なり」という考え方で、第一次世界大戦の際にも有名商品は広告を止めなかつたという話だが、今度の大戦中のアメリカの広告は、技術的にも一段の進捗を示して、戦時生活の豊かさを、そして愛国精神を、表現の上に巧みに活かして、戦時の広告協力ということが驚くほど成功していると思う。

日本では、由来広告という文字をみると、感情的に反発したり軽べつしたくなるのが大体の人に共通した気持であるらしい。殊に東洋君子圏をもつて任じていた、かつての官僚や軍人にはその色彩が一層強かつた。

広告は少くとも資本主義社会にあつては、一つの生理的な本能ともいうべき性質をもつているにもかゝわらず、いかにも愚劣なもののようにこれを考えて、取締法規を乱発してこれを拘禁し、それは恰も便所や屑捨場を薄暗い処におしやつて不浄なものとして片付ける心理に似ていた。

広告はこれでも、都会にも農村にも流れていく。そこで国策広告という妙な姿があらわれ出して、広告面の三分の一を国策標語に□用すべしと強要し、官製の標語がいろいろの広告に同じ文句で出されて来た。ここに到つては、広告の生理的目的は殆ど消えて、ただ広告取扱業者の生活的要求から無理に引出されてくるソースに、愛国精神の押売りが始まつて、市民は、広告に何の興味を感じなくなつてしまつた。

銀座街頭に汚らしい立看板が立並んだり、薄汚いポスターが街を汚したのもその頃である。広告関係者や取締官僚とその頃しばしば会談した時、いつもドイツの例から広告塔の話が出たらしいが、交通上と都市美観という立場から立消えになり、甚だしい意見としては、都の役人から広告地区を設定して、一定の場所に広告を集めたら、という意見も出たそうである。広告浄化などという言葉が出る□これではいよいよ広告を便所扱ひにしたものであるが、事実その頃は、見るに堪えない厄介者にしてしまつたのである。

日本にもかつては、ドイツのレクラメ、クンストという言葉や、フランスのピユピユリシテーなどの言葉の輸入と共に、ゲブラフシツユ、グラフイツクが広告作家の種本になつたり、アメリカのモダン・パケージングが化粧品会社の宣伝部ばかりでなくある一部の文化人の書斎にならぶほど商業美術に関心をもち、得意の模倣から、だんだん創作的希望の生れ始めたこともあつたが、初めは広告主の無理解、次いで官僚の厄介扱い、次いで、産業資本家の没落と散々な憂目のなかに、作家の芽もすつかり枯死してしまつた。

社会の姿を写す広告

さて敗戦になつて、うらぶれた東京のそこここに、生き生きと都会らしい趣をみせて当たた《ママ》のはアメリカのネオン装飾である。省線の上から見える一番クラブの電飾が、夜空にかつての「東京」をかがやかしてくれるし、アーニー・バイルの美しい電飾が、赤や青の輝かしい縞を暗い大空に明滅させはじめてから、東京は急に明るくなりだした。

一時忘れた都会の広告は、急に刺激されたように復活し始めて、ネオンサインが処々の店を飾り始め、長い間、いく度か話題になつた広告塔が、銀座や有楽町あたりに立ち始めた。また最近は、ＰＸに変つた銀座松屋が七階から下までつづいた白線のネオンに、緑のＴＯＫＹＯ・ＰＦという文字が大きく空を当《ママ》つてかがやき出すと、戦前のベルリンのクルフルステンダムを想わすような夜の風景が、国際都市さながらに、夜空に壮大な風景を描き出している。

局部的に、恰も見本のように立つた広告塔も、ドイツのような実質性をもたず、またフランスのような美しさもないが、ハルピンのキタヤスカヤ街の形をそのままのように、まるで博覧会を想わす姿で立つている。

チャツプリンひげのモーニング姿で、赤ネクタイをつけた男が、銀座の雑踏の中を往復する。

胸につけた商品名で広告男と知れるが、これが一日歩いて三百円になるといつて、新聞の話題になる。

○○新聞の屋上スカイサインには、ニユースに続いて「たんせき、ぜんそくに○○散」というような広告が出てくる。

戦後、焼跡の、いたるところにあらわれた「結婚とは何ぞや」という料理屋の珍妙な落書きの広告に始まつて、どうやら街頭広告も賑やかな風景を描きだしてきたようにおもえる。

併しながら、これらの広告塔の横には毎日のように、生活難を叫ぶデモが行進し、赤旗が動いてゆく。資材難とインフレーションと間の経済危機の中に、産業資本家は、未だ広告に関心をもつだけの平常心に立戻つていない。

都会を流れている電飾広告も、広告男も、スカイサインも、空転した世界の中に、生活にあえぐ風景を描いているにすぎないのである。一台六千円の全波ラジオの広告が雑誌の裏表紙に、女優モデルの写真を入れて掲げられても、一般市民の生活とは、関係のないことである。

一時、汚い風景の一つとして嫌われた立看板やポスターも、資材難ですつかり消えてしまい、たまに出れば、燃料に処分され、ポスターは包紙にとられてしまう。

広告は、社会の姿を映して、つねに動いてゆく。

リーダース・ダイジエストの日本版に、パーカー51の日本文広告が出たり、東京の街にコカコラの広告文字を入れた道路標が出たりするアメリカ産業の根強さに驚くと共に、日本産業資本家の苦悩の姿が、この世界にも判つきり映されているのである。

（日大芸術科長）

［『週刊朝日』第五〇号六号、一九四七年一月二六日、朝日新聞社、大阪市、S2321］

広告塔（詩）

高二　蒼　雨

広告塔の下で
生活に疲れ切った様な女が
昆布の様な着物と髪をしてうずくまっている
黄色のストッキングをはいた娘が
若鮎の如くその前を跳ねて行く
広告塔のラヂオは貧しい人々の為にと叫ぶ
女乞食は何も知らぬもの、如く
人が通る度に頭を下げる
空っ風が大道を走る

［『ひこばえ』第二号、発行年月不明、鹿本高等学校文芸部、熊本県来民町、H427。手書き］

広告塔（詩）

金光

いつの間にか白く濁って行く春の夕暮れです。

駅前の闇市の中から
一本の広告塔が高くそびえてゐる
その根本のあたりには
いろいろな風景が
ねばっこい薄明を通して見られるのです。

塔の表面に張りめぐらされた
一枚一枚の板っぺらは
色とりどりにぬられ
巷の季節風があたると
ごおーんと中に響くので
がらんどうだと云ふ事が
外からでも充分解る所なのです。

さて今
靴みがきの子供の様な大人の
しかしそれにしてはあまりに背の低い一群は
疲れ切った心にしょぼ〳〵の目を開け
そろ〳〵燈のつき始めた闇市の中を
やたらにざはつきながら
広場をすじかいに駅構内へ消へて行く所なのです。

人相見の
一人ぼっちの男は
それでいながら何処かに連れをもっているような顔をして、
ふっと「高島易断」の行燈に
すゝばった朱色の燈をつけて
ぱっときたないつばをはき捨てるのです。

悪魔の帽子の様にとんがった靴先で
吐いたつばをよじりながら
ちぼ《ママ》の親方は
露天商の数珠つなぎになった銀めっきのくさりを
しゃら〱と光らせながら
手の中におさめて見るのです。

そのそばを通る
あらくれ達は
そのあつぼったい体をくねらせて
片目をべっとりつぶるのです
その時見開いた方の目は
多分ほとんど見えないに違いありません
□けてないと見える□□なのですから

いつか白くにごって行く
こうした春の夕暮れの所なのです
駅前闇市の中から
一本の急造広告塔が高くそびえて
あの冷い粉末結晶の吹雪を散らす
冬を忘れたかの様に
そしてその冬が再びやって来るといふ事をも
又すっかり忘れてしまったかの様に

べと〱と
色だらけになった
厖大に薄明の中へ
はりこぼてに立ちつくしているのです。

〔『足跡』第二号、一九四九年五月三〇日、岡山二高文学部、岡山市、S2478。手書き〕

商売に効く広告の実際

駿河三郎

広告は経営の原動力

商売にとつて広告は繁盛の原動力をなすものである。たとえ良い場所に店を開き、良い品の仕入れに努め、サービスに努力するとも、広告をしなかつたならば一切の努力は水の泡である。

よく、広告は金を食うばかりで一寸も返つてこないからつまらないなどといつて、僅かの広告料としての支出に渋い顔をする店主があるが、これは本当の広告の利益というものを知らない人々の言である。

〔中略〕

一軒々々御用を聞き歩く煩雑な手間を計算に入れたならば、広告ほど安くて手つ取り早いものはないということが、一目で判る筈である。

すなわち今日来て呉れた百人のお客を明日もあさつても、二度三度と来てもらうのには、広告によつて、遠ざかり勝ちの客足を吸収しようというわけである。

〔中略〕

丁度この原稿をかいているとき、東京では、従来統制されなかつた加工水産物（乾物・こんぶ・煮干等）の登録が行われている。

今まで広告などに見向きもしなかつたマーケットの店なども、あわてて手描きのポスターを貼出したり、
私共へ登録して下さつたお客様には景品進呈
などと、登録者集めにヤッキになつている。

今更、広告の必要、宣伝の効果を知らされてあわてている人も多いことと思う。

さて、私の知合いのあるマーケットの店主は、かねてこのことあるのを予期して、ふだんから、対策をたてていた。

彼はまづサービスをよくした。

目方を一寸よくしたり、包紙やいれ物の奉仕、そして食料品店としての立場上、店の清掃にはよく注意して行届いた工夫を怠らなかつた。

そればかりでなく、機会を捉えては店名をひろめる努力を忘れなかつた。

たとへば、店頭に『今日の新聞』と貼紙した掲示板を出す。

電柱への広告、塀へのポスター、子供たちに、漫画チラシ（これは謄写版で手刷）月に一回は割引売出し店頭には大看板、近所の銭湯にもポスター等々機会ある度に『店の名』を売ることにつとめた。

そのためには、毎月売上げの何分という率で広告の費用を別にとつておくことにしておいた。

あまりに賑かにやるので、あいつは気狂いだ。山師だと、同業あたりからデマを飛ばされたこともあつたが、彼はガンばつた。

ただ広告するのが面白くて、ぐんぐんとやつた。

その努力は決して無駄でなかつたことは、ぢきにハツキリした。

すなわち、今度の登録に当つては同業者が目の色を変えて騒ぎ回るとき、彼は決してあわてなかつた。

すでにふだんから店名は充分に宣伝してある。

アトはただ登録を受付中という意味の広告をすればよいのである。

ここでもヌケ目のない彼は、新聞で、登録制の事実を知るとスグ手を打つたものである。すなわち他店がまだ左様なことに気のつかないうちから、登録は私共へという意味のポスターをデカ〳〵と出しておいた。

他店が、あわてて締切間際に戸別訪問までやり出したとき

に、彼だけは、ゆう〱と第一位の成績をカクトクしていた。

広告は無言の店員

広告費の支出を惜しむ店主で、人件費のカサばることには一向平気で無駄な能率の低い店員を抱え込んでいる人が多い。

しかし上手にやれば広告が品物を売つてくれるから、厄介な店員を抱えこむよりは、人件費はウンと少くして、そのくせ売上げを増大することも可能である。

世間に向つて広告をしておくと、意外に店の名が広まり、いつの間にか有名店となつていることがある。

地方へ出張して、思わぬ処に自店の名を知つていてくれる得意筋があり、向うでは十年の知巳のごとく迎えてくれて、商談がスムースに進むといつた場合が少くない。これなども思わぬ広告の余徳である。

新宿に、日本堂というガクブチ屋がある。

こゝでは特写の裸体写真を全国的に新聞広告で宣伝しているが、殆ど中央地方を問わずよく新聞を利用している。

サテ、日本堂の店そのものは極めて小店であつて、何のヘンテツもない焼跡のバラツク造り、店番はヨボヨボの婆アさんひとりという安直さである。

しかし名を全国に売つているお陰で、『アア、こゝが日本堂か、ホラよく新聞に広告を出してる……』といつて店へ入つてゆく若い客やワザ〱地方から仕入れに来る人で店頭は実に賑やかである。

何でも繁昌する点ではこの辺で一番との噂であるが、それは決してウソではないらしい。

ブロマイド、ガクブチ、裸体写真というような平凡な、小売店めいたこの日本堂が、ナゼ、こんなにまで繁盛するのであろうか。

理由はいうまでもなく、絶えざる宣伝によるものである。

これからの広告

終戦後二カ年間は、広告界は混乱にまき込まれていた。

物の不足、需要の旺盛から、たしかに広告などしなくても物は売れ、儲かつていつた。

問屋さんにしろ、メーカーにしろただ物さえ並べておけば羽が生えて飛ぶように売れてしまつた。

しかし今年に入り、特にこれからは、このような好況はまづモウ来ないものと考えねばいけないようである。売るのに骨を折る前にまづ広告することである。

「『仕入案内』一〇月号、一九四七年一〇月一日、仕入案内社、東京、S1150」

飛ぶように売れる新商品の仕入れ方法
使つて重宝・売つて喜ばれる

サンエス・パウダー
古新聞を白くして画用紙代用や
ポスター用紙にする新商品

画用紙や掲示用紙・ポスター用紙等の不足の折だから古新聞を更生して使用することができれば、どんなに一般の人々が助かるであらう。此の悩みを一掃するため今回発売された『サンエスパウダー』は、極く簡単に古新聞を画用紙のやうに白くすることができるので各地で好評をはくしてゐる。此の小売五十円一袋あれば古新聞紙を八つ切にした学生用の画用紙三・四十枚分はできる。また古新聞紙大判のまゝで此の『サンエスパウダー』を塗れば大判のポスター用紙や掲示用紙になる。

なほ之を板やガラスに塗り室内装飾用や壁・フスマ・等の厚生用にもなる。だから学用品や小間物店では『サンエスパウダー』で画用紙をこしらへて売るのも良く、また学校等へ交せうして、生徒に此の『サンエスパウダー』を販売し、生徒がめい〳〵自宅の古新聞紙を更生して使用することを教へるのも良いことである。サンエスパウダーで更生した紙は絵の具で自由に着色もできるのである。小売一袋見本用は送料共九十円であるが、二十袋入り一組は送料共八百円である。本社へ送金すれば直に発送する〔〇〕卸は二十袋以下は御断りします。

〔『殖産マガジン』第一三巻、一九四九年六月二五日、殖産経済社、東京、S2165〕

宣伝は解放されたり
創刊の辞に代へて

戦争中でも、いはゆる「宣伝」なるものは盛んに行はれた。対外的な宣伝は勿論のこと、国内においては民衆を戦争に駆りたてるため、煽動的な宣伝が「国策宣伝」とか「啓発宣伝」の美名の下に行はれてゐた。

然しかゝる宣伝は、果して真実の意味における宣伝であつただらうか。なるほど、表面に現れたる事象だけ見たら、宣伝には相違なかつた。だがそれは、軍閥とか一部指導階級が自己の独裁政治を維持隠蔽するための、上から下に対する「強ひたる」ところの宣伝であつた。

一番いゝ例は、ナチスの場合である。ヒットラーは最初から「大衆は愚かなもの」、「指導者の命令一下でどうでも動かせるもの」との前提の下に、芝居気たっぷりな、ハッタリを含んだ宣伝を行つた。ヒットラーが演説をすれば国民は好むと好まざるとに拘らず聞かねばならぬ、反対に外国の放送にスイッチを入れた場合は死刑に処せられる、およそ世の中にこんな無法な、歪められたる宣伝がまたとあつたであらうか。

真実の意味における宣伝は、か ゝる強制的なものではない筈だ。専制暗黒の治下からは決して生れ出て来ないもの。潑剌とした生々しいものだ。か ゝる宣伝は、民衆の中から、民衆の声として、民衆の創意として、生れ出てくる。かくてのみ、宣伝は正しい国民輿論を喚起し、構成するもの、民主政治の確立に寄与するものとなる。宣伝と民主主義との深い関係は茲にある。

一部指導者によつて誤つた戦争を捲き起した我国では、宣伝をして、教育を誤らしめ、歴史を歪曲し、科学を圧迫し、国民の自然感情を畏縮せしめた。技術的に優れた一面を有つてゐた商業美術にしても、国民の眼前からその姿を掻き消すに至つたのである。

だが、敗戦を契機として、か ゝる暴政の嵐は過ぎ去つた。今や、たとへ配給されたる自由とは云へ、われらは重圧の鉄鎖より解放されんとしてゐる。

だが、人間の解放と共に宣伝も解放されなくてはならぬ。古きものより新しきものへ、宣伝は今こそ転換の時期に遭遇してゐる。

新しい意味の、本当の意味の宣伝は、民主時代の到来と共に、いよいよ重要性を増し、大きな使命を帯びて登場して来た。

民衆の心からなる支持なくして、明日の建設はあり得ない。大衆の心理を巧みに把へるものこそ新時代を創り上げるものだ。そして、その意味において、今後の社会は宣伝の時代であると云へるのだ。

われらは此の時代の要求を逸早く察知、こ ゝに雑誌綜合宣伝を本邦唯一の宣伝研究誌として創刊せんとす。その研究範囲もその名の示す如く官僚、文化団体の行ふ啓蒙宣伝、政党、政治団体の行ふ政治宣伝から、商店、会社の行ふ商業広告に至るまで、広範囲にわたつてゐる。宣伝の原理と技術を研究し、新しい媒体の創出に聊か尽さんとするのが本誌の使命である。

新しい時代の衣裳と感覚を身につけて、こ ゝに登場したわれらは、これより生れ出でんとする宣伝人の手引となり、良き伴侶たらんとす。願はくば、本誌のもつ特殊の使命を理解され指導援助を賜はらんことを切望する次第なり。

［『綜合宣伝』第一巻一号、一九四六年六月一五日、綜合宣伝社、東京、S2457］

宣伝人と自主的精神（主張）

敗戦直後のこと、我国ジャーナリズムの間では一時「配給された民主主義」といふ言葉が流行したことがあつた。いまの日本の民主主義は国民が闘ひ取つたところのものではなく、戦勝国から配給されたところのものだといふ主張である。

成程そうだつたかも知れぬ。しかしその程度の民主主義では、形だけのものであつて、真の民主主義とは云はれぬであらう。民主主義は、それに相応しい制度や外観を整へることも大切だが、ヨリ大切なことは民主主義の精神に徹することである。配給されたことに満足せず、自らの創意と責任を以て当る、自主的な精神――それが民主主義の根底を成すのである。

聯合国が、一歩退れと云へば、驚いて二歩も三歩も飛び退るのが、民主主義ではない。負けたから余儀なく民主主義国になる、といふのでは民主主義の精神に戻《もと》る。われわれは、当初は民主主義を配給されたのかも知れぬが、今や自己の理智と判断の下に、これを創り出さなければならぬ立場に立つてゐることを銘記すべきである。

さて、これからの商業宣伝についてであるが、恐らくは今後は、アメリカの宣伝技術がトートーと流入してその模倣が開始されるであらうことは、今から充分に予想されるところである。そこで、この場合を予想して云ひたいことは、単なる追従や焼直しに終始することなく、われわれは飽くまでも自主的精神を以てアメリカを学び、その宣伝技術を吸収しなくてはならぬ、と云ふことである。

実のところ、日本における近代的意味における宣伝、特に商業宣伝について云へば、欧米に発達したアドヴァタイジングであり、これを明治文明開化期以降たえず、われわれの先輩が学んで来たところのものである。日本が近代国家に発展し得たのは、ペルリ来朝以来アメリカの懇切なる指導・援助を受けたそのお陰であることは今更云ふまでもないが、商業宣伝についてもアメリカの影響を多分に蒙つて来たことは否めない。

今後の日本の商業宣伝界には、今や再びアメリカの影響が最も色濃く現れるであらうことは、充分見透し得るのであるが、その場合にも、われわれは紊りにその模倣を試み、アメリカの再版を企てるだけでなく、自主的精神を以て受け入れるだけの心構へと用意とが必要であることを痛感する。

封建性はあくまでも払拭すべきだが、日本人の生活様式とそれに基く感覚や嗜好或は媒体資材の制約などを考慮に入れて、その中にアメリカ其他先進諸国の優れたものを摂取するように努むべきである。

自主的精神に立たぬ限り如何に先進国を模倣しても、それは皮相の文化であり、借物であり、結局は軍国主義時代の反動としての現象に堕してしまふものであることを警告しておきたい。

［『綜合宣伝』第一巻三号、一九四六年一〇月一五日、綜合宣伝社、東京、S2457。アミ掛けは検閲］

素人に簡単に出来る看板・店頭装飾ポスターの作り方

鈴木　清

美しい街　清潔な町　そして明るい明朗な再建日本を生むには先ず街がきれいでなければならない。〝神〟国を創り、〝人〟街を創る、と云う言葉があるが、都市美は人々の手によつて、わけても商店経営者の店舗から平和世紀の新しいお化粧が始められなければならない。

店がきれいになると、街がきれいになる、街が美しくなることは日本の全体がきれいになることで、再建日本の美しさは先ず店舗からである。

そこで店舗設計や装飾と云うものは一応専門家の手によつて設計せられるのだが、資材経費等の関係で急速に立派な構えを造ることがむづかしいとすれば、先ず自分の店は自分で化粧し自分で手を入れ、そして自分で愛する店をつくつてみたらどうか。

先ず店舗のお化粧として考えられることは、看板・ウインド装飾・ポスター・ショーカードの類である。これらは客を店に引き入れる宣伝の上に於ても手近で、しかも小売商店にはかくことの出来ないものである。

これらのものを自分で作ることが出来れば興味深いことであり、自分のつくつたもので客が門前市をなす盛況を示す様になれば宣伝の妙味も味えてまことに愉快なことであろう。

ここでは人手を借りないで、手近な材料・手近な用具をもつて、看板・ポスター・店頭装飾・ショーカード等を自分の店でつくることを説明してみたい。

〔後略〕

（東京造型美術学院講師）

［『商店界』第二巻八号、一九四七年八月一日、商店界社、東京、S2265］

テレヴイジヨンと広告革命

アメリカでは十四万九千台のテレヴイジヨン装置が発売

され、新たに九つのテレヴイジヨン放送局が開設されている。

テレヴイジヨンを広告に利用したら

テレヴイジヨンが今日のラジオのやうに、一般家庭に普及した場合、これを広告に利用できたら、その広告効果は、まさに絶大なものに相違ないことは、だれにでもすぐ判ることである。

現に、ニユーヨークの広告業界などでは、テレヴイジヨンの普及によつて、アメリカの広告業界に、大革命が起るだらうと見て、その実際使用法を、最近は懸命に研究してゐるやうである。一九四六年に、アメリカで使はれた種々の広告費は、ごく大ざつぱに見積つても、約三十億七千五百万ドルといはれてゐる。この巨大な金額のどれくらゐがテレヴイジヨン利用の広告にむけられるかは、むろん今のところ不明ではあるが、相当額の広告費が、この方面に割かれるであらうことは、いまから想像にかたくない。

一方、テレヴイジヨン利用の広告の実現によつて、もつとも大きな損害をうけるのは新聞と、雑誌であらうとされてゐる。

アメリカの新聞雑誌類は、はじめてラジオが、品物の広告を財源として出現したとき、かなりの打撃をうけたのではあるが、それでもラジオだつて広告する品物を、実際に見せることだけはできないといふ点に、わずかな慰めを見出してゐたのである。テレヴイジヨンの出現は、このわずかな慰めも、粉砕してしまつたといふわけである。

本物の品物を目の前に見せて、そして言葉で宣伝する―これはたしかに、広告として最善のものに違ひない。テレヴイジヨン出現後のアメリカ出版界がこれにどう対処してゆくかは、これも興味ある問題の一つでなければならない。

色彩のついたテレヴイジヨンが完成されたら

では、ラジオによる今までの広告の方は、どうなるかといふと、この方はそれ程困らないらしい。といふのは、テレヴイジヨン放送業者なるものが、現在のラジオ放送業者と同じ団体だからである。現在のラジオ法創業者のうち、近い将来テレヴイジヨン放送に転向するとみられてゐるのは、ＮＢＣとＣＢＳ関係のものである。

しかしテレヴイジヨンの発達と普及といふことは、今日でもやはり、ひどく金のかかる仕事のやうである。先年、アメリカ・ラジオ協会は、その子会社ＮＢＣを通じて、三百五十万ドルをテレヴイジヨンに使つてみたが、広告料によつて八十万ドルを回収しただけで、差引二百七十万ドルの赤字を出した。

現在、アメリカで使はれてゐるテレヴイジヨン放送は、白と黒の像だけで現れるものであるが、コロンビア放送系統（ＣＢＳ）で、色彩のついたテレヴイジヨンを、ほとんど完成したと発表してゐる。もし、この発明が本当に成功し、同時に安く大衆の手に入るものならば、一つの大きな進歩が、又テレヴイジヨンの上に加へられたわけである。

現在、テレヴイジヨンの一般的普及を阻んでゐる隘路はアメリカでも、まだ充分にテレヴイジヨンの数量が、製造されない点である。

アメリカ放送協会（ＲＣＡ）会長ダヴイツド・サーノフ氏の言によると、アメリカは、今年末までに、合計七十五万台のテレヴイジヨンを持ち、四百五十万人の聴取者を有するようにならうと云つてゐる。またテレヴイジヨンの製造自体も、年とともに非常な速度で、発達するだらうと予想してゐる。

〔中略〕

テレヴイジヨンの広告料金はどうなるか

ところが、更にまた映画はレコードの場合と、同じやうに論ずるのは間違ひだ、といふ見解もある。

その説によると、音楽は何回くりかへして聴いても、単調さを感じない。またレコードは、わりあひ安くて買へるし、聴きたいと思ふときに、いつでも家庭で聴くことができる。しかし映画の場合は、さうはいかない。まづ見たいと思へば、映画館まで出かけて来なければならない、しかも、見たい映画が、その時映画館に上映されてゐるとは限らない。たとへ見に行つたにしても、さう何度も、同じ映画を見られるものではない。せいぜい二度か三度である。その点、レコードと大分違ふ。

だから、映画会社は、テレヴイジヨンが一般に普及するのを、非常に恐れてゐる、といふのである。

ともあれ、ＭＧＭのやうな、ハリウツドの大映画会社ははやくもテレヴイジヨン工業に着手し、テレヴイジヨンの出現によつて、映画館がどんな頓座をきたさうとも、その埋合せをしようとしてゐる様子である。

それとアメリカのラジオには聴取料といふものがない。すべて無料である。放送に必要な費用は、広告料によつて維持されてゐる。だから、映画の制作費が、広告料よりも下回らないかぎり、広告業者は映画作品を、テレヴイジヨンに使ふことはまづ出来ないだらうとみられてゐる。

もつとも、テレヴイジヨンになれば、人々は喜んで聴取料金を払ふことになるかも知れない。さうなつて、充分な聴取料金が集まれば、映画の上映も、あながち不可能ではないわけである。

アメリカのテレヴイジヨン番組が見れる

かくてテレヴイジヨンも、今日では次第々々に、ファンの数を増加しつつある。

昨年十二月行はれたジヨー・ルイス対オルコツトの拳闘試合の実況は、ニユーヨーク、ワシントン、ボストン、フイラデルフイア、そのほか主としてアメリカ東部海岸の大都市で、テレヴイジヨンで見ることができた。

昨年は、十四万九千台のテレヴイジヨンが、アメリカで発売され、新しく九つのテレヴイジヨン放送局が、開設されやうとしてゐた。

〔中略〕

やがて日本も、数年後には、テレヴイジヨン番組を楽しむことができるやうにならう。それには多くの時間と、努力と、費用を要する。すでに東京で、ニユース・テレヴイジヨン番組のための資料を、集める準備をしてゐる人もあるといふ。

現在のテレヴイジヨン技術では、海洋を越えるやうな長距離に、映像を電送することは、まだ不可能である。だがアメリカでは、大西洋上のどこか適当な距離に船を浮べてその船に、テレヴイジヨン仲継放送局の役割をさせる計画が、試験的に行はれてゐるといふ。この計画が成功すれば今日アメリカの短波ラジオが聴けるやうに、やがて日本でもアメリカのテレヴイジヨン番組が、そのまま見られるやうにならう。それもそう遠いことではない。

〔『丸』第一巻一号、一九四八年三月一日、聯合プレス社、東京、M100〕

商業人の見た東京人と大阪人

井上計三

まだ飛行機がめづらしい頃、東京の子供は爆音がきこえると、吾先きに戸外に飛び出して、「飛行機ビラまけ」と叫んでゐるのに対し、大阪の子供は「飛行機ビラまいてんか」である。如何にも両都市の気風を現はしてゐて面白い。

特急列車で走れば僅々九時間の距離しかない東西の大都市が、それぞれ昔ながらの特徴を持してをり、特に商業人がそれを代表してゐるやうに思へる。然し戦争は国民性を変へるとも言はれるから、将来経済機構の変革に伴つて、戦争による影響は両都市の商業人にも自然或る程度の変化を来してくるかも知れない。

東京駅から下の関までの車中、隣席の人に進んで声をかける東京人はすくない。

大阪人は「あんた何所へ行きますか」と気軽に口を切つて「御商売は何んだつか」とか、「お泊りは何処だつか」と中々如才がなく、人の読んでる新聞まで「おあきになりましたら」と乗り出してくるのに対して、東京人はどうも引込み主義である、斯《かか》る態度を軽蔑するやうな警戒癖を持つてゐる。

会社員でも、大阪の人は新らしく幹部が転任して来ると、早速自分から名乗りを上げて挨拶する。それが如何にも自然であるが、東京人は、そんな場合、つべこべと挨拶に出る人を冷笑する傾向がある。それで東京から大阪への転勤は気楽であるが、大阪から東京への転勤は親しみにくいと言はれる。それは決して悪意ではなく、東京人の持つ「気取り」のせいである。

　ところが、その気取りやの東京人が、往来での喧嘩を見ると、逸早くそれを取門《ママ》み縁もゆかりもない喧嘩を買つて出ようとするのは、江戸時代の町奴の残した気風であらうが、そんな場合、累の及ぶのを恐れて避けようとするのが大阪人の態度である。

　成るほど東京の円タク運転手が行人に「馬鹿野郎」を浴びせかけるのに、大阪では乗客でさへも勘に障るやうな、悠長な通行人にも、努めて避けて走らうとする。また、電車から降りた乗客が、悠々と釣銭を貰つてゐるのは大阪では珍らしくない風景だが、あれが東京だつたら、車内の罵声が激しからうと思はれる場合も、中々辛棒づよい。第一、停留所へ来てドアーの開くまで腰を上げない。

　東京の市長が頻々と代るのに、大阪の市長は一向に代らないのは、大阪の市会議員が、東京人のやうに市長いぢめに浮身をやつして、つまらぬ骨折りをするよりも、自分の仕事で儲ける方がよろしいといふ事を心得てゐるからである。

　然らば、彼等は言ふべき事も言ひ得ぬ意気地なしかといふと、決してさうでない。

　内閣の変る度に、経済相が必ず関西を訪問する習慣になつたのは、大阪人がイザとなれば真の声を発するからであらう。

　これと見込んだ事業に、有りつたけの財産を投げ出して、最後の勝負を楽しむ大阪人に対して、どんな有望な話を持ち込んでも、新らしい事業に手を出す事は「先祖に対して」と尻込みする人の多かつただけに終戦後の今日実業人のみじめさは東京の方に多いと見られてゐる。

　如何に良品廉価の店だとは承知してゐても、その店の主人や番頭が気に食はぬのを理由に、足を入れないのが東京の気風であるが、大阪の人は、そんな事はどうでもよい、品質と価格を第一義的に考へる。

　やはり大阪は商業の都である。大阪での一年の奉公は東京での十年の奉公に優ると言はれた通り、大阪に於ける商業徒弟が、土地の大資産家を理想として自転車を走らしてゐる時、ハーモニカを片手に自転車に乗つてゐる東京の小僧さんの頭を往来するものは、エノケンであり、長谷川一夫である。野球場の入口で「自転車預り所」の商売が繁盛するのも東京なればこそである。

　東京製の商品は大阪のそれに比して、優秀であると言はれてゐる。なるほど、イザとなると極められた工賃を忘れて仕事に熱中する職人気質は東京人独特のもので、恰度門前に立つた虚無僧が投げ銭の有無を忘れて、鶴の巣ごもりを吹いてしまつたといふに似た態度は、大阪職人の追従を許さないものがあるが、その商品を大衆化して大量販売の市場を見出さうとする大阪商人の力は、到底東京商人の及びもつかぬものがあらふ。

一も商売、二も商売。ちよつと自宅に出入する商家の店員に、優秀な者があると、それに資本をつぎ込んで独立させ、その成功を楽しむといふ商売道楽のある大阪人に比して、何んなお気に入りの店員でも、それを引き抜いて自家のものとする事は、その商店の主人に対してといふ良心の働くところに、政治都市であり、消費都市である東京の、大阪との違ひがある。

東京業者と大阪業者に現はれる違ひ方でも、あの歯切れのい丶「あきらめ」に対して、大阪業者独特の「女々しさ」にもまた魅力的なものがある。この「女々しさ」が、即ち大阪商人の持つ「ねばり」と見るべきで、大阪の松竹が、東京の劇団に乗り出して、気短かな東京興行師を相手に、ジリジリと業者王国を築き上げた事を思ふと新聞界も、土建界も、かつてはカフエー界も、その主流をなすものは、みな大阪資本であつたのを見ても、「儲かりまつか」と言ひながら生れて来たやうな大阪商人の底力には、東京商人も一歩を譲るだらふ。

（三越取締役「外交販売十則」の著者）

［『綜合宣伝』第三巻五号、一九四八年一〇月一五日、綜合宣伝社、東京、S2457］

ニッサン石鹸・ニッサンマーガリン広告写真懸賞募集中

昨夏鎌倉海水浴場に映画ニユーフエースをモデルとして招き、ニッサン石鹸名染め抜きのビーチ・パラソル等をバックとして広告写真撮影コンクール大会を催し、好評を博したが、これは写友会を中心とした専ら社内的な催しであつた。

今夏も鎌倉海岸で同じ催しをフオトグラフイ誌・小西六（さくらフイルム）等とのタイアツプで一般に公開し懸賞募集すること丶した。

一、期日・会場・画題

第一回　七月二十四日（日）雨天の場合は七月三十一日由比ケ浜、モデルとして日劇ダンシングチームのスター数名参加、会場に設置の浮島塔、漫画パネル・ビーチパラソル・商品模型・波乗板等の広告物を画面に取り入れること。

第二回　八月七日（日）雨天中止
由比ケ浜、モデルとして新東宝ニユーフエース数名参加。
セット・バック・小道具すべて第一回に同じ。

第三回　八月十四日（日）
カーニバル大行進中のニッサン石鹸広告物を撮影

対象とすること。

二、**締切**　八月末日

大　さ　カビネ以上

審査員　井深徴　橋本徹郎　田村茂　渋谷龍吉
　村田泰彦

商　品

　特選　一〇、〇〇〇円（一名）
　一等　五、〇〇〇円（二名）
　二等　三、〇〇〇円（三名）
　佳作　一、〇〇〇円（十五名）

三、**発表**

　展示会＝日本橋白木屋、九月十日――十六日
　誌上発表＝フォトグラフイ十月号

尚、懸賞募集中にも広告効果を狙つて次の様な方法をとつた。

フォトグラフイ八月号にアート二頁の募集記事掲載ポスター五〇〇枚を作成、京浜鎌倉のカメラ材料店に頒布掲出。

銀座・日本橋筋各広告塔より延十二日間、声の放送をする。鎌倉駅前及市中十ケ所に立看板を出す等。

社内カメラファンの多数応募入選を期待する。

（宣伝課）

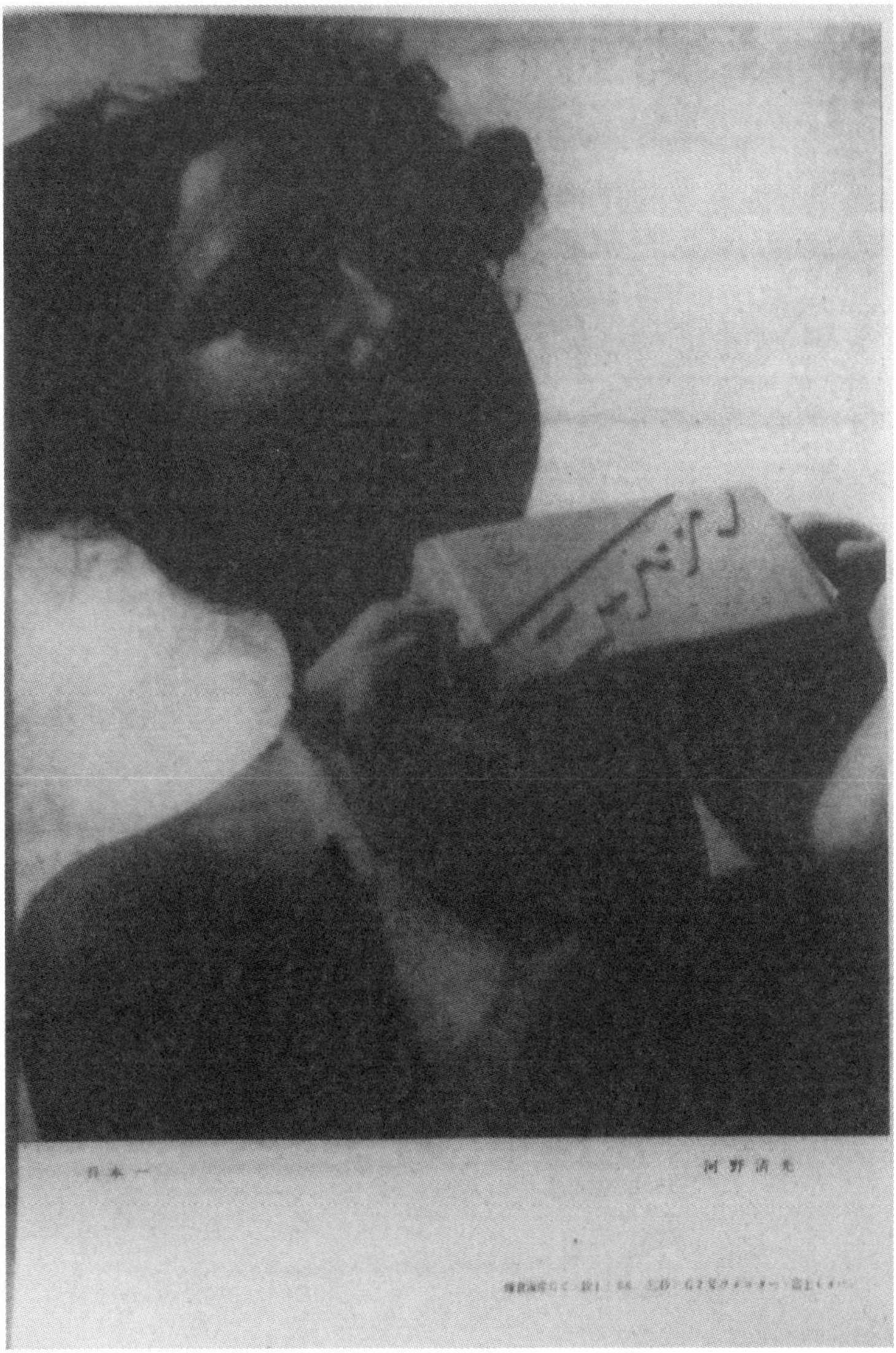

上：フォトグラフィ主催　ニッサン広告写真　特選　河野清光「日本一」
右頁上：二等　金子重雄「海の祭り」

ニューフェースカメラに囲まる

七月と八月の海の銀座・若人と飛沫に弾む鎌倉由比ケ浜に於て前後二回に亘る本社主催ニッサン広告撮影会は、石鹸・マーガリンの大模型を抱いた東宝・日劇のニューフェースモデル諸嬢は勿論、黒山の様な熱心なカメラマンは炎天下雨なす熱汗を拭う間もなく、押すな〳〵の盛況でした。応募印画は数百枚の多きに上り、係が嬉しい悲鳴をあげる始末でした。

〔『社報日油』第一巻三号、一九四九年八月一日、日本油脂、東京、S985〕

商業写真はむづかしいか
新しい商業写真作家の誕生を望んで……

井深　徴

第一次欧州大戦後、商業美術が非常な発達をしたように、日本でも昭和の初年頃より、異常な発達というよりも流行を来たしたアマチュアー写真家の輩出と相まつて、広告界でも、「広告と写真」という問題に就いて色々と研究されたことは事実である。

昭和七八年より十四五年間の商業写真の発展は、朝日新聞の国際広告写真展、報知新聞のスナップ広告写真展ともなつて、広告に写真を使用するということは既定の事実？ともなつたように非常な発展をとげた。戦時中は用紙の不足、印刷技術の制限、広告主の広告減となつて、商業写真は中絶の状態に置かれてしまつた。また商業写真作家の一部の人達も従軍したり、他の写真部門に従事することになつたりで、あの全盛を極めた広告写真も全く影をひそめてしまつた。

終戦後のあの混乱状態は、写真を広告に利用するなどいうことは、考へにも及ばなかつたのであるが、文化団体の復活と共に文化運動の機運は一斉に起り、写真団体、写真雑誌、広告団体の復活は素人写真家、プロ作家の輩出となつて、今日の写真界は大正十二三年時代と思はれる程に発展したと考へられる。

今日の写真界は、アマチュアー・プロ作家共戦前昭和十二三年頃に比較して、レベルは相当低下してゐると見るべきだとは一般的の観方であるにしても、傑出した新しい作家の誕生を見ないのは誠に淋しいものがある。殊に商業写真作家などについては、終戦後皆無の状態にあつたことを考へると、商業写真界の前途寂寥たるものを感づる。

それならば商業写真の利用は少ないのかというと、昨年八月頃より商品の広告宣伝は活発となり、本年に当つてその利用は非常に拡大されると共に、写真による広告宣伝の効果の認識を一般に深めた如く感じられるやうになつた。即ち貿易関係に於て、また一般商品の所謂マスプロダクションは、その販売に於て、広告宣伝することによつて消化せしむるという、戦前の状態に近づきつつあることが判る。これは諸君が最近の新聞広告で見るように、相当大きなスペースにより他製品に優る広告をすることによつて商品を消化し、一般大衆に訴求する商品の競争時代を現出したのである。宣伝戦は最近特に著しくなつて来たということが云へる。

戦前、写真が広告に大きな魅力となり、効果的な事実を確認させ広告主に写真を広告に利用させるためには、吾々は非常な努力をしたと共に一種の迫害を受けた事実もある。広告界も現在の状態は、昭和二三年頃の状態だと思はれる。即ち図案広告・挿画広告華かなりし頃で、写真広告などは全く考へられなかつた時代である。

最近、新聞広告にも写真広告を散見するようになつた。サン新聞などでは昨年夏頃より相当写真を使用してゐたが、中部日本新聞は昨年夏、日刊紙として最初の写真広告（ヘチマコロン）を取扱つたが、東京の三大紙朝日・毎日・読売は最近まで写真広告を取扱はなかつた。理由は製版技術の面に於て、印刷面が醜くなるというのであつた。最近になつて毎日（二月中旬）はクラブの写真広告を掲載したが、戦前と比較して大差のない印刷に見受けられた。

このように広告写真、商業写真の分野は漸次拡大されつゝあるが、作家の問題がある。

商業写真作家として名乗りを挙げてゐる人々は五指にも足らないし、商業写真作家たらんとする人人もない状態である。営業写真家の中で、これを希望する人達も商業写真、広告写真の如何なるものなるかも研究されてゐないし、勉強もしてゐない。営業写真家の不振をかこつ半面、相当の写真技術を持ちながら商業写真家に転向する勇気のない人々もいる。アマチュアー作家の一部の人々も、ただ華やかな所謂プロ作家風の作風によつて、ジャーナリズムの対象にならんとすることのみを希望してる《ママ》。また商業写真は難しくてという一言によつて、この新しい分野に進出しない。僕は世の写真作家に進言したいことがある。プロ作家、誠に結構な存在である。グラフ面に於ける現代プロ作家の活躍は、吾々の目を楽しませてくれる。ジャーナリストに迎合するといつてはお叱りを受けるが、一たび彼等にアカした作家ほど気の毒なものはない。彼等は常に新しきものを求め、古いものを平気で捨てさるものであることを肝に銘じて置かなければならない。それだけに所謂プロ作家の精神的苦労は察するに余りあるものがあると考へてゐる。

勿論これはプロ作家のみに限られたことではなく、所謂写真芸術作家（いけなければ最近流行のサロンフオトグラフアーといつてもよい）商業写真家、報道写真家にも適用されるであらう。

図案家・戦時中のブランクは図案家も新しい作家が生れてゐない。技術を忘れた図案家も気の毒である。それ以上に悲惨な状態にあるのは続くもの丶ない商業図案界・商業写真界だということが出来る。

本題にもどり、商業写真は難しいか、の問題について研討《ママ》してみよう。

僕は左程難しいとは考へない。一通りの写真技術の持主であれば、少しの工夫、着想によつて簡単に撮れると確信してゐる。今後商業写真の発展は急速度で進展するものと思ふ。以下商業写真作家としての心掛などを申し上げ、優れた諸兄の写真技術を商業写真の分野にも発揮して頂きたいと希ふものである。

大型カメラの必要なことを誰でも一応考へられるやうである。これは大変間違つた考へである。僕は最近商品でも、ポスターのモデルでも、愛用のソホレフレックス名刺テッサー一三五ｍ／ｍによつて作画してる。昔はカビネの特殊なカメラなどによつてカビネの乾板を使用してゐたが、今日の高価な材料によつて作画することは、徒らに写真原稿料が高くなるばかりで、「写真もい、が高くつくので」と広告主に云はれるのが落ちである。

材料を節約し、大型原版を使用したと同程度の写真を製作すれば、それだけ製作料は安くなるわけである。今日の時代はというより、商業写真を発展させるには一人でも多くの人が写真を利用してくれることであると考へるので、僕は出来るだけ製作料を安くして、沢山使つて頂くように心掛けてゐる。

〔中略〕

全面写真を広告に利用するものは、商品名、店名などの配置（レイアウト）の点を考へて作画しなければならない。

この点が写真家にできなかつたために写真広告は発達しなかつた一因もある。

僕は昔から写真家特に商業写真作家になるには、一応の広告学と図案、レイアウトの問題を勉強して欲しいと写真雑誌、広告雑誌に十数回も執筆した。そして僕は一応レイアウトマンとして認められたのであるが、この勉強が写真家に足らんというより無い。

〔中略〕

僕は現在、商業写真作家として僕等のやつてきた技術を続けてくれる作家を心から希望してる。勿論若い人達を教育してゐるが、若い人達と吾々との間にある人とによつて、この商業写真が研究されることを、いつも考へてる。商業写真は一種の総合的な纏りに於て発展されるものかも知れない。即ち図案家の意見、編集者の意向などである。これ等の人々と商業写真作家が結ばれる機運も助成しなければならないと考へ、近々に写真宣伝家倶楽部を結成したい意向を持つてる。広告主、雑誌編集者、写真作家の構成によるものである。

［『光画月刊』第九巻一号、一九四九年七月一日、光画荘、東京、K1394］

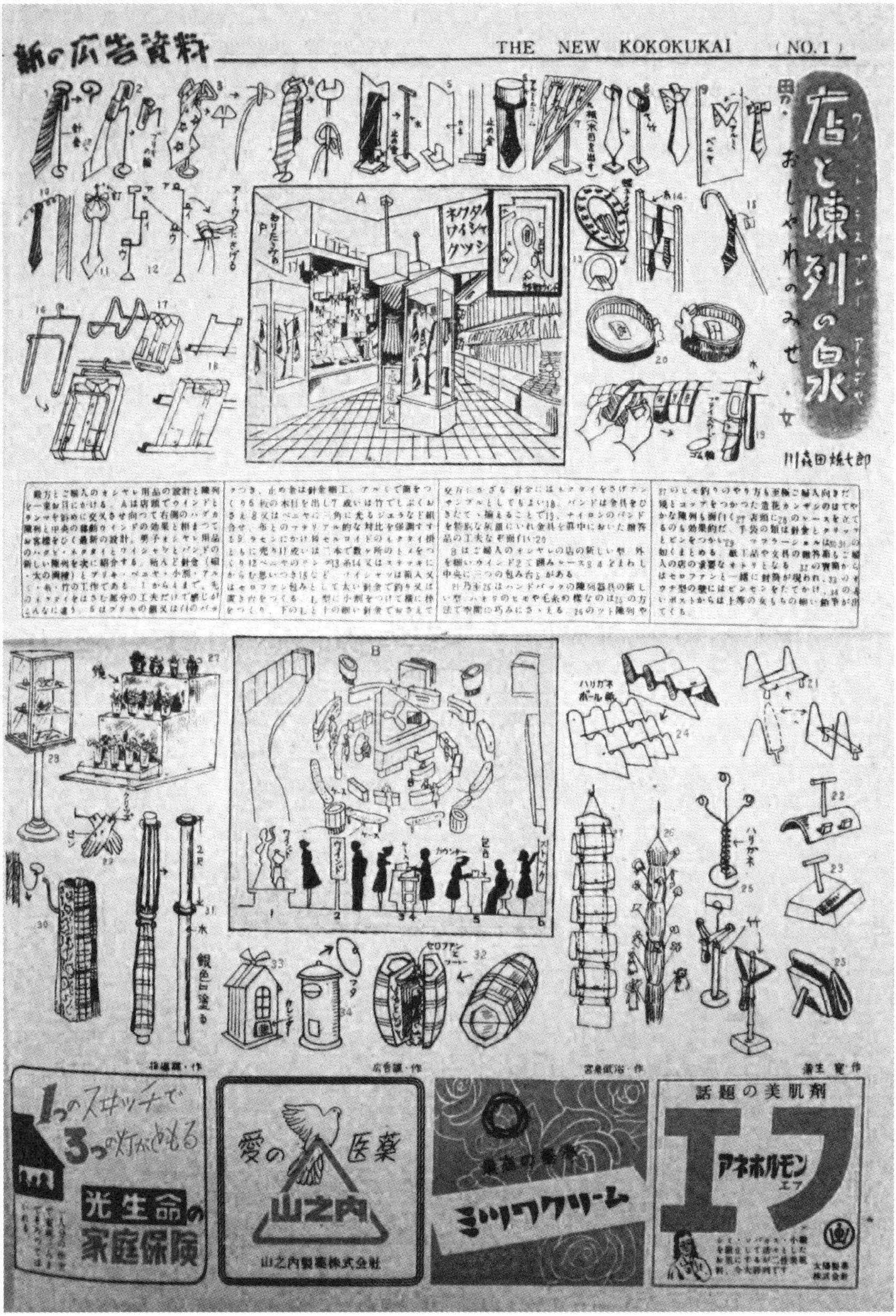

広告と陳列の泉　おしゃれのみせ（川喜田煉七郎）

［『NEW 広告界』第 1 号、1949 年 3 月 20 日、広告資料協会、東京、N203］

創刊のことば　何でもありさえすれば売れた時代どちらがお客か分らぬ時代は音を立て過ぎて行くようです。滞留した水が再び自然の□に返つて低きに流れ出して来たようです。之からの社会、経済情勢がどう変化して行くかは分りませんが、昨日までの飴屋さんが、今日は大出版会社の社長さんに収まつてジャナリズムを論ずる甘ちよろい時代は少くとも、再来しないだらうと思われます。その道で苦労と経験をし尽した人が、更に新しい時代の動きを身につけて、ほんとうに褌をしめ直してかからねばならぬ激しい競争時代が来るように思われます。
以前から先輩、友人に「広告界」の復刊を勧められ乍らも敢て口火を切らなかつたのは、求められないところに生れたものは徒らに自慰に陥ることが明らかであつたからです。特にこの一年、私は広告を実務の角度から研究して、漸く今日こそスタートする時期であることを確信しました。私は先ず、この卵をしかと抱き暖めて□にし、一人前に育てて行かうと決心しました。数々の望みも、先ず現実第一歩からです。私は一応、白紙で素直な気持で、この卵を育てて行くつもりです。新しい海外の資料も出来るだけ多く紹介して、読者と共に勉強して行きましょう。明日の日を望む人のため、仕事の種類、大小を問わず、広告に就ての新しい知識と感覚とを念じつつ　強力なスタッフで編集して行きます。

今日のアメリカ広告の行き方　最近のアメリカ雑誌数十種から興味ある広告を抜粋し、模写、要約、解説したもので、この中には極めて、応用範囲の広い多くの示唆が含まれています。レイアウトは訳文の関係で多少の違いがあります。　（宮山峻）

イーブニング・ポスト誌……美麗豪華な多色刷一面広告。自動車の広告として意表に出た着想だ。極めて楽しく、ユーモラスで、アメリカらしい明朗さが満々ている。フォードは度々この手法を使つて親しみを通して相手の購買欲を唆ることに成功している。フォードの性能と周囲に配した動物の特性を巧みに結んでいる。就中赤坊を抱いたカンガールの軽快なスプリング、ライオンの挺子でも動かぬ制動力、キリンの視野、みみづくの夜目が効く等は面白い。御笑しさの中に商品広告としての神経の行き届きを学ぶべきだ。真正面から下手に組んだ広告の味けなさは勿論だが、度過ぎたギヤグは不鮮明になり易い、この広告は両者の成功限界点を明確に示している。
ピックチャーポスト誌……８ｃｍ×５ｃｍの小型一色広告。商品をほんのちょっぴり扱って、殆ど全体をこの物語風な珍しさ、絵の面白さで終始したと言ってもいい着想だ、この手法も度々使われている手であるが、之は素材の特異性で成功している例である。
エスカイヤー誌……一頁の絢爛たる多色広告、全頁に伸々と拡げられた見事な官能広告で、一糸纏わぬといつた感じの美女のふつくらとした上半身、若さに張り切つた腰部から伸びた脚線美の櫻貝の様な美しい色彩に、ジヤケツの濃いピンクと裏地のレモンイエローの配色が立体感を持つて躍動している。バツクの好色らしい老紳士が漫画風に描写されているのも、この広告に上品なエロと微笑を与えているが、この広告の着想は、戦争中偽装用として使用された特殊布地が、婦人用布地として転用された経緯を実に巧妙に説き、心憎いまでこの表現、描写に焦点を合わせている点、うまいなあと溜息が出る。
ベター・ハウス誌……三分の一縦頁一色刷広告、保険広告は商品広告の中でも具体性が少ないため、難しいものの一つとされているようだ。この種の広告には「理詰」と「感情」に訴える二つの行き方が、割合にはっきりと見分けられるものが多い。この広告の場合は明かに前者から這入っている。つまり若い間は老後の事なんか考えないが、さて年を老ってからでは、もう間に合いませんよという意味を極めて写実的な聡明さで（人物は写真である）表わしている。
サタデー・イーブニング・ポスト誌……三分の一頁一色広告。アメリカと一緒に育つというスローガンと之に相応しい挿画との組み合わせが、この社の広告の特長である　此処では大陸横断鉄道建設当時、インデアンと戦う建設隊の場面が画かれ、長い歴史の跡を史実のドラマチックな構成によつて表現している
この手法は一種の教化広告として、使われている手であるが、興味をそそる素材と、すぐれた挿画技法が大きい役割をするようだ
ライフ誌……二分の一縦頁一色広告　薬用歯磨のドラマチックな構成　日本の映画でもキッスが観衆の前で大っぴらに公開され、最早不自然な感じもしなくなつた今日、こうした手法が広告画に自然な形で扱われるのも遠い日のことではあるまい、そういう点で此処に紹介するのも面白いと思ふ

今日のアメリカ広告の行き方（宮山峻）

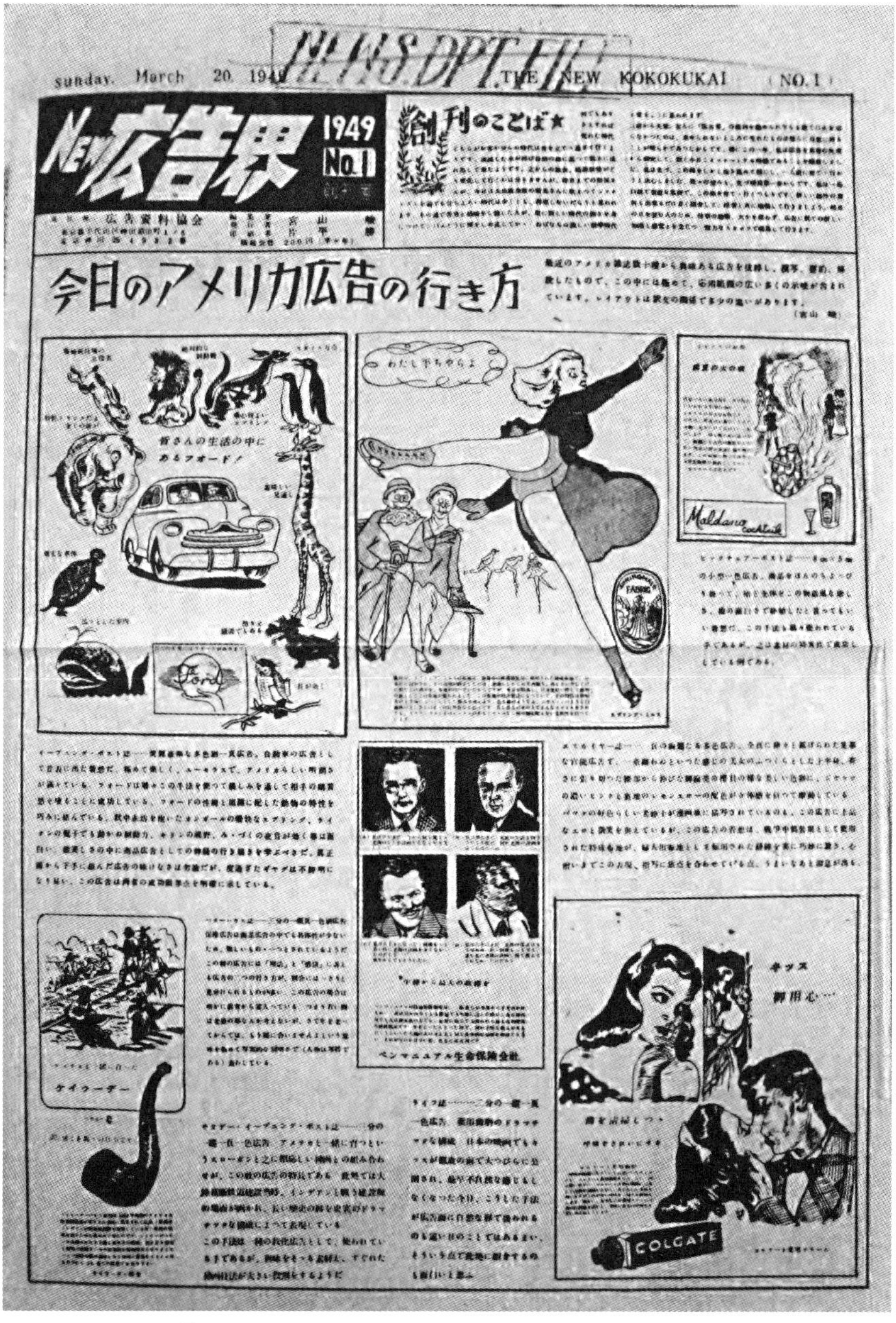

『NEW 広告界』第 1 号、1949 年 3 月 20 日、広告資料協会、東京、N203

編集者が個人資金で復刊した広告業界誌（『NEW 広告界』表紙）

［『NEW 広告界』第 2 号、1949 年 6 月 7 日、広告資料協会、東京、N203］

お巡りさんが左の腕にポリスと書いてあるくのが当世となつた。時代感覚の最も鋭敏なる商業者がこれにのりおくれやうはずがない。早速看板を掲げて曰く。

「KUTSUMIGAKI・SHOP」

笑へぬナンセンスである。こんな愉快な英文看板が近頃あちらこちらで見かけるといふので、東京都商工経済会では英文広告相談係を設けてこれの是正にのりだしてゐるがなかなか跡が絶たぬらしい。

①は税込み定価表の一番多く使はれているもの。(銀座)
②は洗濯屋の看板。(吉祥寺)
③は喫茶店の立看板。(新宿)(東京都英文広告相談係はCAFÉだけでいゝといつてゐる。)
④はおしるこ屋のビラ。(銀座)誰が読むのかと非難を受けてゐるローマ字のもの。
⑤は高級喫茶店。(神田)
⑥はキバツな交通標識を使つた新宿宣伝広告看板。面白い扱ひ方だ。

英文広告a・la・carte

『商店界』第1巻1号、1946年7月1日、商店界社、東京、S2265

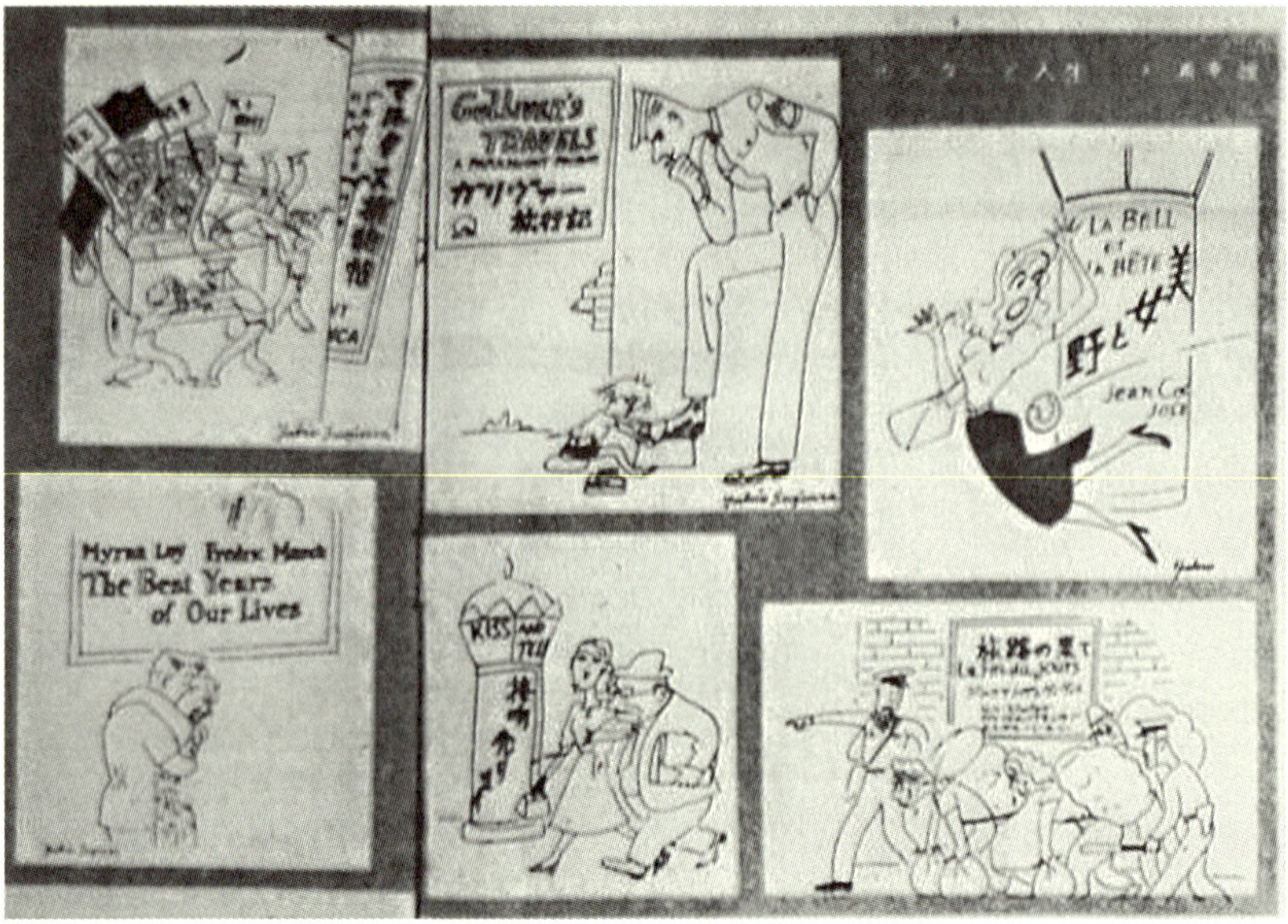

ポスターと人生（杉浦幸雄）

［『映画世界』第1巻5号、1948年8月1日、映画世界社、東京、E53］

宣伝覚書
雑誌と都市に就て

二渡《〔ふたわたり〕》亜土

雑誌・広告・教科書

LIFE、ESQUIRE、POSTLOOK、etc オールペーヂ・アートのアメリカのマガジンは笑ふ――

栄養失調の様に痩せたペーヂ、活字見本の様な色気のない印刷、艶の褪せた憐れなる日本の雑誌！

正に然り。戦前、戦後を通じてかくの如し。嘗てその華やかさを謳はれし頃も、一度その中身を開かんか、天然色刷などの広告は何処を探して見ても見当らなかつたのである。羨ましきはアメリカの雑誌広告の豪華版かな。

君よ、かゝる例しなきや、様々のデコレーションを飾にせる色刷のショートケーキに、思はず上昇する唾液を咽喉の奥深く嚥下せし事を！

自動車も、ラヂオも、宝石も、首飾も、靴も、煙草も、香水も、パイプも、そこでは燦然とした色刷で魅惑を誘る。

広告は本文よりも美しくも亦楽し。

日本の雑誌広告が、かゝる状態に到達するのは何時の日の事か。

さはれ、かゝる貧弱なる状態にありながら、雑誌は雨後の筍の如く乱立してゐる。この筍どもは互に意地を張り根を張り、パルプを喰ひちらかして、遂には自分自身で太る事をゆるされない。

吾々はもう痩せた筍どもは御免だ。すくすくと天まで伸た一本の青竹が欲しい。その青竹に七夕さんの笹飾りのやうな五色の天然色広告を飾る日を待ちわびてゐるのである。

然し、色刷広告談は別として、このパルプを喰ひ散らかした筍どもは小学校教科書問題を廻つて、漸く最近終焉を見た由、その間に聞く文部省も下手な口向上を言つたものである。「立派な教科書は作り度いが、紙が無い、インキが無い、印刷機械が無い」紙もインキも印刷機械も皆なこの筍どもが食つてゐたのである。

春三月、来るべき新学期には目覚める様な新意匠の教科書を作つて、日本の子供達を喜ばしてやり度い。この願はひとり広告人の願ではなく、日本の父の、母の総ての者の願である。而も教科書こそは最も偉大な思想の宣伝媒体ではないか。新時代を背負ふ子供達の民主主義思想の教典である。

都市計画

あまたの人言ふ

銀座復興す。心斎橋亦再建すとや。その実、立ち並びたるはあやしげなるバラックにや。様式と言ひ、素材と言ひ看板と言ひ、かまびすしきものにこそ。

宣伝美術家はこれを打ち眺め切歯扼腕す。

政府のお偉方にもの申す。一度飛行機に乗つて空から都市を眺めて見給へ。若しその暇無くば、戦災地図を机上に広げて上から眺めるもよろし。その大半は焼失し、今や都市計画絶好のチャンス到来である。

戦前、無秩序、醜悪の都市を眺めて、「一度これがすつかり焼けたなら立派な都会が出来上るのだがなあ」と嘆息したのはひとり宣伝美術家ではあるまい。

今や予想しない方法で、その機会は到来したのである。然るに、現状はどうか。日毎に勝手放題にバラツクは建ちつゝあり、この儘放任して置けば戦前のそれより無秩序なる都市の出現するのは想像に難くない。

バラツクを建て、建てゝは壊すを何ケ年計画とや言ふか。計画とは経費の線に於て浪費の零点に達する方法の調である。速かに新都市計画案を樹立して大綱を掲げ、而して末端に至るまでその構想を浸徹せしめよ。末端から大綱は生れるものではない。

若し、理解ある政治家ありて賛同あるならば、広告人は挙げて参画するであらふ。企画家は名プランをひつさげて、美術家はコンパスとブラツシユとを持て。一大国際航空緑の都市の出現に。


（山之内製薬・宣伝部長）

〔『綜合宣伝』第一巻三号、一九四六年一〇月一五日、綜合宣伝社、東京、S2457〕

早くも広告にあらはれたアメリカ商品

◇太平洋戦争も終末のころ、アメリカのB29が東京の上空を頻りに飛び廻ると、そのあと小型の日本字新聞が撒きちらされた。焼野ケ原に転々と散るそれを拾つて読むと、戦局が明らかに知らされた。日本がもう土俵をわつてゐるのに未だ負けとは知らされてゐない国民は、アメリカは流石に宣伝の国だ、巧い宣伝だ、などと言ひながら、下のほうを見ると、商品の広告まで載つてゐる。〝スウイフト〟のコーン・ビーフ、〝カーネーシヨン・ミルク〟〝リプトン紅茶〟など、従来日本人の舌に慣れた食料品が絵入りで描いて描いてあるから、空腹な吾々は思はずヨダレをたらして眺めいつたものである。
◇そして今日では、〝リーダース・ダイジエスト〟の日本版まで書店にあらはれた。その雑誌の巻尾には、早くもスマートなアメリカ商品の広告が載つてゐる。
◇フカ〳〵柔かさうなパンの写真入りで〝フライシユマン・イースト〟の広告……魅力的な説明の末に、日本によく知れてゐるこの製品が近いうちにまた皆さんの御家庭に入る日を待ち望んでゐます……と書いて、「通信再開後」と但し書をした上で、問合わせ先の宛名も明記してある。
◇それから、戦争前には全国交通路の要所に鮮かな赤と白の標示板を出してゐたのでおなじみのスタンダード・ヴアキユーム石油会社の広告……ガソリンの天馬印と、潤滑油の怪鳥印が目につく。ガソリンが払底してゐる日本の各業者にはノドから手が出るように欲しい魅力を感じさせられる。

◇それから、ロッキード航空機会社の広告……海洋の空をとぶ旅客機の図案がすつきりして、海洋並に大陸横断旅行に御利用あれと呼びかけてゐる。そして社名、下に小文字で『この名をご記憶下さい』とかいてある周到ぶりを見逃してはならない。海外通商を許された暁、日本人も海洋の空、大陸の風をきつて世界を飛びまはりたいものである。

◇もう一つ、パーカー〝五十一〟といふインキ……説明に曰く、この魔術の〝五十一〟で書くと、文字は書くあとから乾いて決して吸ひ取り紙はいりません——と、当のアメリカでも大広告を出して世界的の評判になつてゐるそうである。

こういふ広告が早くもあらはれて、日本人の目にやきつけられるのである。日本を目ざして販路の開拓をはかるアメリカの広告商策は、スピードばかりか、いちめん心にくいほどの落ちつきをもつてゐる。商業者の刮目して学ぶべきところである。

〔『マーケット』創刊号、一九四七年三月一日、貿易経済情報社、東京、M53〕

近代の宣伝と広告
抜け目ないアメリカの広告
親切が足りない日本の場合

その昔「唄の世の中」というアメリカ映画の主題歌が流行つたことがあるが、近代はまた「広告の世の中」である。戦争中からも「宣伝戦」と称して各国ともに秘術をつくして渡り合つたものだが、ともあれ広告は最も雄弁に世相を反映する。そして戦争の苦悩から開放された今日でも、われわれの日常の生活に「宣伝」乃至「広告」の効果が重大な役割を果している。

近代広告の三要素

宣伝、広告とは単に文章ばかりでなく、文案、体裁、図案と三拍子揃つて始めて完全なものとなる。

ところで世論の国といわれるアメリカでは広告宣伝術も夙くから頗る進歩してヴオーグとかエスカイヤその他の雑誌が広告専門に出版され、文案、図案、体裁ともに一種の総合芸術品としての高度な香りを放つている。以下その中の幾部分かを抜粋して、わが国の広告技術者諸君に提供することにしよう。

近代広告の変遷の跡を辿つてみると、文案より図案のコースを取つているようだから、この点に関する理解に欠けるところのないよう、アメリカ広告雑誌の参照論文を引用すると「近代的広告の在り方」として――近代広告の要素は文案、体裁及び図案である――と述べている。

宣伝のコツ

近代の宣伝なるものに定義を与えるとすれば「近代製品と近代人の心の間に存在する関係を真に立証する広告」ということが出来よう。すなわち、産業、科学の進歩に依つて作り出される近代製品と近代人心の関係を真に立証、認識することである――と。

これは要するに商品と購買者の間の心理を捉むということである。

そのため色々と広告術が進み、わが日本でも戦前は内容よりも広告文の方が面白いような本が沢山あつた。だから新聞一頁大の広告なども決して稀ではなかつた。しかし、そういう広告にも自ら限度があり、誇大な広告は一時的な成功を得るかも知れないが決して永つゞきしない。結局「正直に勝る術なし」となつてしまう。

又常に目先の変つた広告文、図案、体裁も一見成功しそうであるが、商品に対する親しさを有たせ絶えざる「おとくい」の数を維持する上に必ずしも上策とはいゝ難い。

世に「凝つては思案に能わす」の諺がある通り、考え過ぎてピントのボケる傾きがある。この点に関して一文を引用する。

――往々にして広告主は広告に対して誤つた見解を有つている。即ち近代的な宣伝とは、何か特異な効果を生み出す気まぐれな奇抜な、勿体ぶつた企画であるとする誤解である。われ〳〵の社会生活に於ても「変態」ということが決して近代的なものとはならない。

ラジオと印刷広告

しかし宣伝広告文に対する強敵の出現はラジオである。ここに近著のアメリカの広告雑誌の記事をのぞいてみる。――ノールウエイの美しい森は、おそらく新聞紙の必要がなくなるので伐倒されなくてすむとほつと一息したことであらう。今後に於ても消費者は家に帰つたらラジオをつけて聞くニュースがあるのに更めて読んで見るために夕刊を買う。同様に恐らくテレヴイの時代ともなれば、消費者は帰宅してテレヴイで見るニュース記事を読むために、新聞を買うようになることは万々間違いのないところであろう。

しかしながらわれ〳〵は聴いただけでは満足しない。必ず印刷された文字で、読んで、確めたい心理があるのでテレヴイの時代になつても印刷広告の地位は動くまい――というのである。

広告にもニュース性を

アメリカの広告と日本のそれと比べて、第一に気付くことは日本の広告にはニユース性が欠けており、フレツシユな感じに乏しいということである。

例えばアメリカでは万年筆の広告に――御利用は航空便とウオーターマンのアイデアル万年筆――というのがあるが、これはエア・メイル（航空便）という時代の尖端をゆくものを引合に出して、その快速なところから「すらすらと速く書ける」万年筆と洒落たあたり、航空便の方も喜ばせていて鮮かである。

また石鹸の場合だと、日本ではもつぱら「泡立ち」を問題にして売込むキライがあるがあちらでは――水晶のように純白！　石鹸も、着物も――という具合に、真白なシャボンで着物もあくまで清白にしようというすが〳〵しい連想を起させる。

靴の広告には次のように奇抜なのがある。

――スマートな靴は大学への入場券
また日本のツーリスト・ビユーロウ（交通公社）といえば必ず便利だか安いとか、汽車賃や宿屋の宣伝に重点を置くのを常としているが、あちらの旅行社は、その他に例えば、
スペイン――あらゆる型の芸術、あらゆる自然の美。

スペイン――典型的にして絵画的、華麗にして快適。

といつた風に見る人をして夢幻の想いに浸らせるように努めるのである。

読物式広告の好個の例としては、「良い女房」「うれしい誕生日」「素晴らしい毛皮」毛皮についての御心配御無用ハーツ・オ・ザ・ベルト印
それからもう一つこんなのもある。

「純白の雫と深紅のバラ」――或夏の午後のお伽噺――白いアンゴラのスカーフと花のようなはなやかなスウエーターは、夏の訪れる所常に第一流品、アレクレス仕立のスカーフにはお望みのひだが附いていて、その□□のまるでそよ風の爽かさは――われとわが眼を惑わせます。薄地綾織のスウエーターは貴女の洋服箪笥の中で一寸した奇跡を演じましよう――というのは二つのものを三通りにお召しになれるということです。スカーフとスウエーターもまた優美で淡いパステル風の色合でございます。手軽なお値段とこよなき美しさは、スミス商店の伝統でございます。

宣伝にも親切と誠実

もちろん外国と日本では言葉の上の相違からも同日に論ずることは必ずしも当らないのだが、それにしても、近頃われわれの周りに見たり聞いたりする広告だの宣伝には随分好い加減な、不親切、不誠実なものが多いようである。尤も「物」が乏しくなつて、商人の方が上になつて、お客に売つてやる式の習慣が不知不識の間に出来上つたことも事実だが、これが何時迄も拭いきれないでは将来の対外貿易にも決して良い結果は望めない。

例えば、ところてんあります、氷水あります、などと、長方形の紙をブラ下げて永久にお客が来ると思つていたら大変

である。また、所謂る「看板に偽りあり」を平気で犯して、裸や、活劇のものすごいスチールを飾り立てる映画館や劇場の宣伝広告も許されるべきでない。

とまれ、永遠の平和を誓つた日本の、そしてわれわれは、平和の最大武器たる広告を利用して世界の観光客を誘引するなり、商品を海外に紹介するなり、又広い意味での広告として、われわれの持つている平和愛好の思想を、日本の親切、誠実として地球の隅々にまで認識してもらうように宣伝に努めなければならない。

即ちわれわれはKindness First（親切第一）をこそあらゆる面でのモツトーとしたいものである。

［『新潟評論』第一巻一〇号、盛夏号、一九四七年八月一八日、新潟評論社、新潟市、N444］

アメリカ商売教室

大坪覚治

優美で実質的なデザイン

日本の無意義な五年間の戦争はあらゆるものゝ面に於て五年間の後退を意味したといわれています。

そして其の間に、アメリカでは五年以上の進歩改良を成し遂げています。機械、化粧品、雑貨……ＥＴＣ・ＥＴＣ

今日本はいやがおうでも貿易によつて一日も早く立ち直らねばならない立場にあります。

しかし、日本のメーカーはよほど努力しなければ、世界市場に於てアメリカの商品と席を同じくすることはできないでしょう。

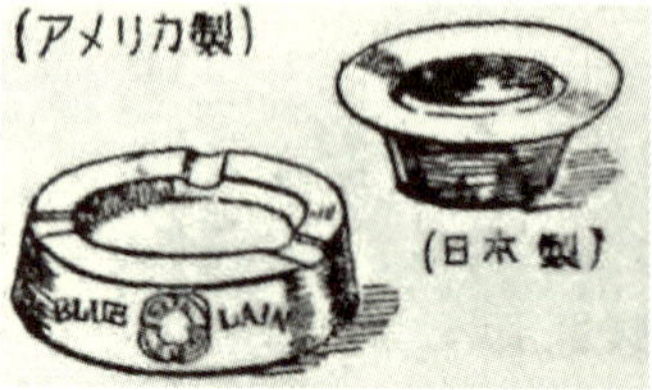

尤も、日本とアメリカとでは資材の点でも規模に於ても、たゞちに同列に考えることはできないのですから、そういつた点はさて置いて、先づ日本の商品とアメリカの商品とを見くらべてみますと、すぐに感ずることは、アメリカの商品はデザインの点で非常に秀れているということです。また耐久力が極めて強く、実質的だということです。

ガラスの灰皿一つを見ても、アメリカの製品はどつしりとし安定感がよく、しかも厚みが驚くほどある。

品物の値段は、結局、購買力と無関係には考えられないけれど、商品価値はデザイン一つで、てきめんに変つてくるはずです。

タイプライターの例をとつて見ましよう。ちようど本誌創刊号と第二号とに新型タイプライターの写真が出ていますから、比較してごらんなさい。

創刊号の『奇抜なアメリカの新商品』の中のアンダーウッドの一九四九年型タイプライターは全くその説明文の通り、『まるで、パッカードやリンカーンの新型が発表されたような…』最新そのもの、感じですね。

このような優美でしかも堅牢な感じを持つたタイプライターならば、今、一つ持ちあわせていて、仕事には充分用が足りるという人でも、つい欲しくなつてしまいます。それで値段は三万六千円位です。

一方、第二号のグラビヤの最後にある――『英文も打てるポータブル邦文タイプ』は、日本で出来たタイプライターの最新型で、一流メーカーの製品ですが、やつぱりアンダウッドの一九四九年型のにくらべると見劣りがします。そしてこれは三万五千円です。

もし、アメリカの製品が、どし〳〵日本にも輸入されているとしたら、このまゝでは日本製品が如何にみじめな立場になつてしまうか、推して知るべきです。

さてわたしはさん〴〵に日本のメーカーの悪口を言つたのですがメーカーも決してべん〳〵としているわけでなく、一生懸命改良に努力をしておられるはずです。がわたしが敢えて申上げたいことは、改良にあたつては、質の向上は勿論ですが、デザインの点に於て、アメリカ向けの商品には特にアメリカニズムを率直に見習えということです。

アメリカ人はご存じのように、広大な大陸を開拓し、自由の伝統の下に長い間血と汗の努力を以て今日の地位を克ち得ました。大陸的な解放的な性格は歴史に依つて作られました。日本人には大ざつぱすぎると思うことが、アメリカ人には好まれることもこの理由によるのです。

今、日本にもアメリカ人が沢山来ていますから、ちよい〳〵見かけるでしようが、真赤なオーバー深緑のスーツ、派手なピンクのドレス等、ほとんど原色に近い色彩の服を着ている婦人が多いでしよう。このコセ〳〵した島国の日本では、或は調和しないかもしれませんが……

しかし、仮に大きな大平原を思い浮べて下さい。その中に住む人達が細かい刺繍や、淡色の着物を着ていたら、果して調和するでしようか。やはり、パッとさいた紅ばらのような感じのものでなければふさわしくないでしよう。

アメリカ人はホテルのカーテンやベッドの□にも原色を用いることがあります。しかし、英国人、□洲人、加奈陀人はこうした原色のものは下品だといつて淡色を好んでいます。いろ〳〵国情によつて好みは違いますが商品の型や耐久力ということは、アメリカでも他の国でも良し悪しは共通です。流行が万国共通になるようにアメリカの実質的な洗練されたデザインは大いに見習う必要があると思います。

ノブルティーこそ商品の魅力

どこの国の哲学者だつたか、――変化というものは人生の薬である――と言つています。

薬が人の生活に欠くことの出来ないように、変化のあることは大切なことです。商品も、次から次へと新しいものを作つて売り出すことが、購買心理を誘う所以です。

アメリカの自動車会社では、毎年か隔年位に新型を出しています。

新型といつても、ボデイのちよつとした部分の変化で側面に線をつけたり後部をぐつと突き出させたりするだけです。がその変化は一歩々々スタイルの改良を考えてのことですから、さすがに新型は前年の型に比して魅力があります。

アメリカでは自動車はぜいたく品ではなく、既に家庭の必需品となつておりますが、新し好みの人は新型へ新型へと買い換えてゆくのです。もちろん、これは販売会社の上手な販売方法の魅力も手伝ています。

大体、自動車というものは、一万哩位走つた頃が最も乗りよいとされています。新しい車は機械の接合が固くて、操縦もちよつと滑かにゆかない。二年位乗ると極めて快適になります。

そういう二年位使つた車は、販売会社で相当高く評価して引取つて呉れる。ほとんど、あとせいぜい維持費位を足せばパリツとした新型車が買えてしまいます。どうせ二年も乗ると分解掃除をしなければいけませんから、それだけの費用にちよつと色をつけて新車が買えるのなら、大概の人が新型を欲しくなるのも当然のことでしよう。

販売会社は、買取つたその中古をちよつと手入れして、次のレベルの需用者に向けて、また儲けるわけです。それでなくては、いかに裕福なアメリカ人でもそう〳〵新型へ新型へと乗りうつれるものではありません。

このようにして、自動車販売会社は、ノブルテイーの魅力を充分に利用し、高価な自動車を大量に売り捌いているのです。

ノブリテイーの魅力ということでは、最近アメリカに新型の半袖シヤツが現われました。チヤツクの附いたシヤツですが、普通なら前あきが真直ぐで、上下にチヤツクがついているのですが、この新型はのどの所から脇腹の方へ、なゝめにつけてあるのです。

ちよいと日本人には出来ない、思い切つたデザインで、新しいもの好きのアメリカ人には大評判を博しています。

好奇心をそゝるアメリカの広告

アメリカは広告の国といわれるくらいで宣伝法の進歩は世界一です。

高層建築のはるか上の方から、奇抜な音響を発したり、大がかりな立体看板を取り付けたりする例は、皆さんも写真や、雑誌などで御覧になつていることと思います。

日本の広告もだん〳〵アメリカ式なものに変つて来てはいますが、まだ〳〵文字が多すぎるようです。街路広告や鉄道沿線の広告板に、くど〳〵した文句を書いても何もならないのに、まだまだくどい看板が見受けられます。

広告は眼で見るのですから、先ず人の眼をキヤツチするような好奇心を起させ、メインポイントを印象づけるものでなくてはならない筈です。

例えば、これはアメリカの雑誌に出ている絵ですが、『半裸の女が壁に四肢をくゝりつけられている鋭利なナイフが肩や脇腹、太ももすれ〳〵の所にグサリと刺つている。女は恐怖とあきらめの表情で。ぐつたりとして、眼を閉じている。』この絵は一目で好奇心を呼びおこします。

しかも、大きな文字で、

――She has to take chance!（彼女はすべてを運命にまかせねばならぬ）――

と書いてあります。

これだけ見れば、必ず次の文句を読みたくなります。

――自動車のピストンリンクは運まかせにするわけにはゆかない。危険千万です。そこへゆくと、〇〇会社の製品は百発百中、絶対に安全です。――

これは自動車のピストンリンクの広告なのです。曲芸でやるナイフ投げの女が、その危険を運命にまかせていることと意味をかけている、頭の良い方法です、

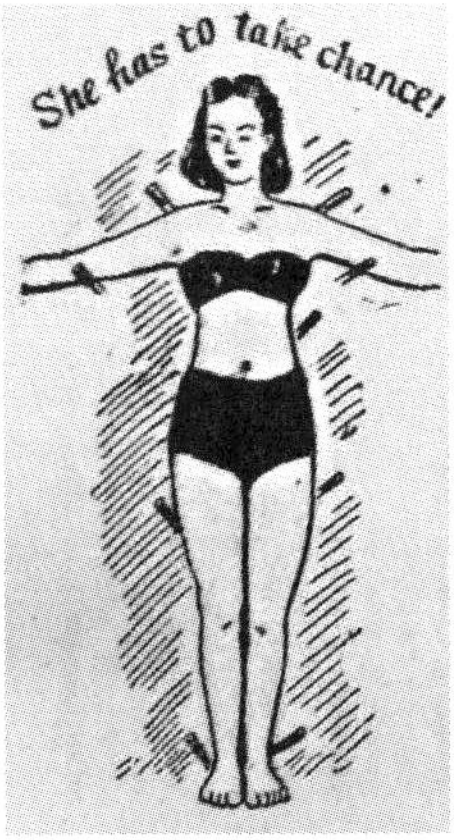

楽しく聴ける広告放送

アメリカでは人口四五十万の都会に必ず四つや五つの放送局があります。

放送局は大概土地の大きな製造会社の経営するもので、広告放送を希望する会社なり商店なりに時間貸しをしています。例えば、朝九時から十時迄は〇〇会社の負担による放送、十時から三十分間は△△会社の負担による放送というように。

〇〇会社の時間にメロドラマの放送があるとすれば、その費用は〇〇会社で一切負担するわけです。そのドラマが終ると、

――ただいまの放送は〇〇会社の負担によつてお送りいたしました。〇〇会社は〇〇を製造販売しておりますが、良心的な製品として好評されております。――

と、こんな程度に広告を放送するのです。

日本の放送宣伝社などの街頭放送は、朝から晩までがなり通しで単なる雑音と化しています。

ラジオは楽しむためのものなのですから、あまりくどくどしい広告では効果も期待できません。特にアメリカは広告の国だけに消費者は朝起きるから晩寝るまで、広告々々で集中攻撃されています。ですから、無意識的にも常に宣伝に反発しようという心理があります。広告はこの反発心理の防衛を押し破つて、消費者の耳に印象づける威力がなければだめで

す。その威力こそ、ごく自然で無理が無く好奇心をそゝる魅力です。

アメリカの広告放送は本当に楽しみながら聴けるのです。

〔『新商品と新商売』第一巻三号、一九四九年七月三〇日、マーキュリー館、東京、S1698〕

第五章　博覧会と近未来

章解説

井川充雄

占領期は、戦災からの復興期であるとともに、その後の高度経済成長期に向けての助走の時期でもある。本章では、次代のメディアの主役となるテレビの紹介記事と、復興から経済成長へと転換していく時期にいち早く近未来のイメージを人々に提供した博覧会に関する記事を採録した。

日本におけるテレビ開発

一九二〇年代、浜松高等工業学校の高柳健次郎は、「無線遠視法」（テレビ）の研究開発に取り組み、一九二六（大正一五）年、大正天皇崩御の日に「イ」の字を電子的に映し出すことに成功した。さらに、一九三〇（昭和五）年の天覧を経て、高柳は、日本放送協会の放送技術研究所へ出向し、一九四〇年の東京オリンピックを大阪でも放映することを目標に研究を続けた。その技術は決して欧米にひけを足らなかったが、太平洋戦争勃発のため研究は中断し、高柳自身もレーダー技術開発に従事せざるを得なくなってしまった。敗戦後も、GHQの指令によりテレビ研究を禁止されたが、日本ビクターに移り研究開発を続けた。テレビ放送の実用化まではその後も紆余曲折があったが、一九五三年二月一日にNHK東京テレビが、つづいて同年八月二八日には日本テレビ放送網がテレビ放送を開始し、テレビ時代の幕を切って落とした。

そのなかで、本書に収録したのは　技術系の雑誌に掲載されたテレビ技術を紹介する記事である。とくに高柳自身が執筆した「テレビジョン科学の進歩」（『電波科学』一九四七年九月）は「日本は現在非常な危機に直面しており、到底テレビジョンに対して本格的研究をする環境になく、またその予裕《ママ》もない。私達技術者はここ数年の間はまず手近かな生活の安定、産業の復興に全力を尽さねばならぬ。そして世界に対する日本の責任を果し、一日も速かに民主的な平和国家を建設して、この文化的なテレビジョンの恩恵に浴したいものである」と閉じられているが、世界に後れをとっている現状に対する高柳の焦りのようなものが感じられよう。

博覧会ブームの到来

一九四八年頃から、各地で新聞社や地方自治体などの主催で、戦後復興や地域振興を名目とした博覧会が開催され、博覧会ブームとも言える状況が見られた。華やかな祝祭空間としての博覧会は、戦時下で窮屈な生活を余儀なくされていた民衆に近未来のバラ色のイメージを喧伝した。

このうち、博覧会ブームの先駆けとなったとも言える「伊勢志摩国立公園観光と平和博覧会」（一九四八年三月三一日―五月二一日、宇治山田市ほか主催）は、国立公園の指定を記念して開催されたものだった。その後、大阪天王寺で開催された「復興大博覧会」（一九四八年九月一八日―一一月一七日、毎日新聞社主催）、日本貿易博覧会（詳細は後述）などと続いていった。

一九四九年三月、博覧会通信社から『博覧会ニュース』が創刊され、博覧会関係の情報が多く掲載されている。本書には、同年四月号に掲載された「博覧会はどうあるべきか」と同号の「編集後記」を採録した。前者は商工事務官が健全な博覧会とは如何にあるべきかを論じたものである。後者には「一地方に博覧会を開催すれば金が流れ込む土地に金が落ちる一時的にも金づまりから開放されることをのみ目的とした謂わゆる流行性博覧会病の如き好ましからざる悪弊」との表現も見られ、すでに乱立する博覧会に批判的な指摘がされているのが興味深い。

同様の指摘は『週刊朝日』でもなされている。本書には未採録であるが、「博覧会始末記」（『週刊朝日』一九四九年九月二五日）によれば、「博覧会大流行の最大原因は、戦前のお祭り騒ぎへの民衆のノスタルジヤ《ママ》だ。〔中略〕博覧会は、いわば、お役人の官費によるスペキュレイション（投機）だ。経済的主体でないお役所が、もうけ仕事をたくらんだのだから、損をしても、責任が明らかでない」として、各都市が、地域観光や輸出振興を名目に博覧会を乱立する様子を批判している。

日本貿易博覧会の開催

このように、占領期には多くの博覧会が開催されたが、ここでは一九四九年三月一五日から六月一五日まで横浜市で開催された「日本貿易博覧会」（日貿博）を一つの事例として取り上げてみたい。この博覧会は、神奈川県と横浜市の主催により、野毛山会場（横浜市野毛山公園付近一帯）、神奈川会場（横浜市神奈川区反町付近一帯）の二会場で開催された。入場者数は三百数十万人に上った。一九四九年五月には天皇・皇后、次いで皇太子も参観した。

本書に収録したものとしては、「日本貿易博覧会夢もの語り」（『月刊よこはま』一九四八年一一月）はイラストで会場を案内するもの、吉田仁吉「博覧会とその文化性――主として貿易博の国際的立場について」（『みなと』一九四八年一一月）と内山岩太郎「巻頭言　日本貿易博覧会の意義と使命」（『貿易神奈川』一九四九年一月）は、それぞれ主催者の横浜市と神奈川県が発行する雑誌に掲載されたもので、日貿博の意義やあり方を論じている。また、「日本貿易博会場そぞろある記」（『月刊よこはま』一九四九年三月）は兄弟の会話の形式で博覧会の展示物を紹介する記事である。附録のイラストも博覧会の雑多な様子を伝えている。「貿易博覧会見て歩る記」（『みなと』一九四九年五月）も紹介記事であるが、「専売館タバコは表で買つて吸え」などの川柳を織り交ぜ、多少の皮肉も効いている。

では入場者は、日貿博を見てどのような感想を持ったのであろうか。ここでは、子どもが書いた感想文を四本採録した。このうち前二者は雑誌『小学六年』に、後二者は横浜市教育委員会の『教育委員会だより』に掲載されたものである。もちろん、こうした子どもの感想文には大人の手が加えられていることは十分に考慮しなければならないが、当時の子どもたちに、日本の産業の復興と貿易の再開が今後の日本の進路であることを印象づけたのは確かであろう。

他方、「不幸な母と子等の為に」（『みなと』一九四九年九月）は、これまでとは全く別の視点から日貿博の一断面を描いている。すなわち、会場内での捨て子（棄児）である。占領期には、戦災による家計負担者の死亡など、生活難によって子どもを遺棄するケースが少なくなかった。この記事には、華やかな博覧会の片隅で置き去りにされた子どもが対照的に描かれており、占領期の暗い一面を記している。

そのほか、本書には採録しなかったが、雑誌『真相』には磯子次郎「インチキ見本市――日本貿易博覧会」（『真相』一九四九年八月）という文章が掲載されている。それは、「博覧会には昔から利権屋の暗躍がつきものだが、ヨコハマで開かれた日本貿易博も五億余円の大予算をめぐって、資本家と香具師と野心家と政治家が蜜の甘さによるようにひしめきあっていた」と博覧会の暗部をすっぱ抜いている。

その他の博覧会

他の博覧会についても、触れておこう。長野では「善光寺の御開帳と平和博覧会」が長野県・長野市・長野商工会議所の主催により、一九四九年四月一日―五月三一日に開催され、七六万四三六四人の入場者を集めた。本書に採録したのは、「平和博覧会に就て長野市民に望む」（『働きの友』一九四九年二月）と「昔の共進会と今度の平和博覧会ほゝ笑ましい四十余年前の回顧」（『高原春秋』一九四九年三月）の二つの記事である。前者は『働きの友』という雑誌への投稿であるが、善光寺や周りの旅館のサービスの悪さに苦言を呈している。後者は一九〇八（明治四一）年に開催された共進会（明治期に殖産興業政策の一環として開催された、各地方の代表的な物産や技術を一堂に集めて観覧させた行事）を回顧しながら、今回の博覧会の偉容を伝えている。

「岡山産業文化博覧会」（一九四九年三月二〇日―五月二〇日、岡山県・岡山市主催）からは、博覧会の警備に当たった警察官による文章「わが生活――博覧会勤務の一日」（『むつみ』一九四九年五月）を採録した。人員整理、落とし物、酔っぱらい、アベック、ゴミ等々、博覧会を支える裏方の苦労が忍ばれる文章である。

まったく同じ会期で、松山では「愛媛県産業復興松山大博覧会」（愛媛県・松山市主催）が開催された。「博覧会狂燥曲物語――誰が讃歌をうたい、誰が悲歌に咽び泣いたか？」は、博覧会を通じて儲けたものと、事前の皮算用にもかかわらず赤字に陥ったものを対比して、博覧会をめぐる悲喜劇を皮肉たっぷりに描いている。

ここまで取り上げてきたのは、県や市などの自治体が主催するものであったが、新聞社も博覧会ブームに拍車をかけている。その一つが、朝日新聞社が主催した「日本ステートフェア大展観」(一九四九年四月一日―五月三一日、近鉄あやめ池公園)である。これは、アメリカ映画『ステート・フェア』をヒントにして、朝日新聞社が開催した博覧会である。一九四八年八月に日本で封切られたこの映画は、アイオワ州でのステート・フェア(共進会)を舞台に若い男女の恋愛を、軽快な音楽にのせて描いたミュージカルで、日本初の「総天然色映画」ということもあって評判となった。これを受けて、朝日新聞社は、創刊七〇周年記念事業として博覧会を開催し、映画に描かれたアメリカの田園風景を大がかりに再現しようとしたのである。本書には、子どもの感想文「ステートフェア――学童綴方教室」(『ひかり』一九四九年七月)と大人の感想文「日本ステートフエア見物」(『わたのみ』一九四九年七月)を収録した。どちらも博覧会を楽しんだ様子を率直に記しているが、その背後には占領者アメリカの豊かな生活への憧れが見え隠れしている。

朝日新聞社は、この後も、阪急西宮球場周辺で「アメリカ博覧会」(一九五〇年三月一七日―六月一一日、入場者約二〇〇万人)を開催し、アメリカの文物を多数展示した。実は、このアメリカ博覧会とほぼ同時期に、神戸では「日本貿易産業博覧会」(一九五〇年三月一五日―六月一五日、兵庫県・神戸市主催)が開催された。両者が競合した結果、後者は大幅な赤字を計上した。本書には採録しなかったが、飴田美郎「神戸市政を解剖する(その三)――博覧会プロローグ」(『神戸経済新聞』一九四九年七月一日)は「総務局を中心に急におざなり行事を並べて二三〇万円を浪費することとなった。市役所の役人には意義もあり、目出度かろうが、悪政と重税にシンギンする市民には面白くないのは当然」と役所の安易な博覧会開催を批判している。

周知の通り、このあと日本では、一九七〇年に日本万国博覧会(大阪万博)、一九七五~七六年に沖縄国際海洋博覧会、一九八五年に国際科学技術博覧会(つくば万博)、そして二〇〇五年には二〇〇五年日本国際博覧会(愛・地球博、愛知万博)と定期的に万国博覧会が開催された。また、一九八一年に神戸で開催されたポートピア'81をはじめ、各地で博覧会が開かれ、いわゆる「地方博ブーム」が起こった。他にも新聞社などが関与する民間主体の博覧会は枚挙にいとまがない。それらは、つねに新しいテーマで、未来への人々の夢をかき立てながら、継続されていく。そして、ここに採録した占領期の博覧会をめぐる悲喜こもごももまた、繰り返されていくのである。

参考文献

井川充雄「占領期におけるアメリカニゼーション――アメリカ博覧会の効果をめぐって」同時代史学会編『占領とデモクラシーの同時代史』日本経済評論社、二〇〇四年
津金澤聰廣「朝日新聞社の「アメリカ博覧会」」同編『戦後日本のメディア・イベント――一九四五―六〇年』世界思想社、二〇〇二年
寺下勍編『博覧会強記』エキスプラン、一八八七年
日本貿易博覧会事務局編『貿易と産業』日本貿易博覧会、一九五〇年

講座

テレビジョン

日本放送協会技術研究所　山下　彰

第1講

講座執筆に際して　不幸な戦争の結果著名の都市の大半は焦土と化し、交通機関や通信網は破壊され、その上に食量《ママ》不足で我々日本国民は大部分その日その日の生活に追はれてゐる。近い処でさへ、電話も通ぜず、地方では、ラジオさへ満足に聞ゑないといふとき、我々の現在の生活より縁遠いテレビジョン等この社会状況より考へれば、実施の必要等は認めることは出来ないといふのがテレビジョンに対する一般の考へ方でないかと思ふ。然し我国の様な狭い国土で八千万人が生活して行くには、純然たる農業立国では不可能を〔とカ〕考へられ、科学技術の振興を計り、平和工業の再建に伴ひ海外との貿易により、有無相通じて行くことが平和日本の再建の道ではないかと思ふ。この平和工業に通信工業も我国には適したものかと思はれるが、その一部であるテレビジョンも社会状況の安定化とともに必ず再び行はれるやうになると考へられる。その時期が何時になるかは筆者の伺い知る処でないが、戦争中全く忘れ去つてしまつたテレビジョンを読者と共に思ひ出し、将来への希望の灯としてこの講座の執筆を始めた次第である。この講演は一二回にて終了する予定であり、割宛てられた紙数も多くないので歴史的なこととか理論的なことは出来るだけ避け、これまで実施してゐた標準方式によるテレビジョンが一応理解出来る程度の簡単さと平易さで述べて行きたいと考へてゐる。

第1章　テレビジョン概論(1)

本章はテレビジョンの基礎について述べると同時に、第2章以後の部分的な詳しい説明がよく了解出来るように一応一般的な説明を述べてその参考に供する次第である。

第1節　テレビジョンの原理

1・1　テレビジョンの意味　テレビジョンといふのは英語のTelevisionをそのまゝ用ひてゐるもので、日本語では電視等と訳してゐるが電子と間違ひ易いので近頃では用ひられてない。

一体テレビジョンといふものの本当の意味は、遠方の時時刻々変化しつゝある光景を時間の遅れなしに直ちに再生して見ることが出来る方式をいふもので、現在の処電気の力を借りるより外はない故、電気部門に於て発達して来たものであり電視等といふ訳が出来た由縁である。テレビジョンとよく似てゐるものに写真伝送があるが、この場合は一枚の写真を送るのにその大さ《ママ》により数分より十数分を要して居り、テレビジョンの如く動いてゐるものをそのま丶伝へることが出来るやうにするため映画と同じく一秒間二〇枚前後の像を伝へるものと根本的な相違が出て来る。

1・2　特殊テレビジョン　テレビジョンの以上のやうな定義も厳格に行ふと、例へばラジオでマイクロホンにより講演者の声を拡大して聴取者によく聞えるやうにする場合に似て、テレビジョンで講演者の像をその背後に大きく出して、その顔や姿をよく見えるやうにする講演用テレビジョンも、映画フィルムをテレビジョン装置を用ひて伝送するフィルム・テレビジョンも、本当の意味ではテレビジョンといへないのであるが、現在では区別せずに特殊テレビジョンとして取扱つてゐる。

この外特殊テレビジョンとして今日までに一応行はれたものに天然色テレビジョンやテレビジョン電話がある。これ等に就ては本講座の終りにもう少し詳しく説明する予定であるためにここでは述べない。

1・3　像の直列式伝送方法　テレビジョンで像を如何にして送るかと考へる前に像の構成について考へてみよう。第1・1図（本書では省略）は新聞や雑誌の印刷に用ひられる網目版による印刷で、その網目のあらいものである。この場合は像の濃淡は白黒の点の大さ《ママ》で表してゐる。然るにテレビジョンの場合は面積が同じで濃淡の異つた要素で出来てゐると考へるのである。そしてこの要素を絵素とか画素とか呼び所謂Picture Elementと称するものである。このやうな絵素で出来てゐる極く簡単な像を第1・2図に示す。像の詳しさは結局この絵素数で決定され図の場合は二五〇〇箇の絵素数より出来てゐる訳である。

第1・2図

テレビジョンに於て像を送る場合は第1・2図で1、2、3……といふ各絵素の濃淡、レンズで像を結んだ場合にはその明暗を光電流の多寡に変化してラジオで音声を伝へると同じやうに有線や無線で伝送する。そして受ける方ではこの絵素に比例した電流をまた光に変換して1、2、3といふ各絵素の配列がくづれないやうにまた配列し直してやれば絵が再生出来る訳である。この像を絵素に分解したり組立てたりすることを走査（Scanning）といつて居り、分解された像の絵素と組立てられた像の絵素とが全く相似的にすることを同期（Synchronization）といつてゐる。そしてこのやうに各絵素を一箇一箇順次に分解再生して行く方式を直列方式と呼んでゐる。この直列方式を図示すれば第1・3図の如くなる。

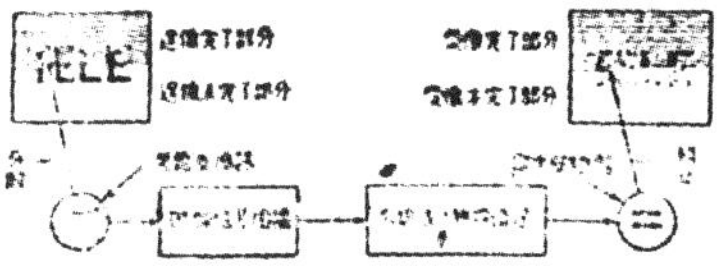

第1・3図　直列方式

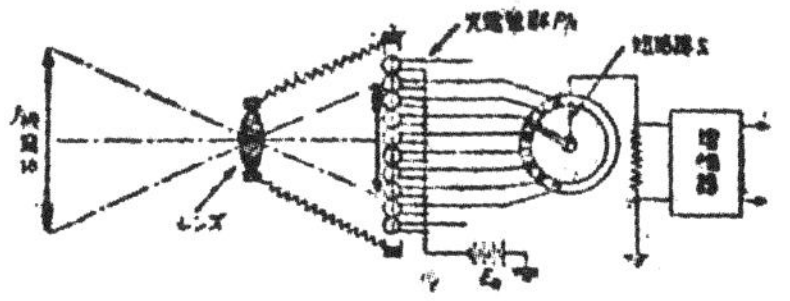

第1・4図　直列方式略図

このやうな操作による像の伝送を一秒間一二〜一五回位以上行へば、たとひ像が変化してゐるものでも、我々のよく知つてゐる映画の如く動いたものの伝送が出来る訳である。

こゝで直列方式に就ての能率を考へてみよう。直列方式を略図にして示せば第1・4図の如くなり、走査といふ操作が回転する短絡器として示されてゐる。短絡器で接続された部分即ち走査されてゐる絵素の光勢力は光電管の電流が抵抗器に流れ増幅され伝送される。然しその他の絵素の光勢力は損失となつてしまう故に全絵素数をNとすれば能率は$1/N$となり優秀なテレビジョンは出来ない訳である。この点を改良したのが蓄積式伝送方式であり以下これに関して述べる。

1・4　像の蓄積式伝送方法　直列方式では光能率が$1/N$となるのでこれを防ぐために、第1・5図の如く走査されてゐない部分は蓄積用蓄電器Cにその光電流を蓄へ、短絡器Sが短絡したとき即ち絵素が走査されるときに蓄積した光勢力を放出させようとするもので、その一箇の絵素に対する略図

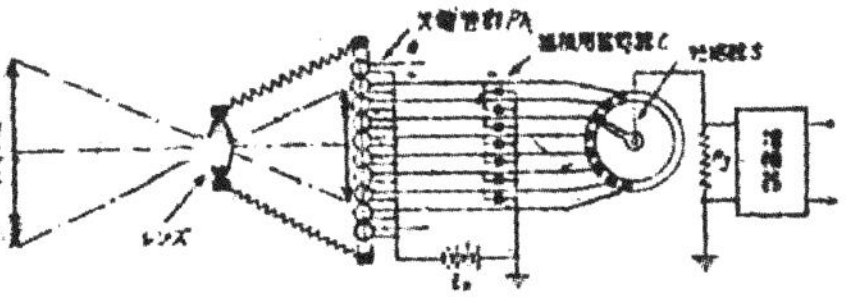

第1・5図　蓄積方式略図

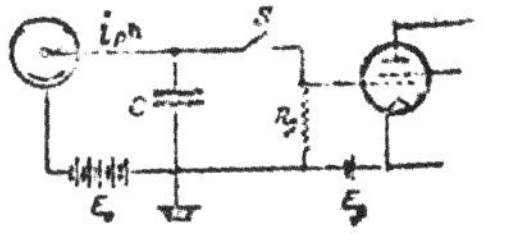

第1・6図　蓄積方式要素機構原理

は第1・6図の如くなる。絵素数に無関係となり詳しい像を送ることが出来る訳である。この原理を利用したのがアイコノスコープである。以下に現在のテレビジョンの中心であるアイコノスコープとブラウン管に就て極めて簡単に述べ今後の説明の助けとしよう。

1・5　アイコノスコープとブラウン管

アイコノスコープに就ては詳しく後述するが、こゝでは蓄積方式を述べたついでにこの説明を行はう。第1・7図はアイコノスコープの説明図を示すもので、下図はモザイク板の構造を示してゐる。モザイク板は薄い雲板の一方に非常に小さい銀粒子が附着され、その表面は光に感ずるやうにセシウムが附着して小さな独立した光電管を形造つて居り、これをモザイク板といつてゐる。この小さな光電管群の共通の陽極としては第二陽極といふ管内の導電被膜がある。この光電管群の反対側には金属の薄い膜が附着されて居り、これは信号板といはれ、小さな光電管群とこの信号板との間には容量を形造り一箇の光電粒子の等価回路は第1・8図の如くなる。これから伝送しようとする像はレンズ

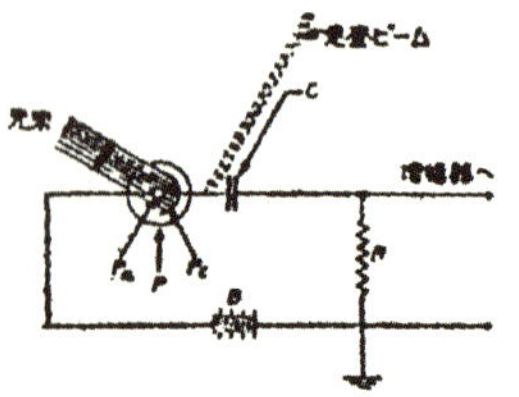

第1・8図　アイコノスコープの等価回路

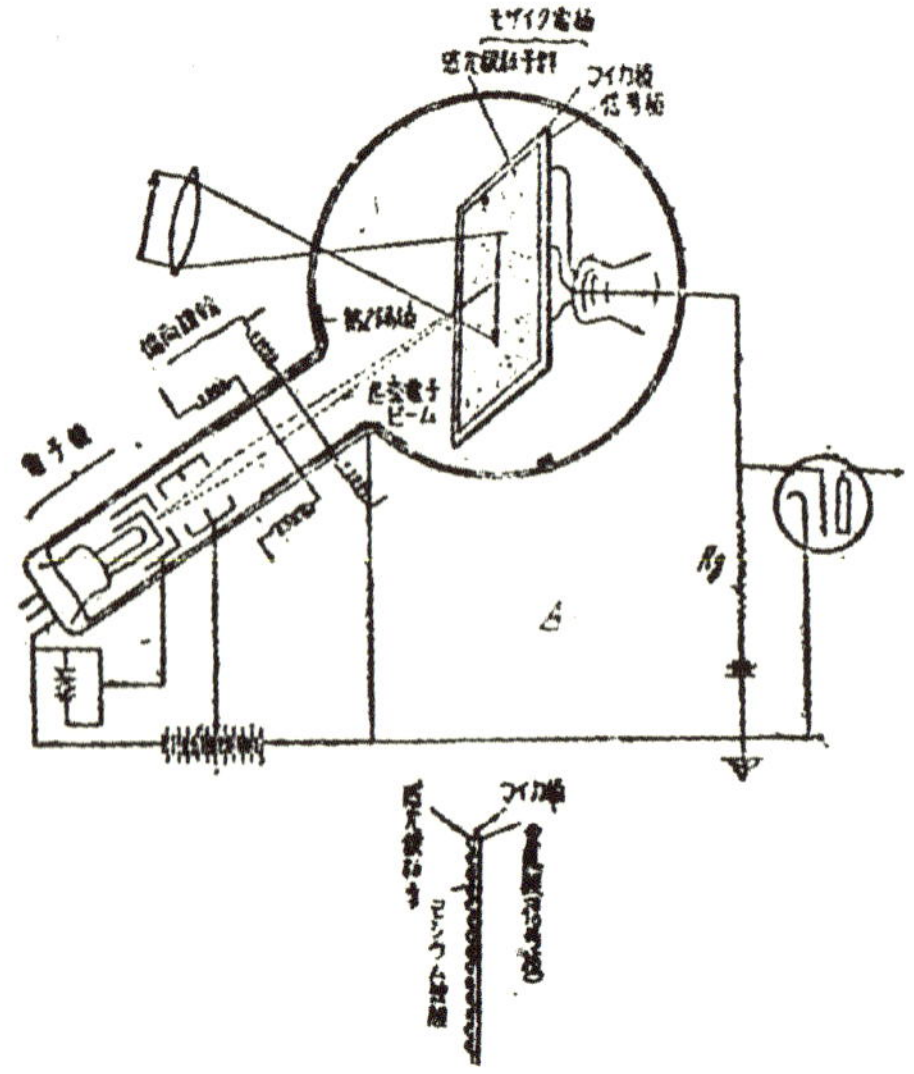

第1・7図　アイコノスコープの説明図

によつてモザイク板に写され、小さな光電管群はその像の明るさに応じた光電流を発生する。そしてこの光電流は第1・8図の回路でも解る通りマイカをはさんで形成された蓄電器に蓄へられる。一方電子銃といはれる部分より細い電子線が発射されモザイク面に小さな点を作るが

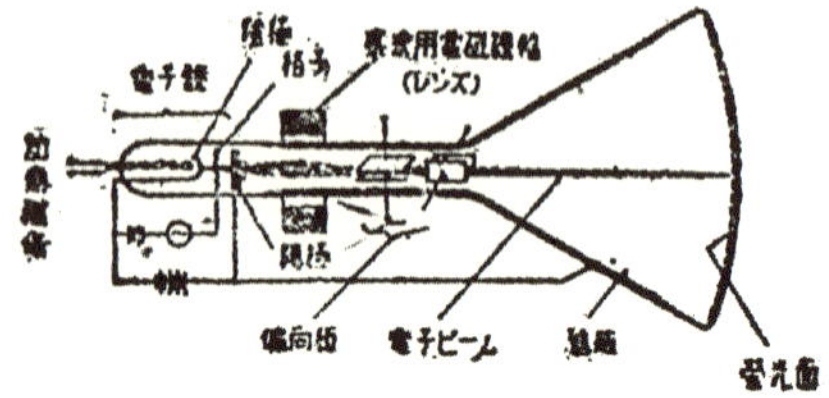

第1・9図　ブラウン管の説明図

この電子線がモザイク面を後述する如く走査すると充電された電荷は電子流は負であるため放電される。然しこの場合の放電電流は光の明暗に従つて変化されたものとなり、抵抗 Rg の両端に所謂映像信号を発生することとなりこれを受像側へ伝送してやればよいこととなる。従つて第1・5図の機械的短絡器の代りに陰極線をうまく利用したことになる。なほ図中の偏向線輪といふのは電子銃より出た電子流をモザイク面上にふりまいて走査させるためのものである。

次にブラウン管に就て説明しよう。第1・9図に示すのはブラウン管の説明図で、陰極より出る電子流の多寡は三極真空管等と同じやうな作用をする所謂格子により調節される。そして格子を通過した電子は陽極により数千ボルトに加速され少し拡がつて出るので集束用電磁線輪で丁度蛍光面で極く小さな点となるやうに調節される。この線輪を通過した後に電子を縦横に偏向する二対の偏向板があり電子を偏向する。蛍光板は電子が衝突すれば電子流の強さに応じて明るさの異なつた光を発する。そして発する光の色は蛍光面に塗られた物質により異なるが、テレビジョンの場合は大体白色となる

やうに工夫されてゐる。

よってこのアイコノスコープとブラウン管により像が伝送出来、テレビジョンが行はれる訳で、アイコノスコープの走査電子ビームを偏向してモザイク面を段々走査して行くと全く同様にブラウン管の電子ビームを蛍光面上に走査させて、モザイクより発生した映像信号を漸送して増幅してブラウン管の格子に加へ、電子ビームの強さを変化してやればモザイク面上の明るい部分には蛍光面が明るく光り、暗い部分は余り光らないといふやうにモザイク面上の像が蛍光面上に再生出来、テレビジョンが行はれることとなる。そしてモザイク面上を移動する電子ビームの動きと蛍光板上を移動する電子ビームの動きは時間的に同一でなければならず、この同一たらしめる作用を同期作用といふのである。

第2節　走査方式

以上テレビジョンに於て像を発生する迄の極く簡単な説明をして来たが次にもう少し詳しく部分的に説明しよう。

2・1　順次走査　この順次走査といふことの説明にブラウン管の場合に就て述べよう。上述したやうにブラウン管の電子銃より出たビームは蛍光面上に小さな光点を作るが、この光点をどうして動かすかである。電子流を動かすにはアイコノスコープの処で説明した偏向コイルでも又ブラウン管の処で説明した偏向板でもよく、偏向コイルには電流を偏向板には電圧を加へ電子流に力を加へてその方向を換へさせるのである。それ等の作用の量的関係に就ては又各部で説明するとして、こゝではこの蛍光面上の光点をどういふ風に移動して走査といふことを行はせるかを説明する。

四箇の光点を蛍光面上に順序よくふりまいて走査するには、第1・9図に於て上下二枚の偏向板に二〇サイクルの第1・10図（A）に示す如き鋸歯状波形電圧を加へ、左右二枚の偏向板に二四〇サイクルの鋸歯状波形電圧を加へたとすれば電子流は偏向されて第1・11図に示すやうな図形を作る。即ち縦横両方の電子流の移動が合成されてこのやうな線を作るもので、この線を走査線といひ、少い方の周波数は一秒間に像を伝える枚数と同じものであらねばならず画周波数（Picture Frequency）、フィールド周波数（Field Frequency）乃至は低速度周波数といひ、その走査を夫々画走査、フィールド走査及び低速度走査といつてゐる。又高い方の周波数は線周波数（Line Frequency）とか高速度周波数といひその走査を夫々線走査乃至高速度走査といつてゐる。今画周波数をf_a〔〜〕線周波数をf_hとすれば作られる走査線の数 n は

$f_h f_a=n$ といふ関係がある。

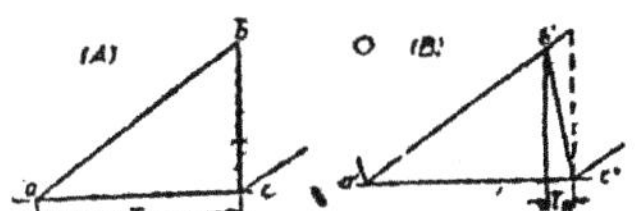

第1・10図　鋸歯状波形

第1・11図
電気的走査順序

こゝで何故鋸歯状波形を持つて走査しなけれ

ばならないかといふ問題であるが、正弦波や三角波であると前者の場合は周辺と中央とで光点の移動の速さが異なり、明るさを一様とするに困り、後者の場合でも送受の走査の速さの少しの違ひで像が二重になつたりするために好しくないからである。完全な鋸歯状波形を用ひれば第1・11図でaよりb迄は一定の速さで光点は移動してbにて急にcに移り、またdまで一定の速さで移動して急にeに移るといふ風にl迄達して急にまたaに戻り、同じ作用を繰返すこととなり正弦波や三角波の如き欠点を生じないからである。

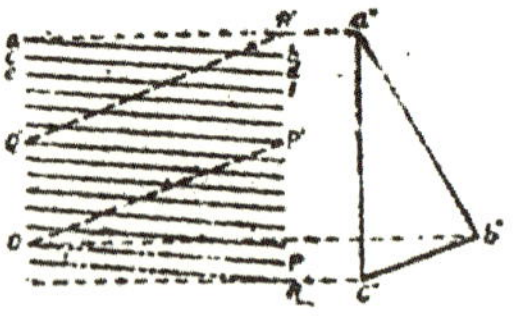

第1・12図　帰線とその図示

　鋸歯状波形は第1・10図（A）に示すやうな波形を作ることが困難であり、同図（B）に示す如くb'よりc'に至る迄にT_Rなる時間を持つ波形が使用される。若し画走査にこのやうな波形を用ひるときは第1・12図に示す如くOP及びQRなる二本の線がOP'及び$Q'R'$なる如き格好となり、この二本を消し去らねば像を邪魔することとなる。更にこの線だけの部分に像が出べきものが消し去られる訳でそれだけ絵素数の損失となる。故にこの$b'c'$に相当する帰線期間を出来るだけ短くしてOP'及び$Q'R'$の如き帰線が少いやうにする必要がある。これと同様のことは線走査の方にも生ずる訳である。

　更に附言したいのは走査線は殆ど慣習上といふか横になるやうにしてゐるので線走査を水平走査、画走査を垂直走査ともいつてゐる。

〔『電波日本』第四〇巻五号、超短波多重通信特集号、一九四六年一〇月二五日、社団法人日本電波協会、東京、D134。原文横組み〕

テレビジョン科学の進歩

工学博士　高柳健次郎

（I）アメリカのテレビジョン

アメリカでは戦後直ちにテレビジョン放送を開始し走査線五二五本、毎秒像数三〇枚の標準方法で、毎日運動競技、ドラマ、ニュースなどを放送している。最初は放送局の数は僅かに東海岸の数局で、受像機の台数も僅かであつたが、昨年六月ルイス対コンの拳闘仕合の放送から非常な人気を呼び盛大になつてきた。現在では放送している局は十数局であるが、建設許可を受けた局数は五〇以上にのぼり、本年三月以降は急に増大する傾向にある。

　放送局間を連結して放送種目の中継及び交換を行う中継設備は莫大な費用を要するにかかわらずしだいに設備が拡充され、特に同心ケーブルによる大陸横断線はその大半を終了し、来年の夏には残部が落成する見込みで本年末にはニューヨークのラジオ・ドラマがサンフランシスコで見られるようになると予想される。

受像機は昨年はいろいろの事情で生産が上らなかつたようであるが、年内には約八〇〇〇台の生産を見た。本年度の予想は業界では約三五万台と見られていたが、本年三月天然色テレビジョンの商業放送が後述のように、今後五年間は保留されることに決定してからは急に活況を呈し約七五万台となつた。

受信機の値段は、家庭用標準型として卓上型が二五〇ドル（受像の寸法六吋《インチ》×八吋）普及型としては卓上型で一五〇ドル（四吋×五½吋）である。高級品としては投写型と大型直視用ブラウン管を使用するものとがあり、価格は四五〇〜一二〇〇ドル（一二吋×一五吋）である。

しかし何といつても最近のアメリカテレビジョン界に大きな話題を捲起したものは天然色テレビジョンであろう。これはコロンビヤ放送局によつて研究され非常に進歩した極超短波の技術を採り入れて成功したもので、この結果コロンビヤ放送局ではアメリカ逓信省のFCC（Federal Communication Commission 聯邦通信委員室）に天然色テレビジョンの商業放送を出願したがFCCは数回の公聴会を開き関係各分野の意見を聴取慎重に協議の結果、この出願を却下した。

何故にFCCがこの申請を却下したか？　これはRCA及びDumont会社で研究中の全電子方式天然色テレビジョンが発表されて、天然色テレビジョンには他にも有望の方式もあり、まだ理想までには到達していない故に、現在実用することは真の発達を阻害し、公衆に迷惑をかけることになる、という結論に達したからと思う。

一体コロンビヤの天然色テレビジョンは送受両所に機械的の廻転体を用いて、色彩を青赤緑と交番して映像を送るような方式で、誠に遺憾なことには、家庭用としてやや不向きのことと、現在の白黒テレビジョンと全然方式が違うので互換性のない欠点がある。

これに反してRCA会社の方式は三つのテレビジョン系統を並列に使用して、青赤緑の各々の光景を別々に同時に伝送し、これを同一のスクリーンの上に投影するのであるから、受像機としては三本の陰極線が必要で、値段がやや高くなる欠点はあるが、廻転体を持たず、且つ各の系統を現在の五二五本毎秒三〇枚の標準方式で送れるので、現在の白黒テレビジョン受像機でも将来天然色テレビジョン放送が開始されたときにそのまま単色として使用できる利点がある。

RCA会社ではこれについていよいよ研究を進めているので、逐次に像の質も向上することと思うが、しかしまだ白黒テレビジョンに劣り、今後相当の年月の実地研究をつんで初めて実用されるのではないかといわれている。

（Ⅱ）英仏のテレビジョンの驚異的進歩

戦後食糧危機やその他の困難に直面した英国では、テレビジョンの放送は一時中止したかに伝えられたがそれは誤りであつて立派にロンドン放送局は放送を行つている。英国では更に全英放送を計画し、マンチェスター、グラスゴー、ブリストール等約七ケ所に中継放送局を建設計画中である。受像機も各会社より製造販売されつゝあり、その価格も戦前の約一割五分位高価な程度の廉価さである。

　フランスでは、まだ正式の放送は始まつてはいないようであるが、モントルージュ会社ではバーテルミー氏が一〇五〇本の走査線の実験を公開して、その明瞭度をもつて世人を驚かした。フランスでは今後従来の四五〇本の放送を行うが、新しい一〇〇〇本近い走査線の放送を標準に採用するかを考究中である。

（Ⅲ）アメリカのテレビジョン技術

◇テレビジョン・カメラが鳥目でなくなつたこと

　アメリカのツボリキン博士がアイコノスコープを発明して始め《ママ》て現在の高級テレビジョンが可能になり、その後イメージ・アイコノスコープとか、オルシコンとかいう名前で段々と改良されて、よい映像を楽に送れるようにはなつて来たが、しかしなんといつても、まだ感度不充分であつた。言わば人間ならば強い「鳥目」に相当し、一寸暗い天候には外景も伝達が困難で、室内で撮映する場合には五〇〇〇ルクス以上の強い照明を用いる必要があり、夏などスタジオの中は大変な暑さで全くやりきれないようであつた。

　ところが今回、ＲＣＡ会社から極めて優秀なイメージ・オルシコン・カメラが発表され、世界は全く驚嘆してしまつた。

　このカメラの感度は、従来のカメラに比して約一〇〇乃至一〇〇〇倍も良好で、ほぼ肉眼に匹敵し、一燭光の光で照された人物でさえ良く映像できる。映画のカメラよりはずつと良好であるから、昼間の光景はもとより、室内の普通の照明でも、月夜の景色でさえも撮映できる由である。また赤外線にもよく感ずるので、ＲＣＡ会社では最初の公開実験の時、ニューヨークのＮＢＣのスタジオを暗室にして、赤外線だけでスタジオの中を照明し、その中の光景を伝達して見物人を驚かせたのである。

　このカメラは現在までに既に数百台製作されており、これには望遠・近景等の各種レンズがターレット式についており、映画の撮映機とほとんど変らない簡便な構造になつている。

　これを使用すれば何等照明上の制限を受けないので二四時打通しの放送が可能で、屋内競技場の光景でも、議会内の光景でも、寄席とか演舞場等の舞台でも、そのまゝで撮像が出来ること、なつたのである。

◇室を暗くしなくとも見える受像機

　家庭用の高級受像機としては、ＲＣＡ会社製の投写型受像機があり、映像はスリガラスの上に一五×二〇吋の大きさに写し出される。同じくらいの大きさの映像を直視型で出す受像機がDumontあるいはPhilcoの会社から発売されている。フイルコ会社のものは受像スクリーンに特別な指向反射特性を用いているので、室が普通の明さ《ママ》でも明瞭に見える由である。直視型のものは普及型をのぞき、大部分平面の蛍光膜を用いているので、従来のように画面が彎曲することはない。

　最近Dumont及Raulandなどの会社より発売された直視型受像管は蛍光膜にアルミニュームの被膜を塗布してあり、陰極線電圧には約九、〇〇〇～一〇、〇〇〇Vを使用している。この映像は極めて明るくコントラストも一：一〇〇程度に良好で、室内を暗くしなくても充分見ることができるようになつた。FCCのニューヨークにおける公聴会にDumontが出品した受像機は、この陰極線管を二〇、〇〇〇Vで使用し、平均の明瞭輝度三〇〇フートランベルト、最高のそれは実に七〇〇に達した。

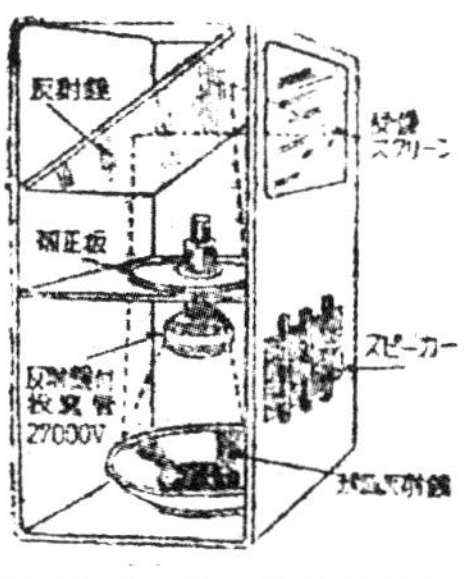

①RCA家庭用受像器構造図

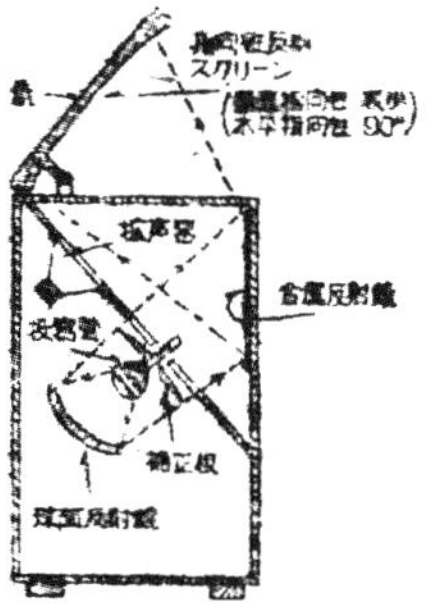

②フィリコ製新型投写受像機

　このアルミニューム被膜を用いた蛍光膜は、RCA会社がMirror Backed Cathode-ray Tubeと称して、戦後に始めて《ママ》家庭用投写管に使用した方式である。この方式は先ず蛍光体を普通のように陰極線管の底部に塗布し、更にその上にアルミニューム被膜を真空中において蒸発塗布し、熱処理によりこの有機物を分解蒸発させて、アルミニュームを蛍光体の上に密着被膜するのである。

　陰極線はこのアルミニューム膜に衝突し、これを突抜けて蛍光体に衝突して蛍光を発する。蛍光の明るさは、直接外部に出るものと後方に向つて進みこのアルミニューム膜で反射されて出るものとよりなり、普通の場合の約二倍に増大するといわれる。もちろん、アルミニューム膜は非常に薄く作つてあるので、陰極線が一〇、〇〇〇V以上の場合はほとんど損失なく突抜けることができる。

　一体普通の陰極線管においては、明るさを増大するために陰極線電圧を上昇すると、最初は電圧に正比例して明るさを増大するが、約八、〇〇〇V程度からは飽和状態となつて、電圧を上げても映像は明るくならない。この原因は、陰極線電圧が八、〇〇〇V以上になると蛍光体の二次電子放出比は一より小さくなり、蛍光体の中に陰電子が蓄積されて、負の電位に充電されるからである。

　このアルミニューム被膜を塗布し、これを陽極に接続すれば、蛍光体は何等の電位降下作用をうけないので、その輝度は電圧に比例して上昇し、容易に明るい映像を得るのである。

　なお普通の陰極線管でよく現われる、イオン焼けと呼ばれる蛍光面上の黒い斑点も生じない利点もある。

◇テレビ劇場時代来る

RCA会社の家庭用投写型受像機にする投写管は小型のアルミニューム被膜を持つた陰極線管で、二七、〇〇〇Vの高圧を使つている。この蛍光膜に映出された明い《ママ》映像は、有機ガラスで作られた反射鏡で反射されて、投写膜に投映されるのである。レンズの系統には、いわゆるシュミット・レンズといわれる明るくて製造の容易なものが使用されている。

最近、RCA会社は七½呎《フィート》×一〇呎の大きさにテレビジョンを投写し、明るさも映画に匹敵する受像機を製作発表し、同社社長はいよいよテレビジョン劇場時代が近づいたことを述べている。各映画常設館は、普通の映写機の外にこのテレビジョン受像装置を一台設備すれば、大統領の演説などの重大な政治上の発表の場合に、観客にサービスとして観覧させられるし、将来映画会社は本社にテレビジョン送信機を置き、新作の映画や運動競技などを本社より直ちにその系統の数百の常設館に封切上映することができる。現在アメリカでは映画技術者協会及び映画事業組合などが真面目にこの問題を考究している。

◇全電気的テレビジョンの出現

コロンビヤ放送局の天然色テレビジョンの難点は前に述べた。RCA会社は兼ねて理想的な方式として、全電気的の天然色テレビジョンの研究に全力を入れており、この問題は技術的になかなか困難で約五ケ年以上かゝるといつていたが、突然昨年一一月に、その実験が研究室において公開発表されて、非常なセンセーションを起したのである。ついで昨年一二月Dumont会社もその一方式について発表し、さらにコロンビヤ放送局は、同社の方式を全電気的に行ひ得る受像装置を研究中である旨発表した。

RCAで最初に公開された天然色方式は略図に示した通りである。この方式ではカメラも三台、受像機も三台使用しており、その一台づつが一つのテレビジョン系統を作り、各々赤、緑、青の映像の伝送を行い〔、〕三種の受像を同一のスクリーンの上に重ね合わせて投影して、天然色の映像を再生するもので前述の通りである。

RCA会社は、最初の公開では単に幻灯板の伝達を行つたのであるが、第二回の実験公開には天然色映画フイルム及び室内の人物などの伝達も行い〔、〕本年四月末の第三回のフランクリン・インスチュートの実験には七½呎×一〇呎の大きさのスクリーンに投写した。RCAでは、この秋には野外の景色を天然色で撮映実験すると意気込んでいる。

しかしRCA会社のテレビジョン方式は三枚の原色の映像を重ね合せて、一枚の天然色を出すのであるから、この映像の重ね合せに、光学上は勿論、電気的特性上も、同一特性を持たせる必要があり、相当面倒である。現在までの実験結果は、白黒テレビジョンの精細度とは到底比較にならぬくらい悪く、今後多大の改善研究を必要とするようである。同社はやはり、実用の域に達するには今後五ケ年くらいかゝるといつている。天然色テレビジョンが実用されるのは約一〇年後であろう。

◇月が鏡になる時代が来るか

テレビジョンには超短波が使用されるので電波は光波と同じ性質を帯びて直進性を持ち、山や水平線の蔭の所は届かない。送信所の空中線をできるだけ高くして、なるべく広い範囲に電波が届くようにしても大体半径五〇哩くらいである。そこで遠くまで伝えるには中継を行う以外にはなく、極超短波による無線中継と同心ケーブルを使用した有線中継方式が併用されている。

昨年、アメリカのベル電話研究所において、この無線用の空中線とその増幅真空管に関し、すばらしい発明が発表された。前者は光波のレンズの作用を応用した電波レンズの空中線であり、後者はトラベリング・ウェーブ真空管といわれる糎波を速度変調作用により増幅する新型真空管である。この真空管は全く画期的発明と称すべきで、普通の電話信号ならば一〇万回線、白黒テレビジョン信号ならば一〇〇回線、天然色テレビジョンですら四〇回線を同時に増幅することができ、しかも一段当りの利得は二〇〇倍といわれる。この二つの発明により、今後数年の間にテレビジョン中継だけでなく一般の通信路に対して革命的変化が起り、非常な便益を得ることと期待される。

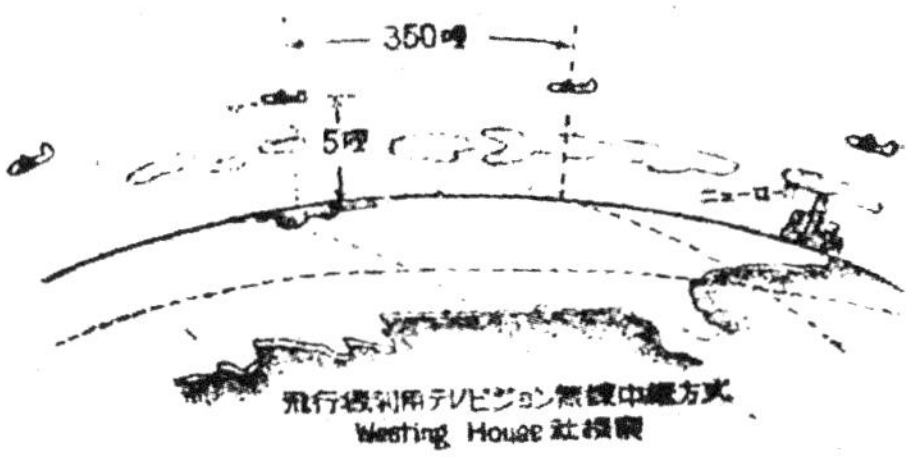

③飛行機利用テレビジョン無線中継方式　Westing House社提案

これらの有線及無線中継方式は実用的見地よりいえば作用確実で、今後通信の基本として使用されることは疑いのないところであるが、おしいことには建設及び保守に非常な費用を要する欠点がある〔。〕そこでこの中継の問題を経済的に安く出来る工夫が考慮されているが、その中で興味ある例としては、Westing house《ママ》 Electric 会社により提案された飛行機による無線中継方式である。これは大型飛行機に中継用送受信機を搭載して電波を中継すれば、四〇、〇〇〇呎以上の高空を飛行できるから、電波は地表にさまたげられることが少く、飛行機間の距離は三五〇哩以上にとれるので、全米横断中継でも約八台の飛行機があれば可能で、経費は地上の無線中継の1／10以下で出来る由である。

しかし、更に奇抜な中継方式は月の反射を利用する方式であろう。アメリカの Federal Communication Corp. では、テレビジョン送信所の空中線よりの電波を尖鋭なビームとして月の方向に向け、その反射波を捕えてテレビジョン受像機を動作させる実験を今春より開始したといわれる。

電波が地球を離れて月に当り、反射して再び地球に戻るには僅かに三秒以下の時間しかかゝらない。そして月が眺められる所には電波が届くのであるから、地球の半球面上の人は同時にテレビジョンが受像できるのである。

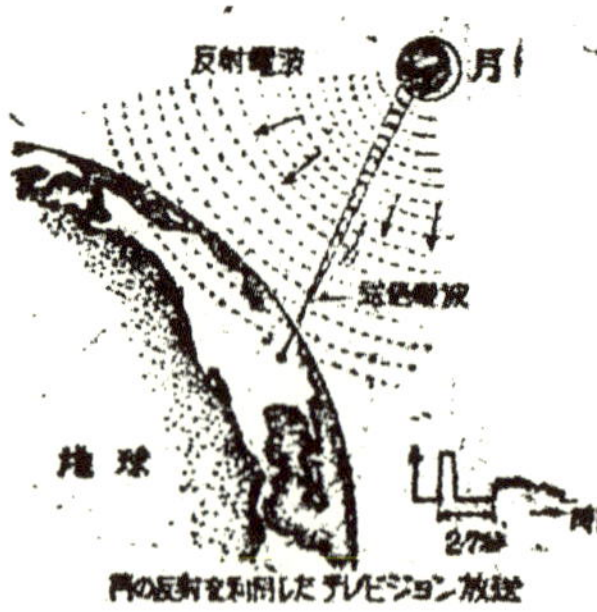

④月の反射を利用したテレビジョン放送

もしこれが成功すればテレビジョンの世界放送が可能となる。しかし月の面は凹凸があり、月の各部分から反射する電波には時間の差があるから、これらの電波の干渉で明瞭な映像を得ることは相当困難と思うが、工夫すればこれも必ず解決されるだらう。

(Ⅳ) 日本のテレビジョンに就いて

さて日本は現在非常な危機に直面しており、到底テレビジョンに対して本格的研究をする環境になく、またその予裕《ママ》もない。私達技術者はここ数年の間はまず手近かな生活の安定、産業の復興に全力を尽さねばならぬ。そして世界に対する日本の責任を果し、一日も速かに民主的な平和国家を建設して、この文化的なテレビジョンの恩恵に浴したいものである。

〔『電波科学』復刊第九号、一九四七年九月一日、日本放送出版協会、東京、D133。原文横組み〕

博覧会はどうあるべきか

商工事務官　奥村八束

はしがき

日本現下の特殊事情に適応した博覧会はどうあるべきか。最近各地で博覧会が一つの流行かの如く計画され、開催されているが、これに対する是非論は既に読者の諸兄種々の刊行物でご承知のように是非両論はむしろ敗戦国日本の現在時期尚早の否定論の方が強いように見受けられる。しかしながらそれは従来の考へ方が博覧会は自由経済組織の下に於いてのみ存在価値のあるものと言う踏襲的な極めて偏狭な観点から出発することの誤謬からではないかと思う。寧ろ観点を置きかえて博覧会の持つ使命と価値とを根本的に解析して再検討してみたならば、この国その時勢に適応した博覧会であるならば十分に大きな存在価値を持ち亦使命達成の役割を果たすものではないかと思う。だからと云つて私は現在行はれている雨後にそう成する竹の子のように乱設され、然も膨大なる資材の消耗を伴い強いては国家の再建の障碍となるが如き博覧会なしと明言できない限り、双手を挙げて賛成は出来ない。

従つてそれならば現在の日本に於いて本当に存在価値を持ち得て、なお健全な博覧会とは如何にあるべきかの再建の資料ともなれば幸いと敢えて筆を取り私見の一端を述べて見よう。

(一) 博覧会の価値と使命を何に求むべきか

経済九原則の各項目に羅列された文字を見ても解るように現在日本の当面している最大の問題は経済の安定と自立とを如何に両立せしめるかである。一口に安定と自立と言うが、これは同じ経済原則ではあるが、芦田内閣のとつた先の十原則と吉田内閣の九原則とは安定を先に求めるか自立を先に求めるかによつて重大な相違点があることに気付かなければならない。

吉田内閣は明らかに安定を先行せしめようとしている。然しながらそれは経済の自立なくしては考へられないことであつて、それだけにアメリカの援助下に生きている日本の自分の足で歩くことの出来ない竹馬の経済が可及的速かなる強引とも云うべき安定を求めてなほ自立経済の根本的問題である生産の増強を考へるとき、大きな矛盾に逢着する。この調和を如何にすべきかは吉田内閣の重大問題でもあらう。

インフレの抑制は国家財政の収支均衡からであると価格差補給金は半減され、復金債、地方債の起債が認められなくなつたら、復元資金を足場に立ちなおらうとした、日本の基礎産業は石炭にしろ、鐵鋼にしろ一体どうしたらい、のだらう。然も輸出産業振興のためには補給金又は補助金なくしては生産のコスト割れは避け難く、これを逃れるためには勢い価格の騰貴を必然的に伴い、寧ろ逆行の態をとるであらう。斯るときこの矛盾を矛盾でなくして生産量の低下を他の方法に求めるとしたならば、それは生産技術の向上と経営の合理化と集約的に究明し掘下げて行くより他にないであらう。

勿論それは国家的にも行政の上に大きく取上げられるであらうけれども、国民の自然意欲の発生によつて生れ出る相互啓発の機運を巧に把握して、その機会の将来を助成するものとして博覧会等を計画し、これにその使命を求めて行はれるものであつたならば、現在の如き特殊事情下に於ても尚お十二分に存在価値を見いだすことが出来ると思う。

我が国は戦争戦後を通じて物資の絶対的不足の中で止むなき自給自足を強制され、産業経済は五十歩前進、百歩後退の結果が目隠しされた馬車馬のように技術的にも経営の上に於ても無意識の裡に世界水準の遥か後方におき去りにされ、この悲惨な敗戦のうき目を身をもつて体験したのである。向上、開拓の余地は十分にある。終戦三年世界各国も日本を理解し、又日本自身も海外の事情を知り得るときが来たのである。斯るとき平明にして親しみ易く、然も大きな存在価値と新しい使命を持ち得るものは博覧会であると言い得るであらう〔。〕専門家は専門的知識を得るであらうし、一般国民は楽しみの裡に国内産業の現状を、輸出産業の必要性と、基礎産業の重要性を知るであらう。斯く考へて来たならば、内容の充実した健全なる博覧会場に大きな文化財としてかえ難いものがあるであらうことを知ることが出来る。

以上が博覧会に求むべき最も大きな要請と使命であるが、更に財政的に考へるならば、財政の極端なる窮状が、租税負担の最大限度に到達している国民をしてなほ且つより多くの租税負担を要求されることを余儀なくされた今後の動向として健全なる内外観光客誘致が可能とされるならば、これによる開催地の繁栄は看過し難いとも思えるが、国家財政の均衡を喧伝する限り充分に研究の余地を残すものであることを附加しておかう。これは地方財政についても言い得ることである。

又戦災に荒廃しきつた都市再建の一助に博覧会に投ぜられた資材を十分に活用することを予め計画として行つたならば、そのために新しく予算を投じることよりもより速やかに、容易に再建することが望み得るであらう。次に具体的な在り方について述べてみよう。

(二) 博覧会の在り方

一、博覧会は生産者の創意と工夫を発揮させて、生産活動を盛にし、国民の簡素で豊かな生活を創造するための発表と啓発の機会であつて、相互の敬愛と協力によつて開設されるものとし、且つ国民および世界経済の恒久的発展と文化の創建に貢献するためのものでなければならない。

二、博覧会は恒久的且つ普遍的な成果がもたらされることを期待して開設されるものとし、いやしくも観客の誘致する一時的かつ狭域又は所定人の利益を目的とする興業的投機的性格を帯びるものであつてはならない。

三、博覧会は、合理性の原則に立脚して適時に適所で且つ適大（適限の規模）において開設され最大の効果をあげるように企画されなければならない。

四、博覧会開設の趣旨及び時期は我が国の国際環境と内外情勢に適応して設定されるものとし、正確で判りやすい表現を用いて国民又は地方民に公表されなければならない。

五、博覧会の規模は国又は地方の負担力を超えてはならない。

六、博覧会の時期と場所は出来るだけ多数の国民又は地方民が、無理なく参観出来るやうに世論に訴へて之を定めなければならない。

七、博覧会の会場はできるだけ既存の建物を利用し得る位置において開設されなければならない。止むを得ず新設されるときは、建物はその一部又は全部が会期の終つた後、学校、病院、図書館、公会堂又はアパート等の恒久的公共施設に利用し得るやうに設計されるものとし、諸種の理由でこれができない敷地建物その他資材等は此を有効に活用できるように予め計画されなければならない。

八、博覧会は民主的に組織された委員会の議決に基いて運営されなければならない。
委員会は生産者、消費者その他各階層の意見が公正に反映されるように委員数の比率は組織され、その決定は拘束力を持つものでなければならない。
〔後略〕

〔『博覧会ニュース』四月号、一九四九年四月五日、博覧会通信社、東京、H129〕

〔『博覧会ニュース』〕編集後記

貿易再開三年を迎え各地にいろいろな名目の下に博覧会が催される。今その全部を拾つて見よう。

現在開会中のものに横浜の日貿博があり、岡山に産業博津山博覧会、高松の観光博、松山の産業博、長野の平和博、京都の産業博、仙台のグランドフエヤー等がある。なお今年秋を目ざして大阪に開会される。さらに目下計画中のものに札幌、平、新潟、清水、和歌山、鳥取、長崎、高知、神戸、富山、金沢、水戸、松本等がある。その中新潟、清水、和歌山、高知等、は已に決定済みと云われる。まことに多彩なニユースを齎らすことであろう。

さて博覧会の在り方について端的に云えば一地方に博覧会を開催すれば金が流れ込む土地に金が落ちる一時的にも金づまりから開放されることをのみ目的とした謂わゆる流行性博覧会病の如き好ましからざる悪弊に陥るような気がする。何んでもかんでも博覧会さえやれば金が動く有無相道の得があるとの観念から企案する向も少なからずあるようだ。慥に表面は産業振興だの貿易促進だの、商品技術の向上だのとお題目はたいへん立派だが、一枚はげば名実相伴わざるものが屢々あることを見逃すことは出来ない。

各地とも企画も相当であり名目は一点の非難も許さざる如き計画もいざ蓋を開けて見ると、途端に啞然たらしむる如きものありては、国民を愚弄するものこれより甚しきはなしと云わざるを得ない。

各地乱立の結果は出品者側に於ても全国の博覧会に各々出品するだけの経費に堪えず結果は何れも竜頭蛇尾の逆効果を来たすことなしとしない。現在に於て已に然り、願くは各地とも当局者に於ては感案三思して熟慮断行されるよう希望して止まない。

尚各都市に於て企案されたり或は決定された場合はこの博覧会ニユースの紙上を通じて広く全国一様に宣伝されるように特にお願いする。

〔『博覧会ニュース』四月号、一九四九年四月五日、博覧会通信社、東京、H129〕

日本貿易博覧会夢モノ語り（横浜漫画集団）

[『月刊よこはま』第6号、1948年11月1日、G238]

博覧会とその文化性
主として貿易博の国際的立場について

吉田仁吉

一

雨の日や曇つた日などはその先が雲にかくれてしまうほどの、高さ七〇〇呎もある大尖塔と、丸ビルの二倍の大きさ……つまり直径二〇〇呎《フィート》、周囲六〇〇呎もある純白の球体を背景に、一〇〇〇呎の長さでその球体をとりまいている斜橋。

入場者がこの斜橋を静かに上つていくと、次第々々に会場の全景が一望される。

人々は思わず歓声を放つであろう。百五十六万坪というから、代々木練兵場の三倍もあるような広大な敷地いっぱいに全世界から参加した六十二ヶ国が経済力、機械力、文化力のすべてをかたむけて建設し、おのおの国旗の名誉にかけて壮麗さを誇つている近代文明の一大偉観がそこには展開されているのだ。

人びとはやがて斜橋を上りきつて球体の内部に吸い込まれる。するとひとしくバルコニーに立つ。バルコニーは音もなく少しのショックもうけず六分間で球体の内部を一廻転し、知らず〳〵のうちに出口へ誘導されるのだが、しかしそのあいだに、人々は球体内の底の方につくられてある〝デモクラ・シチー〟の全貌を知ることができるのである。

〝デモクラ・シチー〟は五彩の噴水の上に浮んでいる鏡を張つた八本の鋼鉄の柱で夢のようにかこまれてはいるが、放射状に整然と区画のできた道路と人類の叡智をもつて完全に合理化された建築物を中心に、ほどよくグリーンパークを配置した〝明日の都市〟であつて、人々はバルコニーが一廻転するわずか六分間にその都市の昼夜の別と、空が晴れ陽が照り、雲が飛び雨が降り、月が輝き星がまたたくなどの四季のうつりかわりまでもたんのうできるしくみになつている。

人々はそこで自分たちの未来の幸福を楽しく想像しないわけにはいかない。斜橋のゆるやかなスロープをおりながらふり仰ぐ。するとその表現派ふうのやや奇怪な建物は実にこの博覧会全体の主題を象徴する〝テーマ・ビル〟であつたことに気づく。……

二

以上の描写は、明春横浜で開かれる日本貿易博のことではない。今から十年前つまり一九三九年の四月から六ケ月間ニユーヨークで開かれ、世界の話題の中心となつた万国博の〝テーマ・ビル〟だけの寸景である。

ルーズベルト大統領が「今日の頭脳と今日の機械による明日の世界建設」と示したテーマは単にポスターや印刷物によ

つてプロパガンダされただけでなく、無雑作なアメリカ人特有の行動性による巨大な〝テーマ・ビル〟の建築を通じて黙示し、象徴するところとなつた。しかもその建築が尖塔の直線と円球の曲線と斜橋の直曲線との交錯であり、幾何学的な形態の結合美の極致をなしているように広大な会場のすべての部分を通じて〝テーマ・ビル〟の象徴するところのものに完全に統一されて結合されていたということである。

わたしどもは日本貿易博が十年前の万国博と比較して、物質的にそれが可能であるかどうかを考えようとするのではない。ただ、戦争といふ文明破壊の傷ましい試練に逢つて、国家再建をしようとしつつある日本の最初の博覧会は、いつたい何を可能とし、必要とするかを考えてみたいのである。

アメリカ人の奔放な性格と世界最大の富力と、スピーディな文明発展の速度とをもつてすれば、十年前の万国博のスケールはもはや今日のものではない。日本との比較は絶対に実存しない。

日本貿易博には若干のアメリカ人が観に来るだろう。ＧＩも居ればバイヤーもいるし、その家族たちも一応の興味をもつて観てくれるだろう。けれども智慧ふかい教養の高いアメリカ人たちは最も近い記憶にある一九三九年の万国博とスケールの点や物質的なもので決して比較する筈がない。

日本の持つ経済力は〝力〟などという文字を使えないくらいに乏しい。貿易に可能な商品の生産もタカが知れている。それにもかかわらず、ない力をふりしぼつてタカの知れている貿易を振興させるのでなければ日本という小さな敗戦国は立ちゆかない現状にあるのだから、へたに飾りだてをせずありのまま観てもらうだけでよい。規模の小さいことも決して恥ではないし、戦争中の兵舎か何かの朽ちかけたのを持つて来て最少の資材で建築することも、それ自体は決して日本貿易博の価値を減ずるものではなく、アメリカ人も充分理解してくれる筈である。

しかもそれらの理解の上に立つて、なお且つ厳しく批判をうけるものと覚悟しなければならないのは、〝日本貿易〟なるテーマをどう生かしているかという点であろう。

三

日本に関心をもつ世界の心ある人々は、おそらく博覧会に何が並べられているかということより、日本の文明的な、あるいは非文明的な所産をどう整理し、発展させつつあるかを観るであろう。

今次の戦争はたしかに非文明の文明に対する挑戦であつたし、敗北でもあつた。日本人は苦惨をなめ、自らの非文明について反省し、文明に対する謙虚な貢献を企図しながら再起しつつあるのだがその程度がどこまで上昇したかと測定されるのが〝世界の眼〟における日本貿易博の姿だといつてよい。

Ｈ・Ｇ・ウエルスは万国博を、「これは単に商品を求め、商品を見歩くためのものではなく、われわれの身近に迫つて来ている新しい文明、明日の文化について考えさせられるあらゆる種類の問題と解決の暗示とを提供してくれる博覧会である」

と評したという。けだしニューヨークの万国博でも、個々の建築が豪華を誇り、個々の商品が妍を競うだけが可能であり必要であったのではなかった。日本貿易博がたとえ会場中央に〝テーマ・ビル〟を持たなくとも、全体を一つのテーマの結合美によって生かし、会場の隅々までこまかい感覚でととのえられ、小さいながらも貧しいながらも日本人が世界の新しい文明に何ものかを寄興しようとする烈々たる意欲があり、日本自身のみならず世界の明日の文化について考えさせられるさまざまな問題と解決の暗示とをいささかでも提供するのでなければ、それは博覧会でなくてお粗末な物産共進会に終ってしまい、ひいては国際的信用を失墜するような結果になってしまうであろう。

四

わたしどもは日本貿易博の文化性を、以上のような点に求めなければならないと思っている。博覧会の文化性とは、映画〝ステートフエア〟の一場面のようににぎやかな余興や珍無類の競技で極彩色にいろどった、お祭り気分をいうのではない。

また、万国博のようなスケールを持たなければ表現できない性質のものでもない。場内の配置も、建築も、装飾も陳列品も、各種の催しや余興なども、博覧会という特殊なそして臨時的な環境に適応しつつ、自由な創造力が働いていなければならない。

それは明日へつづく今日の呼吸であるべき筈だし、単に過去の呼吸のつながりであってはならない。

資材もなく、金もなく、一切の悪条件とたたかいながら、しかも日本貿易博を成功させる可能性と必要性とは、これに関係するすべての人々の叡智の中にあり、終戦以後わたしどもが初めて体験する文明史的試練であるといってよい。

（十一月三日夜）

〔『みなと』第三号、一九四八年一一月一日、横浜市役所労務局人事課発行、横浜、M348〕

巻頭言

日本貿易博覧会の意義と使命

神奈川県知事　内山岩太郎

日本貿易博覧会は本春横浜で開催の予定で目下頻に建築を急ぐと共に出品の勧誘や宣伝に大童《おおわらわ》である。横浜市や神奈川県の為は素より日本の為私も此の博覧会の成功を祈ること切なる一人である。

そも〳〵昨年の今頃私共がこの博覧会の構想を画いた当時は既に貿易再開は行はれ外資誘入の掛声はあつたものの世間は労働争議とストの恐怖に襲はれ、地方的な催としては兎に角国家的な博覧会など思ひも寄らぬ事柄であつた。併し日本の再建は全部の国民が働くより外に良策はない、幸に我が農民は懸命に食糧増産に精進してゐる、然らば残る国民の働く場所は何処か、我等は云つた、外国貿易の振興、然り全力を挙げて外国貿易を再興増進するより他に国家再建の途はない。しかも此事たる決して容易なことではない。先づ働け、国民の総力を挙げて貿易の為何を為し得るかと試験しやう、而して忌憚なき外国の批判を求めやう、我等は工夫と自己反省の機会を持たねばならぬ、是は国家的大事業だ、併し講和条約も出来てゐない日本の現状で政府に博覧会開催の危険を冒させることは無理である、日本の表玄関たる神奈川県と横浜市とが率先計画に当るべきではあるまいか。これが日本貿易博覧会の胎動期であつた。資材、資金に乏しき時、日本政府や聯合軍当局の納得を求めるには人知れぬ苦労があつた、然し今日に於ては総て日本貿易博覧会の成功の為に有利に展開し、人気と同情は国の内外を通じて益々高まつてゐる。これを真に成功に導くか否かは翻つて地元県市民の熱と努力にある、今こそ我等の奮起すべき秋である。

〔『貿易神奈川』第一号、一九四九年一月、神奈川県経済部貿易課、横浜、B113〕

日本貿易博会場
そぞろある記

吉田善彦

兄さん今日は。大分暖かくなり日本貿易博覧会の開期も近づいたので、今〔日〕は改めて兄さんから全貌をわかりやすく説明して貰はうと思つてやつて来たのです。

「兄」そうか、それはよく来たね、まああがれ……

「弟」終戦以来国内のあちこちでいろいろな博覧会を催しているようですが今度のと比較して違ふ点はどこにあるのでせう〔。〕

「兄」そう急ぐなよ。日貿博の違ふところは先づ第一に県市が主催し経済安定本部、商工省、貿易庁、大蔵省、建設省、外務省、農林省、文部省、運輸省、逓信省などをひとまとめにした政府、日本商工会議所、日本貿易会、日本交通公社など主要なメンバーが後援するといつた、他のいづれよりもぐんと大掛りな日本経済再建の中核である貿易策に国内諸産業の復興を主体とした、つまり最近新聞紙上をにぎはしている経済九原則の行きかたをそのまま生かした事だろう。それとアイケルバーガー中将、知つているだろう前の米第八軍司令官ね。あの人が帰国の際に横浜の博覧会開催を心から期待するという手紙を残して行かれたことなども他の博覧会には見られない特異なものだと思ふね……これを御覧、野毛第一会場と反町第二会場の配置図〔三二〇―三二一頁図参照〕だがもう殆んど会場の建築も終つたし、ひとつ今日は二郎を連れて博覧会を見物する日の予定を作つてみようか。

「弟」　素敵だな兄さん、今からそんな予備知識が得られるなんて〔。〕

「兄」　本当は第二会場の反町から野毛第一会場に廻る方が帰りに野毛、伊勢佐木町、中華街などの盛り場を覗く点からも地方の親戚、友人などには便利なのだが二郎はお膝元だし第一会場としてある野毛の方からプログラムを組んでみよう。二郎は知らないかなこの第一会場にはもと小さな池があつてその周囲に米国から寄贈されたバラがぎつしり植つていたものだ、公園はきれいに整理されて季節になると、色とりどりの花を開き、高台から港を一望のうちにながめるひとびとの胸にどのくらい郷愁を抱かせたか知れなかつたものなのだよ、ここがまた由縁の地となり横浜のひと達の心のありどとして残るのだと思うとたまらぬ嬉しさを感じるね〔。〕

「弟」　戦時中高射砲陣地になつていたところですね。

「兄」　そうだ、心ない人達に荒されて最近迄荒れ放題になつていたがやつと又世に出ることになつた、何といつても横浜を見下ろすには最適の高地だし、古い名所を失ふのは寂しいことだよ、見てごらん二郎この会場は細長い台地をそのまま利用した結果鰻の寝床みたいになつているがこれがなかなかひと巡りするには都合がよいのだ、それではいよいよ入口をくぐつてみよう、まず目の前にしようしやな姿を現はすのが収容人員二千名の野外劇場〔三百坪〕だが〔、〕ここで始めから時間を費やしてしまうのも智恵のない話だから左廻りして最初に科学発明館（二百坪）へ入つて見よう、二棟つづいて同じ館だがここは二郎達工科関係の学生には絶体見逃せないし、一般観覧者にも非常に興味のある館だよ、呼物は四百二十五万円を投じて設置した日本ビクター会社のテレビジョン初公開だろう。従来の直接透影では便箋大にしか透影出来なかつたものを間接透影で新聞紙四頁大にまで拡大、アメリカRCAのものに劣らぬ影像を映すといふからこれだけでも大変なものだ、この外五十万円もした口径五十センチ、筒長二メートル五十、重量十トンの大反射望遠鏡もある。

「弟」　それは日本で作つたものですか。

「兄」　いやいや残念だがそうぢやないんだ、日本でもかつて品川区大井町の日本光学で口径五十センチのものを作つたが実用にならなかつた、横浜のは英国トムキンス製のもので、同じくトムキンス製の口径六十一センチというのが京大にあるが或る事情で使用されないので実際には今度のが東洋一の大望遠鏡ということになる。その上この望遠鏡は会期後横浜の天文台用として公開されるので市民自慢の名物が一つ増えるわけだ。

「弟」　兄さん、この隣は又劇場ですね。

「兄」　ああこれは小演芸館（百五十坪）だよ。収容人員五百名程もあるかな。主として家族向な催ものを出す予定で出演者を交渉中だ。既に決定したものに人間タンクといはれた有光信男氏の珍芸がある。配線した電球を飲込み腹中で点灯したりガソリンを飲み火をつけて吐出したり、安全カミソリの刃、金魚を飲むなど人間離れのしたことをやる芸だ。この外舞台に巾五間、高二間のガラス張水槽を置き男女の裸水中レビューを見せる企画も進んでいる。なお同館に附属したものにモダンお化屋敷、長さ五十メートルの釣堀などもある。

「弟」　ここは面白そうだな。

「兄」　二郎達には受けるだろう、さあこれを出ると次の二棟が児童館（三百坪）だ。この館は大体三つに分れ、第一室が科学室になつている。児童を対象とした科学的知識の普及に水から電気の起こる過程をパノラマで詳細に説明してあると共に一軒の家を建て日常生活に如何に電気が必要であるかということを実験している、第二はラジオ室で電波の作用を解説しつつ無電装置で豆自動車を動かしている。もう一つの室は天体気象の驚異をパノラマ、ヂオラマで解りやすく説き、遠い月世界、星世界の神秘な出来事を目の前に繰りひろげ、科学に芽生える児童への指標をこの館で与へようとしているのだ……。

「弟」　兄さん野毛会場はこの図で見ると大きな館はあと二つですね。

「兄」　この二つが観光館（三百坪）で、これを終れば一応見つくしたことになる。無料入場の野外劇場にすぐ飛込むのもよし、ずらりと並んだ売店、喫茶店でお土産を買つたり休んだりするのもよかろう。二郎そろそろ腹がへつたろう。反町会場は午後にして馬力をかけて観光館を見て廻るか、観光館の話、多少横道になるが面白いニュースがあるのだ、海外在住の邦人に呼かけるためアメリカ、ホノルル駐在の各新聞社特派員をわづらはし日本版の新聞に掲載して貰つたところ素晴しい反応があり出品、観光の問合せが殺到し現在の情報では邦人旅客は日本に親戚があれば一ヶ月二百名位は許可になるのではないかとの見通しが強くなつて来ている、これと並行して親戚を日本に持たぬ在外同胞の訪日も許される見込だ、又外人観光客に対しては現在A、P、L会社が定期に輸送している一ヶ月四百名内外の滞在日数を博覧会期中一週間に延長してほしいとの要請もやつている。

「弟」　いままでの滞在日数はどの位だつたのですか。

「兄」　問題にならんさ、朝上陸すると観光会社が仕立たバスで予定されたところを巡りその日の夕方乗つて来た船で「すつ」と帰つてしまうのだ。本当の日帰り観光なのだよ。

「弟」　そうなると観光方面の期待は相当大きなものになつて来ますね。

「兄」　それはそうだ、だから観光船もそういつた見地から建てられているので、観光問題で行づまりの体にあるホテルの件でも将来に望をかけた大規模な投資が各観光地で起ろうとする動きがよくわかるのだ、何といつても宿舎を解決しなければ外客対手の観光は意味をなさぬからね。

「弟」　兄さん反町に行くにはバスの連絡専用車があるよう

に聞いたのですが。

「兄」　野毛坂を下り切つたところ市電桜木町と日ノ出町の停留所間が野毛と反町両会場を継ぐ専用バスの起点になる、五分毎に発車するから、これを利用するのが便利だ。二郎、兄さん先刻言忘れたが坂を下りようとする丁度野毛会場入口のすぐ傍らに馬鹿にこつた建物があるんだ、これが迎賓館（百五十坪）で二階建総檜で素晴しいものだよ、玄関横には自動車百台分の駐車場があり一階は純洋間〔　〕二階は百畳二間、十畳二間の純日本式建築で洋間には博覧会協力者〔　〕貿易関係者、バイヤーを招致、日本間には地方有力者を招き特に日本間では会期中進駐軍将校を呼びスキ焼、茶菓の接待などをする、周囲はいちめんの芝生で将来はテニスコートその他の娯楽施設も完備、市民クラブとして一般に開放することになつている。

「弟」　兄さん反町の会場は入口がどこだか解りにくいですね。

「兄」　うんこの図はちよつとまずいんだ、これだと東横線新太田の駅からしか入れぬように思へるだろう、実際には市電二つ谷の停留所際からも入れるのだが〔　〕今日はこの矢印の通り新太田側の入口から逐次見物してゆくことにしよう、入口から左に沿つて真直、二つ谷側口附近迄は九州、北海道館その他各府県独自に装ひをこらした特設館が林立している、ここだけは各地自慢の腕と経費をつぎ込んで準備を進めている関係上なかなか内容が明らかにされない、他県に負けぬ「あつ」といつたものをというので開期近く迄蓋をして置く寸法なのだろう。二郎もここは当日のお楽しみとして最初演芸館（三百坪）を覗いてみよう、収容人員千八百名という大劇場も松竹、東宝両社が提携しての興行だからいくら有料でも連日の客止めが今から予想されそうだね、またこの館の裏側には娯楽本位の興行街として七軒の見世物館が出来ている。昭和十一年山下公園での万国博覧会にもあつた真珠採取実演の海女館、近代大サーカス、オートバイの絶壁乗り、美女の蛇使ひ、八幡の藪、人形芝居などで肩をほぐして貰おうという趣好《ママ》だ。それから会場東側には日光東照宮を模型にした日光館が華麗な姿で建つている、ここでは武者人形千体によつて再現される大名行列が見ものだろう。

「弟」　兄さん反町の方は大衆的なものが多いですね。

「兄」　いやいやこれからが博覧会の骨子だよ、外国館、府県館、貿易館、産業館などがぞくぞく後につづいている。まず始めが外国館（四百坪）だ、二百坪ずつの二棟に分れこれをまた三部にまとめてある。大体在日商社の出品で埋まる予定だが、昨年末世界各国の主要都市商工会議所へ日貿博のパンフレットを送附してあるので各国商社からの出品も幾らかあるのぢやないか、第一部はアメリカの文化的な家庭生活の状況を取りあげ、室内□□食堂の合理化、衣類〔　〕細かいところでは電気洗濯機などが配置されている、第二部は国際建築の立場から都市計画に重点を置き、現在世界的な話題となつているアメリカ南部テネシー河畔の国土計画に大々的な図解説明を試みている。またここには最新式のアメリカ式組立家屋も陳列されているよ、第三部は時代の寵児合成樹脂の原料製造、過程製品で殆んどを埋めている外〔、〕機械技術と製品の使用方法、原子力とその利用法などせん端アメリカの科学技術を網羅している。

「弟」　外国館の出品物はやはり各館に出ている日本製品とは位《ママ》べものにならないでしようね。

「兄」　そうだね、何といつても日本は戦争で大事な刻を足踏していたから現在ではちよつと比較にならんだろうね。さあそれでは府県館（五百坪）に入つてみるか、三棟に分れたこの館は日本全国各県の粋を競つた出品で多彩な地方色に満ちている特設館として独自な館を持たなかつた二十二県が二百三十九小間に従来の内国博覧会式な陳列方式で並びたてるのだからにぎやかなことだよ、とに角ここへの出品希望は予想外に多く予定した宿直部屋までつぶして小間数を増やしたといふ当事者には嬉しい悲劇《ママ》まであつたものだよ――さあここを出ると今度の博覧会の心臓ともいうべき貿易館（八百坪）に来る。

「弟」　兄さん、この館はずいぶん坪数が広いですね。

「兄」　それは勿論だよ、今度の博覧会が始めにも言つた通り日本経済復興を祈願として貿易の隆盛にあるのだから貿易館が主体をしめるのは当然で、ここでは本館、第二、第三館と「コ」の字形に三館が建てられている。何れも東洋市場を主目標とした廉価で堅牢なものに焦点を置いている、これは日本が自立した場合の経済状態を示すもので貿易業者への大きな指針となつている。壁面を除いて二階建四百四十坪の出品場には繊維製品、機械金属、化学製品、農水産物雑貨などが種類ごとに一括され場内狭しと提示されている。

「弟」　ここに集まつているものを一覧すれば日本経済の進行状態がどの程度のものか直ちに解りますね。

「兄」　その通りだよ、二郎、それではいよいよ最後の目的館たる産業館（五百坪）へ出向くことにするか、ここも亦二棟三部に分れている、第一部は資源製品過程〔、〕第二部は観光施設、第三部は宣伝と大別してあるが〔、〕主眼とするのは第一部で電力、鉱業、繊維工業、機械金属工業、農林水産、化学工業、運輸など製品化する過程を二百七十三坪にくまなく展示している、出品したメーカーだけでも千名からあるのだから並べるにも相当骨を折つたようだ。第二、第三の観光、宣伝には各県の将来における大観光計画、十三箇所の国立公園、観光物産たる郷土芸能品、風土、気候、地形、住宅と生活、年中行事、考古博物、景勝地、温泉地、各国観光地などを実物出品、パノラマ、ヂオラマ、写真、ポスター等で埋めている。まあ二郎こんなところが当日の見物順序として無理のない見方だが、何か外に質問でもあるかね。

「弟」　兄さん長い時間どうも有難とう、これだけのものを観るのに大体どの位時間が掛るでしようか。

「兄」　そうだなあ、まあ足を止めないで観て六時間、ゆつくり観ればたつぷり二日間は掛るだろうね……。

〔『月刊よこはま』第二巻三号、一九四九年三月、横浜市文化政策委員会、横浜、G238〕

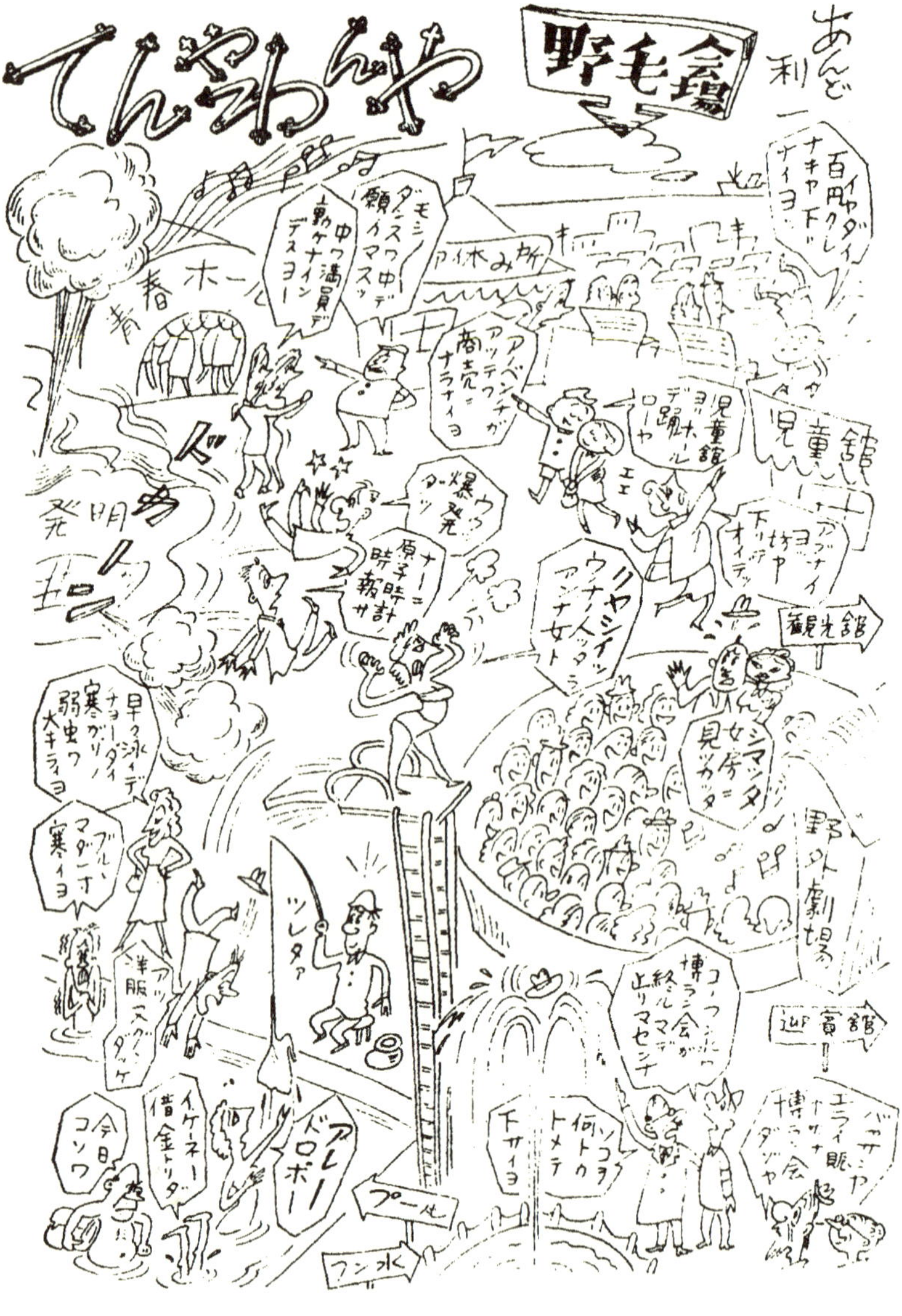

日本貿易博覧会てんやわんや（あんど利一）
〔「日本貿易博会場　そぞろある記」の会場案内図〕

日本貿易博覧会てんやわんや（澄 明二）

貿易博覧会見て歩る記

木魚山人

桜の花弁が一片二片春風に舞ふ四月十八日編集部の槇田兄に案内をして載いて、先づ野毛山第一会場を皮切りに貿易博見物と洒落込んだ。

以下粗雑な頭で、うつろな眼で、只健全な脚に委せて見物した貿易博見て歩る記を御紹介に及ぶ。

豆汽車に乗る子供の歓声を右に聞きながら春の小暗い木立を抜けると先づ眼につくのが入口近くにある特設館「水中レビユー」凡そ文化的な博覧会にそぐわない。煽情的な広告が観覧車の眼に入る、やはり裸の女を出す事が時代的要求なんだらう。野毛の山からノーエと唱われた明治初年、その移り変りと共に野毛山も変り貿易博覧会の会場となり美女水中に遊ぶ処とならうとは……正に今昔の感に堪えんと云ふところだろう。

野毛山で人魚が泳ぐ世の移り

内心見度いのを時間欲しさに我まんして会場に入る。

科学発明館でテレビジヨンの実験を見度いと思つて居たが丁度時間の都合悪るく見る事が出来なかつたのは残念、もつとも人に聞いたら「ウンテレビジヨンなんてラヂオと映画のだき合せみた様なもんさ」つて、此処に入つて感じた事は吾々のと云つては失礼、私の自然科学的知識の貧困さであつた。シヨパンを語り、ルノアールを論じても、ラヂオの修理も出来ず、気象図も分らない様ではやはり文化人ではあり得ない。

児童館に入る。一寸大人でも気が付かない様な点に注意を払ひ、家庭用具の改良などに見る可きものが多い、大人の非科学的非能率的テンヤワンヤの生活をジツトにらんで考へたものに違いない、好い意味の恐る可き子供達ではある。

負うた児に教えられてる文化人

野外劇場は日比谷公演の音楽堂に似た様な作り、博覧会が終つても野毛山の一名物として残して好いと思う。

観光館のシークな建物は野毛山会場の中で一番異色あるものだらう。だが館内の四季それ〴〵の純日本的生活を象徴的に現したものは企画、構成共にあか抜けしたものではあるが、若し之を外人が見るとして、此の中から日本の生活様式、態度、雰囲気等をつかむ事は到底不可能である。叉地方のお上りさんが之を見るとして、お年寄りには全くピンと来ないだらう、余り現実を飛躍した嫌がある。と、理屈をこねて見ても始らないので次は天文館にうつる。呼物は何と云つても望遠鏡だ長蛇の列の最後につき待つ事しばし、のぞいて見て驚いた。確に近く見える。山手の洋館に洗濯物がヒラ〳〵しているのが手に取る様だ。余りゆつくり見て居て後の子供に注意され吾乍ら大人気ない気がしてひつこんだ次第。ふと時計を見ると午後二時、あわて、野毛山を後に神奈川会場へと連絡バスに身を委ねる。野毛の会場と比べて、正に各段の相違、戦争前それも子供の時母に連れて行かれた上野の博覧会を憶ひ出し懐しい。

入口から真すぐに事務所に行く。庶務部の佐野氏に会ひ簡単な説明を聞く。先づと云うので迎賓館へ案内される。特別な人達に用意された此の建物がかなり枠をこらしたものである事はうなづける。小生が入る事は迎賓館たる事を恐れて一寸休んで外え……時間がないので駆足見物、外国館の結構も相当なものだが、ふと天井を見て驚いた。よしづ張りに白ペンキがぬつてある、つや消しと云ふか、おそまつと云ふかもつと何とかならなかつたものかしら、もつとも博覧会なんて、天井を見るものでないと云へばそれ迄の話だが……次で貿易館に移る。繊維、化学、機械と現在日本の有する最高技術と粋が集められてあると云ふが門外漢には、結構なものですねと云ふより以外、予備知識の持ち合せがないので申訳なき次第。此の会場でも、科学的な知識の貧困さに一入《〔ひとしお〕》淋くさせられる。

各府県館は、本当に吾々にも面白く有益に見せてもらえる。狭い日本で之だけのものが産出されるかと思ふといさゝか気が強くはなるが、又此の程度であの大戦争をしたかと思うとバカ〲しくなる。お上りさんらしい人が自分の出身県館の中で盛んにお国自慢、ほゝ笑ましい風景だ。

おらが国名物ならば茶と陶器
お国自慢で、軍艦や大砲はつくりたく無いものだ。

専売館に入る、古今東西のタバコの変遷からインチキタバコの見本迄。又タバコ製造の実演まで見せて呉れる、長時聞の見物で一服ふかし度いところだが、壁間に紙あり書して曰く「おタバコは御遠慮下さい」

専売館なんて罪なところ、あわてゝ表へ出ると入口の所でタバコの即売、平常はハツピーを買う所だが、長時間吸はないところへもつて来て、さん〲見せつけられたので、懐中に相談するいとまも無く博覧会記念の光を買ふ。何処へ行つても決して損の無い様にやるのが専売局の手なんだろう。

専売館タバコは表で買つて吸え

又此処で樟脳の製造過程を見せて呉れる〔。〕大いに参考となる。

台湾がなくても虫がつかず済み

日産館では到底吾々の乗る事の出来ない自動車に一寸ひがみを感じて続いて水産館え、鯨に深甚の敬意を払ひ表へ出ると早や閉館間近、ゴテ〲と並んだ特設館は到底見る時間がない。もつとも注意深く見物すれば特設館なんて見る時間は無いのが当り前だ。それ程此の会場は内容豊富である。時間がないのと、予備知識の欠除とで、全くおはづかしい見物をしてしまつた事を残念に思ふ。

生産、輸出、輸入のシムボルの尖塔が夕陽に紅く染つてゐる、妙に印象的だ。

歩きにくい砂利道を通つて表へ出た。

（完）

〔『みなと』第二巻 五月号、一九四九年五月二〇日、横浜市役所労務局人事課、横浜、M348〕

日本貿易博覧会見学記

六年 水野健太郎
奈川ゆり子

反町会場

健太郎

今日は日曜で編集部のおじさんが横浜に開かれている、日本貿易簿覧会につれていってくれる約束の日だ

昨晩はお天気が心配だったが、きょうは青葉が目にしみるようにあざやかに見えてさわやかに晴れ渡った絶好の見学日和だ。

おかあさんにおべんとうをつくってもらっていると、まだ八時まえなのに、もうおとなりのゆり子ちゃんは、ちゃんと支度をして、やってきた。

「おじさんはまだ来ないよ。だって約束が八時半だろ。ゆりちゃんは早いなあ」

「あたし何だかゆうべよくねむれなかったんですもの。だから今朝五時におきちゃったのよ。おじさん早くこないかなー」

二人で話しているところへ、おじさんがカメラを肩にかけてやってきたのがちょうど八時半。

「おはよう。二人ともすっかり支度はできたね。お弁当だけじゃだめだよ。鉛筆も紙も、もったね。きょうの見学記は、小学六年の七月号にのせるんだから。」と、僕の大きなお弁当をみながら念をおしていった。

新橋で横須賀線にのりかえる。

「今度の貿易博覧会は、昨年、貿易が民間に移されて二年目。日本の平和産業を世男《ママ》各国に紹介し、一日も早く世界各国と仲よく貿易のできるよう、また、国内の産業の生産をあげ、日本の経済を復興されるのを目的として神奈川県と横浜市の主催で、日本の表玄関である横浜市で開いたものなんだよ。だから、そこには日本の産業のすべてが並べられては《ママ》るはずだ。」

おじさんの説明をききながら第一会場である反町会場に入る。

「輸出」「輸入」「生産」と貿易の三原則が百二十尺の三角塔になってそびえている。

今日は親切デーとかで市長の石河さんと、ミス貿易という、たすきをかけたおねえさんが、入り口にいて、おじさんは花のリボンを、僕とゆりちゃんは、風船をもらった。

おじさんが「小学六年」ですというと市長さんは喜んで案

内の人をつけてくれた。

　この会場は、外国館、貿易館を始め大小三十二もの建物がきれいにペンキでぬられ、丸い家三角の屋根、音楽がゆれ、人波が流れて、まるでおとぎ話の国のようだ。

　まず、見学の順序として、貿易館に入る。ここは一坪一坪に各会社が輸出品を一目でわかるようにしてある。陶器、人絹織物、糸、メリヤス、レース、医薬品、染料、インキ、電気器具、ゴムホース、長ぐつ等が、ネオンサインの光で青く赤く、或は、丸い台の上でぐるぐる廻ったりして、輸出品の花形として得意のさまで並んでいる。

　つづいて第二貿易館に入る。ここは、板ガラス、灰皿、万年筆、鉛筆、オルガンハーモニカ、家具、電球、パラソル等が、色もとりどりに並べられてある。これも海をこえて外国のお友だちに使われるのかなと思うと何だかひとりでうれしくなってきた。

　次は第三貿易館。ここは農産部門、機械部門だ。大きな機械や、自動車、モーターボートがローマ字もあざやかに並んでいる。また、百合根、チーズ、練乳、羊羹、酢、かんずめ、漬物、ソース、椎たけ等、おいしそうなものばかりだ。

　ミシン、タイプライター、けんびきょう、写真機のような精密機械から、平和重工業の代表が油でけしょうして光っている。

　貿易館で時間をとってしまったので、大いそぎで、向いの外国館にとびこんだ。パン・アメリカン、ノース・アメリカン会社の網の目のような航空路、ふんわりした飛行機内の客席、早く講和条約が結すばれれば、あれにのって、アメリカへ行けるんだ。

　そのほか、各府県がその地方の特産物を陳列してある府県館、各会社がその製品をかざってある産業館等、とても一日のきまった時間では廻りきれない。野毛山の方へも行かねばならぬので、バトンでない鉛筆をゆり子ちゃんに渡した。

野毛山会場

ゆり子

　健ちゃんから鉛筆をうけついだのが二時、おじさんと三人で車をとばして野毛山会場へ、ここは公園の中で、ミナトヨコハマが一望のうちに見え、大きな外国の船が幾隻も波止場に並んでみえる。そして今、反町会場でみた多くの産業製品が外国の人たちに買われてあの船にのせられ、アメリカへ、南へ、西へ海を渡ってゆくのです。

「よい品を出して世界と手を握れ」

「再建は国力あげた輸出から」という標語が大きく目にうかぶ。

　この会場は、もっぱら子供用の会場だ。観光館、児童館、小劇場、科学発明館と私たちの勉強の参考になるところばかりです。どれもこれもはいってみたい。外国の絵ハガキで見るようなきれいな建物ばかり。

おじさんはまず観光館に行こうとすぐ手前にあるスマートな建物へ入ってゆく。

「観光は見る輸出品だ。風景の美しい日本を外国人に紹介して、たくさんの観光客が来ればおみやげやその他多くのお金をおとしてゆく。それだけでも日本の経済に役立つのだよ。」とおじさんが説明してくださった

富士山日光を始め、私たちも、こんなに美しいところがあるのかしらと思われる、各国の国立公園のパノラマや、四季の生活の絵が出ています。この夏休みには、おじさんにどこへ連れていってもらおうかな、なんて考えているうちに、建《ママ》ちゃんがおもてから「早く、いらっしゃい」とよぶ。

次は児童館です。「毎日子供会」のみなさんが、「お猿のカゴヤ」や「かわいい魚やさん」などを歌ったり踊ったりして拍手をあびています。

ついで科学発明館です。ここで人気のあるのは何といってもテレビジョンです。

「テレビジョンは、まだ一般にふきゅうするのは、なか〳〵でしょう。それは機械が非常に高いので、ちょっと買えないからです〔。〕技術の面では、そうとうに研究されていますが、……しかし、貿易が盛んになると、外国のも入って研究が出来ますから。そうなると、勉強もおうちのテレビィの前で、学校の教室で教わるのと同じように、勉強が出来ますよと、かかり〔の〕人が教えてくださいました。

テレビィの次は大きなポストのおばけのある通信技術です。世界の通信網が一めでわかり、国際電話などのやり方もかいてあります。

また天文館には望遠鏡が屋根から大空につき出し、天体のかんそくもできます。

これで会場も大体ひとまわりしましたが足もそろそろつかれてきました。

そのうちに、眼下の港の船には赤い灯がともりはじめました。

平和日本の産業を復興するため、輸出は最も大切です。

私たちはこの博覧会を見学して日本の産業が今、力強いあゆみを進めていることを知って、非常にたのもしい思いがしました。そして、一日も早く、明るい美しい日本になることを祈って会場を去りました。

〔『小学六年』七月号、一九四九年七月、二葉書店、東京、S2019〕

貿易博覧会の見学

横浜市立平沼小学校六ノ二　秋山章八

朝起きると、お母さんが、「今日は博覧会に行くんでしょう。」といわれた。僕は、急いで学校に行つた。貸切電車に

乗つて、反町会場に近づくと、電車の窓から一番早く目についたのは三角塔だつた。三角塔は、天をもつきさすように高くそびえ、近づくにつれてますます高く、大きくなつていく。門が開いて、僕達はすぐ会場の中に入つた。輸入・生産・輸出と書かれた三角塔の下には、噴水が気持よく、たち並ぶ各館の大きく美しいのに驚いた。外国館には、外国の様子が出ていた。外国の子供が食べている美しい、立派な、びつくりするような、デコレーションケーキ、外国の婦人が着る美しい模様の洋服、又外国の家のきちんとした、衛生的で、すべてが能率的な様子、私は、私達の生活を豊かな、美しいものにするには、どうしても貿易をさかんにするより外はないと思つた。第二外国館の、ララ物資の為に、日本はどれだけ助かつているか分らない。僕達の学校の給食にしてもみんなララ物資だ。第二外国館を出ると、あとは自分達の研究グループの問題にしたがつて調べる事になつた。僕はすぐ貿易館に入つた。貿易館に輸出品が並べてあつた。輸出品を見て、僕はあのような品物がよく日本にあるなあとびつくりした。壁には加工貿易・業者の手続・経済九原則・五ヵ年計画・貿易の歴史などが出ていた。

次に産業館、機械館に入つた。この館は、どうやつて物を作るか、又どんな機械で作るかを教えてくれるものである。第一産業館で、絹糸で美しい模様を織る熟練の偉大さに驚いたが、繊維機械館の能率的な自動織機を見て、発明が産業につくす大きな役割に感じ入つた。午後から府県館の方に行つた。府県館には、その県の産物が出ていた。その中でも神奈川館では、タイヤ・チューブ・電球・自転車等どの品もみんな立派なものばかりだつた。こうして日本貿易の現状をみ、これからの貿易の大切さを考えると、どれもこれもが私の大切な勉強の材料である。国語の本の中に「戦は敗れ国はけずられ、国民の意気はしずみ、その活動はおとろえました。たとえ戦に敗れても、精神的に敗れない国民こそ真にすぐれた国民でしよう。国のおこるかほろびるかは、このときにさだまり、この苦しいときにうちかつことのできる国民だけが、国の建てなおしという大事業をなしとげてさかえるのであります。」とあつたが、日本の再建は先ず貿易をさかんにすることだ。日本第一の貿易港横浜の市民がみんなこの気持ちになつてくれればきつと楽しい日本、美しい横浜が建設されると思う。

［『教育委員会だより』第二号、一九四九年七月一五日、横浜市教育委員会事務局調査課、横浜、K2142］

貿易博覧会見学

根岸中学校三年　矢田萬里子
佐野宮子

長い〱間私たちが待ちわびていた平和な日、私達の希望をみたしてくれる平和を表象する大きな催し…三月十五日、堂々と開場された一大貿易博覧会。

〝汐のかほりにかもめの唄に
港ヨコハマ貿易博の
平和日本の朝姿〟………

軽いリズムに乗つてどこからともなく流れて来るこの唄に、限りない喜びがあふれています。私達約四百名は反町会場へと足を運びました。目前にはすつきりとそびえたつた三角塔、外国館。貿易館は日本製品輸出物が目もくらむばかりにくり広げられていた。私はこのような物が日本に今、生産されている事を本当に嬉しく思いました。そこを通り、さらに産業館へと足をむけました。いずれも優秀をほこる機械製品、私達女性は機械の事に対し無関心だつたが、このような物があるため、日常生活に、そうとうの関係のある事を知りました。

理科で疑問だつた「水産業のための工業でもあり工業のための工業でもある。」この問題を産業館にて理解する事が出来ました。

人の波に押されながら日光館に入りました。古来の歴史を誇る数々の作品。入口にあるケゴンの滝、つづいて五重塔、それら技術の細密さ、私達はたゞ感嘆の声を上げるばかりでした。

府県館には各県の種々様々な特産物が、陳列されていました。そこを出て、動物園でしばらく遊んだのち、文化進歩の偉大なる事を胸に秘めて反町会場を出ました。

しばらくしてふり返つた時、夕やけ空に高く高く三角塔が立つていました。

［『教育委員会だより』第二号、一九四九年七月一五日、横浜市教育委員会事務局調査課、横浜、K2142］

不幸な母と子等の為に
博覧会余録から

伊藤伸男

掃部山公園の葉桜に夕陽が照りはえて、家々では夕餉の支度に忙しい五月三日午後六時頃、紅葉ヶ丘のある住宅の表玄関横に生後一ケ月位、鼻高で、色白黒い目の男の子が忘れられた様に寝かされて居りました。着衣は、茶色地に鈴蘭花模様の綿入、白ネル単衣、晒木綿襦袢の重着、メリンスのおむつカバー、白羽二重に花模様刺繍のケープ可愛いベビー帽子をつけ、豊かな生活環境を偲ばせます。母親の最後の心尽しでせうか、傍に、玩具、乳瓶、シツカロール一箱がありま す。帰路を急ぐ勤労者の老人が拾いあげてくれました。その後、日貿易も酣はな〔酣《たけ》はなカ〕五月二十六日、帰りを急ぐ観覧者で雑沓する午後五時過、野毛会場内瓢箪池を少し離れた山際の、児童野外劇場近くで、生後一年十ケ月位、面長で青白い顔の女の児が、母待ち顔に泣いてゐるのが発見されました。着衣は女性メリヤス肌着に、木綿糸絹赤ズボン、紺サージ手縫上衣、白いエプロンです。外に、おむつ八枚、赤毛糸ズボンが用意してあります。八方探しても、心当りの方はありませんでした。迷子ではなかつたのです。

こうした、捨子の取扱いは発見者の届け出に依つて、交番、警察署、区役所と、リレー式に引継がれて参ります。警察では最寄りの助産婦さん等に依託して、その間の扶養をし乍ら、区へは書面で引取方の通知があるのです。

生活保護一般の仕事は、区の民生課が取扱います。

捨子の外、行路病人の世話、変死人の引取、埋葬等、昼夜の別なく発生する事件の取扱いに係員は勿論宿直員も人の知らない苦労があります。

捨子の引渡を受けた場合、先づ戸籍法に基き発見の場所及年月日、出生推定年月日、附属品、その他の状況を記した調書に依つて、区長は、新に本籍と氏名を定めなければなりません。古くは、拾はれた土地名を氏とし、道雄とか道子と、至極事務的な処理もあつたそうですが、基本的人権の確立した今日、幼き日の不幸を、連想させる氏名は本人の一生を暗くすることであつて、慎むべきことです。男の子は私の氏を名乗り、五月三日の憲法施行二週年記念日に因んで「憲二」と命名し、女の子は、主管課長の氏を取り、新緑に因んで、「みどり」と名づけました。両人共、遂に身元が判りませんでしたので、憲二君は、市内のある乳児院にて養育中です。みどりさんは、川崎の、子の無い篤者な家庭に迎えられて、幸福な日を送つてます。

以上は、最近の二つの実例です。この子達の親と謂えども、決して鬼ではなく、止むに止まれぬ事情から、刑法上遺棄罪を犯していることも知らずに、最後の手段を取つて、社会に、その養育を泣いて訴えたのでせうが、乳房の張りを感ずる毎に、朝夕幼子の行先を案じ、拭い切れない俤を追つて、一生悩み続け、その名を呼んで淋しくこの世を去つて行くのが聖なる母の姿ではないでせうか。

〔後略〕

［『みなと』第二巻、創刊一週年記念号、一九四九年九月二〇日、横浜市役所労務局人事課、横浜、M348］

平和博覧会に就て　長野市民に望む

花井苦笑

昨年補助金問題で県会でもめぬいて成立した、平和博らん会は久方振りの、善光寺の御開帳と俟って、定めし賑ふことであろう。それにつけても善光寺坊主の横柄さと、商人旅館の無愛相《ママ》には、信徒たる吾々は□圧の念が消えぬのである。従つて善光寺へは参詣したいが坊主共の無礼には参銭も投じないこと屢々である。役僧は、如来様を笠にきて不埒をなすな。

　次は旅館の不親切、ま□た商人のボリ方、一々嫌である。従つて遙拝して長野に行かざる三年、今年は役場へ来た其儘の入場券皮切り五枚を求め、陽春四月参拝するが、長野市民よ、特に坊主と旅店員と商人に注意す。真実親切にして、参詣者の年々歳々長引きする様心がけられよ、此点特に松橋市長さんに進言して置きます。

「『働きの友』第一四一号、一九四九年二月二八日、長野県諏訪、H273」

昔の共進会と　今度の平和博覧会

ほゝ笑ましい四十余年前の回顧

此四月一日から五月三十一日まで、六十一日間に亘つて長野県、長野市、長野商工会議所共同主催の下に、平和大博覧会が開催される事となつた。

　蓋し此種の催しとしては、明治四十一年九月十五日から、十一月五日まで五十日間に亘つて開催された、一府十県聯合共進会以来まさに四十三年振りの催しである。そこで今度の博覧会と、前回の共進会との相違する点を挙げて見ると、共進会の出品は聯合府県だけの物産に限られて居るが、今度はそうした出品区域の制限がないことゝ、共進会の場合は審査員が挙げられて、出品の全部に亘つて審査された上、優秀なものにはそれ〴〵授賞され、其受賞がまた其物産の市場価値を高める為にも非常に利用されたが、今度の博覧会にはそれがない事である。

　終戦後此種の催しとしては、昨年秋に神都宇治山田と、毎日新聞主催で大阪に復興博覧会が催され、ともに相当な成績を収めたもので、今年はそれに刺戟されて、横浜では貿易大博覧会が催され、四国では高松と、松山でそれぞれ観光博覧会が開かれ、岡山でも又開催される事になつてゐるが、長野の場合はこれと期を同じくして十四年振りに善光寺のお開帳が厳修されて、其又お開帳に附随して、善光寺雲上殿（納骨堂）の落慶供養が行はれたり、今次世界大戦に於ける万国殉難者の慰霊大法養が行はれるので、此点他府県の博覧会に較べて特別な魅力を持つものとして、関西方面からも、中国、四国の博覧会は兎も角として、長野の平和博には是非出品したいといふ希望もあつて、当初予期した以上に規模も大きくなり前景気のさかんである事は、主催地として誠に結構なこと、云はなくてはならない。

　何せ現在雲上殿に安置してある、今次戦争の犠牲者の遺骨だけでも八十万柱を超えてゐるのだから、其遺族だけでもお開帳には百万人の参詣があらうと予期され、それが取りも直さず博覧会の観覧者になる訳だから、これは他の博覧会ではどうにも真似の出来ないところとして大いに羨望の的となつてゐる。

　それに又規模から云つても、前回の共進会は、現在の市公民館を中心として、噴水公園、城山小学校運動場、県社北裏一帯に亘つて、農業館、工芸館、畜産館、林業館、蚕糸館、参考館等の建物が持たれただけだが、今回は当時の共進会場一帯は第一会場となつて、美しく改装された公民館のアメリカ文化館を中心に、北に体育館、南に繊維館、噴水公園北側に特産館、城山小学校上段に化学発明館等々多彩な建築物が出来る外、第二会場護国神社境内を第二会場として、此処には観光館、美術館、科学衛生館、農機具会館、子供の国等の施設があり、其上に森林信州を象徴する瀟洒な数奇屋や、工業特設館等が出来、科学発明館では現代科学の先端を行く、テレビジョンの実演も行はれ、更に又第三会場雲上殿境内には、伽藍造り百二十余坪の永久建築宗教館が出来て、信州の持つ代表的な国宝宗教美術の粋が、出陳されると云ふ多彩なものである。

　殊に前回の共進会当時は、主催県信州としては、全国に冠絶する蚕糸関係の工業製品位しかなかつたが、戦前から戦後に懸けて著しく勃興した、各種の紡績を始めとして、自転車、ミシン、写真機、時計、顕微鏡、各種通信機械、それに全国に誇り得る家具其他の木工製品、ステンレスを始めとした鋳造工業、蚕糸にしても繭から直結した絹製品までの一貫作業等、頗る多彩なものがあり、此点全く隔世の感がある。

　最《ママ》も四十三年と云へばまさに半世紀で、其上に当時とは較べものにならぬ程の急テンポな科学、工芸の長足の進歩がある上に、更に世界的水準を遙かに凌駕するアメリカ産業の面影も見る事が出来るのだから、単に観覧者の眼をそば立たせるだけでなくて、平和日本、文化日本の建設の上にも大きく刺戟を与える事であらう。

　前回の共進会当時は、たとへば電話にしても其一年前に僅かに市内に百二十口の開通を見たばかりで、それが共進会が開かれるといふので、漸く二百四十口に拡張された程度であり、旅舎などにも照明として電燈と瓦斯燈が相半ばすると云つた程度で、電光飾にしても現在の多彩な蛍光燈、ネオンサインなどとは凡そ縁遠い、電球をつけ聯ねたイルミネーションとアルミニユームをごつちやにしてゐたという幼稚さだつた。

建物の様式規模から云つても、会場装飾などから云つても全く隔世の感があり、殊に共進会当時は永久建築としては、今度のアメリカ文化館に利用される当時の参考館と協賛会が建てた迎賓館蔵進閣があつたゞけで、あとはご粗末極まる全くのバラツク建てばかりだつた。それに較べると今度は科学発明館、体育館、繊維館、工業館、美術館、科学衛生館、宗教館等は、いづれもガツチリとした永久建築であるだけに、会場の偉容から見ても較べものにならない。

それも其筈で、貨幣価値は勿論比較にならぬとしても、共進会全部の費用が僅かに十万二千七百十八円で、之れに協賛会の経費八万円を加えても、十八万円ソコソコだつたものが、今度は結局一億円にのぼろうとしてゐるものだから、以て其一般を察する事が出来る。最も当時はその八万円の協賛会の経費で、あの堂々たる蔵春閣が建築出来た上に、蔵春閣と城山武徳殿（之れは今の警察官殉難碑のある場所にあつた）の双方の迎賓接待費から、演芸場の建築一切を賄ひ、其演芸場へは六代目や、市川左團治、守田勘彌などの歌舞伎一流の芸能人を招いて美しい所作を演じたり、権堂阿嬌の一流所を揃へて、三越で仕立てた数種の揃ひ衣裳をつけさせて、長唄〝信濃八景〟〝みすず音頭〟〝木曽節〔ママ〕を踊らせたり、其長唄、音頭も朝日新聞寺田寅彦氏の作詞、杵屋六左衛門の作曲、藤間勘左衛門、同政彌に振付けをさせたり、聯合府県内の舞踊の宗家、名古屋の西川、新潟の市山等々の師匠連を招いて得意の舞踊をやらせたり、大衆向には浅草奥山の梅坊主を招くといふ、華やかなプログラムが展開出来たのだから、現代の人に聞かせたら、嘘も休み〳〵云へと叱られそうな昔語りであつた。

其頃城山県社の東北裏一帯が興行区で、サーカスから、アーラ皆様御覧じませのカラクリ等々が催され、御幸橋両袖の川の上から、善光寺東公園一帯は売店と露店が軒を並べたもので、其売店に伍して群馬県は茂林寺の文福茶釜の出開帳があつて、衣を着けた僧形の人達が勿体らしく振舞つて居たところ、一週間と経たぬうちに、ソレは真赤な偽物と判つて茶釜の狸が尻尾を捲いて引揚げたなど、云ふ、滑稽千万なエピソードも織り交ぜられたものだつた。

当時は何と云つても物の豊かな時代だつたので、記念公園内に設けられたバラツク建の大会場には、相亜〔次カ〕いで全国的なさまざまな大会が開かれ、其後は記念公園一帯のよしず張り模擬店の園遊会、特別来賓の為の夜会などが華やかに催され、権堂、深田両花柳界の二百六十余名の校書連が其間を斡旋し、鶴賀新地にも三百五十名からの娼妓が、装ひを凝らして朝に呉客を送り、夕に越客を迎える全盛を極め、城山県社西側の今の野球場入口への通路一帯は、食傷新道の名で呼ばれる程に、名物更級そばから、おしるこ、うなぎ丼と腕を揮つて客を呼んだものであり、守衛には黒羅紗に緑のへりを取り、腕先は紅色を金筋で彩つた金ボタンの制服に黒革長靴が給与され、看視の娘さん達には一様の紫紺モスリンの袴に、紺セルガウンのお仕着せがあり、接待館の給仕には是れ又紫紺の袴に矢絣の振袖といふいで立ちで、中流どころの良家の娘さんが当るといふ有様だつた。それで入場料は大人が五十銭、子供は二十五銭で、土曜、日曜には会場正門一帯にイルミネーシヨンを施こし、演芸館で特別興行を催して夜間開場をしたものだ。

　今度の博覧会で他にチヨツト例の無いものに、美術館と宗教館の特設があり、美術館には信州出身乃至所縁の日展審査員級を始めとして、全国的有名作家の、日本画、洋画、工芸、彫刻を陳列して展観するが、日本画の奥村土牛、菊池契月、伊東深水、矢沢弦月、町田曲江、川船水棹氏、洋画が石井柏亭、正宗得三郎、小山敬三、宮坂勝、中川紀元、相馬其一、工芸の香取秀眞、北原三佳、杉田禾堂、彫刻の石井鶴三、清水多嘉爾、中村直人氏等々一流の力作品が出陳される筈であり、宗教館には信州所在の国宝仏像六十余体の内の飛鳥期から、鎌倉期に至る代表的優秀品二十余体と、戸隠経巻、一遍上人絵巻、糸巻太刀、諏訪社御神印を始め、鍔口、棟札等が出陳され、国宝建築も代表的な十数棟の全紙引伸し写真、拓本等が陳列される筈で、之れによつて広く県民に信州所在の宗教文化材《ママ》の認識を高めさせると同時に、之れに対する全県的護惜の精神を涵養し、一は以て全国に之れを宣伝すると共に、此崇高な芸術の香に触れる事によつて、頽廃した人心を潤して、心の故郷への反省を高めようとするもので、之れには文部省や、博物館美術学校も全面的に援助を与えられ、博物館からは特にマリア観音、マリア珠数、法隆寺壁画の現寸大のコロタイプ掛図、美術学校からは、法隆寺壁画の模本等が貸与出品される事になつてゐる。

　尤も前の共進会当時も美術品として児玉果亭翁の山水、花鳥の六曲屏風二双が参考館階上の特別室に出陳され、山水屏風は大日本蚕糸会大会に台臨された、伏見宮殿下のお買上げとなつたが、今度の美術館はそれとは比較にならぬ広範多彩、且つ高次のものとして一般から期待されてゐる。

○

　記者の記憶に残る共進会は、明治三十九年に山梨県に開催された、一府八県聯合共進会が最初で、当時の山梨県知事は武田千代三郎氏だつたが、之れが又派手な人で、褒賞授与式には時の首相西園寺公望公が臨席するといふので、其宿舎談露館から会場までの道筋に盛り砂をすると云ふ《ママ》大ぎようさ、其際に洋館造りの機山館も建てられたものであり、

　此共進会は隔年に聯合府県で開催される事になつて居て、山梨の次が長野県で其際は東北も加はつて一府十県となつた、四十三年が群馬県で、四十五年が愛知県だつたが、之れは明治天皇の崩御で延期して開会されたと記憶する、千種附近に出来た鶴舞公園は此共進会を機会に造られたもので、日本造りの大会場や、洋館の公会堂なども其機会に出来たもの

だつた。

何せ共進会と云へば各府県の勧業係が相当長期に亘つて出張して居るので、寺院などを借受けて事務所兼宿舎としたもので、演芸場等にも随分趣向を凝らしたものだつた。

名古屋の次が東京都だつたと記憶する、名古屋へは開館式に招待されて出懸けたが、招待に応じて来た客が予定の倍数にも達して、料理が間に合はぬ為に、定刻かつきりに開宴して三十分程でお開きになつて仕舞つて、他府県から行つたものなど、大抵は締め出しを食はされた、記者も其締め出され組の一人でヤツト頼んで余興場だけの入場券を貰つたが、演芸場は日本館大広間で、龍がゝりの西川流独特の舞台装置がしつらわれ、名古屋城建築を題材とした〝石引〟と云ふ豪華な踊りを見たことを今も記憶してゐる。

〔『高原春秋』第一一年二号、一九四九年三月一五日、長野県南県町、K1422〕

博覧会勤務の一日

本部　大倉　馨

昨夜の勤務者は、如何にもねむたそうな顔をして待っていた。交代、天気予報では下り坂ということで、また日曜は雨かと半ば諦めていたが案外に上天気らしく、薄曇りに見られるのは霞らしい。春も深くなつたせいだろう。開館は九時ということで相当以前から来て、待つている人々は遠方かららしい。一疲れを見せている、その顔にはいら立たしさが窺われる。日出も待たず野に出て星を戴いて鍬をおさめる農家の人々にとつては、まだるい悠長さに違いない。やがて開館、すはと急ぐ人々に整理の係員は大わらわで、多少の応援があつても会場内だけの融通だから倒底《ママ》しのげない。私は相棒のM巡査と、入口前の整理に出馬を余儀なくされた。「何ちゆうことなら、こんなに皆を待たせやがつて」「入口で押合うようなことをさせて」「馬鹿やろう」など叫ぶのは待たされついでに、先づ一杯芝生でひつかけたのであろうほろ酔い機嫌で眼がうわづいている。右手で一升瓶を後生大事に握つて、右手で切符を高くあげ「早く切つてくれ」と怒鳴る。係員は如何に罵言を浴びせられても顔色一つ変えない。それよりも鋏の方が忙しい為かも知れない。混雑するのも当然で一時間以上も前から待つていた人から、次々と押し寄せる鶴見橋をうずめて詰めかけるのである。それに鋏は三つで、順序よく並ばせようにも柵がない為広い正面に水圧の如く追つてくる。学生、女子供、事故が起きたら大変と係員が縄を張つて途中を何度も区切つているが、何となく騒々しい。「よし」と睨みをきかせる。私は睨むといつても別段大声を出すわけでなく怒つた顔もするのでない。制服を着た案山子然として、少し笑いを含んで立つているに過ぎない。民衆の支持する制服即権力を信じているからだ。「急がないで待つていて下さい切符は一枚づゝ切らなきやならんのですからね」「急いでも結局同じですよ、押されるだけ、足でも踏まれゝばそれだけ損ですよ」或は「皆待つているのに貴方だけ待てないのですか」と緩衝を試みる。お互に考えてみれば、冷静になれば、相手の身になれば判ることで、ざわ〳〵していたのが鎮まつて来たのも当然であつたし、〝この雰囲気を破壊する者は許さじ〟の決意を笑の中に秘めていたのを読み取つた人もあつたと思う。

よろめきながら人の肩にすがつて入る酔狂者も、人の波にもまれて第一美術館に入つた。そこから後はもう人の動きのまゝ波に乗つて行くであろう。立ち止まつて見ようと思つても何うしようにも一箇所に停滞を許さない。急ぐにも急げず、たゞ押されるまゝになつているのだ。塵埃と人いきれ。あわたゞしい世相、滔々たる時代の風潮の一端とも見るべきだろう。

眼を転じて公園内を見渡すと、芝生、築山………人、人、人、無慮数千、さしも広い園内をもうずめるばかり蟻の這うようにうごめく群は、一升瓶を愛する人、花より団子の輩か、咲きも揃わぬ桜をよそに花の宴をくり広げている。乱舞、怒号、は地をもゆるがすばかり、これがカストリ人生か、鐘の乱打は狂気さえ加えて、余韻の消えゆく空に春の日はゆるやかに西に歩む。

「あの………」「何ですか」とふりかえると三十歳位の婦人は血相を変えて「今婦人館の中で子供のオーバを落としました。さがしても見つかりません。」と半ば泣きそうな顔、「よし直ぐ捜してやる」場合〔場内カ〕放送をやれ、貴女は出口で出る人の持物に気をつけて、と気を配り場内巡視、「お客様にお尋ね致します。只今婦人館で子供のオーバを………」心ある人が拾つてくれたらとひそかに念じつゝ数刻。やがて一時間、二時間「無駄だつたか、気の毒なことを」私は何度目か婦人館に入つたときは人出も大分減つていた。看守の女に「落物はみつからなかつたね」と言つても一向無関心な顔に腹立たしさを感じながら「貴女方の仕事は出品の番をすれば済むかも知れないが、それだけでは充分ではないですよ。子供が帽子や靴を落したりすることまで気を配る気持を持たなくては、皆遠方からのお客様だからね」仕方がないすぎ去つたことは、岡山のいやな思出を与えても「今度からお願いしますよ」あの婦人が見付かりませんでしたか仕方がありませんと言うのを聞かねばならぬと淋しい気持で足を返えした。

今日の人出はこの会場だけでも三万数千人と言うことである。これも桜の前後殊に休日であるから、平日の十倍や二十倍位予想の内と思われるが、連日の閑散さで支障なく過ごした設備も一度の人出で悲鳴をあげ、不備を嘆ずるのは無計画と言わねばならぬ。閉館際になればさすがにひつそりとして、念を入れて見る人はこれからと言う顔である。看守の箒は手早く動いて戸は閉ざされてしまう。その後は今日一日の賑いも嘘のような、別世界に変わつてしまう。十人位の夜警員と私は別世界の人として残されてしまつたのである。

公園内を見渡しても酔つぱらつた群が二、三それも帰るつもりだろう大声をあげて千鳥足で歩いて来る。あちこちの芝生に点々と残されている者も腰をあげている。こゝにもまた別の世界が訪れるのである。ぽつ〳〵その別世界の愛好者達が入りはじめた。六高マン、犬を連れた少年と姉妹、子守娘、それから若き二人連（アベック）等々。尾をくる〳〵つとまいたような茶色のたくましい日本犬の仔犬らしく、主人を引きづり廻すような力で引張る。少年は後え反り気味になり小走りに駆ける。姉妹はその犬とキャッ〳〵とたわむれる。坊やは二十才位の姉らしい女に抱かれて手を振つている。その赤い毛糸の服が眼に沁みるように印象深く映るがそれは芝生の緑と池の水の背景が引き立たせているせいである。六高マンの一人はマントを着、一人は手拭を長く垂らして腰にはさんだ特異な姿で判別は容易である。二人で何かを論じているらしく、上を向いたり手を振つたりしている。アベックは各所に夫々好む場所を占めて腰をおろしているが池の端で背を向けている一組を観察して見ると、男は二十四五才位でネズミ色背広服、遠くの空を眺めながら時々頭の動くのは何か女の話しているのであろう。女は二十才前後で洋装、少しかゞんで芝草の上に手を置いて手を見たり、池の面に眼をうつしたりしている。時々芝草をちぎつて風の吹いているのを試みるように投げて見たり、派手な縞柄のロングスカートを拡げたり畳んだりしている。時々男の顔を見るのは答えて話しているのだろう。昼の世界の人々の乱舞の跡の新聞紙やミカン皮、竹の皮が一面撒乱されているのに恐らく今の世界の人の心を傷つけているに違いない。まるで自分の家の玄関に他人が塵を捨てたように。

各地からゴミの汚れとその心を持つて岡山に集まり到る所散乱して帰つてしまつた。博覧会も恐らくこれ等の人々に何物をもお土産として与えなかつただろう。

たなびく霞が夜のとばりに変る頃は全く美しいものである。ゴミも汚れも暖く包んでしまい静寂そのもの、姿にかえる。その頃アベックは昼の頽廃はないが単純とも言えない。桜にたとえて夕べの幕の中の桜、この今の姿であろう。美しい建設を夢みるはぢらいのつぼみそれも三分咲きなのである。（四月十七日記）

［『むつみ』第二巻、四・五合併号、一九四九年五月二八日、岡山市警察本部、岡山、M691］

博覧会狂燥曲物語
誰が讃歌をうたい、誰が悲歌に咽び泣いたか？

須藤幸介

花の四月――松山博覧会入場者だけでも一日四万を最高

に五千《ママ》を下る日は稀であつた。この松山をめぐる巨大な人の奔流が、少くも会期中十億の金を松山のポケットへ落すだろうと当初は皮算用した。なるほど若干の金は落ちた。しかし引揚者らの悲壮な一旗組やしがない堅気の小商人の手には落ちなかつたようである。インフレのフィナーレとデフレの序曲から成る博覧会狂燥曲に合わせて、誰が高らかに讃歌をうたい、誰が悲歌に咽び泣いたか――それはしろじろと松山城下を見下すあの神秘な不夜城の主にでも聞いて見たら知つているかも知れない……

〝金がなる車の物語〟

昭和の雲助つまり夏目漱石以来の超時代スタイルと見事な独占企業意識のかたまりをそのまゝ伝えている伊予鉄どんは最近の百姓衆と同様、風体こそ泥臭いが胴巻きは蛙を呑んだ蛇のごと膨くれてござる。彼が博覧会関係では儲け頭筆頭にあることは誰も疑わぬ。三月の同社収入が一日四十万円とて赤字でピーピーないたのも昨日のことだが、四月に入るや七―八十万円は普通で、百万円を超える日も珍らしくない。

一台四、五十人定員の市内電車は殆どスシ詰めでかてて加えて車掌からは『車中では片道切符は売らぬ』と怒鳴られ、無理矢理要りもせぬ往復切符を買わされる。しかも車内にも駅にも、この旨の具体的説明のビラを見たこともない。趣旨が不徹底だと運輸課へねじ込むと、課長ドンは『客が知らない方が空切符を買わせて儲けが大きいからのう、余り客が知らぬ方がええんじゃ』とエヘラエヘラ笑つてござる。この買過ぎ切符を主要駅で客に払い戻しをしていることなど関係者以外に知る人もなかろう。

儲け主義もこゝまで来ると時代離れがして来る。モダンなトレーラー・バスを操つても素姓が疑われぬ雲助だ。大井川の川止めで困つている客につけこみ、酒代をせびつて荒かせぎした雲助のやりくちと何処に変りがあろうか〔。〕『俺以外の車があるなら乗つて見ろ』と毛ずねをまくつて啖呵を切る勇ましい独占事業――それが伊予鉄だ。これほど巧く博覧会に便乗した〝金のなる車〟はなかろう。

おそれるものなし一人儲ける伊予鉄ドン

伊予鉄がサービスするのではなくて、逆に博覧会をして伊予鉄に徹底的にサービスさせているわけだ。伊予鉄は一銭の補助も負担せずに松山博第三会場の看板を貰い、このおかげで会場投資三百万円は四月中にほゞ回収されたというから全く天下は伊予鉄のためにある。建物は安手のバラック、出品は子供向きの教材など各方面の協力多く概ねタダであり、子供の国の飛行塔等国定遊戯施設がソックリ残つて将来に益するという、真に結構な仕掛けであつた。また市中を走る花電車にも伊予鉄はたつた二万円の費用をビタ一文も負担せず『私の方は電車を走らせますから、その方の協力で……』と涼しい顔で、出資元のいよや、博覧会事務局を呆れさせた。

アッセン役の商工会議所もこれには愛想をつかした。しかし彼は独占事業、天下におそれる者なし――できるだけ徹底して他人のフンドシで相撲をとり、遺憾なく漁夫の利を占めること――以上が伊予鉄伝統の家憲であつたことはまず間違いなかろう。

松山がこねて道後が食らう博覧会餅

昭和二年の共進会の時にもそうであつたと伝えられているが、こんどもまた松山が大骨を折つて、その甘い成果は分離運動で松山に弓引いた道後の腹中にはいり、松山が羨まし気に指をくわえて見ている恰好だ。

たとえ芋を洗う様な混雑で銭湯以下の温泉でも昔ながらの有難い『道後の湯』のレッテルの魅力か、泊り客の足を道後に留め、旅館街は焼け残りの強味で風呂満員続きであつた。もつとも勘定高いは百姓衆の常で、当世なら弁当は三日分、提げたるは手製のドブロクと食糧自給自足体制が多いから、泊り客だけで料飲の儲けが薄いとコボシながらも団体客の殺到は戦争以来の盛況であつた。

気の利かない会場内の□間売店が昼行灯を嘆いているのに、夜の商売のコツで新温泉前の急造おでんやの方がよほどおこぼれが多かつた。酒をくらう人種は昼間でも見物がてら会場で飲むだろうというのは甘い考えであつた。やはり泊りは道後で落着いて風呂帰りにドテラで一杯を狙つた道後に軍配が上つた。

これは土産品などの商店街のこぼれも同様で小、中学生の懐中だけを狙つても四月半ばで七十万円は下るまいという。だが何といつても道後景気のシンボルは温泉にあること、今も昔も変らない。四月十日の売上げ十二万円は最近の新記録だが、一日平均十万円と見て浴客六―七千人で、しかも景気よく新温泉や階上客が多いから、四月の収入三百万円と踏んでいる。驚くべき温泉景気であり、流れる金は湯水のごとく、道後はしばし我世の春に酔つている。

禁制の主食売店―いやさここは治外法権地帯でござる

松山博会場内に軒を並べた七十余軒の売店群の品々は仔細に見れば禁制の主食ならざるはない――曰くうどん、饅頭し、せんべい、菓子類ETC。○○P・T・A、後援会もこゝばかりは治外法権とアキナイの道にいそしむ。もつとも当世婦人会などといつても前売入場券の抽センの数日前にさる有力者を介して『前売券を二千枚ほど売つてくれぬか』と二週間も前に締切つた前売券をヌケヌケと要求してきた心臓婦人会もあつた。

この筋から出たわけではあるまいが、七十円の前売券にプレミアを付けて八―九十円で売る新商売が現われ、百円の入場券より安いから飛ぶように売れた。これはまだ合理的なアキナイであるが、もつと手強いのになると、稼ぎの王者スリ君の一日のスリ上げ一万円というから博覧会もボロい。このスリグループは岡山のスリ学校を優等で卒えた年の頃は廿

五、六、スリ界の中尉クラスの親分だそうで、従う子分チンピラ四、五人で稼ぐ会場内には概ね竹矢来の隙間から潜り込むから、プレミアム付きの入場券も要らぬ商売にしても儲かつたのは景品付売出し私設クジや香師のごとき出たとこ勝負のものに限られ〔〕真面目で正直なものは稼ぐに追いつく火の車というのが実相だ。

でも場内売店には閑古鳥

売店が三坪一万八千円也の小間料を回収できる見込みが立たず、ひどいのは一日の売上げうどん八杯、玩具五百円という貧寒たる店もあるという。小間料さえ日割りで払い戻しができるならきようからでも閉店希望が続出し、会場から一日も早く退散したいのが大部分だ。しかしやめるにやめられず、事務局と折衝の末会場の門を午後八時まで開放して宵の口の散財客を狙つたが後の祭りだ。

興行物とタイ・アツプして見たところで、その興行物そのものが化物屋敷はじめ小動物生態展等怪し気なものが多いからやり切れない。殊に海女館、水族館など館名を僭称して堂々金を取る輩もあり〔〕サーカスを除いては特に午後六時以後客足を留める魅力あるものもない。これでは開場中昼間はザワザワと、夕方からのかき入れに客足が落ちたのでは売店は助からぬ。これが飲食物原料の相場にも響いて買占めた連中が大分損をしたらしい

主食ヤミ値は何故落ちた？

架空の博覧会相場では、米一俵六千円酒一升八百－千円、メリケン粉十貫三千八百円と見ていたが、それが五千四百円五百五十円、三千三百円とガタ落ちで、メーカー氏は過剰生産、ブローカー君は手持無沙汰で上つたりということに相成つた。これで一般市民は博覧会に伴うヤミ主食等の気違い相場に悩まされることから一応免れたわけである。

惨！商店街は夢去りぬ

惨！商店街は『夢去りぬ』繁華街として本筋の大街道、港町商店街はサツパリ売行き振わず、例の博覧会記念売出し福引券（百円以上買上）も四月廿日現在で三十万枚の中十万枚をやつとさばいたというから出足が良いとも言えない。これは会場分散のためだけでもなく一般に金詰まりで購買力が低下したと見る向きもある。せいぜい国鉄松山駅前、市駅前の飲食店が汽車待ちで多少潤つている程度らしい。かくて『十億の金落ち』の夢さめて、商店街は昨年からの税金攻勢の痛手を博覧会景気で盛り返そうなどという甘つちよろい希望を打ち砕かれた。デフレの風は農村だけにではなく、その前触れは空景気の博覧会に乗つて商店街をなでまわしているのである。

ミス商店街投票奇談

『投票というからには上は代議士、下は野菜の登録まで選挙運動は付きもので、美人投票とてその例外ではない』というのは一応の理論ですが、どうも困つたことが起りました……

松山のミス商店街五名を投票で選び出すことになり、去る七日から十日まで市内七ケ所に予選合格者十人のミスの写真を展示し、愛媛新聞刷込みの投票用紙で投票したまではよかつたが、十一日の開票日をめぐりテンヤワンヤの騒ぎでした〔。〕遠く温泉、伊予郡下へ投票用紙のついた愛媛新聞を探して買い占め、買いため競争を展開しました。事の余りなるにつくづく世の無常を感じたのか、道後のN嬢は『私は選挙運動などできないから…』と棄権を申出で『フーム、もつともだ、査定を止めろ』とのぶちこわし論も出るなど賑やかでした。ところがイザ蓋を開けて見ると棄権組のN嬢に無効票ながら次点格の四百余票がムラなく集まり、同様八位のH嬢(港三)も二百余票ではあつたが各投票所に票があり、ムラがなかつた。結論としてムラがないのは一位のM嬢を加えた三人で、他はムラだらけ五位落選のT嬢の如き局地を除いて他はゼロに近いなど運動の跡歴然でした。

統計的にはこの投票は結局量より質の問題で、各投票所でムラのないのが、票は少なくても衆目の見る本当の美人であつた。では票稼ぎによる当選者は政治的ミスとでもいうべきだろうが、山高きがゆえに貴からず、票多きがゆえに美しからず――イヤこれは決して選良代議士諸公への皮肉ではありません。

〔『南海』第四巻五号、一九四九年五月五日、愛媛新聞社、松山市、N134〕

ステートフェア
学童綴方教室

ワッ！　凄い捕鯨船

五年　河田久長

これから僕の一番楽しみにしていた日本ステートフェアーを見学することになつた。まづ正門のオランダ大風車を見て目を見はつた。そこを入ると今度はひらけ行く貿易の門として大きな地球儀があつて、そこには日本の貿易の相手の国や、舟の航路等を示してあつたので大変参考になつた。楽しんで見ていると雨がポツリ！と降つて来た。僕たちは捕鯨船のモケイである水産館にはいつた。模型だから小さな物のように思つていたが、ずいぶん大きな物で池に浮んでいる姿は南氷洋でえものを追つて活躍している捕鯨船を思わせた。

氷山の後えまわつて見るとこれは普通の家に細工をして造つてあるのだとわかつて驚かされた。雨がだんだんはげしく降つて来たので先生が劇場の中え入るようにいわれたので皆飛び込んだ。場内はぎつしり人でつまつていた。僕等には見えなかつたがやつとステージが見える所迄行つたらもう終りであつた。次の開演迄少し間があるので電子顕微鏡を見にいつた。その顕微鏡ではあまり大きく見えたので何が何だかわからなかつた。先生にきくとそれは煙を五千倍にしたものだそうである。劇場へかえつてくるともうはじまつていたので、僕たちは一せいにステージに目をそゝいだ。ステージには赤桃黄青色の電気の光に照らされた踊り子の姿はとても美しかつた。そこを出るとすぐむこうにバスを改造した一つの家があつた。僕もこんな家が始めてだつたので珍しく思つた。その外、白□映画や光線電話等いろいろ珍しい物ばかりであつた。

ベットもある自動車

五年　今仲恵子

あやめ池でおりる人は大へん沢山でした。その人達にまじつて、駅に出ると、ぱつと目についたのは大きな風車でした。風車のよこから会場へ入りました。美しい花が一面に咲いていました。向こうの方に大きな捕鯨船が見えました。その捕鯨船の中にはいると、魚がうごいているのかと思つて、よくみますと、うえから糸でぶらさげてありました。

横をみますと昔の鯨のとり方や、いろ〳〵の事がのつてありました。それをみてその船から出ると、劇場がありましたので中へ入りましたら、まだ始まつていませんでした。あきらめて、外へでて色んな機械のところを通つてゆくと、車のないバスがありましたので、みんなは、その中をのぞきました。とてもきれいな絵のようにしてありました。

ベットも椅子も電燈も冷蔵庫も色々ありました。また雨が降つてきました。それでそばにあつた小屋の中へ入つて雨のやむのを待つていましたら写真屋のおじさんがそこで写真を三枚うつしてくれました。まだ雨が降つています。先生の方へ行くと男の子たちは、先生におそはつて絵を写生していました。其処で待つていると雨が少しやんで来たので劇場の方へ行きました。劇場の中は真暗で何が何だかわかりません。でももうはじまつていました。

それをみてから牛をみに行きました。まだ雨が降つています。それからすぐ、あやめ池の温泉へ雨の降つている中を、わあ〳〵といつて走つていきました。先生のオーバーもぬれていました。私のリックサックも、少しぬれていました。

大きな劇場

五年　鷲塚文子

ステートフェアは、アメリカが毎年行つているもので、大ぜいの人が、それにならつて、増産にやくだてるためにするようになつたのです。それで、我国も、ならつてあやめ池につくつたのです。

入口には、大きなオランダ風車がまわつていました。二番目に見たのは「開けゆく貿易の門」、ここではそれは〳〵大きな地球儀が、ぐる〳〵とまわつていました。そこを通りぬけて、右え行くと、農業科学館があります。そこを通り過ぎて、水産館に行きました。捕鯨船が陸と陸をつないで橋の様になつていました。水産館の中には、捕鯨船が、鯨を追つて走つてゆくのが、こしらえてあります。それが大へん勉強になつて鯨を取る有様がよくわかりました。次に大劇場え行きました。そこでは大劇のような歌劇をやつていて大へん美しいでした。

〔『ひかり』第四巻三号、夏季特別号、一九四九年七月一五日、近畿日本鉄道勤労局厚生部厚生課、大阪市、H399〕

日本ステートフエア見物

つや子

「ちゝちゝ」と小鳥が嬉しそうに鳴き唄ふ。野も山も桜に包まれ、満開だ。昨日の雨もからりと晴れて待ちに待つた日本ステートフエア、あやめ池行きである。皆は張り切つてにこ〳〵してゐる。電車は乗客で満員だ。私は徒歩で行く事にしてゐたが、途中で雨になり尼ヶ辻より電車に乗つて行つた。もう死ものぐるひであつた。やつとの事であやめ池に到着した。糸のような雨のしよぼ〳〵降る中を劇場へと急いだ。途中すばらしい捕鯨船。それはあやめ池の橋をうまく捕鯨船に模したものであつた。入口が頂度取つた鯨を海より引づり上げる所だそうだ。そして其の船全船が水産館になつてゐる。内船は鯨を取る時の道具、鯨の成長、種類、魚の種類、古代より現代迄の鯨取りの歴史、其の他色々である。或る所に船長の訓事が張つてあつた。其を読んで私は鯨を何とも思はず食してゐるのがすまなく思つた。色々な苦難に打ち勝つて、一頭でも多くと云ふ念願に船員達の努力は偉大であると思つた。我々日常些細な事にも多くの人の血と汗の結晶があることを見逃してはいけない事を知つた。船を出てその船の向ふに大きな鯨が二頭浮んでゐた。あたかも洋上に遊泳する鯨のやうに見えた其の真向ふに氷山が有り、そこにはペンギンが三、四匹立つてゐた。其の池全体を見て、自分が南氷海にいるやうな感じで見物した。本当に良く出来てゐた。さうして鯨を打つモリなども素的《ママ》であつた。そこを通り劇場に行き一時間余り見た。雨もやんだので動物を少し見て食事にした。やはり花を眺めて食べるのは何んとなくおいしい。食事がすんで、あちらこちらと見物して最後に農業館に来た。そこにはそれわ《ママ》それはすばらしい色々の自動機械、どれもこれも皆立派なものばかり並んでゐた。みる〳〵うちに出来上がる。だのに農家では、一本一本手でなつてゐる。見ていれば免面《ママ》くさい。又油をしぼる機械、其の他驚くものばかり、この色々の機械が揃つてあれば、どんなに便利であらう。アメリカの国の如くお仕事もどん〳〵計《ママ》どるし楽だ。能率も上る事だろう。「日本も早く鎌と鍬を手離さなければならない。」と掲示してあつた。私はなる程一日も早く理想化される事が愉快に想へた。仕事に面白味が出て、少しの時間でも何か学ぼうと言ふ気にもなるだらう。そして皆が健康に明朗な再建日本を建設して世界が助け合ひ、楽しく暮す日が来るだらう。

　大阪の博覧会も、あやめ池の日本ステートフエアも同じく農業館は有り、立派であつた。今日は一日愉快に楽しく送つた。太陽は早やかたむいた。そよ吹く風に、一ひら二ひら、花びらが散つて行く。春　酣〔たけなわ〕だ。

［『わたのみ』第五号、一九四九年七月一五日、大日本紡績労働組合郡山支部文化部、奈良県郡山町、W216。手書き］

な 行

は 行

ま 行

ら 行

わ 行

雑誌・新聞索引

は 行

ま 行

や 行

ら 行

わ 行

さ　行

事項索引

ま　行

や　行

ら　行

わ　行

人名索引

執筆者紹介（執筆順）

吉田則昭（よしだ のりあき）

1965年生まれ。立教大学大学院博士課程終了。博士（社会学）。

現在、立教大学社会学部兼任講師。早稲田大学20世紀メディア研究所招聘研究員。専門はメディア史、比較ジャーナリズム史。

著書：『戦時統制とジャーナリズム——1940年代メディア史』（昭和堂、2010年）、『緒方竹虎とCIA——アメリカ公文書が語る保守政治家の実像』（平凡社新書、2012年）。

市川孝一（いちかわ こういち）

1947年、長野県生まれ。一橋大学大学院社会学研究科博士課程修了。

現在、明治大学文学部教授。専門は社会心理学・メディア文化論。

著書：『増補新版 流行の社会心理史』（編集工房・球、2014年）、『人気者の社会心理史』（学陽書房、2002年）など。

鈴木常勝（すずき つねかつ）

1947年生まれ。大阪市立大学文学部大学院修了。文学修士。

現在、大阪国際大学非常勤講師。

著書：『メディアとしての紙芝居』（久山社、2005年）、『紙芝居がやってきた！』（河出書房新社、2007年）。

竹内幸絵（たけうち ゆきえ）

1963年、大阪府生まれ。神戸大学大学院国際文化学研究科博士後期課程修了。博士（学術）。

現在、同志社大学社会学部教授。専門は歴史社会学、広告史、デザイン史。

著書：『近代広告の誕生——ポスターがニューメディアだった頃』（青土社、2011年）、「第5章　広告」（渡辺達雄ほか編『メディア学の現在』世界思想社、2015年）ほか。

井川充雄（いかわ みつお）

1965年、東京都生まれ。一橋大学大学院社会学研究科博士課程単位修得退学。博士（社会学）。

現在、立教大学社会学部教授。専門はメディア史。

著書：『戦後新興紙とGHQ——新聞用紙をめぐる攻防』（世界思想社、2008年）、『原子力と冷戦——日本とアジアの原発導入』（加藤哲郎との共編著、花伝社、2013年）。

●収録にあたり

著作権の許諾を得るべく務めましたが、連絡先にたどりつけない方がほとんどでした。著作権情報をお寄せ下さい。

監修者紹介
山本武利（やまもと たけとし）
1940年、愛媛県生まれ。一橋大学大学院社会学研究科博士課程修了、社会学博士。現在、NPO法人インテリジェンス研究所理事長、早稲田大学・一橋大学名誉教授。専門はインテリジェンス史。
著書：『紙芝居』（吉川弘文館、2000年）、『GHQの検閲・諜報・宣伝工作』（岩波現代全書、2013年）など。編著に、『占領期雑誌資料体系　大衆文化編』（岩波書店、2008-2009年）、『占領期雑誌資料体系　文学編』（岩波書店、2009-2010年）など。

編者紹介
土屋礼子（つちや れいこ）
1958年生まれ。一橋大学大学院社会学研究科博士課程修了。博士（社会学）。
現在、早稲田大学政治経済学術院教授。専門はメディア史。
著書：『対日宣伝ビラが語る太平洋戦争』（吉川弘文館、2011年）、編著『昭和を動かした広告人』（産学社、2015年）など。

新曜社
占領期生活世相誌資料Ⅲ
メディア新生活

初版第1刷発行　2016年2月5日

監修者　山本武利
編　者　土屋礼子
発行者　塩浦　暲
発行所　株式会社 新曜社
〒101-0051　東京都千代田区神田神保町3-9
電話（03）3264-4973㈹・Fax（03）3239-2958
E-mail：info@shin-yo-sha.co.jp
URL：http://www.shin-yo-sha.co.jp/
印　刷　メデューム
製　本　イマヰ製本所

ISBN978-4-7885-1461-4　C1030

好評既刊書

山本武利監修　永井良和 編
占領期生活世相誌資料Ⅰ　敗戦と暮らし
空襲、原爆体験、焼け跡、闇市、買出し、食糧難……。敗戦後の苦難の時代を生きた人々の生活と世相の実態が、地方誌・民衆誌の読み解きをとおして蘇る。
Ａ５判３６４頁
本体４５００円

山本武利監修　永井良和・松田さおり 編
占領期生活世相誌資料Ⅱ　風俗と流行
パンパン、鳩の街、男娼などの性風俗、アプレゲールや不良少年たちの生態、アメリカン・モード……。混乱する社会をたくましく生きた人々をリアルに描出。
Ａ５判３６４頁
本体４５００円

小熊英二 著
〈民主〉と〈愛国〉　戦後日本のナショナリズムと公共性
日本社会学会賞、毎日出版文化賞、大佛次郎論壇賞受賞
戦争体験とは何か、そして「戦後」とは何だったのか。この視点から改めて戦後思想を問い直し、われわれの現在を再検討する。息もつかせぬ戦後思想史の一大叙事詩。
Ａ５判９６８頁
本体６３００円

福間良明 著
焦土の記憶　沖縄・広島・長崎に映る戦後
沖縄戦体験や被爆体験はいかに語られてきたか。沖縄・広島・長崎の「語り」から、「断絶」と「継承」の錯綜する力学を解きほぐし、戦後の「記憶」を批判的に検証する。
四六判５３６頁
本体４８００円

鶴見俊輔・上野千鶴子・小熊英二 著
戦争が遺したもの　鶴見俊輔に戦後世代が聞く
戦中から戦後を生き抜いた知識人が、戦後六十年を前にすべてを語る瞠目の対話集。
四六判４０６頁
本体２８００円

神子島 健 著
戦場へ征く、戦場から還る　火野葦平、石川達三、榊山潤の描いた兵士たち
兵隊になり、敵と戦い、還ってくるとはどういうことかを、トータルに解明した力作。
Ａ５判５６４頁
本体５２００円

（表示価格は税を含みません）

新 曜 社